Bach janvier 2007

CROIX
LA MÉMOIRE D'UNE VILLE

Avec le soutien de LVMH/Moët Hennessy. Louis Vuitton

Création graphique : Véronique Zonca
Infographie : www.gregcirade.com
Collaboration éditoriale : Renaud Bezombes

Les encadrés des pages 138 et 154 ont été rédigés
avec le concours de Frédéric Vienne, archiviste diocésain de Lille.

Connectez-vous sur : www.lamartiniere.fr

CROIX
LA MÉMOIRE D'UNE VILLE

MARTINE AUBRY
Ingénieur d'études

JEAN-PAUL BARRIÈRE
Agrégé de l'Université, Docteur en Histoire contemporaine

FRANÇOIS DA ROCHA CARNEIRO
Professeur certifié d'Histoire et Géographie

CATHERINE DENYS
Agrégée de l'Université, Docteur en Histoire moderne

Sous la direction de ROBERT VANDENBUSSCHE
Agrégé de l'Université, Professeur des Universités en Histoire contemporaine

Photographies de SAM BELLET

Éditions de La Martinière

Sommaire

Avant-propos

Si de nombreux historiens amateurs se sont intéressés à Croix, aucune véritable étude historique n'avait été menée sur la commune. « Véritable » est entendu ici dans le sens de « scientifique », il n'a rien de péjoratif quant au travail mené par les amateurs.

Croix méritait que l'on entreprenne des recherches sérieuses, rigoureuses et complètes sur son passé. Cela me semblait d'autant plus nécessaire que j'étais souvent interrogé à ce sujet par des Croisiens, et que certains épisodes de notre passé faisaient l'objet de doutes et de questions.

Mon projet a rencontré l'intérêt d'un historien, Robert Vandenbussche, qui a mené cette recherche. Les résultats en sont rassemblés ici, dans cette histoire de Croix de ses origines à nos jours.

Cet ouvrage est d'abord destiné aux Croisiens.

Aux Croisiens de souche, les « Croteleux », qu'ils habitent ou non la commune. Au travers du passé de leur ville, ils s'intéressent à leurs racines, à la vie de leurs ancêtres. Certains, comme le réalisateur Arnaud Desplechin en témoigne, y retrouveront des images de leur propre histoire.

Aux nouveaux Croisiens, également, qui cerneront mieux l'identité et les particularités de leur ville.

Robert Vandenbussche et son équipe ont réalisé un travail remarquable. Ils ont révélé une « nouvelle » histoire de Croix, qui pourra surprendre ceux qui croyaient bien la connaître…

Michel CARNOIS
Maire de Croix de 1995 à 2006
Conseiller Général

Après avoir lu ce livre, on ne regarde plus Croix de la même manière.

Notre commune a en effet une histoire riche et ancienne, dont on retrouve encore l'influence aujourd'hui.

Cet ouvrage satisfera tous ceux qui s'intéressent à leurs origines, au passé de leur ville ou de leur région. Et ils sont nombreux car, à l'heure de la mondialisation, beaucoup ressentent le besoin d'avoir des points de repère, un ancrage dans l'espace et le temps.

D'une lecture facile, agrémenté de nombreux documents et illustrations, ce livre constitue également un formidable outil de découverte et de connaissance, accessible à tout public.

Il sera à la disposition de tous dans les écoles et les rayons des bibliothèques associatives de la ville. Nous souhaitons qu'il trouve aussi sa place dans un grand nombre de familles croisiennes.

Merci au professeur Robert Vandenbussche et à son équipe, qui ont mis en lumière notre passé.

Merci aux Éditions de La Martinière d'avoir cru en l'intérêt de cette Histoire.

Isabelle de MÉZERAC, *Adjointe à la culture*
Bernard SIX
Maire de Croix
Conseiller Communautaire

PAGE DE GAUCHE
L'Hôtel de Ville.

Préface

« *L'histoire est le bien de tous.* »

Cette citation me trotte dans la tête.

Il m'apparaît, si tant est que je n'en étais déjà persuadé, qu'il n'y a pas une grande histoire survolant les individus et une petite qui ne vaudrait guère. Elles se fondent l'une en l'autre, la petite ajoutant à l'architecture de la grande les couleurs et les palpitations de la vie.

La fresque se métamorphose en autant de tableaux que de spectateurs.

Au long du parcours proposé ici, je fais étape. Ma propre histoire attend. Elle me fait signe. C'est celle de ma jeunesse, du monde où j'ai grandi et sur lequel je porte un regard aimant et fidèle.

Si le passé n'est plus, ce qui est, c'est le présent du passé. Persistante étincelle de vie au cœur de ce que l'on croit fossile.

Une photo, une description, une anecdote et tout se met en place.

Acteurs, lumières, décors, intérieurs, extérieurs, costumes… Le film est prêt.

La mémoire est derrière le projecteur.

Le titre s'affiche : « Je me souviens… »

Tiens ! Me voilà défilant en costume d'escrimeur, le long de la rue Langevin. Les tambours sont en tête ; le ciel est gris. Je suis cadet de Gascogne.

Puis, un concert dans les arbres. Le kiosque du parc (ressemble-t-il toujours à un casque anglais ?) est rempli de musiciens. La foule des dimanches applaudit. Les canards de la pièce d'eau cancanent.

Et c'est une foule de feux follets. Ils se poursuivent. Les Allumoirs. Des groupes d'enfants se rejoignent, lanternes à la main ; un long ver luisant se coule rue Kléber, va vers Saint-Pierre pour se perdre là-bas.

Goût de pommes croquées. Le marché. L'automne. J'irai goûter chez ma grand-mère. Nous chanterons. Elle rira de nos bêtises.

Et ce parfum de tilleul les soirs d'été, avenue Delory !

Merci aux auteurs de ce livre d'ouvrir aux Croisiens le coffret aux souvenirs, et même aux souvenirs de souvenirs, ceux qui nous ont été transmis et sont devenus nôtres.

Arnaud DESPLECHIN

PAGE DE GAUCHE

L'avenue Delory.

Introduction

Croix. La mémoire d'une ville.
Chaque communauté humaine pose sur son passé un regard complexe, car la mémoire individuelle, la mémoire collective construite autour d'événements, de références ou de lieux, et la mémoire documentaire laissée par les archives ou les vestiges archéologiques, composent un ensemble multiforme qui se transmet, s'infléchit, se transforme et fournit les repères sociaux et culturels nécessaires. Mémoire plurielle sans aucun doute, puisque les groupes sociaux ou les générations successives la modèlent ou la modifient en privilégiant ou en occultant certains épisodes. Il revient à l'historien de confronter ces mémoires pour établir les faits, les expliquer, les interpréter, afin d'éclairer le passé et donc le présent.
Croix est, à cet égard, un excellent sujet d'études et de recherches.
Village de la châtellenie de Lille aux origines plus anciennes que ne l'écrit la tradition, dominé par une famille influente des Pays-Bas, Croix devient ville sous l'effet de la révolution industrielle du second XIXe siècle. À ce titre, elle maîtrise difficilement sa croissance, mais se construit une identité autour d'usines, d'institutions, de groupes sociaux et de références culturelles diversifiés. Puis, confrontée aux mutations induites par une mondialisation précoce, elle doit définir sa nouvelle identité, dans un environnement profondément renouvelé.
Croix participe donc à ce vaste mouvement qui affecte toutes les communautés humaines, plus précisément celles de l'Europe du Nord-Ouest. Néanmoins, au fil du temps, elle a affirmé son originalité dans bien des domaines, sociaux, politiques, culturels et artistiques, que le livre s'efforce de revisiter. Une lecture affinée des sources offre des éclairages nouveaux sur des moments que l'on croyait connaître et fait revivre un passé effacé ou enfoui dans la mémoire collective.
Croix, la mémoire d'une ville est le fruit de la volonté persévérante de Michel Carnois, de l'implication d'un grand éditeur, les Éditions de La Martinière, et de l'engagement d'une équipe d'historiens, chercheurs universitaires, membres de l'Institut de Recherches sur l'Histoire du Septentrion de l'Université Charles de Gaulle-Lille III.
L'ouvrage n'aurait pas pu être mené à terme sans le concours de tous les services de la ville et notamment celui de son archiviste, Mebarek Serhani, qui a accompagné, avec obligeance et attention, la démarche de recherche.
La sollicitude et l'intérêt des conservateurs des Archives nationales (CAMT de Roubaix), des Archives départementales du Nord, des Archives municipales de Roubaix et diocésaines de Lille, des Conservateurs de musées et de leurs personnels de documentation (La Piscine de Roubaix, le Musée d'Art moderne de Villeneuve-d'Ascq, le LAAC de Dunkerque, le Musée d'Art sacré de Lille), des médiathèques et bibliothèques municipales (Lille, Roubaix, Tourcoing, Valenciennes), ont facilité la recherche en autorisant l'ouverture de sources et l'accès aux œuvres. Enfin, les collectionneurs, les érudits locaux, les membres de la commission « Histoire de Croix » ont, grâce à leur mémoire et à leurs documents, ouvert des pistes fructueuses.
Que tous soient très chaleureusement remerciés.

PAGE DE GAUCHE
Un château fort de l'industrie :
la Cotonnière de Croix.

Chapitre 1

NAISSANCE D'UNE COMMUNAUTÉ RURALE

(des origines au début du XVIIe siècle)

1546

LES TEMPS OBSCURS

Un site, un objet, un nom, une mention dans un texte… L'historien du XXIe siècle ne dispose que de ces rares témoignages pour saisir les origines de Croix.

L'actuel territoire repose essentiellement sur deux types de sols : une partie, majoritaire, constituée de limons de plateaux recouvrant l'yprésien, dit « argile sableuse de Roubaix » ; et la bordure méridionale de la commune reposant sur des alluvions. Cette rencontre des hauteurs du Ferrain et de la vallée creusée par la Marque semble fondamentale. En s'installant à proximité de ces deux milieux, les premiers habitants disposent d'un écosystème varié et complexe, favorable aux cultures et à la chasse, mais aussi propice à l'utilisation de briques, de torchis et de tuiles pour leur habitat.

PAGE DE GAUCHE
Gouache extraite du dossier du comte Pierre de Croix dans son procès contre Pierre Louis Joseph Jacobs, pour usage abusif des armes de Croix (vers 1682).

DE TROP RARES INDICES

À quand remonte cette première occupation du sol ? L'archéologue Pierre Leman a mis au jour, en 1969, un dépotoir gallo-romain, aux abords de l'actuelle avenue de Flandre. En 1906 déjà, pendant les travaux du grand boulevard de Roubaix à Lille, l'instituteur-géologue J.-A. Ladrière avait retrouvé des fragments de tuile romaine et du XIVe siècle sur la rive opposée de la Marque, à La Planche-Épinoy. Cette découverte est toutefois à prendre avec précaution car il est possible qu'elle résulte de l'apport d'alluvions au fil des siècles. D'autres témoignages antiques ont été régulièrement mis au jour, tant sur les bords de la rivière (villa romaine du Pont Rouge à Marcq-en-Barœul) que vers l'intérieur des terres (nécropole du Haut Empire et villa à Flers). La vallée de la Marque était donc peuplée dès l'Antiquité, parfois même dès le néolithique (site des Prés à Villeneuve-d'Ascq) et le territoire de Croix ne resta probablement pas désert, même si les découvertes archéologiques n'autorisent pas à l'affirmer avec certitude. Concentrées sur l'avenue de Flandre, elles pourraient témoigner d'une première présence humaine aux alentours immédiats de la Marque. Cependant le reste du territoire a été trop peu fouillé pour certifier que le premier cœur de Croix trouve place aux abords de la rivière. Il s'agit sans doute moins d'une installation définitive que d'un peuplement épars et momentané.

À défaut d'arguments incontestables apportés par l'étude du relief ou par la recherche archéologique, il faut s'attarder sur d'autres indices. Le vocable de saint Martin, sous la protection duquel est placée l'église de Croix, signale souvent l'occupation d'un site dès l'Antiquité tardive et le haut Moyen Âge, comme l'a montré l'abbé Soenens pour l'arrondissement de Lille. Martin, un évêque évangélisateur du IVe siècle vénéré et très populaire en Gaule, puis dans le royaume mérovingien, voit en effet son culte se répandre au début du VIIe siècle dans la région, à la suite du pèlerinage à Tours d'un autre évangélisateur, Géry. S'il convient d'émettre des réserves sur l'ancienneté du vocable, aucune source écrite antérieure au XVIIe siècle n'en faisant état, l'emplacement de l'actuelle église à exactement une lieue gallo-romaine (2 223 mètres) de celle du centre de Wasquehal, dédiée à saint Nicolas, semble un argument intéressant. Cette disposition pourrait obéir à la logique cadastrale romaine, vérifiée ailleurs, le long de la Marque : le sol est partagé en carrés de 710 mètres de côté. En poursuivant le repérage proposé par Pierre Leman pour Villeneuve-d'Ascq, treize nœuds de ce réseau cadastral romain se situent sur le territoire de Croix ou à son immédiate proximité. Certains de ces carrefours se situent près de lieux qui furent exploités suffisamment tôt pour penser qu'ils ont succédé à

L'ÉNIGME DU NOM

L'étymologie pourrait éventuellement aider à appréhender les origines de Croix. Une première interprétation, avancée par Théodore Leuridan et reprise par Jean Piat, consisterait à reconnaître la racine saxonne cro*, c'est-à-dire « marais ». Cette hypothèse a le mérite de remonter aux invasions du Ve siècle et de prendre en compte le milieu naturel, mais semble d'autant plus fantaisiste que cette racine n'apparaît dans aucun dictionnaire de vieux saxon, lequel n'était sans doute pas parlé par les conquérants saliens. Cette théorie est donc à écarter.*

Les autres interprétations reposent sur trois sens différents du latin crucis*, traduit en français par « croix » : carrefour, symbole chrétien, lieu de supplice. Chacune de ces hypothèses mérite à la fois attention et réserves. Les deux premières ont été avancées, au moins partiellement, par Théodore Leuridan. Dans un premier temps,* crucis *pourrait désigner une rencontre de deux axes perpendiculaires l'un à l'autre formant ainsi une croix. Cela suppose que deux routes suffisamment importantes traversent le territoire dès le haut Moyen Âge. Le tracé des principales voies romaines de la région reste en grande partie ignoré. Il se peut donc, théoriquement au moins, que ces voies aient formé un carrefour sur l'actuel territoire croisien. Par ailleurs, comme le signale Pierre Leman, « d'autres voies romaines [que celles connues] ont dû exister dans les environs de Lille », laissant présager que ce carrefour n'était en réalité qu'une rencontre de deux axes secondaires, limités à la seule desserte locale, peut-être même seulement un croisement de deux chemins. Cela irait dans le sens du maillage cadastral mais la difficulté, et la principale réserve à cette hypothèse, tient à l'absence de toute trace archéologique pouvant la confirmer.*

La deuxième solution consisterait à voir dans le vocable de « Croix » une évocation chrétienne, une croix ayant été placée sur le territoire. Celle-ci aurait pu faire figure d'étape priante sur un chemin de campagne, tel un calvaire, peut-être à proximité de la terre connue sous le nom de « la Chapelle », là même où Ladrière fit sa découverte. Pierre Riché signale ainsi que, entre le VIIe et le milieu du VIIIe siècle, « l'Église installe ses monuments sur toute terre conquise ou reconquise : oratoires, chapelles, croix, témoignent de la prise de possession du sol ». Il est envisageable qu'un tel monument rappelle alors l'évangélisation de la région. En revanche, il faut abandonner la piste anachronique abordée par Leuridan pour qui cette croix aurait pu délimiter un territoire sous protection ecclésiastique. Ce n'est en effet qu'en 1095, lors du concile de Clermont, que cette fonction d'asile est soulignée par l'Église, alors que le nom de Croix apparaît bien avant.

Enfin, une troisième piste mériterait quelque attention : en latin, crucis *signifie le gibet, la potence. Il n'est en soi pas absurde d'imaginer que sur le territoire croisien ait été installé un lieu d'exécution. Deux conditions s'imposent alors : qu'un peuplement suffisamment dense ait existé, exécutant les coupables en dehors de son territoire habité ; que la peine capitale ait été pratiquée. Or aucune de ces deux conditions ne semble se vérifier simultanément aux alentours immédiats de Croix.*

La solution la plus satisfaisante semble donc de voir dans le nom de Croix le souvenir de l'évangélisation. Parmi les évangélisateurs de la région, on compte saint Éloi, évêque de Noyon-Tournai au milieu du VIIe siècle. Dans le récit hagiographique attribué à saint Ouen, l'auteur rappelle qu'Éloi, avant d'être porté à la charge épiscopale, avait réalisé l'orfèvrerie de la châsse de saint Martin, financée par Dagobert. Devenu évêque, il aurait fondé quelques lieux de culte dédiés à saint Martin, que ce soit à Courtrai (église) ou à Tournai (abbaye). Enfin, par son œuvre évangélisatrice, Éloi aurait converti un grand nombre de païens de son diocèse. Ces derniers sont décrits comme « encore en partie voués aux erreurs du paganisme et adonnés à de vaines superstitions. Semblables aux sauvages, ils n'avaient pu jusqu'alors recevoir la parole du salut ». L'auteur de ce récit attribue à saint Éloi les paroles suivantes : « N'allez plus aux fontaines et détruisez les arbres qu'on nomme sacrés ; faites en sorte qu'on ne trouve plus sur les croisières des chemins des figures de pieds : brûlez-les quand vous en trouverez. Ne croyez pas qu'il y ait d'autres moyens d'arriver au salut que la croix et l'invocation du Christ. » À partir de ces éléments, et des pistes toponymiques proposées, il n'est pas interdit d'imaginer ce scénario, hypothétique sans être fantaisiste : dans un environnement fortement marqué par la civilisation franque, comme en témoignent les toponymes germaniques de Hem, Roubaix, Wasquehal, Flers ou de la Marque, un évangélisateur, peut-être Éloi lui-même, aurait fondé une église dédiée à saint Martin et surtout aurait placé le lieu sous la protection de la croix, peut-être en y faisant édifier un crucifix ou au moins en dénommant l'endroit.

des sites déjà connus à l'époque gallo-romaine : c'est le cas de l'église Saint-Martin, de la ferme de Beaumont ou du château de La Fontaine.

Il est donc vraisemblable qu'une population se soit déjà implantée sur le territoire de Croix à l'époque gallo-romaine. Cet habitat, qui ne regroupait probablement qu'un nombre limité d'individus, fut peut-être ensuite délaissé, avant d'être de nouveau exploité à la fin du haut Moyen Âge. À ce moment apparaît le nom de Croix, dont la signification reste obscure.

PREMIÈRES APPARITIONS

Sans trace matérielle, sans certitude toponymique, Croix n'entre véritablement dans l'histoire qu'avec la première mention écrite de son nom. En 847, Charles le Chauve, qui a besoin de l'appui des grands ecclésiastiques pour légitimer son pouvoir, reconnaît certains droits aux moines de l'abbaye de Saint-Amand. Le diplôme royal nous est parvenu par une copie du XIIIe siècle, l'original étant perdu. Il confirme en particulier la perception par les frères d'un neuvième de la récolte, ainsi qu'une redevance de trois cents poulets à Noël et à Pâques, sur chacune des dix-huit *villæ* de l'abbaye. Parmi les domaines cités apparaît celui de « Cruces », que le chanoine Henri Platelle a identifié comme étant Croix. La présence de Croix dans un document aussi ancien est plutôt exceptionnelle pour une commune de la métropole, puisqu'il faut attendre 897 pour voir apparaître dans un texte le nom de Roubaix, 1030 pour Wattrelos, 1054 pour Lille, 1096 pour Wasquehal, 1139 pour Tourcoing. Si elle est d'ailleurs isolée du reste des *villæ* de Saint-Amand, la villa de Croix n'a probablement rien d'une oasis en plein désert. En effet, à quelques centaines de mètres de l'actuel territoire croisien, se trouve l'une des plus remarquables exploitations du haut Moyen Âge, du moins l'une des mieux connues : le Fisc royal d'Annappes. Dès lors, la Marque peut apparaître comme un axe de peuplement local autour duquel se seraient fixées les propriétés, aussi bien laïques qu'ecclésiastiques. Les origines de Croix sont donc sans doute à rechercher dans la vallée de la Marque, aux abords plus ou moins immédiats du cours d'eau. Seules des fouilles archéologiques poussées permettraient de définir précisément le centre originel de la ville.

Dès le IXe siècle, la riche abbaye de Saint-Amand possède des terres à Croix.

Quel qu'ait été son emplacement, ce manse eut probablement à subir les invasions normandes de la seconde moitié du IXe siècle, attaques qui ravagent les régions de l'Yser, de la Lys et de l'Escaut. Les Normands (en réalité souvent des Danois) installent ainsi une de leurs bases à Courtrai en 880-881. Quoi qu'il en soit, il faut attendre plus de deux siècles pour retrouver le nom de Croix dans un autre document. En 1066, le comte de Flandre Baudouin dote la collégiale Saint-Pierre de Lille en accordant au chapitre un grand nombre de possessions autour de la ville. Parmi celles-ci est cité le manse de Croix, sans autre précision. L'absence de

Le financement de Saint-Pierre à Lille est assuré par des rentes sur des terres des villages alentour.

référence à Croix dans les archives de l'abbaye de Saint-Amand postérieures au IXe siècle laisse penser que le manse cité en 847 a été délaissé, soit par abandon, soit par vente, les moines jugeant sans doute ce domaine de Francie occidentale trop éloigné de leurs terres et donc difficile à exploiter efficacement ou à défendre lors de raids extérieurs. Le domaine peut alors se retrouver dans l'escarcelle comtale avant d'être attribué à la collégiale Saint-Pierre. Une rupture totale dans l'exploitation du territoire croisien entre le milieu du IXe siècle et le milieu du XIe siècle paraît cependant improbable, ce qui ne signifie pas pour autant que le manse de 1066 ait été exactement le même que celui de 847. Plus certainement y eut-il glissement, vers l'ouest peut-être, en aval de la Marque, et vers le nord, sur les collines du Ferrain. La mise en valeur du sol passe par l'assèchement d'une partie du marais ou le défrichement des forêts avoisinantes, comme peut le signifier le toponyme voisin du « Sart ». Les sources sont malheureusement rares jusque dans la seconde moitié du XIIIe siècle.

Cette période fondatrice pour le territoire croisien, comme pour beaucoup d'autres lieux de la région, reste donc un scénario à approfondir et éventuellement à corriger, fondé uniquement sur des hypothèses et sur les pistes habituellement admises par les historiens : sur un territoire connu depuis l'Antiquité, christianisé au VIIe siècle, une population se regroupe, soit par accroissement démographique, soit par un rassemblement effectif de l'habitat. Ce noyau forme un ensemble de plus en plus cohérent, encadré par un seigneur pour qui l'église sert de point de rassemblement communautaire. En ces quelques siècles, Croix serait donc passée très probablement du stade de terres agricoles éparses dans un milieu peu accueillant à celui de petit village naissant. Le temps des origines et de la gestation se termine pour laisser place à celui de la lente croissance.

L'IDENTIFICATION D'UNE COMMUNAUTÉ

De la micro-société croisienne émerge, après l'an mil, une élite. Le terme de « noblesse » reste inapproprié, du moins dans un premier temps. En 1136, le comte Thierry d'Alsace confirme les donations faites par plusieurs propriétaires dont « Waltherus de Crois », le premier Croisien connu, à Saint-Martin de Fives. Il accorde à ce prieuré fondé par les moines rémois de Saint-Nicaise deux bonniers (mesure agraire qui valait 1 hectare 40 ares) et demi de terre, ainsi qu'un manse qu'il possède à Flers. En 1150, une donation de sept bonniers situés à Flers et à Hellemmes est réalisée par Gautier de Croix (ou Gauthier), probablement le même homme, époux de Leigarde, au profit du même prieuré. Si la possession de la terre est, au XIIe siècle, la base de la puissance, aucune de ces deux chartes ne précise pour autant que Gautier appartient à la noblesse. À la suite de l'historien de Roubaix Théodore Leuridan, la tradition en fait le seigneur du lieu. Cette hypothèse est acceptable mais incertaine, puisque le qualificatif « de Crois » n'a rien de nobiliaire ni de patronymique. Il ne s'agit, au XIIe siècle, que d'un renseignement de lieu, ce Gauthier propriétaire à Flers étant reconnu comme originaire de Croix.

Les chrétiens occidentaux, en partant en croisade, inscrivent leurs pas dans ceux de Jésus et ont pour but de reprendre Jérusalem, la Ville sainte.

Ce n'est qu'à l'extrême fin du XIIe siècle que la noblesse prend place avec certitude sur le territoire croisien. Par son union avec Mathilde de Croix, héritière de la terre du lieu, Eustache de Mandre devient le premier seigneur de Croix connu et constitue le chef de la première dynastie locale. Notaire comtal en 1187, il participe à la quatrième croisade (1202-1204) auprès du comte Baudouin de Flandre et de Hainaut. Eustache perd la vie au cours de cette expédition. Au moins quatre fils et une fille lui survivent avec certitude. En effet, Gilles de Mandre, Gilles de Croix, Jean de Croix et

Gautier de Croix figurent dans un cartulaire de Notre-Dame de Tournai comme enfants de Mathilde de Croix, tandis que Marguerite est mentionnée comme étant la sœur du même Gautier, évêque de Tournai. Un cinquième fils, Eustache II de Mandre, est parfois attribué au couple, mais sans certitude de filiation.

Pieux donateurs ou membre de l'administration comtale, croisés hypothétiques ou authentiques, seigneurs du lieu ou simple propriétaires fonciers, la première élite croisienne connue semble appartenir à l'entourage assez proche du comte,

LE FÉODALISME CROISIEN

Quelques décennies plus tard, à l'occasion de la troisième croisade (1189-1192), un Hugues de Croix accompagne le comte de Flandres Philippe d'Alsace. En 1190, il figurerait parmi les bénéficiaires d'un prêt accordé par les banquiers génois, sous la garantie royale de Philippe Auguste, en lieu et place du défunt comte. Cet acte, dont l'authenticité est par ailleurs contestable, ne mentionne pas explicitement d'appartenance à la noblesse comme corps constitué.

LA RÉFÉRENCE AU MOYEN ÂGE

La référence au Moyen Âge n'a jamais disparu dans la culture des sociétés européennes. Les philosophes des Lumières – Diderot, d'Alembert et les Encyclopédistes, voire Voltaire – stigmatisent ce temps de ténèbres et d'obscurantisme. Dans la première moitié du XIXe siècle, les romantiques, à l'instar de Victor Hugo, l'historien Michelet, l'architecte Viollet-le-Duc, le peintre Delacroix, réhabilitent le Moyen Âge. Après la tourmente révolutionnaire et les tumultes de l'épopée napoléonienne, le présent inquiète. La révolution industrielle et urbaine effraie un monde installé, jusqu'alors, dans la ruralité et qui se réfugie dans un passé mythifié. Le Moyen Âge inspire, désormais, une société en mal d'exotisme et de songe. Cette période, mal connue encore, peut donc donner lieu à une liberté d'expression et d'interprétation très large, manifestée dans l'art troubadour. Après ces grands bouleversements, et face à la montée progressive de l'indifférence religieuse, l'Église magnifie un Moyen Âge « temps de la foi » et donne son aval à une « architecture néo-gothique » cadre de la reconquête des fidèles.

Le récit des origines médiévales de Croix relève de cette sensibilité. C'est une source d'inspiration pour Henri Lizot, le poète et journaliste croisien (1817-1872) qui, dans la revue La Fauvette, *en 1862, se propose de raconter le retour à Croix de Sigismond le Croisé. Vingt ans plus tard, en 1881, le clergé de Saint-Martin reprend le récit pour organiser le pèlerinage annuel à Notre-Dame de la Délivrance. La véracité n'importe guère : aucun Sigismond n'apparaît dans les sources médiévales, l'existence d'un Gilles de Croix (autre nom donné à l'héroïque seigneur) au milieu du XIIIe siècle est hypothétique.*

Sigismond de Croix accompagné de ses vassaux (fresque de la légende du Croquet, église Saint-Martin, XIXe siècle).

La « construction intellectuelle » de Lizot reprend, sans nul doute, ce qu'a transmis la tradition orale. On ne peut la comprendre qu'en la resituant dans l'esprit du temps. L'engouement pour les croisades se revivifie dans les années 1830. Louis-Philippe Ier, pour commémorer les grandes étapes de l'histoire de France, édifie à Versailles une salle des Croisades dans laquelle figure le blason de la famille de Croix. Bien des érudits locaux mènent des recherches sur la « noblesse française et les croisades », au risque d'inventer des sources. Les raisons sont idéologiques et politiques. Après les Trois Glorieuses, la stabilisation de la société française suppose, pour la monarchie de Juillet, de réintégrer l'aristocratie « contre-révolutionnaire ». Il s'agit également de rallier à un régime contesté la vieille noblesse qui le dédaigne et dont fait partie la famille de Croix, ou du moins ses héritiers.

L'Église apporte son appui car elle voit, dans cette période médiévale, l'apogée de son rayonnement et de sa puissance. Il faut ajouter qu'elle est sensible au merveilleux qui s'en dégage. Si l'épiscopat est plus réservé, le clergé paroissial partage, avec les fidèles, une assez large sympathie pour les « miracles » qui sont à l'origine de grands pèlerinages (Lourdes, La Salette). Le culte marial, en plein essor, étaie ces pratiques religieuses.

Le pittoresque et le merveilleux, les images d'un passé rêvé séduisent d'autant mieux la société croisienne que le village se transforme. Il devient ville industrielle. Dès lors, Henri Lizot peut imaginer le « croisé » – fidèle chevalier de saint Louis – comme le héros fondateur d'une communauté bouleversée par les mutations économiques et sociales, l'arrivée de populations étrangères. En relayant le récit et en le plaçant dans le champ religieux, l'Église engage le croisé Sigismond dans une croisade menée, non contre l'islam, mais contre la laïcité.

Les cantiques de l'époque ne permettent aucun doute sur ses intentions : le clergé appelle les fidèles à « combattre les idées perverses ».

Très marquée par cette sensibilité où se mêlent croyance religieuse et sympathies monarchiques, l'Église a du mal à s'en détacher. La fresque qui décore l'église Saint-Martin reprend quelques épisodes du récit. Commencée à la veille de la guerre et achevée en 1918, la peinture traduit bien cette curiosité persistante. Après le conflit mondial, la reconstruction de nombreuses villes du Nord s'inspire de références à un Moyen Âge architectural de rêve et de fiction (Armentières, Ypres, en Belgique)

L'invention du géant Gilles de Croix, au moment de la crise en 1932, s'inspire de la tradition initiée par Henri Lizot et donne au héros l'image contestataire du personnage de Carnaval. Le géant bénéficie du statut de « fondateur » comme le souligne le chansonnier Bodart-Timal, sans aucune référence religieuse.

On pourrait s'interroger sur les raisons qui ont poussé les républicains puis les socialistes à donner à Isaac Holden la stature de héros fondateur laïque de « Holden City ». À l'ancienneté des racines, ils répondirent probablement par une glorification d'un progrès mythifié, idéalisé et trompeur.

La chapelle du Croquet témoigne de l'utilisation que les hommes du XIXe siècle firent d'un Moyen Âge légendaire.

particulièrement à partir de Thierry d'Alsace. Le destin des enfants du couple « fondateur » plaide d'ailleurs pour cette proximité. Gilles de Mandre et Gilles de Croix sont tous deux qualifiés de « chevaliers » (comme Eustache II de Mandre) ; leur frère Jean, à qui les actes accordent le même titre chevaleresque, hérite de la terre de leur mère, Mathilde de Croix. Gautier devient évêque de Tournai en 1252. Marguerite de Croix aurait épousé Conon II de Béthune, si l'on en croit le martyrologe de Notre-Dame de Tournai, ce qui la placerait dans le cousinage proche de saint Louis et de l'empereur Frédéric II. La participation à la croisade d'un Eustache de Mandre, si ce n'est celle, possible, d'un Hugues de Croix, les liens matrimoniaux et l'association aux fondations comtales laissent présager d'une proximité réelle entre la dynastie comtale des Alsace et les seigneurs de Croix. L'analyse héraldique pourrait confirmer ce lien privilégié. Aucune allusion aux comtes n'apparaît dans les armoiries des seigneurs de Croix qui portent « d'argent à la croix d'azur ». La figure est des plus simples, la croix n'enregistrant aucune fantaisie, et les couleurs sont fréquentes, le couple argent-azur se retrouvant dans 10 % des armoiries médiévales flamandes. Ce caractère épuré et courant de l'héraldique croisienne peut être compris comme un argument en faveur de l'ancienneté de la noblesse et de la puissance du lien avec le comte. En effet, nul n'est besoin de faire preuve d'originalité si la puissance et l'aristocratie de celui qui porte ces armoiries sont reconnues de tous. La simplicité de ces armes, complémentaire des autres arguments, peut donc être saisie comme une preuve d'appartenance de cette première élite croisienne à l'entourage immédiat des comtes de Flandre, pour ne pas dire à leur cour.

S'il est relativement aisé de dresser la liste des seigneurs de Croix à partir d'Eustache de Mandre, la seigneurie du même nom se laisse plus difficilement cerner. Un premier obstacle tient à la confusion entre les différentes circonscriptions répondant au nom de Croix : la paroisse, division ecclésiale, n'est pas la seigneurie, entité foncière, sans même évoquer la réalité administrative de la commune, qui n'apparaît ici qu'avec la Révolution. La prudence est donc de mise. Il suffit de prendre l'exemple des dénombrements de la fin du XIVe siècle, suffisamment complets pour saisir de façon assez pertinente la complexité du maillage médiéval. En 1389, après la décennie de révolte qui saisit la Flandre, Jehan du Mez, seigneur de Croix, rend hommage à Philippe le Hardi, duc de Bourgogne, héritier du comté par son mariage avec Marguerite de Male, fille unique du défunt comte Louis de Male. À cette occasion, Jehan du Mez dénombre avec précision les biens relevant de sa seigneurie de Croix. En comparant les surfaces dépendant de la seigneurie et les superficies soit de la paroisse, soit de l'actuelle commune de Croix, on voit combien les circonscriptions diffèrent en fonction de leur nature : en 1389, moins d'un cinquième des terres se trouvant aujourd'hui sur la commune de Croix relève de la seigneurie du même nom, tandis que celle-ci s'étend pour les deux tiers sur d'autres territoires. Les données sont encore plus impressionnantes si on prend en compte les 500 hectares approximatifs de la paroisse de Croix au Moyen Âge : sur les 234 hectares qu'il dénombre, Jehan du Mez n'en recense que 81 sur le territoire de la paroisse, soit environ un sixième. Les autres terres du déclarant se situent à Flers (24 %), à Roubaix (16 %), à Wasquehal (13 %) ou à Annappes (5 %). Les 10 hectares du fief de Favreulles que déclare aussi le seigneur de Croix se situent aux limites paroissiales de Croix, Roubaix et Wasquehal, ce qui modifie alors peu la répartition. Outre cette terre de Favreulles, les domaines croisiens relevant de la seigneurie sont au nombre de huit. Le « gros » du fief en constitue évidemment l'essentiel, puisqu'il représente 48 des 81 hectares. Le long du chemin de Croix à Roubaix (qui correspond à peu près à l'actuelle rue Jean-Jaurès), les fiefs contigus de l'Espesse et de l'Âtre, dit Guéronde, regroupent respectivement 20 et 11 hectares. Les cinq autres fiefs varient entre 4 et 48 ares.

Puisque le seigneur de Croix ne possède le pouvoir que sur 20 % des terres de l'actuelle commune et sur 16 % de la paroisse médiévale, qu'advient-il des autres terres ? La paroisse abrite alors d'autres seigneuries que celle qui porte son nom. Une grande partie du territoire de l'actuelle commune est propriété ecclésiastique, du chapitre de la collégiale Saint-Piat de Seclin, du pasteur en place et des Dominicaines de Notre-Dame-de-l'Abbiette. Il y a surtout de nombreuses seigneuries laïques. Celle de La Fontaine mériterait sans nul doute le titre d'« autre Croix », tant elle représente un second pôle dans la paroisse. Le gros de cette seigneurie regroupe 25 bonniers de terre, soit plus de 35 hectares, répartis sur les paroisses d'Ascq, d'Annappes et de Croix. Cependant, aucun des fiefs relevant des seigneurs successifs de ce lieu ne se situe sur la paroisse de Croix.

Par ailleurs, d'autres seigneuries conservent une part importante du territoire. Beaumont forme un fief de belle taille. En 1593, son détenteur, Maximilien d'Ongnies, seigneur de Beaurepaire, dénombre 30 bonniers (plus de 42 hectares) constitués d'une « belle motte sur laquelle y a ung chasteau avecq bonne porte, bassecourt et plusieurs jardinaige, entourez d'eauwes pour mon usance et comodité ». À ce bien foncier s'ajoute une deuxième propriété de 25 bonniers (plus de 35 hectares). Le texte ne précise malheureusement pas la répartition exacte de la seigneurie sur les paroisses de Croix, d'Hem et de Roubaix, mais il semble que Croix représente une part non négligeable de ce bien. À proximité de Beaumont, le fief du Meur ou du Boulemeur a été détaché de la seigneurie de La Fontaine dont il dépendait, pour relever directement de la Salle de Lille et donc du comte. Entre les mains des seigneurs d'Hem mais entièrement situé sur la paroisse de Croix, il regroupe 11 bonniers (plus de 15 hectares) de bois, prés, étang et terres cultivables.

La seigneurie de la Corbeille, ou Corbeillerie, constitue un autre ensemble important. Concentrée pour l'essentiel sur la paroisse de Croix, hormis quelques ares débordant sur celle de Wasquehal, elle comprend les terres situées entre la rue des Ogiers, qui existe déjà sous forme de chemin, et l'actuelle voie de chemin de fer qui suit le parcours de l'ancien chemin de Lille à Roubaix. La Corbeillerie possède un gros de plus de 10 bonniers (15 hectares), au sein duquel se dresse un manoir qu'un château de l'industrie remplacera au XIXe siècle. C'est une trentaine d'hectares du territoire de la paroisse qui se trouvent aux mains du détenteur de cette seigneurie. À la limite de Wasquehal et Roubaix, la seigneurie de la Macquellerie constitue à compter du XIIIe siècle un fief mouvant de Bondues, tout en demeurant dans l'espace paroissial de Croix. Elle se trouve au voisinage de Favreulles dont les terres forment un couloir étroit jusqu'à la Verte Rue.

Selon l'endroit où il se trouve, un individu peut donc se tenir dans des terres, une seigneurie et une paroisse différentes. Ainsi, le paysan qui travaille sur les terres du Fresne est sous la puissance du seigneur du Breucq et sur le territoire de la paroisse de Croix. La définition exacte du lieu où il se situe oblige aussi cet individu à répondre à des autorités dont les intérêts sont parfois divergents. Cependant, à mesure que l'on avance dans le temps, l'autorité féodale change de signification. À l'origine, le lien vassalique est essentiellement une relation d'homme à homme, ou plus exactement d'homme à seigneur. Celui qui fait « hommage » se place sous la protection de son suzerain. Le réseau social ainsi constitué, qui a la confiance pour socle, se fonde sur le caractère humain et vivant de la promesse. Cette dernière prend évidemment fin avec la mort des protagonistes. Cependant, suivant l'adage « le mort saisit le vif », la relation originelle se perpétue le plus souvent par le renouvellement du lien entre les héritiers à l'occasion de la cérémonie de l'hommage. La terre que le seigneur accorde à son vassal symbolise la solidité de l'attachement et de la confiance mutuelle entre les personnes. Elle a aussi pour but de permettre au vassal de tenir le mode de vie que mérite son rang, se montrant ainsi digne de son seigneur. Il est probable que la féodalité remonte aux alentours de 1100. Cela peut expliquer pourquoi, en 1066, une propriété comtale fait partie de l'escarcelle fondatrice de Saint-Pierre de Lille, alors que soixante-dix ans plus tard, Thierry d'Alsace n'intervient plus que pour confirmer des donations faites par différentes personnes, dont Gauthier de Croix. Entre-temps, sans doute, l'un des comtes a pris sous sa protection un homme à qui il a attribué une terre entre Marque et Ferrain. Peut-être cet homme n'avait-il jamais entendu le nom de « sa » terre avant qu'elle lui soit attribuée, peut-être lui et les siens y vivaient-ils déjà et ses ancêtres étaient-ils reconnus depuis plusieurs générations comme « maître du village ».

Plus on s'éloigne des origines du lien, c'est-à-dire probablement des XIe et XIIe siècles, plus le lopin perd sa fonction symbolique pour devenir le cœur de la relation féodo-vassalique. Les hommes sont morts, leurs descendants en ligne directe aussi. Les Dampierre ont succédé aux Alsace à la tête du comté, la famille de Mandre a pris possession de la seigneurie de Croix. Le caractère personnel du premier lien a laissé place à une relation

Par la surélévation du château de Croix dans ce recueil généalogique, la noblesse locale affirme sa suprématie protectrice sur la population.

entre deux familles, plus ou moins proches l'une de l'autre. La terre n'est plus une attribution foncière en reconnaissance d'une protection mutuelle mais davantage un moyen pour le seigneur, en affirmant sa propriété première du sol, de percevoir des revenus. La seigneurie de Croix verse ainsi 10 livres de relief, autrement dit l'individu qui relève cette terre, par transmission héréditaire ou par achat, doit payer cette somme. Pour importante qu'elle soit, il ne s'agit pourtant que d'une part symbolique au regard de ce que rapporte la seigneurie à son détenteur. Par les seules rentes monétaires annuelles, le nouveau seigneur de Croix finance plus de 95 % du droit de relief. Le droit de transmission est donc très faible en comparaison avec les recettes de son bien. Sur sa terre, le seigneur de Croix perçoit des revenus importants. Outre les rentes monétaires, versées à Pâques et à la Saint-Jean-Baptiste, ses « sujets » directs, qui vivent sur le gros du fief, lui doivent chaque année des rentes en nature (une quinzaine d'hectolitres de froment, plus de trois hectolitres d'avoine, trente-huit chapons, quelques poules, six œufs...). Le seigneur perçoit par ailleurs des droits de mutation élevés (soit deux années de revenus de la terre lors d'une succession, soit un dixième du montant de la vente). Enfin, en septembre 1389, Jehan du Mez et de Croix déclare avoir « en mondit fief ung molin à vent qui par an vault deux muis de bled ou environ », alors que son petit-fils, en juillet 1457, reconnaît avoir « ung molin à vent qui de présent vault en cense par an sept muys et demy de bled de moture ». La redevance versée, initialement d'un hectolitre de farine, est donc multipliée par 3,5 en quelques décennies.

Le gros du fief offre alors à son détenteur de quoi vivre selon un train digne de son rang. L'aspect le plus important du fief ne repose pourtant pas dans ces revenus. Après avoir énuméré ces derniers, les seigneurs successifs dénombrent les vassaux qui leur doivent l'hommage. Vingt-cinq individus possédant une terre dépendant de la seigneurie de Croix, vingt-cinq « hommes », se reconnaissent sous la coupe de ses détenteurs. Ces hommages font du vassal du comte de Flandre un seigneur de nombreuses personnes. Le fief de Favreulles constitue à cet égard une des terres les plus profitables. Détenu en 1389 par Gérard de Mastaing, puis devenu territoire douairier au profit de Catherine de La Tannerie, mère du déclarant en 1457 et veuve de l'ancien seigneur, Favreulles rapporte plus de six hectolitres de froment, environ soixante-quinze litres d'avoine, sans compter les chapons ou l'argent à verser annuellement. Par ailleurs sont dus six hommages, ce qui signifie que le seigneur de Croix possède vassaux et arrière-vassaux.

Le nombre de ces hommages oblige le seigneur à participer proportionnellement au devoir militaire que lui impose la dépendance féodo-vassalique à l'égard du comte. Ainsi, lors de l'expédition que le duc Charles le Téméraire mène en Lorraine en 1476, le seigneur de Croix assume son devoir d'ost, c'est-à-dire de service en temps de guerre, en envoyant quatre archers qui servent sous les ordres du souverain bailli de Flandre, Josse de Lalaing. Jehan du Mez, âgé probablement d'une cinquantaine d'années, ne prend pas les armes, car il est « homme ancien et débile », c'est-à-dire âgé et faible. L'aspect militaire constitue un des fondements du féodalisme, au même titre que le fief. Il est d'ailleurs remémoré lors de la transmission d'une terre féodale à un nouveau propriétaire. Dans le rapport qu'il fait de son fief de La Fontaine en juillet 1389, Guillaume de Warenghien recense « noeuf hommes de fief ou environ dont il en y a deux lieges ; item deux autres chacun à uns blans espourons de relief à le mort ; item un autre à un fer de lance de relief à le mort et quatre autres chacun à uns blans wans de relief à le mort ». Ce petit seigneur local possède donc quatre types de vassal différents : deux sont liges, c'est-à-dire qu'ils reconnaissent Guillaume de Warenghien comme premier parmi leurs possibles seigneurs ; deux lui doivent des éperons blancs et un autre un fer de lance comme droits de succession, tandis que les quatre derniers lui doivent des gants blancs. L'éperon et le fer de lance rappellent l'appui armé auquel ces vassaux s'engagent en cas de besoin.

Se pose également la question de la justice, dimension visible de la société féodale. En même temps qu'une terre, le vassal reçoit souvent le privilège de dire le droit, du moins en partie. À la fin du Moyen Âge, les dénombrements des seigneuries de Croix, de La Fontaine, du Meur ou du Maretz se terminent toujours par la formule « en justice toute telle que à visconté appartient ». Les seigneurs déclarants avouent donc posséder le droit de justice en leurs terres, ce que revendique la formule « fief, justice et seigneurie de Croix » utilisée par exemple par le bailli de Jehan du Mez dans un acte daté de 1426. Cependant, il s'agit là d'une justice partielle puisque seule les basse et moyenne justices relèvent de la seigneurie, la haute justice restant du ressort du comte. Les nombreuses lettres de rémission accordées en son nom à des criminels croisiens illustrent le monopole que le comte de Flandre possède sur la prestigieuse justice de sang. En revanche, le seigneur de Croix profite de son droit de basse et moyenne justice pour percevoir les amendes auxquelles ses « sujets » peuvent être condamnés. Pour autant, la justice ne dépend pas de l'arbitraire d'un seul individu, mais d'une cour féodale. Avec les vingt-cinq hommages qui lui sont dus, ce sont autant de conseillers dont le seigneur de Croix dispose pour rendre la justice. Ainsi, en 1368, les époux Robert et Jeanne de La Choutière demandent l'arbitrage de Marie de Hem, veuve d'Hector de Croix, et dame douairière du lieu, et de son beau-frère, Guillaume du Mez, écuyer et seigneur par son mariage avec l'héritière de la terre, Isabeau de Croix, veuve de Jacques de la Potennerie. L'objet de la requête consiste en un désaccord sur la vente de trente-cinq ares de terre faite par les époux aux religieuses de Notre-Dame-de-l'Abbiette. La procédure est menée devant la cour composée de Jehan Ioses, bailli de la dame douairière de Croix, assisté de Jehan Prévost, Pierre de La Choutière, Lotard de La Choutière et Jehan Le Conte.

Quelques décennies plus tard, en 1426, les religieuses louent cette terre à Gilles de Douvrin. Le bail est enregistré par la cour féodale de Croix, présidée pour l'occasion par « Jehan de Laubiel, fil de feu Willaume, bailli à hault et nobre monsigneur Jehan du Mes, chevalier, seigneur de Croix et de Flers de son dit fiefe justice et seigneurie de Croix, appartenanches et dépendanches souffissamment establie ». Le seigneur de Croix n'apparaît qu'occasionnellement dans les actes. Il délègue son pouvoir à son bailli, véritable administrateur de son bien, aidé parfois d'un lieutenant ou de sergents. Dans une terre aux dimensions relativement restreintes, à la population peu nombreuse, une véritable administration seigneuriale, qui se superpose au cadre féodal dans lequel le pouvoir continue de s'exercer, fonctionne de manière embryonnaire.

L'apparition d'une « fonction publique territoriale » trouve son explication dans deux processus historiques, parallèles et contradictoires. La procédure judiciaire devient plus complexe. La recherche et l'audition de témoins prennent du temps alors que l'objet de l'enquête nécessite de plus en plus des connaissances précises, juridiques mais surtout techniques et locales. Celui qui rend la justice ne doit pas seulement savoir le droit, la coutume, il doit également connaître la terre et les hommes qui y vivent, la mémoire du lieu ayant valeur de preuve. Très souvent, le seigneur n'est plus en mesure d'assurer cette mémoire. En effet, et c'est là que se situe le second mouvement historique, les seigneurs de Croix ne résident pas toujours, préférant vivre en ville ou alternant leur présence dans leurs différentes seigneuries. Spécialisation administrative et absentéisme seigneurial concordent donc pour laisser l'exercice du droit entre d'autres mains que celles du seigneur. Contrairement aux origines du lien féodal, la justice n'est plus dite par le détenteur de la terre mais en son nom. En absence du seigneur ou en cas de non-résidence, le bailli incarne son pouvoir et pas uniquement en matière de justice, comme l'a montré Stéphane Curveiller pour Dunkerque. Quand le maître n'est pas là, le bailli est le seigneur ; il en est le pouvoir ; il en est le droit ; il est la personnification visible de l'assise seigneuriale sur les humbles. Il illustre, dans une certaine mesure, la continuité féodale, puisque, même abrité dans le château, le bailli réside près de la population. Il est enfin, par sa fonction, la première manifestation moderne d'une l'administration complexe qui voit peu à peu le jour.

LES STRATÉGIES MATRIMONIALES DES SEIGNEURS DE CROIX

Bien que la résidence n'y soit qu'occasionnelle, le seigneur peut se prévaloir du nom de sa terre. Au Moyen Âge, Croix attire en raison d'un faisceau de facteurs favorables. Située sur la Marque, elle regarde davantage vers la vallée que vers le Ferrain ; or la rivière mène à la Deûle qui dessert Lille, capitale comtale. Les premiers seigneurs de Croix semblent compter parmi les compagnons du comte. Par la suite, les relations entre Croix et Lille se multiplient. Deux élites semblent se croiser : les seigneurs croisiens se tournent vers Lille, tandis que les bourgeois lillois prennent pied à Croix.

La politique matrimoniale des seigneurs du lieu mériterait d'être longuement analysée car elle dévoile de véritables stratégies familiales. Dans la seconde moitié du XIIIe siècle, Jean, seigneur de Croix, de Flers et de Drumez, épouse Jeanne de Viefville, dite Maigret, fille de Pierre de Viefville et de Marie Vreté. La famille de Croix est alliée à l'aristocratie lilloise, celle de la bourgeoisie et de la nouvelle noblesse. Willaume Magret, frère de « Medame Jehane de Crois ki femme fu Mgr Jehan de Crois, chevalier », est qualifié en 1289-1290 de « bourgois de Lille », alors que leur père, Pierre de Viefville, porte le titre de chevalier et que leur mère, Marie Vreté, est issue d'une des familles les plus en vue de la bourgeoisie lilloise de l'époque. Les générations suivantes restent marquées par l'endogamie de la noblesse locale. Les dames de Croix, à la fin du XIIIe siècle et au XIVe siècle, Marguerite de Halluin, Agnès de Bailleul et Marie de Hem, appartiennent toutes à des familles nobles du comté. Avec les Magret et les Halluin, les seigneurs de Croix tiennent leur rang. Ils sont promus par l'alliance avec une dynastie plus prestigieuse que la leur, celle des Bailleul.

Une rupture, celle d'un repli géographique, semble se produire avec les alliances des enfants avérés du couple Jean de Croix-Agnès de Bailleul. Leur fils Hector épouse Marie de Hem, tandis que leur fille, Isabelle de Croix, épouse en premières noces le chevalier Jacques de la Potennerie, seigneur du fief roubaisien du même nom, puis, devenue veuve, se remarie avec Guillaume, seigneur du Mez, terre située à Sainghin-en-Mélantois. Le passage de la seigneurie de Croix à une autre dynastie, celle des du Mez, confirme l'orientation matrimoniale précédente. Les seigneurs de Croix font clairement le choix de l'alliance avec d'autres familles de la noblesse flamande. Ainsi, Jean du Mez, seigneur de Croix, fils de Guillaume du Mez et d'Isabelle de Croix, au tournant des XIVe et XVe siècles, épouse Isabelle Le Prévost, fille de Jacques Le Prévost, seigneur de Lomme et de Capinghem. Six enfants de ce couple sont identifiés : les quatre filles, Marguerite, Isabelle, Marie et Jeanne, épousent respectivement Alard Le Fevre, seigneur de Quevaucamp, Jean de Lannoy, seigneur de la Motterie (à Leers), Gérard Mallet, seigneur de Hochon (à Fournes-en-Weppes) et Gérard Ascloquettes, seigneur du Fay (à Seclin). Leur frère, le chevalier Jean du Mez le Jeune, seigneur de la Frossarderie, s'allie avec Péronne de La Motte, dame d'Anstaing. Enfin, l'aîné, Jean du Mez, épouse en 1420 Catherine de La Tannerie, dame d'Estevelles (à Pont-à-Vendin)

L'alliance matrimoniale dépasse les deux personnes des mariés et unit les intérêts de deux familles.

et du Maretz (à Croix), puis, à partir de 1422, dame de Wambrechies. Les mariages de ces six enfants manifestent à l'évidence une volonté d'ouverture géographique à la Flandre gallicante et au Hainaut, autant que d'une forme d'affirmation d'autonomie du « plat pays » face aux velléités lilloises.

L'alliance avec Catherine de La Tannerie est particulièrement intéressante. Par ce mariage, Jean du Mez, seigneur de Croix et de Flers, accroît le patrimoine foncier et s'approche des milieux de pouvoir. Jacques de La Tannerie, le père de la mariée, a connu un parcours dense et réussi au sein de l'administration comtale. Procureur occasionnel du duc de Bourgogne dans les années 1380, il est receveur du domaine de Lille de 1388 à 1395, maître de la Chambre aux deniers de 1395 à 1397, procureur général du comté de Flandre de 1397 à 1408, conseiller du duc de 1408 à 1419, puis maître de la Chambre des comptes à partir de 1419. Personnage influent, marié à deux reprises, il devient bourgeois de Lille en 1400 et multiplie les acquisitions de terres, dont le fief croisien du Maretz acheté en 1396 à Olivier de Le Vigne. Ses fils mènent une carrière administrative et ses filles s'allient à des fonctionnaires et des changeurs. Par cette union avec Catherine de La Tannerie, Jean du Mez assure à sa lignée une assise solide, des appuis influents, un réseau efficace. La vieille noblesse se régénère en pénétrant les élites montantes qui, de leur côté, profitent des dynasties anciennes pour gagner en légitimité.

Évidemment, la valeur individuelle entre aussi en compte, comme le laisse présumer la nomination de Jean du Mez au poste de bailli de Lille en 1421. Cependant, la stratégie matrimoniale des seigneurs de Croix confirme cette recherche de régénérescence. Les alliances des enfants de Jean du Mez et de Catherine de La Tannerie, qui prennent définitivement en 1430 le nom et les armes de Croix aux dépens de ceux du Mez, élargissent le réseau familial. Jeanne, Isabelle et Agnès de Croix, trois filles nées de cette union, sont les épouses respectives d'un noble breton installé en Flandre, Hervé de Mériadec, seigneur du Chastel, d'un pair du Cambrésis, Baudouin de Hénin, seigneur de Cuvilliers, et de Jean de Langlée, neveu du seigneur de La Fontaine par sa mère, Jeanne Verdière. Quant à leur sœur Catherine, elle devient abbesse de Denain. Par la destinée de leurs filles, il semble donc que Jean du Mez et Catherine de La Tannerie cherchent à étendre leur réseau. Ils se rapprochent des sphères du pouvoir de l'État bourguignon et profitent de l'union des deux comtés entre les mains de Philippe le Bon en 1433 pour pénétrer dans le Hainaut, par mariage ou par entrée dans les ordres. Dans le même temps, confirmant leur choix de ne relever que le nom de Croix, ils solidifient leur assise territoriale en s'alliant avec la seigneurie voisine de La Fontaine, également terre paroissiale croisienne. Cette alliance confirme un mouvement amorcé avec leur propre mariage, qui unit Croix et le Maretz. Quant aux fils de ce couple, ils héritent chacun d'une part du patrimoine, l'aîné, Jean, devenant seigneur de Croix, du Mez et de Flers à la mort de son père, le deuxième, Pierre, seigneur de

LES LIGNÉES SEIGNEURIALES

SEIGNEURIE DE CROIX

LES SEIGNEURS HYPOTHÉTIQUES :

***Gauthier** (cité en 1136-1150)*

***Hugues** (cité en 1190)*

LES SEIGNEURS AVÉRÉS :

Cette liste ne peut être exhaustive car elle reste tributaire des sources. D'autres seigneurs ont ainsi pu « s'intercaler » entre ceux dont les noms suivent, en particulier entre Eustache de Mandre et Hector de Croix.

Armes des seigneurs de Croix.

***Eustache de Mandre** : il hérite de la terre par son mariage avec Mathilde de Croix*

***Jean** (cité en 1247), époux d'Isabeau de Lannoy*

***Jean** (mort en 1288), époux de Jeanne Maigret, dite de Viefville*

***Jean** (mort en 1325), époux d'Agnès de Bailleul*

***Hector** (mort en 1372)*

***Isabelle**, épouse de Jacques de la Potennerie, puis en secondes noces de Guillaume du Mez*

***Jean du Mez** (cité en 1389, mort en 1411), époux d'Isabelle Le Prévost*

***Jean de Croix** (1411-1442), époux de Catherine de La Tannerie (décédée en 1470, inhumée à Saint-Martin de Roubaix)*

***Jean** (1442-1484), époux de Madeleine d'Oignies*

***Baudouin de Croix** (mort en 1514), écuyer du roi de Castille*

***Isabeau**, épouse en 1484 Étienne de Luxembourg, seigneur de Rebecq*

***Isabeau de Luxembourg**, épouse de Philippe de Noyelles*

***Adrien de Noyelles**, époux de Françoise de Lille*

***Adrien de Noyelles**, époux d'Anne de Gand-Vilain*

***Jacques de Noyelles**, époux d'Anne de Claerhout, baronne de Maldeghem : il obtient en 1617 des archiducs Albert et Isabelle, gouverneurs des Pays-Bas, l'érection de la seigneurie de Croix en comté*

SEIGNEURIE DE LA FONTAINE

LES SEIGNEURS PROBABLES :

***Wautier de La Fontaine** (cité en 1248)*

***Jean de La Fontaine** (cité en 1282-1309)*

***Willaume de La Fontaine** (cité par Leuridan comme fils du précédent)*

LES SEIGNEURS AVÉRÉS :

***Jean Le Toilier** (mort avant 1382), époux de Jacqueline de Frétin*

***Guillaume de Warenghien** (cité en 1389-1408), époux de Jeanne de Thumesnil (morte vers 1436)*

***Marguerite de Warenghien**, épouse de Josse Verdière, seigneur de Duremort à Séquedin, bourgeois de Lille*

***Jean Verdière**, maîtres ès arts (cité en 1447)*

***Josse Verdière** (cité en 1458), époux de Marie de Bouvines*

***Jean Verdière**, roi de l'Epinette en 1462, bourgeois de Lille par relief en 1475, échevin et mayeur de Lille, chevalier en 1525, époux de Jossine Collins*

***Jean Verdière** (né en 1487), époux de Charlotte de Haynin en 1533, bourgeois de Lille en 1553*

***Jacques Bette** (mort en 1591), neveu du précédent, époux d'Isabeau de Gruutere*

***Adrien Bette** (1591-vers 1623), époux d'Adrienne de Mérode de Rumen*

Armes de la famille Verdière, seigneurs de La Fontaine du milieu du XVe siècle au milieu du XVIe siècle.

Dadizeele, le troisième, Baudouin, seigneur de Wambrechies et le dernier, Philippe, seigneur de Molenghien. Aucun cas ici de cadet dépourvu de biens. Même les enfants nés hors mariage participent de la démarche matrimoniale : Marguerite et Isabelle, filles de Jean du Mez et de deux roturières, légitimées en 1439, épousent des représentants de la petite noblesse flamande.

L'étendue du réseau matrimonial, comme la légitimité que confèrent le patrimoine foncier et la titulature seigneuriale, ouvrent de belles perspectives pour le fils aîné du couple. Jean de Croix épouse Madeleine d'Oignies, fille de Baudouin d'Oignies, qui mena une remarquable carrière dans l'entourage de Philippe le Bon et surtout de son épouse Isabelle de Portugal. Cette proximité avec le pouvoir bourguignon ainsi que les responsabilités importantes dont Baudouin d'Oignies fut chargé, au fil des ans, suggèrent qu'il ait porté une attention particulière aux mariages de ses enfants. Jean de Croix est jugé assez digne de devenir son gendre.

À leur tour, les enfants du couple Jean de Croix-Madeleine d'Oignies poursuivent, par leurs alliances, une politique de placement social similaire. Quatre d'entre eux, Philippe, Jacques, Pierre et Jeanne, semblent être morts en bas âge. Un garçon et trois filles atteignent l'âge adulte. Le fils, Baudouin, hérite de la terre de Croix au décès de son père à la fin du XVe siècle, mais meurt célibataire en 1514. Sa sépulture, qui se trouvait dans le couvent des Franciscains de Lille, est connue par une gouache conservée aux Archives départementales du Nord. Les armoiries qui ornent le tombeau revendiquent les ascendances les plus proches : situé à gauche et surplombant le gisant, le blason de Croix montre l'identité du défunt, puis viennent dans l'ordre les armoiries des du Mez, des Oignies et des Cuinghien. Mort sans descendance connue, Baudouin laisse la seigneurie de Croix entre les mains de sa sœur Isabeau, alliée en 1484 à Étienne, bâtard de Luxembourg et seigneur de Rebecq. Ses deux sœurs sont mariées à des membres de l'aristocratie locale, Marie à Charles de Lattre, seigneur d'Estombes et maître d'hôtel de Charles Quint, Madeleine au chevalier Adrien de Le Woestine, seigneur de Becelaer, puis, devenue veuve, à Louis du Bois, seigneur d'Ancoisne.

PAGE DE GAUCHE
Le tombeau de Baudouin de Croix, inhumé au couvent des Frères mineurs à Lille, était encadré des armes de Croix, du Mez, d'Oignies et de Cuinghien.

Isabeau de Luxembourg, fille d'Isabeau de Croix et d'Étienne de Luxembourg, hérite à son tour de la seigneurie. Son union avec Philippe de Noyelles, seigneur de Maretz, permet le passage à une quatrième dynastie. Cette nouvelle branche marque l'apogée de la seigneurie de Croix. L'époux de la dame de Croix est en effet le fils du vicomte de Langle et seigneur de Bours, Philippe de Noyelles, chambellan du duc Philippe le Bon. Le réseau familial de la dynastie croisienne se resserre autour du pouvoir ducal. Le fils d'Isabeau de Luxembourg et de Philippe de Noyelles, Adrien de Noyelles, seigneur de Croix de 1561 à 1578, et son épouse, Françoise de Lille, ont pour fils Adrien de Noyelles qui devient capitaine et bailli du château de La Motte-au-Bois à la fin du XVIe siècle. Les enfants nés de son union en 1581 avec Anne de Gand-Vilain donnent une nouvelle orientation à la propriété familiale. Françoise de Noyelles compte parmi les accompagnatrices de l'archiduc Albert lors de son mariage en 1599 avec Isabelle d'Espagne, dont elle devient ensuite dame d'honneur. Son époux et cousin, Florent de Noyelles, porte le titre de gentilhomme de la chambre de l'archiduc Albert et obtient la charge de gouverneur de la ville d'Arras. Enfin en 1617, le frère de Françoise, Jacques de Noyelles, obtient des princes la mutation de sa seigneurie de Croix en comté. Les archiducs lui accordent ce privilège en récompense des services rendus par son père, Adrien de Noyelles, gouverneur de La Motte-au-Bois et commissaire ordinaire au renouvellement des lois. Ils reconnaissent également le dévouement de Jacques de Noyelles au service du prince. Avec le tombeau de Baudouin de Croix en 1514, la terre glorifiait la dynastie ; avec la génération des Noyelles, c'est au tour de la dynastie seigneuriale de donner un essor nouveau à la terre familiale.

Les archiducs Albert et Isabelle récompensent Jacques de Noyelles en érigeant sa terre en comté.

Les autres seigneuries croisiennes témoignent également des vicissitudes et des succès des familles qui les possèdent. Ainsi, la terre de La Fontaine, entre les mains de la famille du même nom au début du XIVe siècle, passe ensuite entre celles de la bourgeoisie lilloise, les Le Toilier puis les Warenghien dans la seconde moitié du XIVe, les Verdière au XVe siècle et dans la première moitié du XVIe, enfin les Bette à la fin du XVIe siècle. L'évolution sociale des propriétaires de cet héritage suit à peu près celle de la seigneurie de Croix, avec un rapprochement progressif vers les sphères du pouvoir central.

DES CITADINS AU VILLAGE

Parmi les multiples seigneuries croisiennes, la Macquellerie et le Maretz méritent une attention particulière. En 1441, Guillaume du Prêt, propriétaire de la seigneurie de la Macquellerie, décède en laissant deux fils mineurs, Guillaume et Jacques. Peu de temps avant son décès, il fait dresser l'inventaire de son trésor « trouvé en son hostel à le Macquelerie en la paroisse de Croix ». Cette pièce, conservée aux Archives départementales du Nord et publiée par l'historien Peter Spufford, recense plus de 9 500 pièces d'or. Pourtant le contexte ne semble pas des plus favorables : le XVe siècle est marqué par un manque de métal précieux, les sources africaines s'épuisant. Cette famine métallique poussa d'ailleurs les princes ibériques à accepter de financer les voyages, dans l'espoir de découvrir de nouveaux gisements. On manque donc d'or et l'hôtel de Guillaume du Prêt en regorge ! Paradoxale en apparence, cette situation se rencontre fréquemment dans la Flandre de l'époque. L'apport d'or nouveau est certes très insuffisant, mais la Flandre, fidèle à sa tradition commerciale, continue de voir circuler l'or ancien provenant de toute l'Europe. Robert Fossier a vu dans Guillaume du Prêt un « inconnu » ne pouvant être « rangé [...] parmi les « grands marchands » ou les « hommes d'affaires ». Pourtant, il possède une fortune appréciable, le seul trésor de la Macquellerie contenant environ 17 000 livres tournois. Cet inventaire permet donc de saisir les champs relationnels d'un commerçant de moyenne envergure. Si on se fonde sur les calculs de Spufford et Fossier, les États bourguignons (Flandre et Bourgogne, mais aussi Brabant, Hainaut et Hollande) représentent à eux seuls plus d'un quart des monnaies présentes et près de la moitié de la valeur totale. Les pièces françaises, plus représentées (plus de 42 %), totalisent une valeur relative moindre (à peine plus d'un quart) ; d'Angleterre proviennent près de 15 % des pièces pour près de 19 % de la valeur totale. La présence de pièces provenant des principautés allemandes ou des terres italiennes est plus anecdotique. Le commerce de Guillaume du Prêt, pour moyen qu'il soit, s'étend dans un rayon assez large de 300 kilomètres autour de sa région. Le fait que ce trésor soit recensé dans son hôtel de la Macquellerie montre, en tout cas, que Guillaume du Prêt y réside et y décède, même s'il n'est pas possible de savoir s'il s'agit de sa résidence principale ou plutôt d'un havre de campagne acquis par un marchand citadin ayant réussi et dans lequel il aurait choisi de finir ses jours. La deuxième hypothèse semble la plus crédible, surtout si on rapproche ce recensement monétaire d'un autre inventaire réalisé en 1464, celui des archives de Guillaume et Jacotin du Prêt, frères, fils de Jehan du Prêt. Ce sont des membres de la famille proche du défunt de 1441, soit ses neveux, soit ses petits-fils. Ils sont évoqués à la fin du préambule de l'inventaire comme enfants mineurs placés sous tutelle et curatelle. Très probablement, le mourant reste jusqu'à ses derniers jours leur tuteur et en tout cas ils figurent parmi les héritiers privilégiés, sinon uniques. En effet, Guillaume du Prêt est dit « gisant en son lit » lors de la réalisation de l'inventaire le 27 juin 1441. Quelques semaines plus tard, les pièces d'acquisitions réalisées par les tuteurs des enfants du Prêt se multiplient : un lieu indéfini, sans doute croisien, le 26 juillet, des terres à Croix, Marcq-en-Barœul, Mouvaux et Tourcoing le 14 août, le lieu des Caucheteux à Roubaix les 14 et 15 août, d'autres terres à Flers et à Roubaix le 23 août, le lieu de la Marescotière à Cysoing le 26 août, des biens du seigneur de Croix à Roncq le 9 septembre, quelques champs à Bondues, à Roncq, à Roubaix et à Wasquehal entre le 19 et le 28 octobre. Les curateurs des frères du Prêt optent donc de placer l'argent issu de l'héritage dans une valeur sûre, la terre. Autant que financier, il s'agit là d'un choix social : posséder le sol, c'est se montrer digne d'une élite sociale et se donner les moyens de se hisser à son niveau. Après le mariage, l'acquisition de terres est un autre circuit privilégié d'accession à la noblesse, comme cela se confirme dans le cas des frères du Prêt, anoblis par

PAGE DE DROITE
Deux arpenteurs : le mesurage des propriétés foncières nécessite des experts spécialisés dans ce type de calcul.

La mort obsède l'homme du Moyen Âge dont l'une des principales préoccupations est de gagner le Salut.

le duc de Bourgogne sur intervention d'Adolphe de Clèves, seigneur de Ravenstein, en octobre 1457.

Le Maretz, autre terre croisienne, intéresse également les citadins. Au début du XVIe siècle, un fonctionnaire de haut rang, Guillaume Le Blancq, l'achète à Jacques de Le Woestine. Le vendeur est le fils du chevalier Adrien de Le Woestine et de Marguerite de Croix, sœur de la dame de Croix, Isabeau, et fille de Jean de Croix et de Madeleine d'Oignies. Jacques de Le Woestine reconnaît avoir reçu le Maretz et la Corbeillerie de son « oncle », en réalité son cousin éloigné, Jehan de Croix, fils de Philippe, en 1521. Il vend une partie de sa propriété en 1526. L'acquéreur, Guillaume Le Blancq, incarne un bel exemple de réussite sociale. Sixième génération d'une famille de la bourgeoisie lilloise, fils d'un huissier de la Chambre des comptes devenu premier greffier puis auditeur auprès de la même instance, Guillaume Le Blancq fait carrière au sein de cette Chambre, dont il gravit les échelons. Travaillant au service de son père, il obtient la charge de second greffier de la Chambre des comptes en 1512, accède à la bourgeoisie lilloise le 27 mai 1515, à la suite de son mariage avec Philippe Ruffaut, fille du Trésorier général des domaines et finances à Bruxelles. La même année, il devient receveur et commis des deniers appliqués à l'épargne et de l'aumône de Flandre. En 1517, il occupe la fonction d'auditeur ordinaire à la place de son père, puis, en 1520, celle de maître extraordinaire de la Chambre. Enfin, en 1524, quelques mois avant sa mort, son père lui cède la charge de maître ordinaire qu'il occupait jusqu'alors, ce qui lui permet de cumuler les fonctions de trésorier et de garde des Chartes. Un jeton de Guillaume Le Blancq, daté de 1526, porte sa devise, « Sans mal penser ». À la fin du XIXe siècle, Van Hende a interprété cette formule comme le témoignage de la conscience professionnelle nécessaire à l'exercice de ses fonctions successives. Le sérieux scrupuleux de Guillaume Le Blancq s'applique à ses propres acquisitions. À l'occasion de l'achat du Maretz, il fait procéder à une expertise « afin d'avoir diminution en cas que ledit fief fust trouvé moings contenir de vingt bonniers de terre que il disoit ledit Jacques luy avoir conduict par ledit marchié ». L'arpentage du lieu, réalisé en mars 1526 par Barthélémy de Le Mer, accompagné d'une délégation de plus de vingt personnes, permet d'aboutir à une estimation plus précise de la superficie vendue. Le Maretz ne contient pas « 20 bonniers ou environ » mais, selon le mesurage de 1526, « XVII bonniers VI cents IX verghes demie ». Le préjudice est important, puisque Guillaume Le Blancq acquiert non pas quelque 28,5 hectares, mais moins de 25, soit un manque de plus de 13 % par rapport à la surface annoncée. L'erreur n'est pas véritablement du fait du vendeur, puisque le propriétaire précédent, Jehan de Croix, avait dénombré en septembre 1517 pour le fief du Maretz « vingt bonniers d'héritaige, tant gardins, prez, pastures, chaingles, eauwes et terres ahanables en plusieurs pièces gisans ès paroisches de Croix et Wasquehal ». D'une approximation remontant au XVe siècle, la tradition féodale avait fait une vérité.

Les exemples de la Macquellerie et du Maretz sont d'autant plus intéressants qu'ils participent de mouvements généraux plus larges, confirmés par ailleurs par d'autres sources. Denis Clauzel a souligné l'existence d'un double flux migratoire pour Lille à l'époque bourguignonne : des bourgeois enrichis s'installent massivement dans le plat pays, tandis que l'exode rural permet aux élites paysannes de se greffer sur la bourgeoisie lilloise. Vu de l'autre bout du processus, celui de la campagne croisienne et non plus de la ville de

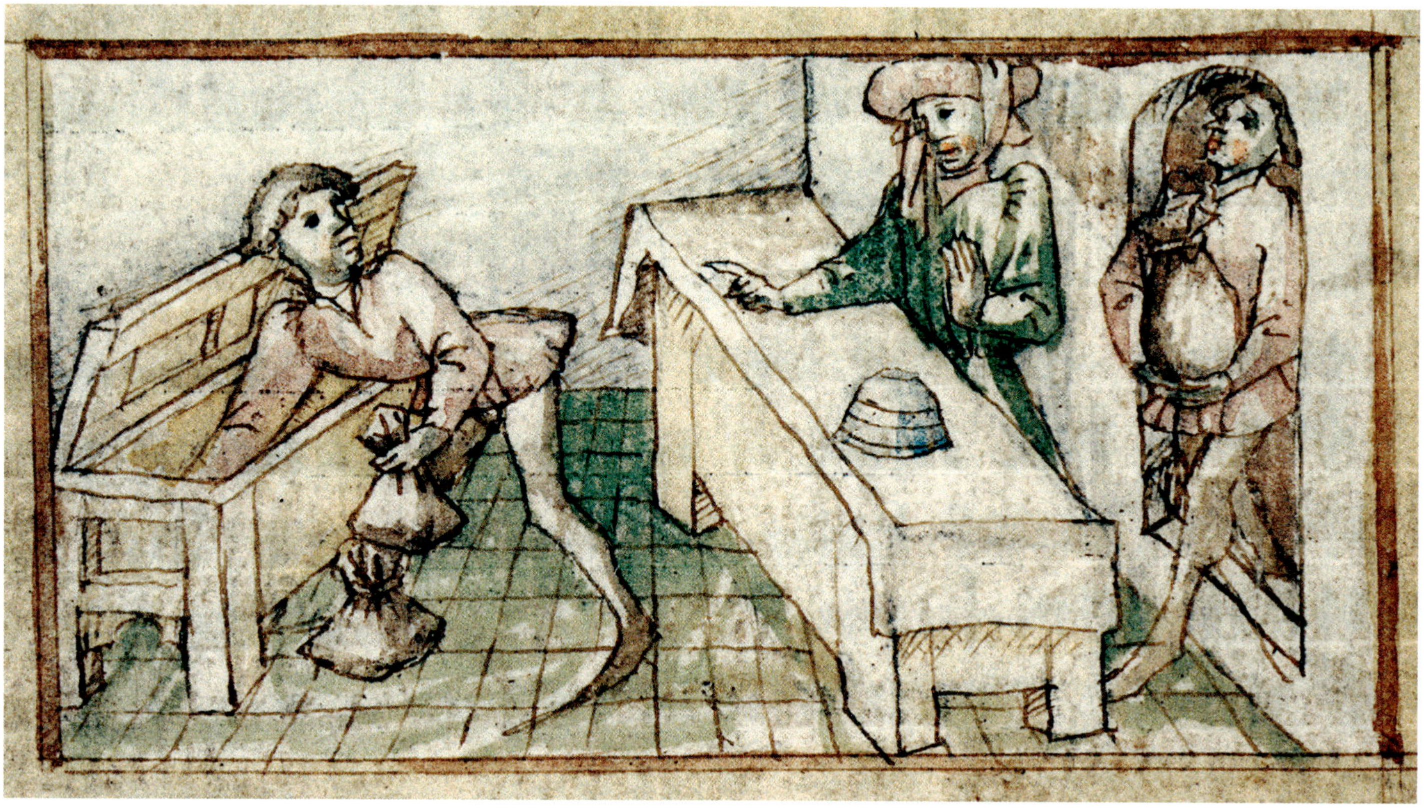

La monnaie prend une place croissante dans l'économie de la fin du Moyen Âge.

PAGE DE DROITE
Sceau de la comtesse Marguerite de Flandres, apposé à l'acte de 1277 par lequel elle reconnaît l'attribution de la dîme et de la grange de Croix aux sœurs de Notre-Dame-de-l'Abbiette.

Lille, le phénomène se vérifie. Quelques enfants de familles croisiennes partent faire carrière en ville, tel Germain Picavet, clerc et greffier de la Gouvernance de Lille, et surtout de riches Lillois acquièrent des propriétés à Croix.

Le processus de « gentryfication » est réel et offre une véritable régénérescence aux élites rurales vieillissantes. En même temps que la noblesse locale tend de plus en plus à rejoindre, par le mariage, les sphères les plus hautes du pouvoir, l'élite marchande et politique de Lille profite de l'espace foncier disponible dans les campagnes. Qu'a-t-elle à gagner à s'installer ainsi dans le plat pays ? La réponse n'est pas simple. Les marchands et les fonctionnaires de l'État gagnent évidemment en légitimité : ils assoient leur pouvoir effectif dans l'imaginaire que crée la propriété foncière, car posséder la terre reste encore alors un signe d'autorité légitime. À défaut d'avoir la noblesse, les élites citadines en acquièrent les signes extérieurs, quitte à gagner ensuite l'anoblissement, comme c'est le cas des frères du Prêt.

D'autres raisons expliquent l'installation des Lillois en campagne, comme le profit financier, mais celui-ci reste, somme toute, minime. L'avantage est d'abord social et culturel, puisqu'il inscrit l'acquéreur dans un groupe identifié comme l'élite.

En même temps que des hommes nouveaux, une culture en partie étrangère aux traditions rurales apparaît dans les campagnes. On passe par exemple de la confiance, fondement de la société féodale, à l'inventaire monétaire précis, indissociable du métier de marchand qu'exerçait probablement Guillaume du Prêt, ou à l'expertise spécialisée, qui va de pair avec la carrière administrative de Le Blancq. L'argent de la transaction commerciale remplace désormais la lance du service d'ost, le contrat et l'écrit se substituent à la parole donnée, la rigueur et la précision succèdent à l'approximation. Certes, les mots « seigneur » et « fief » subsistent mais le lien humain de confiance entre vassal et suzerain se meurt. Le féodalisme n'est plus guère alors qu'une coquille vidée de sa substance première.

L'ÉGLISE, CIMENT SOCIAL

Pour autant, la population locale ne se retrouve nullement livrée à elle-même. Le château est là, affirmation seigneuriale par excellence. Surtout, l'Église assure une cohésion au sein de la communauté villageoise, laquelle correspond au cadre paroissial. En effet, être croisien, ce n'est pas vivre sur une terre du seigneur de Croix, mais sur le territoire de la paroisse de Croix. L'identification locale passe d'ailleurs systématiquement, dans les sources, par la référence à la paroisse de naissance ou de résidence, parfois à la seigneurie dont on dépend. Cela tient dans une certaine mesure à l'origine des sources, souvent religieuses, mais même les textes dits « de la pratique », judiciaires, comptables, privés…, recourent à ce type de précision. La paroisse soude le groupe humain dans son ensemble, au-delà du pouvoir social incarné par le seigneur.

Le christianisme tel qu'il est vécu au Moyen Âge s'insère dans un cadre plus large que le simple village. Il prend, comme ailleurs, les trois formes que revêt le mot « Église » : une institution hiérarchique dont le sommet est l'évêque de Rome, la communauté des croyants, le bâtiment réunissant et symbolisant cette assemblée de fidèles.

L'Église dessine un cadre institutionnel qui peut sembler complexe. L'autel de Croix dépend non pas de l'évêque mais du chapitre de Saint-Piat de Seclin, qui a le droit de nomination et de prébende depuis au moins la fin du XIIe siècle ; une bulle pontificale de Clément III, datée du 26 mars 1188, confirme ce privilège. Par ailleurs, d'autres établissements religieux ont un pied à Croix, et en tout premier lieu les prêcheurs. Comme le signale Panayota Volti, les dominicaines de Lille, dont la maison est Notre-Dame-de-l'Abbiette, possèdent de nombreuses terres, maisons, rentes et dîmes dans la région proche ; Croix n'échappe pas à la règle. En 1277, le chanoine de la cathédrale de Tournai, Gautier Hunghiers, neveu du défunt évêque de Tournai, Gautier de Croix, et petit-fils d'Eustache de Mandre et de Marguerite de Croix, donne la part de la dîme de Croix qu'il possède en fief aux sœurs, installées depuis 1274 dans le faubourg Saint-Pierre. Cette part de dîme consiste en une grange et des terres. Les dominicaines ne cultivent évidemment pas elles-mêmes, mais elles acensent leur bien. Par exemple, en 1522, les héritiers de Jean et Germain Desobris renouvellent pour neuf ans le bail de cette dîme, contre l'importante somme de 96 livres parisis annuels. Ainsi, les religieuses ont la garantie d'une recette régulière pendant plusieurs années consécutives, tandis que, pour rentrer dans leurs frais, leurs fermiers doivent soit mettre eux-mêmes les terres et la grange en valeur, soit récolter les diverses charges qui peuvent peser sur différents tenanciers.

Saint-Piat de Seclin, Saint-Pierre de Lille, Notre-Dame-de-l'Abbiette, autant d'établissements religieux qui, possédant des intérêts à Croix, sont davantage des propriétaires que des évangélisateurs pour le paysan local. Le rôle de relais entre Dieu et les hommes ne leur revient pas. C'est à la hiérarchie ecclésiale locale de l'incarner, et en premier lieu au prêtre résident. Les premiers noms de prêtres desservant la paroisse ne datent que de la fin du Moyen Âge, mais des hommes d'Église résidaient à Croix au moins depuis le XIIe siècle, probablement même bien avant. Des clercs sont au service de l'église paroissiale, tels « ung nommé Laro » en 1506 ou Philippe Castellain, à la fin du XVIe siècle. La composition exacte de l'Église reste cependant peu précise. Le vice-curé, Nicolas Denmileville en 1491 ou Robert Caron en 1498, représente le patron de la paroisse, celui à qui reviennent la prébende et le titre de curé, c'est-à-dire le chapitre de la collégiale Saint-Piat de Seclin. Le clerc n'a sans doute qu'un rôle liturgique subalterne et sert davantage de sacristain, de « gardien du temple ». Le clergé est assisté par un groupe de notables, les « margliseurs » (ou marguilliers), dont la fonction relève du temporel. Représentant l'ensemble de la communauté, ils assurent une gestion collective des biens de la paroisse. L'apparition de ce véritable conseil temporel paroissial, probablement au cours du XIVe siècle, constitue une étape fondamentale dans la prise de conscience qu'une communauté rurale peut avoir d'elle-même. La vie de la paroisse entérine ce sentiment d'existence collective. Une masse existe, composée de fidèles à saint Martin et à l'église qui lui est dédiée. Ces hommes et ces femmes se reconnaissent membres d'une même entité, rassemblés autour d'un même objectif. D'ailleurs, l'église paroissiale est un centre d'informations reconnu par le pouvoir central. Par exemple, le duc de Bourgogne ordonne en octobre 1395 de faire réparer le chemin allant de Lille à Menin « fort épirez et enfondrez », l'hiver risquant de rendre la route impraticable et de bloquer les relations entre les deux villes. Cet entretien est à la charge des habitants de « Wasquehal, Croix, Roubaix, Linselles, Neuville, Menin, Haluin, Bondues, Bousebeque, Marquette, et de Marque de lez ledit lieu de Lille ». Ce n'est pas aux seigneuries que le duc s'adresse mais aux paroisses. L'ordre est donné à l'église et, sans doute, affiché pendant trois dimanches de suite comme toutes les communications importantes (y compris l'annonce des mariages) concernant l'ensemble de la communauté. Une procédure de 1567 confirme la fonction informative de l'édifice, alors que le laboureur Arnould Desobris souhaite installer un moulin à huile. Les annonces, faites en chaire ou placardées sur les grilles de l'église, s'adressent à la communauté, collectivement interrogée du bien-fondé d'une requête. Autour et dans l'église, Croix naît comme groupe social cohérent.

Dans la représentation des Albums de Croÿ, *le château et l'église se trouvent à un même niveau.*

L'église rassemble la paroisse et fait « naître » le village. Sa chronologie reste imprécise, mais il est probable qu'une église Saint-Martin existait dès le XIIe siècle, sinon avant. En revanche, son emplacement ne laisse guère de doutes : elle est située là même, à quelques mètres près, où se trouve actuellement l'église Saint-Martin. C'est d'ailleurs ce que laisse à penser le nom du fief longeant le chemin de Croix à Roubaix : « l'Atre » ou « l'Atre de Guéronde », c'est-à-dire l'*atrium*, l'espace sacré autour de l'église, souvent isolé du reste du territoire par un muret, et au sein duquel sont enterrés les défunts. L'église et le cimetière forment le cœur d'une communauté dont les membres sont dispersés dans de multiples hameaux. Cette situation n'est nullement contradictoire avec un premier habitat installé près de la Marque, au niveau de l'actuel Boulevard. Au contraire, de nombreux centres de communautés du haut Moyen Âge se sont déplacés au fil des siècles, au point parfois d'abandonner le site originel. C'est très probablement le cas à Croix et il est intéressant de noter que l'église et le cimetière occupent un site privilégié, sur une première hauteur du Ferrain. Dominant la vallée de la Marque, ils surplombent aussi le château qui trouve place le long de la rivière. Cette disposition originale manifeste probablement la primauté, chronologique au moins, de la paroisse, ou plus exactement de la communauté de croyants, sur la seigneurie. Le regroupement des morts forme le premier noyau de rassemblement d'habitants dispersés et ce n'est qu'ensuite qu'un de ces fidèles, familier du comte, fait construire une maison forte. Sauf à penser que l'église primitive fut castrale, intégrée dans un village fortifié autour de la demeure seigneuriale, l'emplacement de Saint-Martin permet d'affirmer que l'installation collective précède ici la mise en place du système féodal. Cette primauté topographique de la communauté sur le seigneur est suffisamment gênante pour que l'illustrateur des *Albums de Croÿ*, à la fin du XVIe siècle, fausse la représentation qu'il fait de Croix : église et château se font face, sur un même plan, sans aucune trace de la dénivellation qui sépare les deux édifices.

La planche permet de découvrir l'édifice aujourd'hui disparu. Cette hallekerque, église à trois nefs typique de l'architecture flamande, est l'objet de rénovations à grands frais au cours des

Les statues assises de Jésus-Christ et de Dieu le Père sont les derniers vestiges du trône de gloire qui se trouvait probablement au tympan de l'ancienne église de Croix.

années 1440. Il subsiste peu de témoignages de cet édifice. Une Trinité incomplète, qui siégeait peut-être au tympan, est encore visible. La représentation du Saint-Esprit a disparu, mais les personnes du Père et du Fils sont toujours bien identifiables et des drapés subsistent dans la partie basse. Cette sculpture, découverte en 1926 devant le presbytère de Saint-Martin, servait, renversée, de passerelle sur un ruisseau. La datation n'est pas certaine, mais les traits des personnages et les drapés permettent d'avancer l'hypothèse du XVe siècle. D'autre part, le musée diocésain conserve deux colonnettes en bois sculpté, données par l'abbé Raffin alors qu'il était curé de Saint-Martin. Il est probable qu'elles proviennent de l'ancienne église. Datant sans doute de la fin du XVe siècle ou du début du siècle suivant, leur usage dans l'église reste inconnu : peut-être est-ce une partie d'une clôture de chœur ou de la chaire de vérité, d'une tribune ou d'un triforium.

Le coût élevé des travaux de restauration de l'église s'explique par la spécificité de l'édifice. Sa fonction n'est pas uniquement religieuse : la subsistance d'un arrière-fond culturel féodal joue ici un rôle essentiel. L'église a un rôle social. Elle inscrit les individus dans l'histoire d'une communauté, inscription d'autant plus importante que la réalité féodale, en conservant en partie ses apparences, perd son sens premier. Ainsi, l'église unit l'homme à ses ancêtres, à ceux qui sont enterrés dans l'âtre qui entoure l'édifice, et l'invite à perpétuer la foi de ses pères par le baptême accordé à ses enfants, le baptistère faisant office de véritable mémoire vivante de la communauté. Dans cette société médiévale qui se confond avec le christianisme, l'individu n'existe pas socialement sans l'Église. L'enfant naît socialement s'il naît à Dieu : c'est par le baptême, et lui seul, qu'il reçoit un nom permettant de l'identifier. En cas de danger de mort du nouveau-né, il peut y avoir ondoiement, un rite de bénédiction généralement réalisé par la sage-femme et confirmé par un passage au baptistère. Le synode de Tournai de 1481 rappelle aux sages-femmes la nécessité de baptiser dans l'église, sauf cas d'urgence. En revanche, l'enfant mourant sans ces rites n'est pas identifiable et ne laisse finalement aucune trace dans la mémoire de la communauté.

Deux colonnettes, données par l'abbé Raffin au Musée diocésain, sont les derniers témoignages de l'intérieur de l'église Saint-Martin rénovée au XVe siècle.

VIOLENCES ET SOLIDARITÉS D'UNE SOCIÉTÉ RURALE

À la fin du Moyen Âge et au début de l'époque moderne, Croix ne forme qu'un petit village composé d'un noyau autour de l'église et à proximité du château seigneurial et des isolats dispersés sur l'ensemble de la paroisse. Des marais et des forêts rappellent le milieu naturel originel, mais l'homme a déjà pris possession de tout le territoire. Le sol recèle de champs voués à la céréaliculture. Quelques centaines d'individus y vivent. Les historiens disposent d'une série d'enquêtes fiscales menées dans toutes les paroisses de la Flandre wallonne à plusieurs reprises entre le milieu du XVe siècle et le milieu du XVIe siècle, qui permettent de dresser un tableau des villages de la châtellenie de Lille. Le texte le plus complet est celui de 1543. Cette enquête, la dernière de la série, menée jusqu'en 1553, mentionne les noms et les biens de tous les contribuables de la région.

UNE COMMUNAUTÉ VIVANTE

Au milieu du XVe siècle, 37 foyers croisiens payent la taille, « et dudit nombre de gens paians taille, en y a qui à présent prendrent des biens des povres 8 ou environ ». Une forte proportion des assujettis à cet impôt vivent donc dans la précarité ; ils dépendent des aumônes paroissiales pour leur survie. Seuls les taillables sont comptabilisés, les privilégiés sont exclus. D'après la déclaration des Croisiens appelés à témoigner, la population de la paroisse est restée stable depuis la fin des années 1430, c'est-à-dire depuis la dernière épidémie de peste de la région survenue en pleine crise frumentaire, en 1438-1439. Cependant, Lotard Castellain, lieutenant du bailli, Pierre de Milescamps, Pierre de Lespierre, Alard Le Rouge, Jehan Le Rouge, Jehan Castellain, Jehan Lormier et Druet Waismel soulignent la hausse de la taille à laquelle les contribuables ont dû faire face à « quatre ou ching fois » au cours des dernières années, en particulier à cause de la disparition de quelques-uns des plus riches taillables, parmi lesquels « demoiselle Alixandre du Prêt, deffuncte », qui assumait à elle seule un quart du total de la taille. Sept foyers sont déclarés comme les plus riches ; ils payent tous entre 2 et 4 livres de taille et tous sont propriétaires de plus de 5 hectares. Enfin, la terre de Croix se loue à « 8 rasières [70 litres 14 centilitres] de blé » annuelles et se vend à environ 50 francs le bonnier (soit 35 francs l'hectare). Le prix de location est plus élevé à Croix qu'à Mouvaux, où 6 rasières suffisent, ou à Hem (7 rasières), mais beaucoup moins que dans la paroisse voisine de Wasquehal où la redevance annuelle se monte à 15 rasières. En revanche, le prix de vente du foncier à Croix est manifestement moindre que dans les alentours : il est proche des 54 francs évalués à Wasquehal, mais en dessous des 64 francs nécessaires pour l'achat d'un bonnier à Hem ou à Willem, des 100 francs à Mouvaux ou des 120 francs à Roubaix.

L'enquête de 1485 se montre plus explicite, sous le témoignage de Willame du Bar, le bailli de Croix. Elle est menée à la suite de la guerre de Succession (1477-1482) qui dévasta la Flandre. Croix comptait 66 feux sous Charles le Téméraire et en perd 6 pendant les combats, sans tenir compte des personnes capturées par les Français et des 28 otages qui doivent payer une rançon. Sur les 60 foyers, 18 sont reconnus comme bénéficiant des « biens des povres ». Par ailleurs, le village compte huit attelages de chevaux et cinq charrues. Si la situation évolue peu à la fin des années 1480, l'enquête de 1498 révèle une reprise démogra-

PAGE DE DROITE
La mendicité est visible de tous, aussi bien en campagne qu'en ville.

phique sensible. On dénombre alors 69 feux dont 8 pauvres qui, pour la plupart, mendient leur pain de porte à porte. Le nombre de chevaux a diminué en treize ans : il n'en subsiste que sept paires, dont six seulement sont utiles, la septième étant propriété d'un marchand de chevaux. Ce premier élan se confirme en 1505, avec un nombre de foyers taillables s'élevant à 74. Les trois feux les plus démunis ont recours à la mendicité et parfois envoient « leurs enfans quérir leur pain ». Outre les 16 chevaux, les déclarants recensent aussi 116 vaches et 326 « blancques bestes », c'est-à-dire les moutons. La valeur de la terre diffère en fonction de son usage : le bonnier de prés est estimé à 320 livres à la vente et à 16 livres annuelles à la location, celui de « terre à labeur » respectivement à 140 livres et à 7 livres annuelles, celui de « manoir et jardin » à 400 livres et à 24 livres annuelles. Croix s'inscrit dans la moyenne supérieure de la valeur du foncier, seule Tourcoing peut se prévaloir de vendre et de louer ses terres à un tarif plus élevé.

En 1543, la population croisienne atteint 94 feux, « tant grands que petits », bien que seuls quatre-vingts soient recensés. L'intérêt de cette enquête réside essentiellement dans la précision des rédacteurs. Sur l'ensemble des foyers, quarante sont propriétaires de terres à Croix. Les deux seigneurs, celui de Croix, Adrien de Noyelles, et celui de La Fontaine, Baudouin Verdière, sont les plus gros propriétaires terriens du village, du moins parmi ceux qui y résident. Ils possèdent respectivement 3,5 et 10 bonniers de prés, jardins, bois, eaux, auxquels s'ajoutent surtout 7,5 et 19 bonniers de terre labourable. Noyelles a donc plus de 15 hectares et son voisin Verdière plus de 41 hectares. Loin derrière, les principaux propriétaires, Jan Desrousseaux et la veuve de Pierre de Milescamps, ne possèdent guère plus de 6 hectares, sans autres terres sur Croix. Quatorze propriétaires accroissent leurs biens par la location de terrains annexes : c'est le cas de Piat Selosse, un des déclarants, qui, outre les 8,5 hectares de terres à labour et le jardin de plus d'un hectare, loue à un chapelain de Saint-Pierre de Lille presque 2 hectares supplémentaires de terres à labour. Jan Martin ou Pierre du Toit pourraient aussi être retenus pour des acensements similaires qui s'ajoutent à leurs possessions initiales. La situation la plus intéressante est cependant celle des locataires de terre. Huit d'entre eux méritent le titre de véritables « maîtres de la terre ». Leurs exploitations sont de taille. La plus petite, celle de Martin Selosse, dont le propriétaire est l'Amiénois Robert du Crocquet, dépasse 14 hectares, recouverts en partie d'eau ; la plus grande, la ferme de l'Espeine, compte plus de 37 hectares. D'ailleurs, à l'image de cette dernière, certaines fermes sont suffisamment importantes pour avoir reçu un nom. Le Fresne, la Brasserie, la Corbeillerie ou Beaumont sont autant de pôles agricoles dispersés. Ces huit « coqs de village » cumulent à eux seuls près de 215 hectares, la totalité des 12 chevaux déclarés, mais seulement 35 des 111 vaches de Croix, car de nombreuses exploitations, même parmi les plus petites, possèdent une ou deux vaches. Quant aux 228 moutons, ils sont aux mains des quatre plus gros fermiers : Louis de Le Tombe en possède 70 sur sa cense de la Corbeillerie, Guillebert du Couroubie 68 à Beaumont, Jan de Laoultre 50 à l'Espeine et les héritiers de Jan Prouvost 40 à la Brasserie. Ces riches fermiers ne se résument pas à la seule activité de labour. En effet, parmi ces huit exploitants, seuls « Jan et Jennette Roussel, seur et frère », consacrent la quasi-totalité de leur domaine à la céréaliculture. Leurs pairs optent en revanche pour la diversification : les champs sont rejoints par des jardins, des bois, des marais, des prés, et l'élevage complète, dans le meilleur des cas, l'agriculture.

Ces maîtres de la terre n'hésitent pas à contester l'attitude des seigneurs. À une date proche de l'enquête de 1543, cinq manants de Croix, dont Loys de Le Tombe, Guillebert du Courouble et Jan de Laoultre, mènent une requête auprès de la Chambre des comptes. Les seigneurs de Croix n'occupaient pas leurs terres et les laissaient en bail. « Sous prétexte qu'ils sont résidents audit village, font labourer, administrer et cultiver leurs propriétés par leurs serviteurs et domestiques, afin de ne payer ni tailles ni gabelles ». Sans s'en prendre directement aux nobles, les demandeurs souhaitent voir l'assiette de la taille réduite et insistent sur le désagrément provoqué par cette nouvelle politique seigneuriale d'exploitation directe des terres qui concurrence leurs intérêts. Parce qu'ils dirigent les plus gros foyers imposables, les laboureurs ont avantage à voir modifier l'assiette totale de la taille, c'est-à-dire une baisse substantielle de la contribution. Ils n'hésitent pas à menacer de quitter le village pour appuyer leur demande et placent les agents de l'empereur devant une alternative qui ressemble beaucoup à un chantage : baisse de l'impôt ou délocalisation des activités par les plus puissants entrepreneurs.

La reconstruction des années 1490-1550 marque sans nul doute une nouvelle phase de l'économie croisienne. Une élite se partage le sol ; quelques exploitants peu nombreux mettent en œuvre une agriculture spéculative fondée non pas sur la possession de la terre mais au contraire sur la location. Cette pratique libère l'argent nécessaire au financement de la diversification. Là où leurs voisins « peinent de leurs corps » et survivent difficilement avec les terres qu'ils possèdent, là où le renouvellement de la noblesse passe encore par le signe extérieur qu'est la propriété, ces notables agricoles font entrer l'économie rurale dans la modernité. Ils tiennent compte de la hausse continue des prix du blé au cours de la première moitié du XVIe siècle. La diversification lainière, apportée par les moutons, permet aux plus puissants de ces coqs de village de surmonter une conjoncture parfois défavorable.

De cette société villageoise de quelques centaines de personnes (probablement entre 100 et 200 au milieu du XVe siècle, entre 300 et 500 un siècle plus tard), émergent donc des groupes sociaux typés. Au sommet de la hiérarchie, on trouve les seigneurs. Puis viennent les « gros », qui ne sont pas sans rappeler les laboureurs d'Île-de-France ou ceux de Belgique. Ensuite, prend place une majorité de petits exploitants. Souvent propriétaires de leurs terres, parfois locataires, ils disposent de moins de 3 hectares, ce qui suffit à peine à faire vivre une famille moyenne. L'image du *cottager* anglais s'impose : le propriétaire d'une maison, d'un jardin, de quelques parcelles et d'une vache, complète des ressources trop limitées en œuvrant pour l'artisanat rural ou pour d'autres paysans plus riches. Il y a peu de points communs entre un Pierre de Lobel et un Jan Caucheteux. Le premier tient du sénéchal du Hainaut, seigneur de Roubaix, la ferme du Fresne depuis au moins 1531 par des baux de neuf ans renouvelés, contre 224 livres. Il dispose de son important domaine croisien, accru de près de 5 hectares qu'il loue à la veuve de Jean de Croix contre 20 livres et plus de 1 500 litres de blé. S'y adjoignent des terres alentour, à Wasquehal et à Flers. Il concentre l'essentiel de ses activités, du moins au Fresne, sur la culture du blé, mais bénéficie également des produits du jardin, des prés, des bois et de l'étang. Son train de culture constitué d'un attelage de deux chevaux et ses six vaches contribuent à la mise en valeur de l'ensemble. Ses enfants reproduisent le modèle, s'unissent avec les fils et filles d'autres riches laboureurs, demeurent aux alentours de Croix ou partent s'installer un peu plus loin, vers Courtrai ou Tournai. Le second possède un « lieu, manoir et gardin » d'à peine un demi-hectare, évalué en location à 12 livres de Flandre, et pour lequel les rentes seigneuriales annuelles s'élèvent à quelques litres de froment et 30 deniers. Il possède également une vache. Surtout, son bien est chargé de 250 livres de sous-rente due à trois personnes, le vice-curé de Marque, le Lillois Gilles Prouvost et sa propre sœur, Simone Caucheteux, qui habite Hem. Rien donc ne les unit, si ce n'est le sentiment d'appartenance à un même groupe géographique.

PAGE DE DROITE
Le château de La Fontaine.

LA CONFRÉRIE DES ARBALÉTRIERS

L'appartenance à une confrérie permettait à ses membres de bénéficier d'obsèques assurées par les autres frères.

Au-delà des intérêts économiques propres, la sociabilité rurale fonctionne pleinement. La fondation d'une confrérie d'arbalétriers en est une première trace. À la demande de Jehan du Mez, le duc Jean sans Peur fonde la confrérie Saint-Nicolas en 1410. Elle peut recevoir jusque trente confrères, sous la direction d'un connétable assisté de dizeniers. Dotée d'une livrée et d'armoiries spécifiques, elle peut être appelée par le seigneur du lieu à servir pour la défense de sa « maison-forte ». Elle ne peut en revanche se réunir lors des ducasses et lors des noces. Outre le matériel dont il doit être propriétaire, le postulant doit verser 60 sous pour devenir confrère. Première association « sportive » de Croix, la confrérie Saint-Nicolas doit être perçue à la fois politiquement et socialement. En acceptant de la fonder, le duc se donne un moyen de contrôler et d'organiser un groupe armé. Il ne fonde nullement ce loisir, puisque l'existence du jeu d'arbalète est un préalable à la création de la confrérie. Ce jeu soulage les tensions accumulées dans la communauté. Il s'agit de ritualiser la violence collective, de « purger les passions ». Utile à l'ensemble de la communauté villageoise, la confrérie connaît également une solidarité interne. Dédiée à saint Nicolas, alors que l'usage veut que les arbalétriers soient placés sous le patronage de saint Sébastien, la confrérie organise l'entraide dont ses membres peuvent avoir besoin. Frères les uns des autres, ils le sont jusque dans la mort, les funérailles et la sépulture étant généralement assurées par le groupe qui se substitue alors à la famille biologique. Le nombre même de ses membres importe peu. Limité à trente, il permet en réalité à un grand nombre de foyers d'être représentés. En effet, plus de la moitié des foyers peuvent se retrouver au sein de la confrérie, représentés chacun par un ou deux membres masculins. Une très grande partie de la population masculine jeune et adulte, en âge de se battre, prend place au sein d'une structure de solidarité et de contrôle réclamée par le seigneur.

Le lien social s'exprime aussi dans le cadre de l'église paroissiale, à l'occasion de fêtes, religieuses ou profanes. On peut estimer à près d'un quart de l'année le nombre de journées chômées et fêtées. Même lorsqu'elles sont encadrées par l'Église, ces jours sont souvent l'occasion de repas de fêtes. Au XVIe siècle, les empereurs tentent, en vain semble-t-il, de limiter la durée des festivités à une ou deux journées. Repas interminables réunissent familles, voisins, amis et ennemis. Les débordements sont de mise et on comprend mieux l'interdiction faite à la confrérie Saint-Nicolas de s'inviter aux noces. Cependant, les actes les plus violents semblent trouver place le plus souvent dans un autre cadre, tout aussi ritualisé, celui de la taverne.

UNE SOCIÉTÉ AU RYTHME DE SON ÉPOQUE

La violence interne à la communauté résulte d'un bouillonnement continu que connaissent tous les villages. Le campagnard, peu importe ici son rang économique et social, vit aux rythmes des évolutions de la société dans son ensemble. Par exemple, à partir des XIIIe et XIVe siècles, les villageois de Croix voient se multiplier les actes écrits. La civilisation européenne n'oublie pas l'oralité, mais un véritable tournant se fait jour. De plus en plus, l'écrit garantit la valeur de l'oral contre toute négation possible. Prêter serment allait de pair avec la confiance, fondement du système féodal. La société de l'époque sort progressivement du féodalisme, et la confiance peut être remise en cause comme base absolue et intouchable du lien social.

De même, dans la période suivante, autour des XIVe et XVe siècles, l'économie tend à se monétariser. Certes, les plus anciennes redevances sont payées en nature et on voit encore un Jean de L'Espier, fils de Jean, à la tête d'un fief pour lequel

Les travaux des champs et les connaissances botaniques permettent de limiter les effets désastreux des famines.

LA VIOLENCE AU CABARET

La quasi-totalité des méfaits se situent dans le cabaret ou à proximité (Croix en possède au moins un au XVIe siècle, propriété du seigneur et tenu par un locataire). Les crimes obéissent généralement à un code précis et systématique. Un différend ancien oppose deux hommes, souvent en bandes. La future victime provoque l'affrontement (il faut que le coupable puisse faire part de circonstances atténuantes pour espérer voir sa peine remise) ; les protagonistes échangent des insultes dans une joute verbale qui se conclut par un affrontement physique. Le coupable blesse sans le vouloir sa victime ; cette dernière reconnaît être responsable du méfait et pardonne à son adversaire. Au bout de quelques heures, de quelques jours, de quelques semaines, la victime décède des suites de ses blessures ; le coupable est condamné au bannissement perpétuel de la châtellenie. Ainsi, en 1496, Jacotin de Lespierre, de Croix, et Quentin de Le Rue s'étaient opposés lors de la ducasse de Tourcoing. En 1498, ils se retrouvent au cabaret de Flers ; de Le Rue provoque le Croisien en l'invitant à sa table. Celui-ci se méfie, s'approche de son hôte avec une barre de fer, mais il est blessé d'un coup de couteau à la main. Immédiatement, Loyset de Loy, dit du Castel, qui accompagnait Jacotin de Lespierre, tire une flèche sur l'agresseur et le blesse mortellement.

Les insultes faites à la mère renforcent les témoignages et légitiment le sentiment d'agression préalable au passage à l'acte. Ainsi, en 1537, avant que Pierchon Mullier ne tue Martin Picavet, « icelluy Martin envoya ledit suppliant deshonnestement faire sa mère, à quoy ledit suppliant respondu audit Martin que sa mère estoit aussi bonne que la sienne » [« ledit Martin envoya le suppliant forniquer sa mère, ce à quoi ledit suppliant répondit à Martin que sa mère était aussi bonne que la sienne »]. La situation s'envenime : Mullier blesse Picavet d'un coup au bras porté par un couteau taille-pain, blessure dont décède la victime trois semaines plus tard. On retrouve ces insultes rituelles en 1545 lorsque Jehan Desmilescamps insulte Jehan Rohart, « l'appellant plusieurs fois huyot [mari trompé] et l'envoyant inreveramment foure sa mère » [« l'appelant plusieurs fois "cocu" et l'envoyant irrespectueusement forniquer sa mère »]. Ces insultes lui valent le courroux meurtrier de son adversaire qui le blesse mortellement d'un coup de taille-pain à la poitrine.

Ne pas relever immédiatement l'offense revient à l'accepter et donc à être publiquement humilié. La provocation verbale entraîne sans équivoque la violence physique et chaque protagoniste le sait avant même de passer à l'acte. Pour autant que la violence réponde à un code mental, elle se nourrit aussi de l'ambiance alcoolisée du lieu. De nombreuses lettres de rémission rappellent la présence de vin ou de bière à la table des acteurs du crime : en 1506, « Venot Desmileschamps, povre homme marié, chargié de femme et quatre petitz enfans […] estoit buvant au cabaret de Croix avec ung nommé Laro, clerc de l'église paroichialle dudit lieu de Croix » lorsqu'il est apostrophé par « ung nommé Willequin ». Un siècle plus tard, en 1607, le Croisien Josse Lespier était allé avec « aulcuns jeusnes hommes boire en certain cabaret audit village de Croix où estoit hoste Jaques Warat », lorsque le Wasquehalien Pierre Selosse l'apostrophe. Willequin et Selosse payent leur audace de leurs vies ! Le 20 décembre 1603, après l'étape des insultes, « Loys Selosse ayant un verre plain de bierre en mains, jetta ladite bierre en la face d'icelluy suppliant [Anthoine Desplanques], puis jetta aussy sur sa teste le verre qui en fut du tout brizé et rompu de quoy non content ayant prins ung pot de bière en la main le jeta aussytost de toute sa force après la teste dudit suppliant ». Tombé à terre à la suite du jet du pot de pierre par son adversaire, Selosse se relève, « blessé en la teste et mené en la cuisine, ayant avecq lesdits de le Marre, l'hoste et l'hostesse continué sa boisson ». Cet épisode justifie l'ordre que les archiducs Albert et Isabelle envoyent depuis Bruxelles à leurs officiers le 25 août de la même année pour réprimer sévèrement les « homicides perpétrez en nostre ville et chastellenie de Lille, la plus part en yvrongnerie et ès tavernes et cabaretz ».

L'abus d'alcool est souvent à l'origine des rixes de cabaret.

il faut verser, en 1623, « une paire de blancqs gands de mouton » de relief, selon le dénombrement du seigneur, Jacques de Noyelles, le nouveau comte de Croix. Cependant, peu à peu, la monnaie a pris place à tout moment de la vie économique locale, rendant celle-ci plus sensible aux nombreuses fluctuations monétaires. D'ailleurs, sans même s'en tenir à l'inventaire du trésor de la Macquellerie, qui a pu n'être qu'une exception, la diversification des métiers oblige à la monétarisation. Au XVIe siècle, le village compte au moins un meunier (Jehan du Roy en 1509), un bûcheron (Guillaume de Cottignies en 1587), un tavernier (Thomas Cornille en 1543, Thomas des Roeulx, avéré en 1552, Jacques Waras à l'extrême fin du siècle), un prêtre, un clerc (Laro en 1506, Ylaire Desmilescamps en 1543), deux nobles (les seigneurs de Croix et de La Fontaine), un bailli, un lieutenant, des sergents, probablement des drapiers et un brasseur. Une pièce conservée aux Archives générales du Royaume à Bruxelles révèle même que le village possédait un instituteur : le sacristain Jean Le Bon a pour mission d'apprendre à « la jeunesse lire et escripre ». Les échanges ne se font plus par troc mais par la monnaie, y compris dans une communauté de petite taille comme Croix. D'ailleurs, les sujets de Philippe le Bon se plaignent d'avoir à souffrir « tant par la mortalité universelle que par le chier temps qui avoit régnié », ce qui pousse le duc à lancer la première enquête fiscale, en 1449. Il est vrai que les manants ruraux brandissent alors une menace susceptible de sensibiliser le prince : la désertion de leurs villages.

Le village vit donc au rythme des mutations, de gré ou de force. Croix adopte les bouleversements, mais parfois aussi la communauté les subit. La famine, la peste et la guerre « se tiennent la main dans une ronde infernale ». La fin du Moyen Âge, qu'on a pu qualifier d'« âge des bactéries », conserve en effet souvent l'image d'époque de fléaux. Croix n'échappe ni aux famines ni aux épidémies. La crise agraire de 1315-1317 est terrible et atroce dans les campagnes flamandes. À intervalles plus ou moins réguliers, des famines et des épidémies se répètent sans laisser guère de traces écrites. Il n'en est pas de même pour la guerre, omniprésente au point de constituer une donnée avec laquelle le paysan doit apprendre à compter, au même titre que l'aléa climatique. Les conflits s'invitent au village sous une forme indirecte, celle de la fiscalité, organisée en partie pour répondre aux besoins des armées, et évidemment sous une forme directe, celle de la soldatesque désœuvrée pillant les biens d'une population impuissante. Les enquêtes fiscales du dernier quart du XVe siècle sont menées dans un contexte conflictuel particulièrement prononcé et l'impôt sert en grande partie à lever des troupes. C'est pourquoi les Croisiens comptabilisent « l'aide derrenièrement accordée à Monseigneur pour faire la guerre de Gheldres » dans la somme qu'ils ont versée.

Surtout, le village souffre des exactions des bandes armées. Les Croisiens ont à faire face aux atrocités commises pendant la guerre de Succession (1477-1492). Vingt-huit d'entre eux sont pris en otages, probablement vers 1478-1479, au plus fort des batailles sur le Ferrain. La reprise économique est ensuite relativement lente, mais pas moins réelle et, dès 1498, les déclarants de Croix « treuvent le nombre de gens et de bestail plus grant qu'il n'estoit » en 1491. Il faut attendre quelques décennies pour avoir davantage d'informations sur les heures sombres que le village doit traverser. La chevauchée des Hurlus dévaste alors la région de 1579 à 1582.

UN ETHNOCENTRISME PUISSANT MAIS OUVERT

Le milieu du XVe siècle permet de saisir le sentiment d'appartenance à une communauté possédant sa propre identité. À la fin des années 1450, Jean de Lannoy, soutenu par le duc de Bourgogne, « fit une bonne ville d'un pur village », comme l'écrit le chroniqueur Georges Chastelain. Une véritable ville nouvelle prend alors place dans le Ferrain, dotée de structures permettant d'envisager un essor économique et de moyens de défense *a priori* aptes à faire face à l'attaque de troupes hostiles. Par une lettre de novembre 1456, Jean de Lannoy, chevalier de la Toison d'or depuis 1451, ordonne aux populations voisines de servir à la défense de la ville. Les seigneurs concernés s'opposent bien évidemment à cette décision qui les place, de fait, sous la coupe de Jean de Lannoy. Un procès de quatre années s'achève par un accord délivrant les villageois des autres paroisses de tout service à l'égard de Lannoy. Cette procédure ne consiste pas seulement en une querelle de voisinage entre seigneurs, car les populations interviennent également. Ainsi, par Jean de Croix ou sa mère Catherine de La Tannerie, ce sont « tous leurs hostes et tenans fiefs et héritants de leursdittes seignouries »

LES HURLUS (1579-1582)

Dans le difficile contexte de pacification, des bandes calvinistes menées par François de La Noue, dit Bras de Fer, s'emparent de Menin. Avec les troupes de Tournai, elles forment les Hurlus, dont les attaques détruisent une grande partie du plat pays entre 1579 et 1582. Un poète anonyme de l'époque écrit à leur propos dans une chronique rimée : « J'ay veu bande meschante / Qu'on nomme hurrelus / Quy aux champs peuple espante / Par souvent bouter feus / Brusler maisons et granges / Tant de nuit que de jour / Et faire actes estranges / Traynant gens sans séjour. » L'auteur ne force guère le trait à en croire les rapports qu'en font les habitants de Croix auprès des autorités.

Deux plaintes illustrent ces années noires. La première est le fait de Guilbert de Lobiel, occupant la cense de La Fontaine, après la mort de son beau-frère, Jaspar Desmares, qui lui-même avait succédé à sa mère, Marie Ronzée. Il brandit l'éternelle menace de désertion en soulignant que la terre serait « demourée vaghe », d'autant que sa sœur « jeusne femme chargée de trois petitz enffans n'y vollut plus demourer obstant les guerres et hostilités ». Le lieu est en effet devenu trop dangereux, depuis que la route, qui passait jusqu'alors à Hempempont, est détournée par La Fontaine sur ordre des autorités. Le passage incessant des gens de guerre et les entrées continuelles des soldats et des Hurlus sur le domaine de La Fontaine poussent même le laboureur et son épouse à quitter leurs terres pendant « sept ou huit mois ». Les pertes se succèdent dans un cycle infernal : les soldats volent une partie de la récolte, pourtant moins bonne que d'ordinaire à cause des convois répétés ; le fourrage des chevaux manque, bien qu'un attelage de deux équidés ait été volé par « ceulx de la garnison de Menin ». Tout élevage de moutons est rendu impossible, alors que « six vingts » [120] bêtes pourraient paître là. Cette absence de bétail nuit, d'une part, pour « n'avoir le prouffit desdits bestiaulx des laisne, laitières et aultres », et d'autre part à cause du manque de fumure pour les terres. La plainte de Guilbert de Lobiel lui permet de voir le montant du loyer diminuer de moitié, pour un bail commençant en mai 1582 et courant sur six ans.

Les bandes armées brisent fréquemment le calme de la campagne croisienne.

La seconde requête est l'œuvre de « Guilbert et Gilles Houzet, frères, enffans de feu Anthoine et de aussy deffuncte Pasque Desroeulx, [et] Beltremieu des Obris filz de feu Ollivier, qu'il a eu de ladicte deffuncte Pasque en secondes noepces ». La confiscation des biens du protestant Guillaume Lucart, propriétaire de terres à Croix, oblige les trois frères à porter une demande devant la Chambre des comptes en 1587. Ils soulignent le fait que les « deffunctz Ollivier des Obris et Pasque Desroeulx ne ont peu avoir la joissance [des terres] à cause des troubles ». En 1580, Olivier des Obris et son épouse abandonnent leurs champs car « journellement les gens de guerre ennemis de la garnison de Menin et Tournay avoient leur passage audit quartier quy pillèrent par diversses fois ledit villaige de Croix et ransonnèrent par feu grand nombre des maisons d'icelluy village entre lesquelles fut celle de la Rouge Porte que tenoient lesdits Ollivier des Obris et Pasque Desroeulx qui lors ilz perdirent tous leurs meubles, vaces et aultres bestiaulx [...] et fut ladite Pasque bleschiée à la mort qui fina ses jours au boult de huyt jours enssievent ». Le témoignage de trois voisins de la « Rouge Porte » confirme le récit des trois fils de Pasque Desroeulx : Croix est saccagée en 1580 et 1581 par le passage répété des compagnies de Hurlus. Le village est pillé, des maisons sont incendiées, des terres délaissées. Pendant cette période, neuf personnes payent de leur vie le dernier sursaut local des guerres de Religion.

Il est difficile de distinguer, dans les sources judiciaires, ce qui relève du discours attendu par les autorités et nécessaire pour obtenir gain de cause, de ce qui témoigne de la rancœur de la population. En revanche, les dégâts commis par les Hurlus ont très probablement marqué l'imaginaire collectif de Croix, d'autant que les villages se caractérisent par une « intense xénophobie », comme l'écrit Robert Muchembled.

qui se dressent face à Jean de Lannoy. La présence des « manans et habitans des villes et perroices » du Ferrain montre la personnalité morale des communautés villageoises de la Flandre wallonne. La population, certes soutenue par son seigneur, affronte en justice un des hommes les plus influents de la région, un des organisateurs du banquet du Faisan en 1454, un familier de Philippe le Bon. Le refus d'entrer en dépendance d'une communauté voisine souligne, en négatif, l'identité de Croix, comme celle des autres paroisses. Plus encore que d'un communautarisme identitaire, on pourrait parler d'une identification communautaire, tant l'existence du groupe humain que constitue la paroisse est ici affirmée comme une donnée incontournable du droit.

Ce réflexe communautaire constitue une composante incontestable de la vie du village à la fin du Moyen Âge et au début de l'époque moderne. Un épisode criminel illustre dramatiquement l'attachement à la communauté. En 1561, Pierre Selosse, laboureur à Croix, se rend à la ducasse de Mouvaux, accompagné de Christpienne (Christiane) du Crocquet et de Hacquinot de Cotignies, dit Labbe, tandis que Jacques Segart, de Mouvaux, se charge d'y emmener Philippote, la sœur de Christpienne. Arrivé sur les lieux, Pierre Selosse exige de Jacques Segart et de son frère Jehan de laisser maintenant tranquille la jeune fille car « esmeu d'amour honneste, il ne povoit plus veoir mener icelle Philippote ». Jehan Segart, se sentant menacé, monte sur un champ et se met à crier « Mouvaulx, Mouvaulx ». À son appel répondent plusieurs « conflictaires [...] garniz d'espées mises en la main ». Au cours de cette bagarre généralisée entre deux bandes de deux villages différents, Selosse aurait blessé à la tête Jacques Segart, « tellement qu'il en tumbit par terre et huyt jours après termina vie par mort ». La bataille de champ à l'occasion d'une fête de village n'est pas rare, pas plus d'ailleurs que l'opposition entre deux communautés. Le cri de Jehan Segart ne laisse guère d'équivoque : ce sont bien, par l'intermédiaire de quelques-uns de leurs habitants, deux villages qui s'affrontent rituellement. Tout homme, probablement jeune, habitant Mouvaux devient membre de la parenté de l'appelant, dans un réflexe de solidarité. De même, l'attitude des Segart à l'égard de Philippote du Crocquet révèle ce que Robert Muchembled a pu lire pour d'autres cas similaires : la bande du village organisateur de la ducasse autorise un groupe concurrent à participer à la fête en prélevant une contrepartie, à savoir la jeune fille. Ainsi, dans une course de célibataires (ce qui est probablement le cas ici), les garçons du village qui reçoit savent par avance qu'ils ne perdront pas toutes les demoiselles de leur paroisse, qui leur sont prioritairement destinées.

Le communautarisme identitaire dans ce qu'il a de plus dangereux témoigne indéniablement de l'« intense xénophobie » du monde rural de l'époque. La violence commise agit parfois comme une protection contre la peur de la violence subie, que cela corresponde à une réalité vérifiée ou à un fantasme transmis. La crainte de l'autre soude durablement la communauté. Elle s'exprime évidemment dans l'épisode de la ducasse de Mouvaux, comme lors de la crise iconoclaste de 1566, même si Croix, sans être épargnée, ne semble pas la plus touchée des paroisses du Ferrain. Les bandes calvinistes brisent probablement là quelques « images », mais si le nom de Croix apparaît régulièrement dans les énumérations de lieux visés par les attaques, il ne figure jamais parmi ceux où les dégâts sont les plus impressionnants. De même, la population croisienne ne semble guère s'être tournée vers la nouvelle religion. Peut-être quelques Croisiens assistent au prêche de Bondues, mais leur nombre est insuffisant pour apparaître dans l'enquête menée par le lieutenant de la gouvernance de Lille et conservée aux Archives générales du Royaume à Bruxelles. Ainsi, lorsque le barbier de Bondues, Jehan Le Mesre, témoigne de la dispersion de la foule, il assure que les noms de « Lille, Mouvaux, Wasquehal, Roubaix, Tourcoing, Tournai » furent criés pour regrouper les participants en fonction de leur lieu d'origine. De même, alors que les condamnés originaires de Wasquehal, de Bondues, de Mouvaux ou de Marcq se multiplient dans les registres des Archives municipales de Lille, ceux de Croix sont quasi inexistants. Pour autant, on ne saurait voir dans Croix un bastion de la résistance catholique, puisque, comme pour l'adhésion au calvinisme, les sources restent silencieuses sur ce point. Il ne fait cependant guère de doutes que l'assaut des troupes iconoclastes est vécu par les villageois, surtout ceux qui ne sont pas acquis à la « nouvelle religion », comme une violation du territoire intime de la communauté. Celle-ci se construit effectivement aussi en réaction aux attaques : chaque assaut extérieur, que le bilan à déplorer soit lourd ou non, solidarise le groupe villageois dans une peur commune de l'autre, entretenue par les souvenirs et les fantasmes.

Chapitre 2

L'ENTRÉE DANS L'ORBITE FRANÇAISE

(1609-1815)

CROIX

VIVRE ET MOURIR SOUS L'ANCIEN RÉGIME

En 1695, un dénombrement précis recense 746 habitants à Croix. La population du village a donc triplé depuis la première enquête de 1449. Et cette croissance continue puisque les Croisiens sont 1 050 en 1789. Pourtant la vie à Croix ne fut pas un « long fleuve tranquille » aux XVIIe et XVIIIe siècles et ces chiffres bruts ne disent rien des peines et du courage des Croisiens confrontés aux malheurs des temps. Les registres de la paroisse, bien conservés à partir de 1636, où le curé notait soigneusement les baptêmes, mariages et décès, sont beaucoup plus révélateurs de la réalité vécue.

PAGE DE GAUCHE
Albums de Croÿ, *publiés sous la direction de Jean-Marie Duvosquel, tome XIII, planche 153.*

ÉPIDÉMIES ET DISETTES

Au XVIIe siècle, à Croix comme dans toute l'Europe, la grande faucheuse prend régulièrement le visage hideux de la peste. Le « mal qui répand la terreur » s'abat ici à trois reprises. Son premier passage avéré date de 1636-1637, faisant grimper les décès annuels à 29 et 32 au lieu des 15-18 habituels. Venue d'Amiens, cette peste a gagné rapidement toute la Flandre, accélérée par les incursions des soldats, alors que l'armée espagnole en provenance des Pays-Bas est descendue jusqu'à Corbie, puis s'est dispersée au retour. Une seconde contagion, peste ou autre maladie, frappe Croix en 1646 et surtout 1647, tuant, cette année-là, 81 villageois, pour beaucoup des enfants. L'épidémie emporte des familles entières : Jean Plateau décède le 21 juillet, suivi le 2 août de son épouse Anthoinette Destombes et d'un de leurs enfants, puis leurs trois derniers enfants meurent le 3 et le 8 août. Jacques Duthoit perd un premier enfant le 24 août, un second le 5 septembre, un troisième le 8. Le père est à son tour emporté le 11 septembre. Dans le seul mois d'octobre, Anthoine De Cottignies enterre ses huit enfants ! La peste de 1667-1668 fut moins cruelle aux Croisiens. Venue de Londres par Calais, cette épidémie avait accompagné les troupes de Louis XIV conquérant la Flandre. Ce fut la dernière manifestation de la peste dans nos régions et la disparition du fléau explique en grande partie le recul de la mortalité au siècle suivant.

Alors que sa population augmente régulièrement au XVIIIe siècle, Croix est encore frappée par une grave épidémie – peut-être de typhoïde – au cours de l'été 1769. Les remèdes efficaces sont inconnus alors, mais les Lumières ont favorisé la diffusion de préceptes d'hygiène nouveaux, que le bon curé Mourcou tente de répandre auprès de ses paroissiens et de transmettre à ses successeurs, comme il l'écrit à la fin du registre de cette année : « Pour procurer les secours nécessaires à leurs brebis dans de semblables calamités : un bon médecin, d'excellents remèdes, une grande propreté, une attention particulière aux vices que l'air contracte dans la chambre des malades, car plus on s'applique à en fermer les portes et les fenêtres, plus on travaille pour le malheur du public : les exhalaisons fétides causées par les transpirations et les selles est [*sic*] aussi funeste aux malades que dangereuses à ceux qui les approchent. Il est donc essentiel d'en purifier l'air tant par un feu modique qu'en tenant les fenestres des chambres ouvertes dans les saisons tempérées et dans d'autres où l'air est extrêmement échauffé par l'action du soleil, on doit alors avoir recours aux arrosements d'eau fraîche mélée de vinaigre et joncher de plantes odoriférantes. » C'est également ce pasteur dévoué qui demande aux états provinciaux de payer le médecin de Roubaix pour soigner gratuitement les malades de Croix. Le docteur Desmazières décrit une fièvre forte, un accablement général, des nausées, des ulcérations de la langue, des « douleurs vives dans les entrailles, il sort de leur corps une odeur putride qui infecte ». Cette fois, la maladie est surtout fatale aux personnes âgées. Le médecin visite les patients de Croix du 26 juillet au 20 septembre, date à laquelle il dresse un bilan édifiant : « Je crois pouvoir avancer sans exagération que près de la moitié du village a été attaquée de la maladie, elle n'épargna pas surtout les plus pauvres, et c'est dans le sein de la misère où elle prend son origine et son accroissement, et il est à présumer que sans communication, elle ne sortirait pas de la chaumière. »

L'ÉPIDÉMIE DE 1769

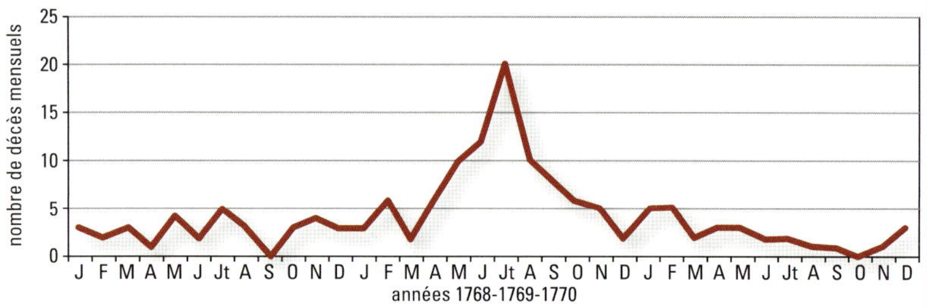

Moins foudroyantes que les épidémies, les disettes font aussi augmenter la mortalité du village. Les véritables famines sont rares, mais dans une région déjà densément peuplée, où la terre ne peut nourrir tous les habitants, même les villageois doivent acheter leur blé au marché. Des étés trop pluvieux empêchent la maturation des grains, des hivers trop rigoureux, où le sol gèle en profondeur, font perdre les semailles de l'automne. Le refroidissement du climat au XVIIe siècle, puis le « grand hyver » en 1709 et à nouveau le froid en 1740-1741, provoquent ces mauvaises récoltes. Sur les marchés alors mal approvisionnés, le prix du blé, donc du pain, augmente fortement. Les plus pauvres ne peuvent manger à leur faim. Les organismes affaiblis deviennent plus fragiles face aux maladies.

LES FLANDRES, THÉÂTRE DE LA GUERRE

À ces calamités naturelles s'ajoute bien souvent la guerre et son cortège de violences, de pillages, de destructions et d'exactions de toutes sortes. Croix, au cœur de la châtellenie de Lille, subit l'histoire mouvementée de la région prise entre la souveraineté espagnole déclinante et les ambitions françaises grandissantes. En 1609, ses souverains, les archiducs Albert et Isabelle, avaient enfin ramené la paix après un demi-siècle de révolte et de guerres religieuses. Certes, ce n'était qu'une trêve, mais les hostilités qui reprennent en 1621 entre l'Espagne et les Provinces-Unies, du côté de Breda et Maastricht, laissent le sud des Pays-Bas encore tranquille. Les combats reviennent dans la région lorsque Louis XIII, inspiré par Richelieu, envoie son héraut déclarer la guerre au roi d'Espagne à Bruxelles le 19 mai 1635. L'année suivante, les Espagnols sont à Corbie, mais l'armée mal payée se débande et les Français reprennent l'offensive, assiégeant Saint-Omer, puis s'emparant d'Hesdin en 1639, d'Arras, Lens, La Bassée en 1640. En 1646, le prince de Condé est à Tourcoing, pour assiéger Courtrai. La Fronde (1648-1653) éloigne un temps les troupes françaises mais les Espagnols et leurs alliés impériaux reprennent position. Condé, en révolte contre Louis XIV, et passé au service de l'Espagne, revient en 1655 aux environs de Tournai. En 1658, Turenne, qui commande l'armée du roi de France, campe à Tourcoing. Ces mouvements de troupes sont particulièrement dommageables aux habitants des campagnes car les soldats, mal payés, vivent sur le pays, qu'il soit ami ou ennemi. Que ce soit sous forme de « contributions » réglées ou sous forme de pillage, les soldats enlèvent les provisions et les bestiaux, font fourrager leurs chevaux dans les champs, exigent nourriture et boisson, extorquent de l'argent sous la menace. Les villageois peuvent s'estimer heureux lorsque les soudards se contentent de piller sans les molester ou mettre le feu à leurs maisons. Un village ouvert et situé sur un axe de communication comme Croix se trouve particulièrement vulnérable. Les villageois tentent bien de se garantir des violences en négociant des « sauvegardes » avec les chefs des armées, mais ces accords – des livraisons en nature et de grosses sommes d'argent pour empêcher les pillages – ne sont pas toujours respectés. Le long conflit franco-espagnol ne prend fin qu'en 1659 avec la paix des Pyrénées. Croix retrouve le calme pour quelques années heureuses.

La glorieuse campagne de 1667, almanach pour l'année 1668.

Mais Louis XIV a pu mesurer la faiblesse de son rival et les riches Pays-Bas espagnols aiguisent ses appétits de gloire. En 1667, prétextant un droit de dévolution dû à son épouse Marie-Thérèse, il lance une formidable armée sur la région, dont les places tombent les unes après les autres.

Au traité d'Aix-la-Chapelle signé en 1668, la ville de Lille avec ses dépendances est annexée au royaume de France. Pour Croix, c'est la fin d'un siècle de souveraineté espagnole. Louis XIV, qui veut se faire aimer de ses nouveaux sujets, bien peu francophiles, ne change rien aux usages locaux et contient ses soldats dans une discipline inhabituelle. La paix ne dure guère cependant. Dès 1672 le Roi-Soleil repart à l'assaut des Hollandais, et ses armées traversent à nouveau la région, qui redevient le théâtre de la guerre à partir de l'entrée de l'Espagne dans le conflit en 1673 jusqu'à la paix de Nimègue signée en 1678. Ces deux guerres paraissent pourtant bien légères, rétrospectivement, par comparaison avec les deux derniers conflits du règne de Louis XIV : la guerre de la Ligue d'Augsbourg (1689-1697) et la guerre de Succession d'Espagne (1702-1713). Les armées qui s'affrontent alors sont devenues des monstres : le roi de France solde plus de 300 000 hommes et fait face à des armées coalisées équivalentes. Le village de Croix ne pèse pas lourd dans la tourmente de ces années de fer. Au printemps 1689 l'armée espagnole, campée à Dottignies, lève les premières contributions dans la châtellenie, puis l'armée française s'y installe en novembre. Au printemps suivant, les Espagnols reviennent avec les mêmes exigences. Le maréchal d'Humières interdit aux villageois, au nom du roi de France, de s'y soumettre sous peine de représailles terribles. Cela n'empêche pas les autorités locales de négocier avec l'armée des Alliés, et de payer, sans pour autant y gagner leur sécurité. Le 28 octobre 1696, quelques échevins de Roubaix qui sont allés consulter leur seigneur, le prince d'Épinoy, au camp de l'armée du roi, s'attardent sur la route du retour au cabaret du Créchet à Croix. Ils y sont surpris par un parti de cavaliers hollandais qui les prennent en otages et ne les libéreront que contre une forte somme. En 1708, lorsque l'armée du prince Eugène et du duc de Marlborough assiège Lille, Roubaix et

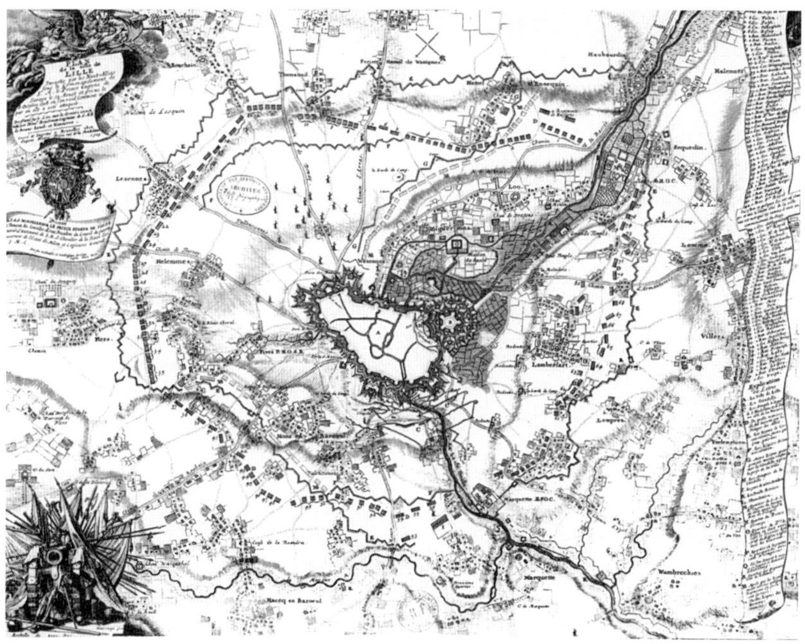

Plan du siège de Lille en 1708.

ses environs servent de cantonnement aux troupes de Saxe et de Hesse. Dans ces années 1708-1712, les alliés anglo-hollandais et impériaux ravagent la région. Enfin les traités d'Utrecht et de Rastadt en 1713 et 1714 mettent fin à ces temps de malheurs. Croix reste définitivement à la couronne de France, tandis que Tournai et les Pays-Bas espagnols passent sous souveraineté autrichienne.

Le XVIIIe siècle est beaucoup plus paisible pour Croix. Le village ne voit revenir des troupes qu'à l'occasion de la guerre de Succession d'Autriche, lorsque Louis XV, en 1744, décide de porter le conflit dans les Pays-Bas voisins. Le 16 mai, les autorités provinciales répartissent une armée formidable de trente-neuf escadrons et vingt-cinq bataillons dans les environs de Roubaix. Croix doit trouver la place pour le cantonnement des trois escadrons et deux bataillons qui lui échoient, soit environ quatre cents cavaliers et mille deux cents fantassins. Peut-être quelques Croisiens curieux sont-ils allés voir le jeune roi à Lille ou ses généraux installés à Lannoy ou Roubaix. Mais l'armée royale a dû se porter au secours de la Lorraine envahie et des hussards hongrois au service de l'Autriche en ont profité pour faire des incursions dans la région, prenant des otages et imposant à nouveau de lourdes contributions. Cela ne dure pas, heureusement, grâce à la remarquable campagne de Maurice de Saxe qui déplace la guerre aux Pays-Bas. Voilà les Croisiens enfin tranquilles, jusqu'en 1792.

LE TEXTILE RURAL CONTRE LES ATELIERS URBAINS

Le textile et Croix apparaissent officiellement associés pour la première fois le 13 mars 1609, dans l'ordonnance rendue par les archiducs Albert et Isabelle. Ce texte définit les productions respectives des Lillois et du plat pays : aux premiers, les ouvrages de sayette, c'est-à-dire de pure laine peignée, exclusivement ; aux seconds, la bourgeterie, ou étoffes de « trippes, bourrats et futeynes », c'est-à-dire les tissus en laine grossière et les tissus mélangeant un autre textile, lin, soie ou coton, à la laine. L'ordonnance précise la liste des villages autorisés à fabriquer ces étoffes : « Roubaix, Tourcoing, Watrelos, Mouvaux, Ronck, Neufville-en-Ferrain, Linselles, Marcke-en-Bareul, Croix et Wasquehal ». Cette ordonnance s'inscrit dans une longue série de textes qui reflètent la concurrence acharnée entre les tisserands des campagnes et ceux de Lille, du Moyen Âge jusqu'à la Révolution, et qui ne sont pas sans évoquer, à une autre échelle, les problèmes contemporains de l'industrie textile. Les villes de Flandre avaient en effet développé une production de grande draperie réputée. Les métiers urbains, organisés en corporations, encadraient rigoureusement cette activité, fixant les règles de fabrication, les salaires et les prix. Mais dès l'origine, la draperie urbaine fut concurrencée par le travail des ruraux. Outre le filage au rouet de la laine et du lin, activité essentiellement féminine, les villageois pratiquaient le tissage. Dans les campagnes en effet, des marchands-fabricants trouvaient une main-d'œuvre moins chère, puisque les ouvriers y vivaient à meilleur prix qu'en ville et n'étaient pas protégés par les règlements corporatifs. Le marchand fournissait le métier à tisser – « l'ostil » – et les matières premières – filets de laine ou de lin –, puis récupérait les tissus, qu'il payait à la pièce. Les draps bruts étaient ensuite apprêtés, blanchis ou teints puis commercialisés en ville.

Les villes s'attachaient donc à faire interdire les productions rurales, ou à les cantonner dans les tissus les moins prisés tandis que les fabricants des villages étaient toujours à la recherche d'étoffes nouvelles, échappant aux règlements. Pour les deux parties, c'était une question de survie : dans les villages très peuplés des Flandres, la terre, malgré un travail intensif, ne pouvait nourrir tous les habitants, et en villes, toute diminution de la production textile réduisait des milliers de familles au chômage et à la misère. La rivalité était donc féroce et les corporations urbaines prêtes à tout pour éliminer la concurrence, déloyale à leurs yeux, du travail rural. Ainsi, le 31 mars 1621, les Lillois tentent une épreuve de force. Ils envoient aux villages de Croix et Wasquehal un huissier, Arnould Carlier, accompagné d'une escorte armée, saisir les tissus et rompre les métiers, qu'ils disent contrevenir aux ordonnances souveraines. Mais les habitants de Croix et de Wasquehal s'ameutent, lui jettent des pierres, menacent de le tuer. L'huissier doit se réfugier dans une maison à Lannoy où il passe une partie de la nuit assiégé par la foule hostile. Les Croisiens continuèrent donc de tisser toutes sortes d'étoffes, y compris des ouvrages de sayette si l'on en croit une requête des habitants de Tourcoing de 1622.

Après la conquête française, les Lillois arguent de la capitulation signée par Louis XIV qui confirmait leurs privilèges pour tenter à nouveau d'interdire le tissage rural, ce qui ne manque pas d'alerter les Croisiens. Les curés de Roubaix, Tourcoing, Wattrelos, Hem, Wasquehal, Marcq-en-Barœul, Bondues, Leers, Lys-les-Lannoy, Neuville-en-Ferrain, Roncq, Mouvaux et Croix adressent à l'intendant du roi, en 1669, une lettre faisant état de leurs inquiétudes. Si les Lillois obtiennent l'interdiction, disent-ils, de nombreux villageois iront s'établir en Hollande ou en Angleterre, pays

Un tisserand au travail d'après l'*Encyclopédie méthodique* de Panckoucke.

protestants, où leur foi catholique sera en danger. Le pasteur de Croix, Antoine Palais, surenchérit en son nom propre : « Si l'on publie l'interdit dont est menacé, il est très certain d'après le langage de mes paroissiens, qu'un tiers d'entre eux déserteront à l'étranger, non sans le plus grand dommage pour les âmes. » Cette crainte était sans doute exagérée pour l'époque, mais les prêtres gardaient en mémoire les grandes migrations de tisserands calvinistes flamands fuyant les persécutions du duc d'Albe pour se réfugier en Hollande à la fin du XVIe siècle. En dépit de ces tracasseries, la fabrique rurale prospérait au détriment des ateliers urbains. Dans les instructions laissées à son successeur en 1683, l'intendant du roi, Le Pelletier, avouait la supériorité des ruraux : « À Tourcoing, Roubaix et Wattrelos, l'on fait des étoffes plus fines et plus belles qu'à Lille », mais il recommandait de tenir la balance égale entre la ville et le plat pays.

Au début du XVIIIe siècle, la création d'une nouvelle étoffe, la calemande, tissu de pure laine ou mélangé, uni ou à motifs fleuris, donne à nouveau l'occasion aux Lillois d'intervenir. Ils font saisir des calemandes à Roubaix et tentent de restreindre le nombre de villages autorisés à tisser. Les Croisiens défendent leur droit en s'appuyant sur le témoignage de « vieillards de Wasquehal et Croix, dont plusieurs de plus de quatre-vingts ans, attestant sous serment qu'à leur connaissance on a toujours travaillé dans lesdites paroisses, toutes sortes d'étoffes, tant calemandes, que bouras, damas, serges et autres, sans trouble ni empêchement, ce qu'ils savent pour y avoir travaillé eux-mêmes depuis leur bas âge jusqu'à présent ». En dépit des efforts des Lillois, l'activité textile du plat pays se développait de jour en jour. La laine restait la matière la plus travaillée, et les moutons de la région n'y pouvant suffire, les marchands la faisaient venir d'Angleterre, d'Espagne ou de Picardie. La Flandre était également grande productrice de lin, qu'on faisait « rouir » dans les rivières et les becques entre les champs. Situés dans un terroir relativement sec, les Croisiens ne pratiquaient pas eux-mêmes le rouissage du lin, mais se plaignaient des conséquences de cette activité, dans les villages voisins, sur la qualité des eaux de la Marque : « Un préjudice très considérable attendu que les habitants de ces lieux n'ont point d'autres eaux pour leurs usages non plus que pour ceux de leurs bestiaux, que d'ailleurs les lins gattent tellement les eaux et donnent une si grande puanteur qu'il pourroit en avoir des maladies très sérieuses… »

À partir des années 1760, le gouvernement de Louis XV prit nettement parti en faveur de la déréglementation du travail. L'arrêt du Conseil du 7 septembre 1762 autorisait les habitants des campagnes à fabriquer toutes sortes d'étoffes, sans limitation aucune. Pour les Lillois, c'était une catastrophe, aussi s'employèrent-ils à retarder le plus possible la publication de l'arrêt, ce qu'ils obtinrent par un édit de surséance en juillet 1765. Mais l'arrivée au pouvoir du ministre physiocrate Turgot à l'avènement de Louis XVI balaya les dernières résistances corporatives. En 1776, l'application de l'arrêt de 1762 est imposée, libérant définitivement la fabrique rurale. Les Croisiens en ont certainement profité, même si leur labeur acharné enrichissait davantage les fabricants que les tisserands eux-mêmes, payés à la pièce, et sans aucune protection en cas de changement conjoncturel. Or à la fin des années 1780, une autre concurrence se profile, hors de l'ancien débat de la ville contre la campagne, dans un cadre qui annonce l'ère industrielle. Alors qu'à Croix, comme à Roubaix ou Lille, le travail textile était encore purement artisanal, l'Angleterre voisine se lançait dans la fabrication mécanique, au moyen des premières machines textiles. Bientôt les tissus anglais, fabriqués à moindre coût, se répandent dans toute l'Europe. Lorsque, pour des raisons diplomatiques, Louis XVI signe en 1786 un traité de commerce qui diminue les droits de douane sur les marchandises anglaises entrant en France, l'effet est immédiat. Les marchés sont submergés par les produits anglais, les étoffes de la région ne se vendent plus. À Roubaix et dans ses environs, les métiers s'arrêtent, des milliers de tisserands sont au chômage.

Mais tous les Croisiens n'étaient pas tisserands sous l'Ancien Régime, la plupart des habitants vivaient toujours du travail de la terre, selon des techniques peu changées depuis le Moyen Âge. Une enquête diligentée par l'intendant du roi en 1768 donne un aperçu des cultures pratiquées à Croix : la plupart des terres portaient des céréales – froment et seigle – qui servaient à confectionner un pain bis. On cultivait aussi de l'avoine, du lin et des fèves. Les pommes de terre, en revanche, ne semblent apparaître qu'à l'extrême fin du siècle. Comme dans toute la Flandre, des assolements savants et un travail intensif donnaient des rendements supérieurs aux moyennes françaises. Le fourrage et le trèfle servaient à nourrir de nombreuses vaches et quelques chevaux. La nourriture de base des Croisiens était alors la soupe de lait et de légumes, accompagnée de pain beurré, parfois augmentée de viande de porc. Le café commence à se répandre au cours du XVIIIe siècle mais reste cher pour les villageois. L'usage du tabac en revanche est déjà courant. Dans les cabarets, on boit en grande quantité une petite bière peu alcoolisée, brassée localement.

LE « PRIX » D'UNE VIE EN 1740

Les archives communales de Roubaix conservent quelques pièces d'une information judiciaire contre Louis Joseph Delebecque, accusé d'avoir tué un habitant de Croix : Venant Decottignies. D'après les nombreux témoins du drame, Delebecque, un marchand roubaisien, membre de la confrérie des archers du bourg, avait bu plus que de raison ce jour du 4 septembre 1740. Certes, c'était la ducasse et une fête en Flandre ne s'imagine pas sans grande consommation d'alcool, mais aux dires de ses confrères – qui cherchent peut-être ainsi à atténuer sa responsabilité – Delebecque avait vraiment passé la mesure. Cela n'avait pas empêché les archers de lui confier la garde des armes de la confrérie, disposées le long d'un mur sous un appentis attenant à l'hôtel de ville sur la grand-place. D'après Jacques-Albert Parent, tisserand à Roubaix, vers 5 ou 6 heures du soir, Delebecque rudoie le fils de Venant Decottignies, parce que l'enfant serait passé trop près des armes. Le père mécontent serait venu dire au garde : « Va, va ; si on t'avoit hors du bourg, tu ne serois pas si ferme et on en a vu d'autres que toi. » Delebecque aurait rétorqué : « Eh bien, viens ici. » Et quand Decottignies s'approche, Delebecque lui donne un coup d'épée au flanc. Une demi-heure plus tard, Decottignies expire. Tous les témoignages concordent, le meurtre a été public, personne ne pense à travestir les faits.

Indépendamment des poursuites pénales dont nous n'avons pas trace, un arrangement est bien vite trouvé avec la veuve. Le 9 septembre 1740, une convention devant notaire, en présence du curé, du lieutenant du bailli du seigneur et des hommes de fief de Croix, est signée entre la veuve et le représentant du meurtrier. En échange de la somme de 2 400 florins (3 000 livres tournois, soit environ quinze ans de salaire d'un ouvrier), déjà payée, la veuve et ses enfants promettent de ne pas poursuivre Delebecque et de se contenter de cette indemnité, pour tous dommages et intérêts. Dans l'acte, le meurtre est présenté d'une manière bien particulière qui rappelle les lettres de rémission – c'est-à-dire de pardon – accordées libéralement par les princes au XVIe siècle, mais très rares au XVIIIe : « Le factionnaire [Delebecque] se trouvant accablé d'une foule de peuple, et craignant d'être surpris, a mis l'épée à la main suivant l'usage de ces sortes de factionnaires, n'ayant point coutume de se munir du mousquet, et a eu le malheur d'en frapper ledit Venant Decottignies, croiant par ce moyen écarter la populace qui l'accabloit. »

Une ferme flamande dans les environs de Lille.

FERMIERS, LABOUREURS ET TISSERANDS

Les documents manquent pour dessiner un tableau précis de la structure sociale du village à cette époque, mais les sources fiscales font état de fortes permanences. Le dénombrement de 1695 fournit quelques renseignements sur les plus riches et les plus pauvres. Du côté des notables, pas de seigneur, car le comte de Croix n'habite plus son château, alors déjà en ruine, et pas d'autres nobles au village. Le territoire de la paroisse dépend de plusieurs seigneuries, mais leurs titulaires vivent tous ailleurs. Les notables locaux sont donc le curé, le lieutenant du bailli du comte de Croix, quelques artisans spécialisés et quelques « gros censiers ». Le document évoque, sans les nommer, au total huit fermiers, soixante-quatre laboureurs et un meunier. Les huit fermiers – il faut comprendre ici les exploitants agricoles qui afferment les terres des gros propriétaires – sont sans doute les plus importants personnages du village, et ce sont les seuls qui emploient des domestiques. Ainsi Simon Duthoit, qui dispose d'un charretier, de deux valets et de deux servantes. Du côté des pauvres, une liste de ceux qui ne paient pas d'impôt ou sont mendiants ne compte que trente noms, dont treize tisserands, six journaliers et quelques autres professions : un chirurgien-barbier, un cordonnier, un chaudronnier, les jardiniers-sergents des seigneuries de La Fontaine et de Corbelle, une lingère. À la fin du XVIIe siècle, Croix était donc un village dominé par quelques gros fermiers, ceux qu'on nommait parfois les « coqs de village ». Ensuite venaient ceux que nous appellerions les « classes moyennes » : petits agriculteurs possédant un lopin de terre, quelques artisans qualifiés, quelques commerçants comme les cabaretiers ou épiciers. Enfin, les tisserands, ouvriers agricoles, domestiques, journaliers, vivant dans la plus grande précarité. Un document fiscal du XVIIIe siècle confirme cette stratification de la société croisienne. Le 16 juillet 1743, les états provinciaux de Flandre wallonne s'avisent – enfin – d'obtempérer à l'arrêt du Conseil du roi du 30 mai 1728 qui ordonnait la rédaction de nouveaux cahiers du vingtième. Le vingtième dans notre région était un impôt proportionnel aux revenus des terres, qui servait d'assiette aux contributions payées au roi. Or, pour les villages de Flers, Croix, Wasquehal et Mons-en-Barœul, les cahiers n'avaient pas été révisés depuis 1601, et, en raison des mutations intervenues dans les propriétés, ne correspondaient plus à la réalité. Les habitants de Croix qui occupent des terres et maisons sont donc invités à venir porter leurs déclarations au château du Sart à Flers les vendredi et samedi 16 et 17 août 1743, au sieur Patou, conseiller-pensionnaire des états, qui en prendra note pour former le nouveau cahier. Les archives départementales conservent le cahier du vingtième provincial ainsi révisé de Croix pour l'année 1750. Il ne permet pas de connaître tous les revenus des habitants de Croix, puisque seuls ceux des terres et des maisons sont taxés. Il offre néanmoins un tableau parlant de la distribution de la propriété et des exploitations au village. D'après ce document, la superficie totale des terres exploitées à Croix se monte à 537 hectares dont 98 le sont par des « forains », c'est-à-dire des habitants de villages voisins. Ainsi le plus gros fermier sur Croix, Jean-François Prévost, qui exploite 56 hectares appartenant à Mademoiselle D'Hennin, vit-il à Roubaix.

Comme aux périodes antérieures, le contraste est saisissant entre les « gros censiers » et les paysans parcellaires. Onze fermiers seulement se partagent 310 hectares, soit près de 60 % des terres disponibles à Croix. Outre Jean-François Prévost, les mieux lotis sont Pierre Duthoit avec 50 hectares, Pierre-Paul Duttion avec 40 hectares, Jean-Baptiste Agache avec 30 hectares. Ces terres ne leur appartiennent pas, la plupart relevant de propriétaires nobles, tels le comte de Croix, le prince de Soubise, M. de la Marlière, M. de Fontaine, ou de propriétaires apparemment bourgeois : M. Noiret, Madame Libert, M. Ricours. Le document n'évoque, pour toute propriété ecclésiastique, qu'un hectare appartenant à l'église de Croix, ainsi que les dîmes prélevées par le couvent de l'Abiette de Lille et le chapitre de Seclin. Après les gros fermiers, les autres habitants de Croix doivent se contenter des terres restantes. Ceux qui réussissent à exploiter au moins 3 hectares peuvent s'estimer heureux : c'est le cas de vingt-cinq familles croisiennes. Les propriétaires-exploitants, comme la veuve Delaoutre, qui possède près de 3 hectares et en loue 4 autres, y sont très rares. La plupart des familles doivent cumuler des parcelles louées à trois ou quatre propriétaires différents pour atteindre ce seuil. La pression sur la terre est ici bien visible et l'on devine l'âpreté des paysans attentifs au moindre lopin disponible. Ainsi Charles-François Lezy, qui ne possède en propre que 32 ares, doit-il louer, par parcelles de moins d'un hectare, des terres à Simon-Pierre Beaussart, Jean Leuridan, Pierre Waymel, Michel Lepers, Pierre Decottignies et Jean-François Becquart pour atteindre une exploitation d'à peine 3 hectares. Seul l'affermage d'une propriété seigneuriale permet d'atteindre des surfaces plus importantes, puisque la propriété paysanne est pulvérisée en lots minuscules. Ainsi Charles Antoine Houzet, qui arrive à rassembler 8,5 hectares à partir de cinq lots de terres différents, grâce à l'affermage du manoir du sieur Ricours, propriétaire de la seigneurie du Maretz, évalué à 5 hectares. Dans la même catégorie se place sans doute Denis Rousseau, propriétaire d'un cabaret et de plusieurs maisons, qui n'exploite pas la terre, mais dont le revenu estimé avoisine celui d'un fermier disposant de 3 à 4 hectares. Ensuite viennent les exploitants qui disposent de moins de 3 hectares, de loin les plus nombreux : soixante-douze chefs de famille figurent dans cette liste, ne disposant pour la plupart que d'une maison et d'un lopin de quelques ares, les uns en location, les autres en propriété (parmi eux Adrien Spriet, Jean Destombes, Jean-Baptiste Ducroquet, la veuve Selosse, Vincent Castel, Martin Gons, Jacques Bousseman, Jean-Baptiste Leuridan, Pierre Caby, le sergent Jean Castel, Jean-Baptiste Leleu...). Pour tous ceux-ci la vie est dure, les gains de la terre insuffisants, il leur faut soit travailler chez les gros fermiers comme ouvriers agricoles ou comme journaliers, soit trouver un autre revenu, d'où l'importance du travail textile. Pour ces familles, en dépit d'un labeur incessant, la pauvreté est constante, et le moindre accident de la vie ou la moindre crise signifie la misère. Pourtant, la vie était encore plus difficile pour les nombreux Croisiens (environ la moitié des familles) qui ne disposaient même pas d'un lopin de terre et dépendaient uniquement du travail textile ou domestique. Leurs maisons, sans doute de simples chaumières sans aucun confort, ne sont même pas mentionnées dans ce document fiscal. La société croisienne d'Ancien Régime se caractérisait donc par une forte inégalité : une poignée de gros fermiers et de marchands-fabricants textiles font travailler les autres habitants, à la ferme ou au métier à tisser. Ce sont les seuls habitants aisés du village. Quelques moyens exploitants agricoles et quelques artisans ou commerçants vivent à peu près correctement de leur travail, mais l'immense majorité des Croisiens ne connaît que labeur et pauvreté.

LA CÉLÈBRE FAMILLE DE CROIX AU XVIIIe SIÈCLE

Les seigneurs de Croix, devenus comtes à partir de 1617, ne jouent aucun rôle direct dans le village, qu'ils n'habitent plus depuis le XVIIe siècle, même s'ils y perçoivent toujours leurs droits seigneuriaux. Par leurs diverses alliances, tant du côté de la France que du côté des Pays-Bas espagnols puis autrichiens, certains membres de la famille de Croix se sont illustrés parfois bien loin de leur seigneurie.

***Charles-François de Croix**, né à Lille en 1699, commença une brillante carrière militaire au service du roi d'Espagne, dans la péninsule, puis fut nommé vice-roi de la « Nouvelle Espagne », c'est-à-dire l'Empire espagnol d'Amérique latine, en 1766. Entièrement dévoué au roi Charles III, il fut chargé de la difficile mission d'expulser les jésuites et développa les conquêtes espagnoles vers la Californie. Il importa aussi à Mexico les modes françaises. En 1771 Charles-François est rappelé en Espagne, où il devient gouverneur de la province de Valence. Il y meurt en 1786.*

Portrait de Théodore de Croix.

*Son neveu, **Théodore de Croix**, né au château de Prévôté à Frelinghien en 1730, marcha sur les traces de son oncle. Comme lui, il entre au service militaire de l'Espagne. Il accède au grade de colonel du régiment des gardes wallonnes en 1760. Six ans plus tard, il accompagne Charles-François en Nouvelle Espagne. Il y est bientôt chargé d'inspecter les troupes espagnoles et obtient le gouvernement d'Acapulco. Nommé commandant général des « Provinces Intérieures du Nord », en 1776, il organise la colonisation des territoires au nord du Mexique, vers la Californie et le Texas. Il fortifie les frontières menacées par les Apaches et recommande la création d'un village sur le site de ce qui deviendra plus tard Los Angeles. Vice-roi du Pérou, de 1784 à 1789, il revient ensuite à Madrid, comme colonel de la garde royale, jusqu'à sa mort en 1792.*

*Dans la famille des Croix, on trouve encore **François Sébastien Charles Joseph de Croix, comte de Clairfayt**, d'une branche cousine des comtes de Croix. Né à Bruille en Hainaut, en 1733, Clairfayt se distingue, lui aussi, par une brillante carrière au service des Habsbourg d'Autriche, alors souverains des Pays-Bas. Il combat pendant la guerre de Sept Ans, puis contre les Turcs en 1788-1790. On le retrouve ensuite dans l'armée alliée contre la Révolution française en 1792-1795, notamment aux batailles de Valmy, Neerwinden, Wattignies et Tourcoing. Mécontent des négociations de paix avec la République, il se retire de l'armée et devient membre du Conseil aulique à Vienne, où il meurt en 1798.*

***Charles-Lidvine de Croix** a une carrière plus française, quoique résident le plus souvent à Namur, à l'hôtel Groesbeeck de Croix qu'il tenait de sa mère et qui est aujourd'hui un très beau musée. Fils du comte de Croix en titre, né en 1760, il est major au régiment de Province-Infanterie quand éclate la Révolution. Élu par la noblesse du bailliage de Lille aux états généraux, il ne s'est pas particulièrement distingué dans les travaux de l'Assemblée nationale. Le 31 août 1791, il propose un décret qui permettrait au roi de se retirer dans le lieu le plus propre à assurer sa liberté et son contentement, ce qui un mois après la fuite du roi et son arrestation* in extremis *à Varennes, pouvait passer pour une provocation ultra-royaliste ! Après la séparation de l'Assemblée constituante, le comte de Croix se trouve d'ailleurs en Angleterre, officiellement pour se livrer au commerce du café, mais, dans l'atmosphère politique de l'époque, obéissant aussi à un comportement typique d'aristocrate émigré complotant contre la Constitution. On le retrouve curieusement à Paris pendant l'été 1792, où il assiste à la chute du roi, le 10 août. Dénoncé par Marat, Charles-Lidvine s'enfuit à nouveau en Angleterre. Quand la République française absorbe la Belgique, il figure sur la liste des émigrés du département de Sambre-et-Meuse en 1796. Mais il revient en 1797 et obtient sa radiation de la liste. Napoléon, soucieux de réconcilier anciennes et nouvelles élites, l'invite à son sacre et le fait chambellan en décembre 1809, puis comte d'Empire et sénateur en avril 1813. Après la Restauration, Louis XVIII le nomme pair de France. Il meurt à Paris en 1832.*

LA RÉVOLUTION À CROIX

Depuis 1786 le travail manquait à Croix et les récoltes de 1787 et 1788 s'étaient révélées médiocres. Dans cette atmosphère de crise, l'inquiétude sur la prochaine moisson avait ameuté les Lillois dès le printemps 1789. Les fermiers des environs craignaient de porter leurs blés au marché, de peur d'un pillage en ville ou en chemin, les ruraux eux-mêmes redoutant à juste titre la flambée des prix. Dans ces conditions difficiles, l'effervescence politique déclenchée par la convocation des états généraux par Louis XVI trouvait un terreau fertile. Comme leurs voisins, les villageois de Croix se sont réunis pour rédiger leur cahier de doléances (qui a malheureusement disparu) et élire leurs délégués à l'assemblée du tiers état à Lille. Bientôt les événements parisiens – le serment du Jeu de paume, la prise de la Bastille – parviennent, plus ou moins déformés, dans la région. Dans les villes, c'est la révolution municipale : les anciens échevins, sous la pression populaire, doivent laisser la place aux nouvelles municipalités. Ces bouleversements ajoutent aux inquiétudes des ruraux, qui craignent les brigands et les pillages. Les campagnes s'agitent, les femmes arrêtent les bateaux et chariots chargés de blé. Les vieilles rancœurs contre les droits seigneuriaux et les dîmes, les revendications des moissonneurs saisonniers contre les gros fermiers s'additionnent et le moindre incident prend des proportions démesurées dans les paniques de la « Grande Peur » de juillet. Après l'abolition des privilèges et des droits seigneuriaux dans la nuit du 4 août, puis les journées d'octobre à Paris, le calme revient peu à peu, et l'Assemblée constituante travaille à créer les nouvelles institutions de la France.

La bataille de Tourcoing.

PREMIERS SCRUTINS

La première élection municipale à Croix se déroule le 28 janvier 1790. Seuls peuvent voter les « citoyens actifs », c'est-à-dire ceux qui paient un impôt correspondant à trois jours de travail. Les électeurs se réunissent dans l'église, prêtent le serment de « maintenir de tous leurs pouvoirs la Constitution du Royaume, d'être fidèles à la Nation, à la Loi et au Roi », puis procèdent aux scrutins. Jean-Baptiste Duthoit est élu maire dès le premier tour, à la majorité absolue. Les officiers municipaux sont Jean-Baptiste Delaoutre, Jean-Baptiste Houzet, Gabriel Pollet, Jean-Baptiste Despatures et Antoine Pluquet. Jean-Baptiste Oste devient le procureur de la commune. Les notables sont Jean-Baptiste Ferret, François Leclercq, François Leplat, Pierre Paul Watteau, Pierre Sandra, Jean-Baptiste Selosse, Antoine Decottignies, Aimable Mesplomb et Noël Selosse. Cette élection marque l'entrée de Croix dans la vie politique moderne mais le maire est loin d'être un homme nouveau : Jean-Baptiste Duthoit était en effet le fermier du château et le bailli du comte de Croix. Les années 1790 et 1791 se déroulent d'ailleurs assez tranquillement à Croix. Sans doute quelques Croisiens sont-ils venus assister à la fête de la Fédération du 14 juillet, à Lille ou à Tourcoing, qui signale cette époque heureuse. Tous profitent de la disparition des monopoles et droits seigneuriaux. La nationalisation des biens du clergé en novembre 1789 laisse présager également la fin de la dîme, même si celle-ci est encore répartie dans le village en juillet 1790. Au même moment l'Assemblée nationale vote la Constitution civile du clergé qui bouleverse l'organisation de l'Église de France. Privé de ses propriétés transformées en biens nationaux, le clergé doit être désormais élu par les citoyens actifs et salarié par l'État. Les circonscriptions des diocèses sont alignées sur celles des départements, un nouvel évêché est donc créé à Douai et les paroisses qui, à l'instar de Croix, dépendaient de Tournai (d'ailleurs hors du royaume) y sont rattachées. Le 27 novembre, les curés doivent prêter serment à cette nouvelle organisation, mais l'évêque de Tournai leur enjoint de refuser. Pour les prêtres, c'est un cas de conscience difficile ; certains acceptent de prêter serment, d'autres refusent, qu'on appellera « réfractaires ». Augustin Mourcou, le curé dévoué de Croix depuis 1757, tergiverse et la commune, rappelée à l'ordre par les autorités du district de Lille en février 1791, semble bien embarrassée. Le 14 avril 1791, le curé préfère prendre la retraite à laquelle son âge lui donnait droit. Le nouveau curé, élu le 25 septembre 1791, est Antoine Flahaut, ci-devant moine augustin à Lille. Il prête serment à Croix le 9 octobre 1791 et dresse à l'occasion un inventaire qui révèle les difficultés de la paroisse, chargée de pauvres et endettée à cause des travaux de réfection du clocher et de l'église. On ne sait quels furent les rapports entre le nouveau curé et le vicaire Gaspard Flament, toujours réfractaire. Dans de nombreux villages de la région, prêtres réfractaires et assermentés cohabitèrent quelque temps sans heurts. Les tensions réelles commencèrent après la fuite du roi à Varennes, le 21 juin 1791, qui révélait la duplicité royale et condamnait de fait le fonctionnement de la monarchie constitutionnelle. Bientôt, aux yeux des républicains, le prêtre réfractaire devint une figure d'ennemi de la Révolution, forcément associé aux aristocrates émigrés dans un complot contre-révolutionnaire. Pour éviter les persécutions, de nombreux prêtres réfractaires de la région se réfugièrent à Tournai, comme le fit le vicaire Flament dans l'année 1792. La question du clergé commence à diviser profondément l'opinion. Les fermiers qui ont bénéficié de l'abolition des redevances seigneuriales et des dîmes, ainsi que les fabricants débarrassés des entraves corporatives et des douanes intérieures, approuvent le nouveau régime. Mais la crise continue, le chômage et la hausse des prix rendent la vie difficile aux petits paysans et aux ouvriers. De plus, le gouvernement n'arrive pas à enrayer la crise financière, aggravée par la dévaluation des assignats et les lenteurs dans la perception des nouveaux impôts. À ces maux s'ajoute bientôt le retour des conflits dans la région.

ENTRE RAPINES AUTRICHIENNES ET RÉQUISITIONS RÉVOLUTIONNAIRES

Le 20 avril 1792, l'Assemblée nationale déclare la guerre à l'Empereur d'Autriche auquel se joint le roi de Prusse. La région de Lille est immédiatement au cœur des combats car les Pays-Bas voisins (en gros la Belgique actuelle) sont sous souveraineté autrichienne. Or l'armée française, mal organisée, est affaiblie par le départ de nombreux officiers nobles. La première rencontre avec l'ennemi du côté de Baisieux est une catastrophe. Les troupes françaises cèdent à la panique et le général Dillon, qui les commande, est blessé par ses propres soldats, puis massacré par la foule à Cysoing. Pendant que l'Assemblée nationale proclame la patrie en danger et que de partout les volontaires s'enrôlent pour « voler aux frontières », les troupes austro-prussiennes envahissent le pays par le nord et l'est. À Paris, l'insurrection du 10 août renverse la monarchie et décide de confier le pouvoir à une Convention élue au suffrage universel. Début septembre, les troupes autrichiennes pillent Lannoy et Roubaix. Le 23 septembre, deux jours après la proclamation de la République, elles investissent et canonnent massivement Lille. Mais la population résiste et les Autrichiens se replient à partir du 6 octobre. Lancé à leur poursuite, le général français Dumouriez remporte la bataille de Jemmapes et entre en Belgique.

Les habitants de Croix, qui s'imaginent délivrés de la menace, font alors le compte des déprédations commises par les ennemis. Le 20 novembre 1792, la commune envoie au directoire du district de Lille un relevé des habitants qui « ont été pillés et rapinés par les troupes autrichiennes pendant leur cantonnement audit Croix qui fut aux mois de septembre et octobre de l'an 1792, l'an premier de la République ». Menacés d'incendie, les Croisiens ont dû obtempérer à toutes leurs réquisitions. Ils ont ainsi fourni du bois, des fascines, de la farine, des pommes de terre et même des vaches. Ils ont aussi été contraints de creuser les tranchées du siège de Lille. Les dommages s'élèvent à 7 583 livres, dont plus de 4 000 pour les bois du château de La Fontaine, 1 300 livres pour le curé, 300 livres pour Jean-Baptiste Duthoit, qui à cette date n'est plus maire, 170 livres pour Simon Duthoit, fermier-laboureur, etc. Les gros fermiers sont naturellement les plus touchés, ainsi que la veuve François Thieffry, cabaretière, dont on imagine bien qu'elle a dû livrer force bières à l'ennemi. En dépit de demandes réitérées, en mai, avril et juin 1794, puis encore en mars et avril 1795, les indemnités ne furent que très partiellement versées. Il est vrai que la République avait d'autres soucis. Dumouriez est battu à son tour en mars 1793, à Neerwinden ; l'armée française doit évacuer la Belgique et les Austro-Prussiens réapparaissent dans la région. Au milieu des combats et des réquisitions des troupes françaises et ennemies, les habitants ne savent plus à qui se vouer. Le 24 juillet, des soldats d'une compagnie franche étrangère attachée à l'armée française commettent un important vol chez le fermier Pierre-Joseph Lepers.

À Lille, Saint-Just vient organiser et galvaniser la résistance. Désormais « la Terreur est à l'ordre du jour » : des comités de surveillance sont instaurés dans toutes les communes pour démasquer les « suspects », c'est-à-dire ceux qui souhaitent la victoire de la contre-révolution. Une « armée révolutionnaire » lilloise opère des réquisitions forcées dans les campagnes pour ravitailler l'armée de la frontière. Un maximum des prix est instauré pour juguler l'inflation et rendre le pain accessible aux pauvres. La levée en masse est décrétée. Dans cette région frontière où circulent espions des deux armées, prêtres réfractaires et nobles émigrés, les comités de surveillance et les municipalités sont particulièrement chargés d'un examen attentif des passeports. Toute personne suspecte doit être conduite au tribunal révolutionnaire de Lille. La déchristianisation progresse : les fêtes civiques remplacent les fêtes religieuses, des prêtres défroquent, des églises sont fermées ou utilisées comme entrepôts. Le curé de Croix, Flahaut, se fait discret, et se retire pour un temps à Sailly.

SOLDATS VOLEURS

Le 24 juillet 1793, Pierre-Joseph Lepers dépose plainte devant la municipalité de Croix :

«… Il est venu à dix ou douze hommes entourer la maison dudit Lepers, qu'ils ont essayé de forcer la maison mais n'ayant pu la forcer, ils ont trouvé la facilité de passer par dessous la grande porte, étant entrés dans la cour, ils ont appelé ledit Lepers qui, sur le bruit, [s'] étoit habillé. Ils ont commencé à agir par douceur en demandant à boire et à la porte du logis ouverte. Il a eu crainte de refuser. Étant entrés dans la maison, ils ont demandé à boire du lait battu, aussi de la lumière, mais de la lumière il ne pouvoit pas en allumer à cause qu'il se trouve sans huile et sans chandelles, de manière que l'on a fait du feu pour les éclairer et la fille dudit Lepers a été chercher du lait battu pour eux boire, mais ce n'étoit point cela qu'ils cherchoient, c'étoit de l'argent et habillement. Aussitôt ils ont placé des sentinelles par toutes les portes pour que personne de la maison ne sorte et ils ont pris des piriniers de paille et les ont allumés pour les éclairer et ont fouillé partout les coffres et les garde-robes de manière qu'ils ont pris dedans un coffre fermé la quantité de dix écus ou environ et trente trois assignats de cinq francs. Ensuite ils ont pris dans la même garde-robe une chaîne en or à la fille et un pendant d'or. Ils ont pris dans la même garde-robe une boule de fil d'argent et une capote anglaise audit Lepers et une veste à un garçon et une faille de soie à la fille et fouillé dans tous les lits, toujours avec le sabre prêt à frapper. En dernier lieu ils demandent de l'argent blanc et ledit Lepers n'a cessé de dire qu'il n'avoit plus d'argent. Ensuite ils sont sortis de la maison et ont défendu qu'aucune personne de la maison ne sorte pour les épier, mais ledit Lepers et ses enfants les ont reconnus pour des chasseurs de la légion franche étrangère cantonnés au Pont du Breucq à Flers près de Croix, mais étant en partie tous déguisés, l'un par son habit retourné, l'autre par un autre déguisement, dont il y en avoit entre eux qui étoient en manches de chemise, des autres avec des grandes capotes, vestes… »

La victime évalue le vol à 344 livres. Le général Béru, qui commandait les troupes incriminées, promet de rechercher les coupables mais craint qu'ils ne fassent partie des déserteurs. De fait, la plainte de Lepers n'aboutit à rien.

CITOYENS ET VOLONTAIRES CROISIENS

Il est bien difficile de mesurer l'activité politique à Croix pendant cette période troublée. Un comité de surveillance a été créé, le 14 décembre 1793, composé de Pierre-Joseph Catelle, Pierre-Joseph Bayart, Antoine Destailleurs, Jean-Baptiste Montaigne, Pierre Durié, Pierre-Paul Watteau, Jean-Baptiste Ducroquet, Jean-Baptiste Pollet, François Sandra, Jean-Baptiste Decottignies, Jean-Baptiste Claus et Albert-Joseph Dellebecq, mais son activité semble s'être limitée à la vérification des passeports et à la correspondance avec l'administration du district.

La municipalité a changé de mains plusieurs fois mais il est impossible de savoir combien de Croisiens ont réellement participé aux élections en dépit de la proclamation du suffrage universel. Le maire Grégoire Lecat a été destitué à la suite d'une dénonciation rédigée le 4 mars 1793 par les membres de la commune et du comité de surveillance. À les en croire, le maire « a perdu la confiance du peuple », mais le motif allégué est bien mince : l'édile est accusé de s'être approprié quelques bûches d'une coupe de bois effectuée pour l'armée. Il est remplacé par l'officier municipal Jean-Baptiste Lezaire. Le fond de ce genre d'affaire nous échappe définitivement, mais on ne peut s'empêcher de penser à un règlement de compte entre villageois pour des motifs bien plus personnels que politiques, à moins que les habitants de Croix ne se soient entendus pour montrer ainsi, à peu de frais, leur zèle républicain. Un « état général des autorités constituées » réclamé par le directoire du district à la municipalité de Croix, en novembre 1794, décerne des qualificatifs républicains de circonstance à ses membres : le maire « a toujours constamment travaillé pour la cause de la liberté », les officiers municipaux « ont toujours travaillé avec énergie pour le maintien de la constitution », l'agent national « s'est en toute occasion rendu de peine pour soutenir la cause de l'égalité et de la liberté », quant aux notables, l'un « a toujours travaillé avec zèle pour la République », un autre est « rempli de zèle pour la République » et un dernier est « rempli de courage pour anéantir les traîtres », ce qui, dans l'ambiance de l'époque, n'a rien d'original. L'année suivante, en mars 1795, à l'occasion d'une nouvelle réclamation d'indemnités de guerre, la municipalité inscrit dans la colonne « sentiments civiques » de quatre-vingt-quatre des habitants la formule très vague : « ayant toujours eu un amour sincère pour la Constitution ». On ne compte qu'une seule famille croisienne émigrée, la famille Delaoutre, composée de la mère, veuve d'un fermier aisé, et de ses neuf enfants, âgés de seize à trente-cinq ans, tous célibataires. Ils ont quitté Croix le 19 mars 1794, pour des raisons inconnues, et reviennent en vertu de la loi du 12 janvier 1795 qui autorise le retour des émigrés sans sanction s'ils ne sont ni nobles ni prêtres. Si l'on en juge par les événements immédiatement postérieurs, Croix ne semble pas avoir été une commune très passionnée politiquement pendant la Révolution, et d'ailleurs la région lilloise, dans son ensemble, n'a pas connu de paroxysme de la Terreur, la défense de la patrie l'emportant ici sur les combats politiques. En témoigne l'engagement de jeunes Croisiens dans les rangs des « volontaires ». Outre Joseph Duriez qui était déjà soldat depuis 1785, Pierre Choquet s'engage dès juillet 1792. En mars 1793, François Selosse et Jean-Baptiste Desbonnets le suivent (le second meurt à l'hôpital de Cambrai le 26 août, cinq mois après son engagement). En septembre 1793, vingt-cinq jeunes Croisiens répondent à la levée en masse décrétée par la Convention. Grâce à la mobilisation, les ennemis sont repoussés à Hondschoote et Wattignies. Au printemps 1794, les derniers périls sont écartés grâce à la victoire de Tourcoing le 18 mai. Après la chute de Robespierre les 9-10 thermidor (27-28 juillet 1794), une nouvelle période commence.

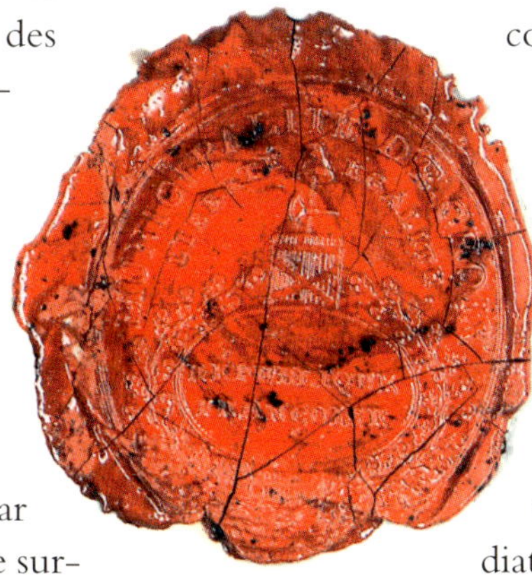

Le sceau de la municipalité.

Le sceau du comité de surveillance.

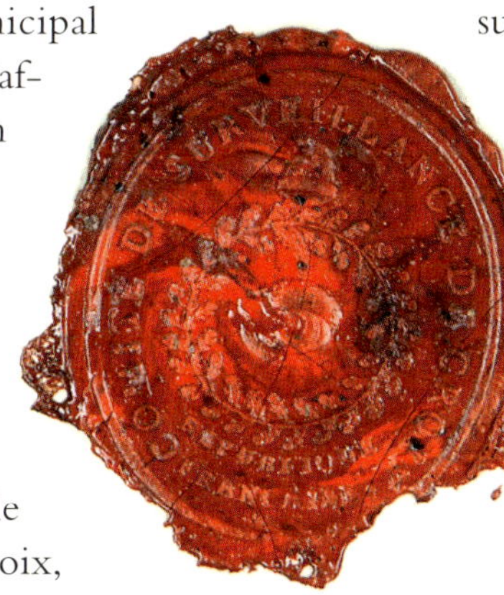

CROIX AU CŒUR DE LA BATAILLE DE TOURCOING

En dépit de leurs défaites à Hondschoote et Wattignies en 1793, les Alliés coalisés contre la France (Autrichiens, Prussiens et Anglais) tiennent toujours Valenciennes et sont encore plus déterminés lors de la campagne qui s'ouvre au printemps 1794. Le général Cobourg porte l'attaque sur Landrecies qui capitule le 30 avril. Son objectif est ensuite de marcher vers Paris. Mais les généraux Moreau et Souham qui commandent l'armée française du Nord sous les ordres de Pichegru s'emparent de Menin et Courtrai, obligeant les Alliés à se détourner sur cette partie de la frontière. Un détachement de l'armée alliée, commandé par le comte de Clairfayt – un parent des comtes de Croix – vient prendre position à Mouscron, mais, repoussé par Souham, il doit se replier à Tournai. Cobourg décide alors de profiter de la position dispersée des troupes françaises pour les battre séparément : il divise son armée en six colonnes qui doivent écraser les détachements de Souham et Moreau, puis se rejoindre à Tourcoing avant de mettre le siège devant Lille. La première colonne, autrichienne, commandée par Clairfayt, passe par Wervick où elle est retardée par la brigade Vandamme, et atteint Linselles, d'où elle aurait dû rejoindre Tourcoing par Mouvaux. La deuxième, prussienne, sous les ordres du général de Busch, avance jusqu'à Mouscron. La troisième colonne, avec à sa tête le général Otto, avance par Wattrelos et s'installe à Tourcoing. La quatrième, formée de troupes anglaises sous le commandement du duc d'York, passe par Templeuve et prend position sur une ligne allant de Lannoy à Mouvaux, par Croix et Roubaix. La cinquième et la sixième, commandées par Kinsky et l'archiduc Charles, se dirigent vers Sainghin pour empêcher la garnison lilloise d'intervenir.

Souham et Moreau comprennent qu'il faut absolument battre ces colonnes avant qu'elles ne soient réunies pour attaquer Lille. Déjà, le 17, la résistance des divisions de Vandamme et Bonnaud a ralenti la progression des deuxième, troisième et quatrième colonnes. Dans la nuit du 17 au 18, Bonnaud avance et tombe par surprise sur les troupes du duc d'York à Croix et Wasquehal. Les Anglais se battent courageusement, mais doivent se replier sur Tournai. Au même moment, dans la matinée du 18, Souham a attaqué les troupes d'Otto à Tourcoing et Wattrelos et les a repoussées au-delà de Leers. Dans la nuit, ces troupes rejoignent les Anglais à Tournai. De son côté, Moreau contient les troupes très supérieures en nombre de Clairfayt entre Linselles et Werwick. Apprenant la défaite des autres généraux, Claifayt abandonne le champ de bataille dans la soirée. L'armée alliée n'était pas détruite, mais, affaiblie, elle fut incapable de reprendre l'offensive. La bataille de Tourcoing sauva donc Lille d'un nouveau siège et la France d'une nouvelle tentative d'invasion. Sur le moment, pourtant, cette bataille eut peu de retentissement en France, car le général en chef Pichegru ne relaya guère auprès du gouvernement ce combat auquel il n'avait eu aucune part et qui avait été remporté par ses subordonnés. Avec la victoire à Fleurus le 26 juin suivant, la bataille de Tourcoing ouvre la voie aux conquêtes de la France révolutionnaire et impériale en Europe.

LA RÉORGANISATION ADMINISTRATIVE DU DIRECTOIRE

La fin de la Terreur et l'éloignement des combats ne signifient cependant pas le retour à l'ordre. Alors que la Convention thermidorienne manœuvre entre réaction royaliste et extrémisme jacobin, la désorganisation du pays s'amplifie. La situation économique n'a jamais été si catastrophique. L'hiver 1794-1795 est atroce, les pauvres meurent littéralement de faim et de froid. Les 8 et 9 janvier 1795, les habitants de Croix s'attroupent pour empêcher le départ de chariots chargés de grain réquisitionnés par le directoire de Lille pour nourrir la ville. Devant cette résistance, les administrateurs du district envoient une force armée assurer la réquisition. Au printemps 1795, la disette est telle que le maire décide des distributions gratuites de pain. La misère jette les pauvres sur les routes où ils rejoignent des bandes de brigands et l'insécurité s'accroît dans les campagnes. La détente politique permet cependant au clergé de revenir. Le curé Flahaut célèbre discrètement la messe et les Croisiens accueillent avec joie la loi qui proclame la liberté des cultes en février 1795. L'évêque de Tournai envoie à Croix un prêtre belge, Delsart, qui accepte de se soumettre aux lois de la République. La municipalité de Croix, qui en avertit le district de Lille, en juin 1795, évoque au passage la joie de ses administrés : « Nous vous dirons enfin que les habitants de notre commune montrent un attachement inviolable pour la Constitution nationale particulièrement lorsqu'elle a décrété la liberté du culte et la rédition [*sic*] des édifices ordinairement y destinés. » De son côté, l'évêque de Tournai se montre plus explicite : « À Croix, la jubilation est telle qu'on fait ducasse. » La prudence reste nécessaire cependant, car le gouvernement craint que le retour des prêtres favorise la propagande royaliste et rallume les passions politiques.

La Constitution de l'an III, votée le 26 octobre 1795, fonde le Directoire. Si ce régime se révèle fragile dans une conjoncture difficile, c'est aussi une époque de réorganisation administrative importante dont témoignent, à Croix, des archives plus nombreuses qu'auparavant. Les municipalités des petites communes sont d'ailleurs supprimées et englobées dans des « municipalités cantonales ». Croix relève ainsi de l'administration municipale du canton de Lannoy et y est représentée par un « agent municipal », Pierre-Joseph Agache, et un adjoint, Pierre-Joseph Dellebecque, élus au suffrage censitaire. C'est sous leur administration qu'apparaît le premier compte communal conservé, rédigé le 7 avril 1796. Les charges s'élèvent à 2 480 livres dont 70 % sont affectés à la « subsistance des indigents indispensables ». Le reste est constitué de frais de fonctionnement (papier, bois et lumière) et des salaires du secrétaire-greffier, du receveur, de l'officier public et du sergent de la commune. Le compte de l'année suivante, le 2 janvier 1797, montre que la situation sociale ne s'est guère améliorée : 90 % des 3 581 livres au total sont consacrés à la subsistance des pauvres. Le Directoire réorganise le système fiscal en créant des impôts mieux proportionnés aux revenus : contribution foncière et mobilière

Le premier plan cadastral de Croix.

pour les propriétaires, patente pour les artisans et commerçants. Cette volonté coïncide avec la réclamation des habitants de Croix, qui se plaignent en mai 1797 de la sous-évaluation des revenus des terres. L'administration du canton de Lannoy s'attelle à la lourde tâche d'une estimation des valeurs foncières.

À Croix, le résultat dénombre un peu moins de 450 hectares, donnant 19 000 livres de revenu. S'y ajoutent 2 000 livres pour les revenus des bâtiments. Quinze Croisiens sont soumis à la patente en août 1796, à savoir huit marchands, trois artisans et quatre fabricants. Pour lutter contre le brigandage et les vols de récolte, l'administration du canton de Lannoy décide en juillet 1797 d'imposer l'établissement de gardes champêtres dans chaque commune, mais Croix avait gardé pendant toute la période son sergent, autrefois sergent du seigneur, puis garde des bois. En novembre suivant est mise sur pied la garde nationale sédentaire de Croix, comprenant tous les hommes de dix-huit à soixante ans, mobilisables en cas de danger local ou comme armée de réserve, mais dont rien ne prouve ici qu'elle ait jamais servi. Le recensement de 1798 permet enfin une représentation assez précise des professions exercées à Croix, même s'il est un peu faussé par l'attribution du métier du père à tous les membres de la famille. Sur 697 personnes âgées de plus de douze ans, plus de la moitié sont des travailleurs textiles : 188 sont des tisserands ou « tisserannes », 151 des fileuses, auxquelles s'ajoutent 7 « redoubleuses » et 11 « époulemandes ». Pour la première fois apparaissent les noms de 13 fabricants et « fabriquantes » : Pierre-Joseph Dellebecq (l'agent municipal), Jean-Baptiste Delcroix, Rosalie Lezaire, Jacques-François Ducroquet, Marie-Anne Lecroart,

Séraphine Leleu, Pierre-Joseph Prouvot, François Selosse, Louis Lezy, Marie-Rose et Caroline Thiefry, Thérèse Wattaux et Aimable Watel. Cette activité textile prédominante annonce l'évolution industrielle de Croix. Les travailleurs du textile sont désormais plus nombreux que les travailleurs de la terre, même si l'on ajoute aux 174 cultivateurs recensés les 40 journaliers et 46 domestiques et servantes. Le village dispose de tous les services nécessaires avec 52 commerçants et artisans : boulangers, cabaretiers, épiciers, charpentiers, charrons, menuisiers, charretiers, un maréchal-ferrant, un couvreur, deux marchands de grès, un tonnelier, un garde des bois et une « erpasseuse ». Mais toujours ni médecin ni notaire. Enfin, 11 infirmes et 4 rentiers ne travaillent pas.

Après les dures années 1794-1795, l'économie se relève peu à peu. La patente de 1799 indique trente-deux Croisiens au lieu des quinze de 1796, signe que les affaires des artisans et commerçants reprennent. Déjà, dans la liste de la municipalité de novembre 1794, un changement important se faisait jour : un fils d'aubergiste et deux tisserands « d'avant la révolution » sont désormais désignés comme « fabricants d'étoffes en coton ». La laine en effet est devenue difficile à trouver en raison des guerres qui ont interrompu les importations d'Angleterre et de Hollande. Les Croisiens commencent donc à se reconvertir dans le tissage du coton. En 1799, cinq « fabricants à métier » paient la patente. Le travail du tisserand à domicile reste traditionnel, mais à Tourcoing, Roubaix et en d'autres lieux commencent à apparaître des ouvroirs équipés des « jennies », les machines à filer venues d'Angleterre. En février 1811, le maire recensera 240 ouvriers en coton à Croix.

C'est aussi le temps des conquêtes des généraux du Directoire, parmi lesquels un certain Bonaparte s'illustre en Italie. Pour ces armées formidables, le volontariat ne suffit plus depuis longtemps. Aux levées d'hommes succède la loi Jourdan du 5 septembre 1798 qui organise la conscription. Tous les hommes célibataires de vingt à vingt-cinq ans sont inscrits, et, selon les besoins, un contingent plus ou moins nombreux est réparti dans les communes qui désignent les soldats. Les listes indiquent en moyenne une dizaine de conscrits par an pour Croix, ce qui peut sembler globalement léger, mais faisait planer une lourde menace sur les familles concernées, inquiètes de voir partir un jeune homme dont la force de travail était souvent indispensable.

L'ÉGLISE VENDUE AUX ENCHÈRES

Les élections de mai 1797 manifestent une forte poussée royaliste dans tout le pays, que contre le coup d'État du 18 fructidor (4 septembre) et la réaction jacobine qui s'ensuit. Peut-être la destitution de l'adjoint Joseph Dellebecque, le 31 juillet, par l'administration municipale du canton de Lannoy – pour « principes antirévolutionnaires et protection des prêtres déportés et des émigrés » – s'inscrit-elle dans ce contexte, mais on le retrouve en fonction dès le mois d'octobre. Le retour à un jacobinisme déchristianisateur aura des conséquences bien plus dommageables pour les Croisiens avec la vente de l'église du village. Celle-ci, en raison du patronage du chapitre de Seclin, supprimé dès 1789, était considérée comme un bien national. Dans les communes voisines, certaines municipalités avaient réussi à éviter la vente en transformant l'église en bâtiment public, mais à Croix, sous prétexte de l'inutilité de l'édifice, l'administration du département procède à l'adjudication du bâtiment. Le 21 mars 1799, l'église de Croix est donc vendue aux enchères publiques, à Douai, sans qu'aucun habitant du village ne soit présent. C'est un Lillois, nommé Fréville, qui en devient acquéreur pour 193 500 francs. D'après une enquête menée par les autorités cantonales, ce Fréville aurait proposé aux Croisiens de racheter leur propre église, moyennant, pour lui, un substantiel bénéfice. Et sur le refus des habitants, il alla se plaindre aux autorités lilloises d'avoir été injurié par l'agent municipal, François Leclercq, qui aurait même soulevé le village contre lui. Les enquêteurs, constatant la « moralité irréprochable » de Leclercq et son attachement au gouvernement « avant et après le 18 fructidor », refusent de croire ces graves allégations. L'église est donc démolie et les matériaux vendus. Seules les boiseries qui avaient été acquises dès 1795 par François Catel, pour les protéger, furent conservées.

Les Français en général, et les Croisiens en particulier, étaient las de toutes ces péripéties politiques. Lors des élections du 31 mars 1799, l'abstention fut massive. Alors que cent Croisiens bénéficiaient du droit de vote, seuls huit se réunirent pour réélire François Leclercq comme agent municipal. Quand le coup d'État de Bonaparte le 18 brumaire (9 novembre 1799) mit fin au Directoire, le régime ne fut sans doute pas regretté par les habitants de Croix.

CROIX AU TEMPS DE NAPOLÉON BONAPARTE

Avec le Consulat (1799-1804) puis l'Empire (1804-1814), les aspirations à la liberté faisaient place au désir d'ordre. Le nouveau pouvoir, représenté dans le département par le préfet Dieudonné, cherche à réconcilier les ennemis d'hier. Le Concordat signé en 1801 avec le pape permet enfin de régler la question du clergé. À Croix, l'ancien vicaire, Gaspar Flament, prêtre réfractaire et émigré, revient en 1800 et occupe la place de curé de 1801 à sa mort en 1812. Les municipalités sont étroitement encadrées par l'autorité préfectorale. Elles ne peuvent engager la moindre dépense sans son autorisation et doivent lui rendre compte de tout ce qui se passe dans la commune. Le maire élu en mars 1799, François Leclercq, reste en fonction sous la désignation du préfet, jusqu'à sa mort en avril 1802. Le préfet lui choisit pour successeur Jean-Baptiste Lezaire, qui ne sera remplacé qu'en mars 1816. Les Croisiens semblent avoir bien accepté, en ses débuts au moins, le nouveau régime. En avril 1803, le maire assure au sous-préfet que « l'esprit public est dans le meilleur ordre... Les habitants sont enthousiasmés de voir que le gouvernement a établi la religion catholique ». Une des préoccupations majeures des Croisiens est d'ailleurs la reconstruction de leur église. Tous la souhaitent et les habitants sont même d'accord pour répartir entre eux, sur huit ans, le coût – estimé à 6 000 francs – du nouvel édifice, mais le maire doit écrire au préfet à maintes reprises pour en obtenir l'autorisation. De son côté, le nouvel évêque du Nord, Monseigneur Belmas, ne se montre guère compréhensif vis-à-vis de la bonne volonté des Croisiens. Lorsque le curé Flament demande l'aide d'un vicaire, le secrétaire diocésain lui répond, en mars 1805, que « d'après l'insouciance scandaleuse de vos paroissiens pour tout ce qui a rapport au culte de notre sainte religion, on ne vous en enverra un, que lorsque vous aurez une église, et non une étable, et que la commune aura fait un traitement convenable à ce sujet ». Or la première pierre de la nouvelle église est posée le 27 août et l'édifice est terminé à la fin de l'année 1805.

LE RÉTABLISSEMENT DE LA TRANQUILLITÉ PUBLIQUE

Entreprise dès la fin du Directoire, la lutte contre la criminalité rurale se poursuivit sous le Consulat et l'Empire. La réorganisation de la gendarmerie permet le démantèlement des bandes de brigands. Le préfet Dieudonné veut lutter également contre les « sommations », un crime spécifique aux campagnes du Nord et de la Belgique qui consiste à menacer d'incendie, par un billet anonyme, un habitant riche, s'il ne dépose pas une importante somme d'argent dans un lieu isolé. Le 16 juin 1802, Simon Duthoit vient dénoncer la tentative dont il est l'objet à la mairie : il a été sommé de déposer, avant le 26 du mois, à minuit sur le mont du calvaire d'Hem, la somme de 6 000 francs. Les municipalités d'Hem et Croix se concertent pour arrêter les sommeurs, mais nous ne savons pas si elles y sont parvenues. En dehors de cet épisode, Croix ne semble pas avoir connu de crimes graves. Le maire affirme ainsi au préfet, en 1802, que « la commune jouit d'une grande tranquillité, que l'on fait les patrouilles de nuit, que la gendarmerie fait de fréquentes tournées, qu'elle n'a arrêté personne, qu'il ne se commet ni vol ni maraudage ». Sur ce dernier point, l'édile est un peu optimiste, car les registres communaux font allusion, pour la période 1801-1815, à onze vols, trois cas de maraude, une escroquerie et cinq affaires de tapage au cabaret, avec injures et coups, sans gravité.

UN CITOYEN ENCOMBRANT

Le Premier Empire est une période de retour à l'ordre, politique, social mais aussi moral. Le Code civil fixe les normes sociales dans une configuration traditionaliste, les comportements jugés déviants doivent être réprimés. Alors que le sous-préfet donne des ordres sévères pour l'application des lois contre le vagabondage, le maire en profite pour dénoncer un citoyen sans doute un peu encombrant dans le village :

« Le 23 pluviôse an XI [13 février 1803], nous, maire et adjoint de la commune de Croix, pour satisfaire à la circulaire du sous-préfet de cet arrondissement, concernant faire arrêter tous les vagabonds et gens sans aveu, avons ordonné au brigadier de la gendarmerie de Roubaix, de prendre les moyens nécessaires pour arrêter le nommé Gérard Boussemart, tisserand domicilié audit Croix, lequel est prévenu d'avoir, depuis son enfance, volé du bois de haute et basse futaies, d'être maraudeur de légumes dans les campagnes, d'être la terreur des citoyens paisibles, d'avoir été deux fois arrêté et traduit dans les tribunaux criminels de première instance, qu'il a été mis en liberté que d'après plusieurs sollicitations des Maires et autres fonctionnaires publics alors en fonction, dont ils ont eu pour lui trop d'indulgence.

Que ce Boussemart a aussi des impudicités insupportables en faisant quatre enfants à la fille de son épouse, dont cette dernière étant domiciliée avec ledit Boussemart, se trouve expectratrice [sic] *de ses désordres. »*

Le préfet s'attache aussi à rétablir les petites écoles désorganisées pendant la Révolution. Avant 1789, il y avait à Croix une cinquantaine d'enfants scolarisés par un maître qui leur apprenait à lire et écrire, mais plus aucune école n'avait été tenue depuis. En avril 1803, le secrétaire-receveur de la mairie, Pierre-Joseph Dellebecq, est autorisé à devenir instituteur du village. Les parents qui souhaitent lui envoyer leurs enfants lui payeront 50 centimes par mois pour l'apprentissage de la lecture, 65 centimes pour l'écriture. Les enfants venant des hameaux éloignés qui ne peuvent rentrer chez eux le midi pourront être demi-pensionnaires chez lui pour 4 francs par mois. Sur le plan sanitaire, Croix reste mal équipée : la commune n'a toujours ni médecin, ni pharmacien, ni sage-femme. Dans une lettre du 24 novembre 1804, le maire se désole de n'avoir pu convaincre aucune femme du village à aller s'inscrire à l'Hospice de la maternité de Paris pour suivre le cours de « l'art de l'accouchement ». La vaccination contre la variole (appelée alors petite vérole) qui commençait à être ordinaire en ville, n'est toujours pas en usage non plus à Croix.

L'IMPOPULAIRE CONSCRIPTION

Bien accepté en ses débuts grâce au rétablissement de l'Église et à une meilleure conjoncture économique à partir de 1800, l'Empire devient de plus en plus impopulaire à partir de 1809, avec le retour des crises, et surtout en raison des guerres menées par Napoléon à l'autre bout de l'Europe. Relativement légère pendant le Consulat (en moyenne 18 % des conscrits sont appelés à rejoindre l'armée), la conscription devient en effet de plus en plus lourde sous l'Empire.

Le 1er septembre 1809, le maire se fait l'écho des protestations de ses administrés auprès du préfet : « Je dis que les fonctions de maire sont pénibles parce que je crois devoir profiter de cette occasion pour vous faire connaître que je suis continuellement obligé d'encourager les habitants, lesquels réclament contre les demandes multipliées de conscrits et de gardes nationales, particulièrement pour ces derniers, je ne cesse de leur dire que cette demande est une mesure de sécurité pour conserver leurs propriétés, que cela ne durera pas longtemps et qu'enfin nous devons tout sacrifier pour soutenir notre patrie et notre grand Empereur. » À la conscription s'était en effet ajoutée en 1809 la mobilisation exceptionnelle des gardes nationales – ordinairement sédentaires – pour faire face au débarquement anglais à Walcheren (en Hollande). Les jeunes gens envoyés aux armées n'y survivaient guère, et pour un héros rentré à Croix couvert de gloire, comme Jean-Baptiste Bayart, amputé d'une jambe à la suite d'un coup de boulet reçu à la bataille de Wagram et décoré de la Légion d'honneur en août 1810, de nombreuses familles n'ont vu revenir que l'annonce du décès de leur enfant. Dans ces conditions, certains conscrits s'enfuyaient plutôt que de rejoindre leur régiment. En novembre 1810, Croix compte ainsi deux réfractaires, Jean-Baptiste Boussemart et Jean-François Catel, et un déserteur, Jean-Baptiste Gons. Pour arrêter ces fuites de plus en plus nombreuses, le gouvernement avait imposé la solidarité des familles. Aussi, le 16 avril 1811, le maire fait-il connaître aux parents des trois jeunes gens les sanctions auxquelles ils s'exposent s'ils ne dénoncent pas leurs enfants. Mais tous affirment qu'ils ne savent où ils sont, qu'ils « couraient dans les campagnes ». Le père de Jean-François Catel s'emporte : « Le susdit Catel a frappé sur la table en disant que la vie ne lui était pas chère, qu'on le fasse passer à la guillotine, qu'il ne craignait pas d'aller en prison et que depuis dix à douze ans il avait assez souffert mais qu'il espère bien que cela ne durera pas toujours et qu'il pourrait bien avoir son tour. » Le 13 mai suivant, Jean-Baptiste Gons est arrêté, ainsi que les pères des deux réfractaires toujours en fuite. Toute la famille est suspectée de les recevoir et les nourrir la nuit. Aussi le préfet décide de les contraindre par l'envoi de garnisaires logés à leurs frais, mais un huissier établit que ces familles sont insolvables et la somme due (247 francs) passera dans les dépenses de la commune.

Tirage au sort pour la conscription.

Après la retraite de Russie et la bataille des Nations, l'Empire napoléonien s'effondre. En janvier 1814, Napoléon tente une ultime manœuvre contre les Alliés mais, à Croix, les habitants ne veulent plus le suivre. Une lettre du maire au préfet, le 5 janvier 1814, « fait voir la pénurie de la récolte, le mécontentement des habitants sur les demandes multipliées et en tous genres que le gouvernement leur fait et le sacrifice de leurs enfants, et qu'il est impossible d'en faire davantage. Elle fait aussi connaître le nombre d'indigents occasionnés par l'anéantissement de la fabrique qui se faisait à Roubaix ». Le 4 avril 1814, Napoléon doit abdiquer alors que la France est envahie par les Alliés. On ne connaît pas l'opinion des Croisiens au moment du retour éphémère de Napoléon lors des Cent Jours et de la défaite finale de Waterloo le 18 juin 1815. Mais, dès le 19 juillet 1815, le maire de Croix assure le sous-préfet du loyalisme monarchique de ses administrés qui ont placé le drapeau blanc, couleur de la monarchie, sur le clocher et les toits des maisons, pour saluer le retour en France de Louis XVIII. D'après lui, les Croisiens retrouvent la monarchie avec plaisir, à l'exception de quelques bonapartistes qui se réunissent au cabaret du Créchet. Mais Louis XVIII est rentré « dans les fourgons de l'armée alliée » et des troupes saxonnes occupent la région. Le maire transmet les inquiétudes des Croisiens à ce sujet : « Les habitants de cette commune logent un officier et soixante-cinq Saxons, que parmi ces militaires il s'en trouve de braves et honnêtes », mais ils ont tendance à exiger plus, en nourriture et boisson, que ce qui leur est dû, se montrent dangereux quand ils ne sont pas contents, et surtout, « circonstance plus pénible, [...] celle des cultivateurs qui se trouvent obligés de laisser leur femme et leurs filles seules avec des soldats dans leur maison pendant le temps qu'ils vont faire leurs travaux agricoles. En pareil cas, vous savez combien on est exposé tant pour les mœurs qu'autre chose ». Le 30 juin 1818, un douanier de Roubaix est tué à la suite d'une rixe, à Croix, entre des grenadiers français de garnison à Lille et les soldats saxons. Il faudra encore attendre la fin de l'année 1818 pour voir partir ces hôtes incommodes et entrer dans une période plus pacifique.

Chapitre 3

DE LA TERRE À L'USINE

(1815-1914)

LE POIDS PERSISTANT DES ACTIVITÉS AGRICOLES

On a peine à imaginer aujourd'hui la physionomie qu'offre au début du XIXe siècle la commune de Croix, créée comme les autres communes françaises à partir des anciennes paroisses par le décret de l'Assemblée nationale du 14 décembre 1789.

PAGE DE GAUCHE
La ville a soif : une livraison de boissons à la Belle Époque.

UN TERRITOIRE LONGTEMPS ENCLAVÉ

De dimensions modestes, même au sein du département du Nord, elle s'étend alors sur 475 hectares environ. Elle adopte la forme caractéristique qu'on lui connaît encore d'un « huit » légèrement penché, mais beaucoup moins « étranglé » qu'après l'annexion d'une partie du territoire par Roubaix, postérieure à la Première Guerre mondiale, dont nous aurons à reparler. Le centre de ce qui demeure un village se situe à la jonction du chemin de Wasquehal à Hem, au sud-est, et de la « chaussée » sud-ouest – nord-est menant de Lille à Roubaix, alors bourg en pleine expansion. Le long de ce qu'on n'ose appeler une route, tellement la circulation y est cahoteuse et difficile par temps de pluie, s'égrène un chapelet de hameaux : La Duquesnie (La Duquesnière ou Le Quesne) sur une voie adjacente, Le Créchet, le Bas-Voisinage. Plus à l'ouest, longeant la commune de Wasquehal, à partir de la « sente » du Noir Bonnet, le chemin des Ogiers joint le centre de Croix et le hameau de La Sahuterie à la ferme de La Mackellerie au nord, et au-delà à Tourcoing et Roubaix. Il faut des décennies pour que la plupart de ces chemins vicinaux soient non seulement entretenus, mais consolidés par du mâchefer ou des scories, voire progressivement pavés et garnis de trottoirs. Pour aller de Lille à Roubaix, mieux vaut rallonger son chemin par Mouvaux : la voie courte passant par Croix n'est pas autorisée aux voitures attelées de plus de deux chevaux et guère empruntée qu'à la belle saison. Dans ses *Souvenirs et récits d'un vieux Roubaisien* parus en 1892, le

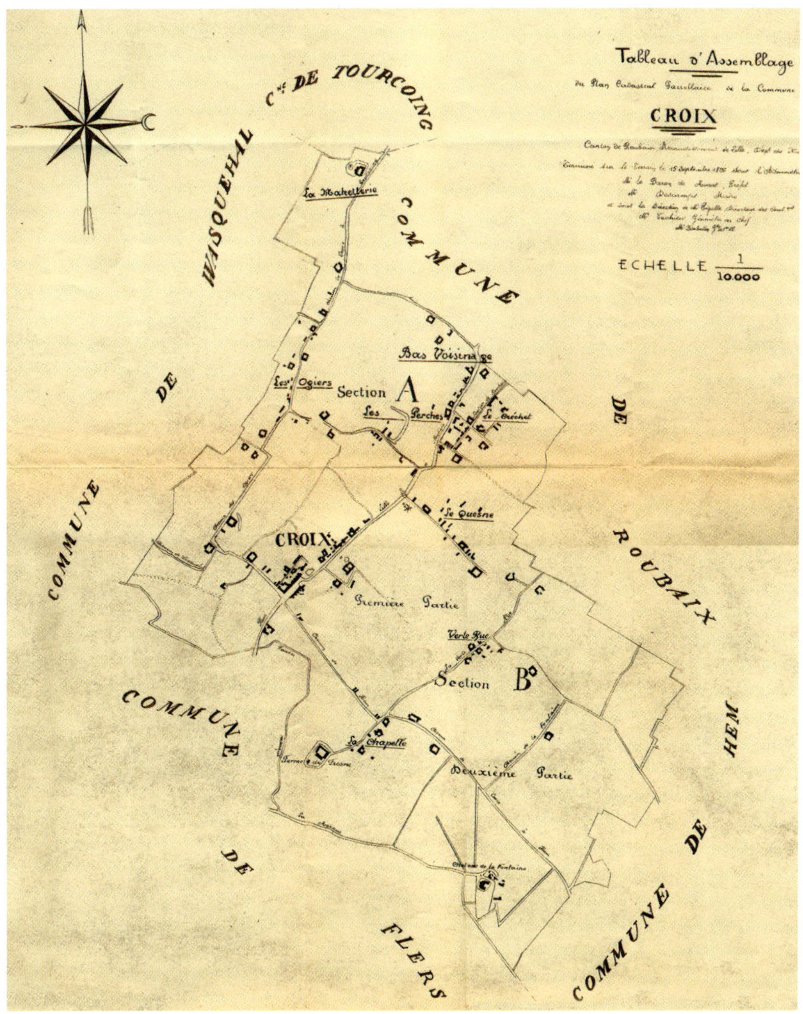

Plan de Croix en 1826.

célèbre chansonnier Gustave Nadaud décrit ainsi l'itinéraire permettant de joindre Roubaix à Lille *via* Croix dans son enfance :

« Je me rappelle pourtant qu'elle sortait de la ville par le Grand Chemin, qu'elle tournait subitement à gauche à la hauteur de l'Alouette, traversait le quartier de l'Épeule, passait devant la petite place où on a creusé le nouvel abreuvoir, tournait encore à gauche en se rapprochant de l'axe de la ville et consentait enfin à s'éloigner pour arriver à la Croix Blanche et prendre la direction de Lille, mais que de détours encore pour y arriver.

« À l'endroit où s'élèvent les châteaux et les villas modernes, on passait entre deux moulins, on faisait à gauche un demi-cercle, on laissait à droite la vieille église de Croix, démolie et reconstruite, on descendait le village, petit alors et que les constructions de la maison Holden ont considérablement agrandi ; on traversait le bois de Croix en faisant un coude sur la droite, on franchissait sur le Pont du Breucq la rivière de la Marque, un cours d'eau qui a son importance et son histoire puisqu'il dessert plusieurs teintureries et qu'il a passé par Bouvines avant d'alimenter le canal de Roubaix qui n'existait pas au temps dont je parle. »

Le préfet, à la demande de la ville de Roubaix, met la route de Croix en viabilité en 1832 et la classe route départementale 14. Mais la commune garde longtemps sa mauvaise réputation viaire… Le maire de Croix se voit ainsi nettement mis en minorité au conseil municipal du 19 mai 1853 alors qu'il soutient un projet de pavage du chemin vicinal n° 2 (dit du Château) ; le devis coûte certes plus de 10 000 francs, mais il est financé au quart par une souscription des riverains et la récente installation du peignage Holden laisse espérer des rentrées d'impôts pour la commune. Mais il faut dire qu'elle vient de contribuer à la reconstruction de l'église Saint-Martin.

La limite sud de la commune, le long de la Petite Marque – bras de la Marque au faible courant qui sépare Croix de la commune de Flers –, pose toutefois d'importants problèmes de franchissement : marais, herbages souvent détrempés, bois… Ainsi la « cense » (grosse ferme) du Fresne constitue-t-elle un cul-de-sac au sud du hameau de la Chapelle, au bout de la Verte Rue, la bien nommée. Il faut le pont du Breucq (ou de Croix) pour franchir depuis Flers la Petite Marque avant de longer le château de Croix, dont les dernières ruines seront rasées en 1866, et un autre fort sommaire pour passer vers Hem à l'ouest – d'où le terme fréquent de « planche ». Leur entretien, que les communes mitoyennes voudraient bien mettre à la charge de l'État, demeure très aléatoire, bien au-delà des destructions de l'Empire, en dépit de la modestie du débit de la rivière. En 1862 encore, les habitants se plaignent du mauvais entretien par les communes riveraines de « la Planche Épinoy » qui permet de franchir la Marque, tout comme en 1845 ou en 1873, lorsque des inondations l'emportent.

L'on observe déjà nettement la dissymétrie de population et d'occupation de l'espace entre les parties Nord et Sud de la commune : cette dernière, notamment autour du château de La Fontaine, seul subsistant, constitue alors une importante réserve foncière plus propre à l'élevage qu'aux cultures.

L'ÉCONOMIE AGRAIRE

Un simple coup d'œil au plan cadastral de 1826 permet d'identifier nettement cinq grandes « censes » ou « manoirs », souvent au carré (Beaumont, Le Fresne, La Brasserie, La Corbellerie et La Mackellerie), plus une dizaine de fermes moyennes et une quarantaine de plus petites, réparties sur tout le territoire croisien, mais dont l'exploitation déborde en fait sur les communes avoisinantes, notamment vers Wasquehal. Des sentes les relient, sillonnant champs et prairies. Leurs ouvriers agricoles résident dans les hameaux, avec les tisserands, tandis que les quelques commerçants et artisans (dix à quinze) tendent à se concentrer dans le village proprement dit. Les deux moulins à vent – dont le souvenir se perpétue aujourd'hui dans la toponymie et les parterres qui ornent les abords de l'actuelle mairie – se situent à la jonction de la voie de Lille à Roubaix et de l'embranchement vers le hameau de La Duquesnie. Bien qu'en 1817 le maire de Croix certifie que « la commune ne compte ni fabrique, ni manufacture, ni moulin, ni usine », il faut entendre : pas d'activité industrielle concentrée. En effet, à moins de supposer une démolition provisoire en raison de la guerre ou des intempéries, les deux moulins figurent bien sur les cartes de 1805 et 1826, à l'emplacement d'un premier moulin à farine détruit par l'ouragan du 18 brumaire an IX (9 novembre 1800). Afin de les rendre plus visibles et moins dangereux en raison de leur proximité des passants, le préfet du Nord enjoint en 1812 au maire de faire « marquer leur moulin à mouldre bled d'une ceinture peinte en jaune et à l'huile de la hauteur d'un mètre, sur le corps du moulin. ». Ces meuniers (familles Delaoutre et Sandra), payés en nature, soit

SEMENCES ET RÉCOLTES À CROIX 1796/1841

Produit	Surfaces ensemencées (céréales d'hiver) ou préparées pour les semences de printemps			Récoltes	
	An IV		1841 *(en hectares)*	an III *(en quintaux, sauf autre mention)*	1841 *(en hectolitres)*
	(en arpents)	*(en hectares)* *			
« Bleds »					
Froment	*60*	*21,6*	*100*	*353*	*2 000*
Seigle	*23*	*8,3*	*5*	*197*	*100*
Méteil	*265*	*95,4*	*55*	*1 371*	*1 155*
Colza	*37*	*13,3*			
Maïs	*2*	*0,7*			
Orge	*4,5*	*1,6*		*93*	
Légumes					
Fèves	*42*	*15,1*	*1*	*464*	*10*
Féveroles**			*15*		*315*
Pommes de terre	*9*	*3,2*	*30*	*524*	*3 520*
Pois			*1*	*2*	*12*
Haricots			*1*	*1*	*12*
Fourrages					
Avoine	*40*	*14,4*	*35*	*620*	*1662*
Trèfle	*102*	*36,7*		*87*	
Hivernages	*5*	*1,8*			
Foin	*54*	*19,4*		*1 020*	
Divers					
Lins	*16*	*5,8*		*12 120 gerbes*	
Oliette***	*14*	*5*		*158*	
Camomille				*12*	

* *Un arpent en Flandres équivaut environ à 3 600 m^2, soit 0,36 hectare.*
** *La féverole, légumineuse de la famille des fèves, facilite les assolements par ses apports d'azote au sol et fournit des protéines pour l'alimentation humaine ou animale.*
*** *Oliette ou œillette : nom de certains pavots cultivés en Flandres pour leurs graines dont on extrait une huile consommée pour ses vertus médicinales et longtemps utilisée en peinture pour son séchage lent et sa non-coloration dans le temps.*

5 kilos pour un hectolitre de céréale moulu, sont de loin les plus gros patentés croisiens sous le Premier Empire. En dehors d'eux, on chercherait en vain toute activité industrielle visible. Comme sous l'Ancien Régime, des métiers manuels battent toutefois au domicile de tisserands pratiquant la pluriactivité, dans l'orbite de la « fabrique » roubaisienne. Cependant, les manufactures proches attirent de plus en plus de salariés employés à Roubaix ou Tourcoing, dont le décollage démographique et industriel a près d'un demi-siècle d'avance sur Croix.

Une enquête sur les ensemencements et récoltes du 6 pluviôse an IV (27 janvier 1796) permet, en dépit des approximations qu'elle comporte et de la période troublée, de se faire une idée des ressources agricoles croisiennes à l'orée du XIXe siècle, alors que la commune compte environ 1 150 habitants. L'on y retrouve les qualités de l'agriculture flamande du XVIIIe siècle, assez intensive pour l'époque, avec une diminution de l'usage du seigle, l'irruption de la pomme de terre et une astucieuse diversification des assolements (légumineuses, lin, plantes fourragères...). La variété du

Les pépinières Legrand, architecte-paysagiste à Croix (24, rue des Jardins).

terroir croisien se prête bien à combiner cultures et élevages. Ces tendances s'amplifient durant la première moitié du XIXe siècle : l'agriculture n'est pas immobile, les rendements augmentent. La hausse de la consommation de pain blanc se lit dans les statistiques de production : les céréales « pauvres », seigle et méteil (mélange semé de froment et de seigle), reculent considérablement, ainsi que les légumineuses ; en revanche, froment et pommes de terre prennent une place majeure. Une partie des céréales est vendue sur les marchés de Lille ou de Roubaix, d'où les cultivateurs ramènent des engrais. La transformation agro-alimentaire, bien qu'en retrait au regard des autres industries, joue longtemps un rôle important dans les échanges (meunerie, brasserie, distillerie...). Ainsi, en 1863, le préfet propose de faire venir une péniche de gravier pour stabiliser le chemin des Ogiers, « devenu très défectueux à cause des charrois fréquents occasionnés par le transport de la drèche de genièvre ». Ce riche résidu de la distillation du genièvre sert d'aliment pour le bétail.

Pourtant, cela ne suffit pas à nourrir la population croissante de la commune ni, bien sûr, de l'agglomération. Sauf pour la pomme de terre où Croix se suffit à elle-même, toutes les productions végétales demeurent déficitaires : d'un cinquième pour le blé, d'un tiers pour l'avoine, selon une lettre du maire du 14 mars 1844. En 1812, on recense 40 chevaux de trait à Croix, mais beaucoup servent aux charrois. L'enquête agricole de 1841 pointe les lacunes du cheptel croisien, en dépit d'une relative augmentation : près de 400 bovins (cinq taureaux, 336 vaches et 24 veaux), 110 moutons et, pour l'anecdote, 6 chèvres et un bouc. Elle souligne le « nombre insuffisant » des bovins ou « l'absence d'élèves » pour les moutons et les porcs. Les agriculteurs achètent bœufs et moutons en Belgique, les vaches sur les marchés de Seclin et Carvin, les porcs en Artois, à Lille (porcs gras), à Roubaix et Tourcoing (porcs maigres). Cette année-là, 42 vaches et 4 veaux sont abattus à Croix pour leur viande : l'on mesure bien le déficit de l'approvisionnement local, que ne peuvent qu'aggraver l'afflux démographique et le mitage de l'espace rural au détriment des exploitations.

Il ne faut pas en déduire la marginalisation complète de toute activité agricole : il existe encore suffisamment d'espaces disponibles à Croix pour faire vivre une dizaine de polyculteurs, mais surtout pour des productions périurbaines insérées dans les nouveaux marchés de consommation. En témoignent les entreprises horticoles qui fleurissent à la Belle Époque.

UN BOURG DOMINÉ PAR LES AGRICULTEURS

Le problème financier de la municipalité repose sur l'absence de toute propriété communale : pour l'essentiel, c'est l'octroi qui alimente d'abord ses caisses, les patentes demeurant faibles, en dehors de quelques commerces de bouche et estaminets. Durant la première moitié du XIXe siècle, Croix vit relativement repliée sur elle-même : six étrangers seulement y résident en 1825, tous domestiques.

Sous la monarchie de Juillet, les trois quarts des ouvriers croisiens sont employés par la « fabrique » de Roubaix, les autres comme salariés agricoles, la plupart pratiquant plusieurs métiers. En 1844, sur 1 574 habitants, le maire de Croix dénombre 886 « actifs » (en réalité des chefs de ménage). Il s'agit majoritairement d'hommes car l'activité féminine, surtout à la campagne, demeure souvent « invisible » ou implicite : 108 cultivateurs, 10 « propriétaires » (rentiers), 20 artisans ou commerçants, 488 tisserands et 60 pauvres secourus. Croix est le type même du village proto-industriel dont les tisserands à bras, souvent possesseurs d'un petit terrain, travaillent pour les donneurs d'ordre des communes environnantes et, de plus en plus, prennent le chemin de l'atelier ou de l'usine. Toute fluctuation des commandes textiles se répercute directement et dramatiquement sur l'emploi et sur le nombre d'indigents, comme le note le conseil municipal le 24 janvier 1830. Aux injonctions préfectorales (en 1830 comme en 1848) demandant à la commune d'employer les ouvriers au chômage à la « réparation des chemins », cette dernière répond invariablement qu'il n'existe « dans la commune aucuns travaux communaux à exécuter », que les ouvriers des fermes suffisent largement à cette tâche et que la commune, dépourvue de carrières en raison de la nature de son sol, a consenti d'autres dépenses...

Signe du déséquilibre existant jusqu'au milieu du siècle en faveur des agriculteurs, il faut plusieurs pétitions (dès l'an V) des habitants du village-centre pour faire réviser le taux des contributions foncières, dont les propriétaires de terrains, souvent non-résidents, étaient en partie déchargés au détriment des possesseurs de maisons. Un mécanisme analogue joue au détriment des commerces, avec les patentes, ou pour la question de l'octroi, taxe indirecte perçue sur certaines marchandises à l'entrée d'une ville ou d'un bourg, objet de débats acharnés comme nous le verrons.

Ainsi s'explique le refus par la municipalité du chemin de fer – ou plus exactement celui de contribuer à son financement ou à son implantation dans la commune et de bénéficier, le cas échéant, d'une gare ou d'une halte pour voyageurs ou marchandises.

Délibération du conseil municipal du 9 octobre 1839

« Une lettre du préfet du Nord en date du 25 septembre 1839 fait connaître que M. le Ministre des Travaux publics a l'intention de proposer aux Chambres, dès l'ouverture de la session, de faire exécuter par l'État le chemin de fer de Lille à la frontière par Roubaix, avec embranchement sur Tourcoing, et que le succès de cette proposition serait mieux assuré si les localités voulaient concourir avec le Gouvernement aux dépenses que cette exécution entraînera. [...] M. le Préfet indique les deux modes de concours qui sont offerts aux communes : selon le premier, les communes fourniront à l'État les terrains que le Chemin de fer doit occuper et suivant l'autre, elles s'engageraient à payer tout ou partie de l'intérêt des sommes empruntées. [...]

« Considérant que la Commune se trouve dans l'impossibilité de faire aucun sacrifice pour l'exécution de ce projet à cause des grandes dépenses qu'elle vient de faire pour se procurer un presbytère et une maison d'école, dépenses auxquelles elle ne peut faire face sans recourir à des emprunts.

« Considérant en outre que les prétendus avantages dont parle M. le Préfet ne s'étendront jamais dans cette localité. Car il est facile de reconnaître que l'établissement d'un chemin de fer dans cette commune ne servira qu'à son détriment, beaucoup de cultivateurs éprouveront le désagrément de voir leur exploitation diminuée, leurs champs coupés et morcelés ; et au lieu de pouvoir y aller directement, ils seront obligés de faire, selon la situation des champs, un quart de lieu et peut-être même une demie lieue de détour pour les habiter.

Cette considération seule obligerait le Conseil municipal de se refuser à obtempérer au vœu exprimé par la lettre de M. le Préfet. »

Les trains empruntant la voie ferrée de Lille à Mouscron (Belgique), ouverte en 1842, passent sans s'arrêter à l'horizon immédiat des Croisiens. Les deux mondes, ruraux et urbains, ont du mal à cohabiter : les rythmes des uns s'accommodent mal de ceux des autres. Témoin cette récrimination du conseil municipal, toujours dominé par les cultivateurs,

Une traversée fréquentée et dangereuse : le passage à niveau de l'Allumette.

le 17 août 1851, contre la Compagnie des chemins de fer du Nord, à propos de la fermeture du passage à niveau de l'Allumette qui coupe en deux la pointe nord-ouest de la commune :

« Le Conseil municipal est saisi d'une plainte formée par les cultivateurs de la commune de Croix relativement à la fermeture continuelle de barrières du Chemin de fer du Nord à l'endroit de la commune dit Hameau des Ogiers qui a été adressée par ses soins à M. le Préfet avec sa lettre du 13 juin, qu'aucune suite n'a été donnée jusqu'ici, que chaque jour les plaintes des cultivateurs deviennent de plus en plus nombreuses et qu'il est fâcheux de voir l'agriculteur ou le commerçant opprimé dans l'exercice de leurs professions.

En fait, les barrières du Chemin de fer étant continuellement fermées à la clef, il arrive que pendant le jour, le garde n'était plus chez lui, que l'administration emploie à niveler les terrassements, sa femme qui le remplace et qui est quelquefois chez les voisines fait attendre très longtemps le cultivateur qui croit passer la nuit. Le cultivateur revient-il un peu plus tard, le commerçant a-t-il besoin de passer le matin, le cultivateur doit-il partir de bonne heure ? Le garde dort et ce n'est qu'après avoir attendu quelquefois une heure et plus que l'on vient lui ouvrir la barrière afin de faire cesser un état de choses si vexant et si nuisible aux intérêts de l'agriculture et du commerce.

Le Conseil municipal émet le vœu que l'ordre précédemment adopté d'ouvrir les barrières immédiatement après le passage des convois soit rétabli. »

Si les habitants incriminent le zèle relatif du garde-barrière et les bavardages de son épouse, ils pâtiront longtemps encore des risques induits par les trains : le passage à niveau de l'Allumette ne sera supprimé qu'en 1929. Mais bien rares sont alors les agriculteurs à l'emprunter…

L'ATTRACTION TEXTILE

La croissance croisienne ne prend sens qu'insérée dans le développement de l'agglomération de Roubaix-Tourcoing, profondément marquée par l'inextricable mélange d'habitat et d'usines textiles qui, nées surtout entre les années 1840 et 1930, ont assuré au XIXe siècle la croissance du « Manchester français » et longtemps fait sa prospérité jusqu'aux années 1950. Le secteur lainier apparaît particulièrement emblématique de la puissance de ce pôle sans équivalent français dès la Belle Époque, qui exerce un rayonnement mondial illustré par les expositions internationales de Tourcoing (1906) et surtout de Roubaix (1911). Cette réussite repose sur une indéniable souplesse d'adaptation, qui part de la lutte ancestrale contre le puissant voisin lillois sous l'Ancien Régime pour parvenir aux « stratégies de niches » des PME innovantes ou au développement des grandes firmes de vente par correspondance.

LE SYSTÈME LAINIER NORDISTE

Sans entrer dans les détails techniques, il importe de distinguer le cycle de la laine cardée (*woollen*), faite de laine noble et douce (mérinos) aux fibres courtes et mêlées, soumises au cardage, puis foulées et feutrées pour donner des étoffes épaisses, où l'entrecroisement des fils demeure invisible, de celui de la laine peignée (*worsted*), utilisant des fibres plus longues et communes progressivement peignées pour les rendre parallèles. Or, ces dernières, longtemps jugées inférieures en qualité car leurs tissus laissent apparaître la trame, sont de plus en plus réclamées par les consommateurs des classes moyennes à compter des années 1840-1850. Au XIXe siècle, les « territoires de l'industrie lainière » française connaissent donc d'importantes mutations. Les principaux centres de laine cardée (Louviers, Sedan et Elbeuf) doivent alors céder le pas aux grands foyers de peigné : Reims, Fourmies (filature), Roubaix-Tourcoing surtout – pour ne pas évoquer Bradford au Royaume-Uni, d'où vient Holden. S'y ajoutent les laines renaissance, faites de chiffons retraités (Vienne en France) et l'activité du délainage (Mazamet), qui consiste à séparer la laine des peaux de mouton importées. Comment expliquer cette croissance exceptionnelle, dont Croix est indéniablement partie prenante, mais qui, sans l'arrivée de Holden, aurait pu se faire à son détriment tellement la commune prenait le chemin de la désindustrialisation ?

Jusqu'à la fin du XVIIIe siècle, la polyvalence textile (laine, lin, coton) caractérisait un système local (la « fabrique ») utilisant une main-d'œuvre rurale souvent féminine, où la concurrence lilloise n'autorisait que des draperies légères ou plus grossières : à Tourcoing, alors plus importante, le peignage de la laine, à Roubaix plutôt le tissage. Mais jusqu'aux années 1830, le coton y gagne du terrain par son aptitude à la mécanisation de la filature et du tissage, alors que la laine, plus exigeante en main-d'œuvre, s'y prête moins. Le véritable décollage lainier de l'agglomération se situe après 1840, lorsque la mécanisation de la filature de laine, l'introduction de métiers Jacquard autorisant des tissus mélangés laine-coton et surtout la mise au point vers 1850 des peigneuses mécaniques traitant tous les types de laines permettent d'utiliser massivement des laines importées de l'hémisphère Sud, venues d'Ostende, puis Anvers ou Dunkerque, par voie ferrée ou fluviale. Avant 1850, le marchand-peigneur achetait la laine pour la faire travailler à la main aux peigneurs des campagnes environnantes. En moins de deux décennies, il est remplacé par un peigneur-transformateur disposant de peigneuses mécaniques en usine. Ces peignages, intégrés ou non dans des unités plus vastes, constituent un des points forts de l'agglomération, dont les techniques tendent évidemment à mécaniser les opérations.

Cette évolution pionnière accompagne le goût des consommateurs du Second Empire pour les « nouveautés » de laine légère, Roubaix se spécialisant dans les tissus pour robes, d'abord mélangés, puis en pure laine après l'usage de métiers mécaniques travaillant la seule laine, Tourcoing plutôt dans les draps et les tissus d'ameublement. Jusqu'à la fin du siècle, d'abord favorisés par la crise cotonnière durant la guerre de Sécession américaine, les « articles de Roubaix » connaissent de grands succès à l'exportation (Angleterre, États-Unis), pour les femmes (robes légères) comme pour les hommes (costumes en laine peignée). L'agglomération ne perd cependant pas sa polyvalence textile qui lui confère sa souplesse d'adaptation aux modes et aux conjonctures. Ainsi, Croix voit s'installer de nombreux autres établissements textiles, dont le plus important, la Cotonnière de Croix (filature Leclercq-Delaoutre, plus tard propriété des établissements L. et F. Motte frères) en 1910, entre la rue des Ogiers et la rue de la Gare (il n'en reste plus qu'une entrée imposante, actuellement propriété des Trois Suisses). Plus haut dans la rue des Ogiers, s'établit la teinturerie Cocheteux.

En-tête de la Cotonnière de Croix (1910).

Le succès durable des industriels lainiers de l'agglomération repose sur une combinaison de facteurs. Industrie et négoce liés ont progressivement conquis la maîtrise du commerce des laines et de son organisation, même si la vente des tissus dépend des grands négociants parisiens, et prêtent beaucoup attention à la demande d'un marché très hétérogène. La proximité du charbon belge (canal de Roubaix), puis nordiste, et l'abondante main-d'œuvre belge qui contient les revendications salariales diminuent les coûts de fabrication. L'agglomération se dote d'une filière complète et autonome de production incluant tous les stades de fabrication, depuis le peignage jusqu'à la teinture ou l'apprêt, de plus en plus intégrés au XXe siècle dans d'immenses usines. Ainsi se crée une nébuleuse de PME connexes ou plus éloignées du textile, mais tirées par l'urbanisation et l'enrichissement local. Ajoutons quelques traits spécifiques : le souci de la formation professionnelle (et morale) des jeunes patrons, des cadres et des créatifs dessinateurs pour tissus, dans des écoles spécialisées fondées à la fin du XIXe siècle, publiques (ENAI à Roubaix) ou surtout privées (école industrielle de Tourcoing, Institut technique roubaisien, HEI à Lille) ; la multiplicité des liens familiaux et la continuité de dynasties patronales homogènes et industrialistes, qui n'excluent pas une concurrence acharnée entre elles, mais autorisent la solidarité lors des créations d'entreprises ou en cas de crise (1900), avec l'aide discrète des banques locales. Si les choix des Holden ne répondent pas à tous ces critères, ainsi pour l'implantation, l'endogamie anglaise, le refus de la diversification ou la volonté de préserver l'autonomie financière, il n'en demeure pas moins que leurs stratégies s'intègrent dans un contexte régional, national et international doté de multiples synergies.

HOLDEN À CROIX : LES MOYENS DE L'AUTONOMIE

Isaac Holden, né en 1807 près de Glasgow d'une famille paysanne passée à la mine, ouvrier autodidacte, parvient par son travail acharné et sa rencontre avec un professeur de mathématiques à acquérir une culture scientifique et littéraire. Pro-

POURQUOI HOLDEN À CROIX ?

Isaac Holden n'est pas le premier à s'intéresser au peignage mécanique dans l'agglomération : le mouvement a d'abord été initié en 1847 par la maison Dujardin-Colette, puis surtout par Allard-Rousseau à Roubaix. Mais ces tentatives ne s'avèrent guère concluantes. Son associé Samuel Lister se consacrant à l'Angleterre, Holden souhaite développer ses activités sur le continent, dont il pressent le potentiel. Après quelques prospections en France et en Belgique dans les années 1830, le « Peignage anglais Lister & Holden » fonde d'abord une usine près de Paris (Saint-Denis) en 1847. Choix discutable en raison de la faiblesse de l'industrie lainière et de problèmes liés à l'évacuation des eaux polluées par le suint. Il faut attendre son installation effective à Croix en 1852, à Reims l'année suivante et, quasi simultanément, la création à Roubaix du peignage Amédée Prouvost & Cie, associé aux trois frères Lefèbvre, doté d'un capital de 200 000 francs. et de vingt et une peigneuses, pour que naisse véritablement le peignage mécanique en France entre 1847 et 1855. Et encore, les bénéfices ne sont au rendez-vous qu'au bout de plusieurs années… Holden ferme définitivement l'établissement dionysien en 1860, non sans avoir progressivement transféré le matériel et le personnel d'encadrement sur les autres sites. Le peignage croisien, tout comme celui de Reims encore plus imposant, domine par sa taille et sa production tous ceux de l'agglomération jusqu'aux années 1880, avant de se faire doubler par la S.A. Amédée Prouvost & Cie à Roubaix – il est vrai le plus vaste du monde à la veille de la Grande Guerre. L'usine nordiste demeurera la seule après la destruction de celle de Reims pendant la Première Guerre mondiale.

Si l'on comprend bien l'intérêt de Holden pour Roubaix-Tourcoing, le choix de Croix peut surprendre car ses clients potentiels se trouvent sans conteste dans les deux villes voisines. Or, à l'époque, déplacer les marchandises, ne serait-ce que de quelques kilomètres, présente des coûts non négligeables. Cet Écossais, protestant méthodiste et rigoureux, a assurément mené au préalable une enquête minutieuse. Plusieurs facteurs semblent avoir joué : la présence depuis 1832 de l'embranchement de Croix du canal de Roubaix, qui fixe la première usine Holden, permet d'utiliser la voie fluviale et sert d'effluent ; la disponibilité de terrains suffisants près de l'ancien emplacement du château de Croix, jonchés de ruines et bien meilleur marché qu'à Roubaix ou Tourcoing. À un moindre degré, invoquons les eaux de la Petite Marque, en dépit de la faiblesse et de l'irrégularité de son débit ; la suppression en 1842 de l'octroi de Croix, toujours actif à Roubaix – encore qu'on aurait pu imaginer une exemption pour les laines. En outre, les tisserands à « l'otil » croisiens, soumis à des crises répétées et peu à peu aspirés par les ateliers mécanisés proches, forment alors une réserve de main-d'œuvre relativement qualifiée, tôt complétée par l'immigration belge. S'éloigner de quelques lieues de la concurrence directe des lainiers de Roubaix-Tourcoing, dont il sent plus que le frémissement à l'aube des années 1850, n'est certainement pas pour rien dans ses réflexions. Peut-être enfin l'industriel britannique a-t-il mesuré la dépendance qu'auraient à son endroit les habitants d'une commune rurale, petite en regard de sa firme : une main-d'œuvre plus captive et, partant, plus « calme », se révélerait certainement plus conforme au type de relations sociales paternalistes qu'il entend instaurer dans son usine…

fesseur, puis comptable dans une PME textile du Yorkshire (Cullingworth), mais attiré par la technique, il mesure les freins que constitue le peignage manuel pour le développement de la branche. Analysant la complexité des gestes du peigneur, il lui faut quinze ans avant de mettre au point un métier *square motion* (à mouvement carré), avec « boxeurs ». Mais il n'est pas le seul : les premières peigneuses mécaniques fonctionnent alors, difficilement, dans la métropole lainière anglaise de Bradford. En France, l'Alsacien Josué Heilmann brevète en 1845 une peigneuse avec pince d'alimentation, fabriquée par Schlumberger à Guebwiller, que l'on s'accorde, malgré ses défauts, à considérer comme la fondatrice du peignage mécanique en Europe. Prévue pour le coton, elle sert rapidement à séparer fibres longues et courtes de la laine et commence à se diffuser. Entre-temps, l'Anglais Samuel Lister, à partir d'un modèle antérieur, planche aussi sur ce projet et réalise une peigneuse avec « pince alimentaire », dont il devra vite racheter le brevet à Heilmann pour pouvoir l'exploiter au Royaume-Uni. Lister s'associe à Isaac Holden, qu'il soutient d'ailleurs depuis plusieurs années, et tous deux déposent différents brevets de peigneuses mécaniques en 1846.

Capable de travailler toutes sortes de longueurs et de qualités de laine, fiable, la peigneuse Holden constitue indéniablement un progrès décisif pour que cette branche passe à l'ère industrielle. Régulièrement améliorée entre 1856 et 1868, elle lui permet de remporter de multiples trophées internationaux : médaille de première classe à l'Exposition universelle de Paris (1855), médaille d'or à Troyes (1860) et Châlons-sur-Marne (1861), prix du peignage à l'Exposition universelle de Londres en 1862… Combinant dépôt (28) et rachat (17) de brevets (peigneuses Noble), Holden y consacre une part notable de ses profits (près de trois millions de francs en tout). Ses

PAGE DE DROITE
Vue de la première usine Holden, depuis la Petite Marque et le chemin de Hem.
Atelier de peignerie, établissement Holden de Reims.
*(*L'Illustration*, 14 février 1863).*

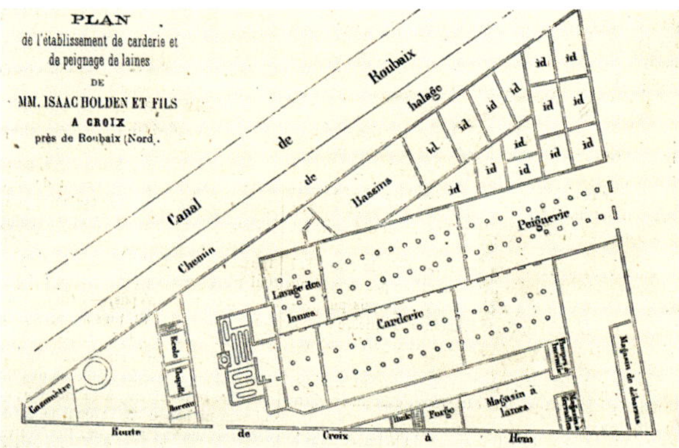

Plan de l'usine Holden de Croix.
*(*L'Illustration *14 février 1863).*

peigneuses sont fabriquées dans ses usines par des mécaniciens, souvent anglais, avec un soin jaloux (témoin la présence d'une forge et d'ateliers de mécanique). N'octroyant aucune licence sur ses machines, il peut ainsi en freiner la diffusion pour limiter la concurrence, jusqu'à intenter des procès, souvent gagnés. Sa réussite repose donc sur ses qualités d'inventeur, mais surtout de gestionnaire.

Suivons le circuit de la laine, depuis la livraison jusqu'au ruban de peigné. La matière première est d'abord importée de Londres par Holden, *via* la gare de Roubaix. Après l'expérience jugée infructueuse de Saint-Denis où il œuvrait pour son compte, ce dernier choisit de travailler à la commission pour ses clients, les filateurs : ils lui fournissent la laine, le déchargent de la gestion des approvisionnements et des stocks, mais le privent d'une certaine souplesse en cas de retournement de tendance. Progressivement, la place roubaisienne choisit directement la laine en grandes quantités grâce à un réseau d'experts négociateurs en Argentine, en Afrique du Sud ou en Australie, l'achemine et la stocke : soit au sein des usines, soit dans les gares – mais l'espace manque, en particulier à Roubaix. La Compagnie des chemins de fer du Nord doit parfois indemniser les peigneurs pour des laines livrées en retard et détériorées (ainsi Holden, à hauteur de 60 000 francs). D'où l'intérêt à trouver une solution plus rapide et économique que le charroi pour transférer charbon, huile, savon et balles de laine de la gare de Roubaix, vite saturée, à l'usine de Croix, et inversement pour les produits semi-finis (rubans de peigné…) : l'embranchement ferroviaire de la rue de la Gare, sur lequel nous reviendrons. Il faut attendre plusieurs décennies pour que soient édifiés les immenses entrepôts consulaires de la « Condition publique » (à Roubaix en 1858, 1880 et 1901, à Tourcoing en 1863). Les diverses variétés de laines brutes y sont évaluées par des laboratoires d'analyse pour déterminer le pourcentage d'humidité, le suint ou les impuretés qu'elles renferment, et garantir leur prix « loyal et marchand » avant d'être exposées pour la vente. Un marché à terme s'organise à Roubaix après 1888, puis une Caisse de liquidation et de garantie, afin de sécuriser les livraisons et de lisser les cours de la laine.

Peigneuse Heilmann.

Arrivées, directement ou non, dans l'usine, les balles de laine de 150 kilos mises en magasin dans des conditions d'hygrométrie constante sont identifiées par un papier de couleur timbré d'un numéro. On doit ensuite les débarrasser de leurs impuretés animales (le suint, la sécrétion sébacée des ovins) et végétales (paille, chardons). Le cadre de travail des trieurs de laine, au coup d'œil et de main précieux, évolue assez peu. Ouvriers très qualifiés, ils détachent les fibres de la toison étendue sur une table à claies à travers lesquelles tombent les débris, les distinguent selon leur type, leur finesse et leurs impuretés et les répartissent dans différents paniers. On dénombre ainsi en 1914 chez Holden 138 trieurs (165 en 1921), surveillés par douze « repasseurs » (vérificateurs) et un contremaître par salle.

Les laines sont ensuite battues dans des tambours pour enlever le gros des impuretés, puis passent dans des cuves pour être lavées à l'eau savonneuse. Le plan de l'usine paru en 1863 dans *L'Illustration* met bien en évidence l'étendue des bassins de décantation destinés à améliorer la médiocre qualité de l'eau et les quantités nécessaires, y compris pour alimenter les machines à vapeur au charbon, et rejetées. Peu après (1864), sont mises au point des « colonnes de lavage » en continu beaucoup plus efficaces et économes en eau, qui font perdre à la laine dans des bacs successifs la moitié de son poids en impuretés. Initialement jetées dans la Marque au grand dam des riverains, les eaux de lavage riches en suint sont récupérées pour donner un produit cosmétique : la lanoline. Une fois séchées, on enduit les laines d'un corps gras (« l'ensimage ») qui facilite les opérations suivantes – d'où le « magasin à huile » visible sur le plan. Le cardage, essentiel, nettoie et démêle la laine dans des séries de cylindres à crochets (« cardes ») formant un voile qui permet d'obtenir un premier ruban de laine, encore largement entrecroisé.

Le « peignage des Anglais » associe d'abord divers types de mécaniques. Ainsi, il y eut quelques peigneuses Lister à Saint-Denis, mais aucune dans les deux autres usines Holden, qui utilisent des peigneuses Heilmann et Holden, puis Noble. Voici la description par un enquêteur du peignage Holden de Reims au milieu des années 1860, qui ne diffère guère sur ce point de son *alter ego* croisien :

« Ces machines [...] nous ont paru composées d'un peigne circulaire à dents hérissées verticalement, et sur lequel l'alimentation vient se faire au moyen de grands bras articulés, qui apportent et laissent entre les dents l'extrémité du ruban de laine préparé par le cardage et l'étirage ; un appareil diviseur, composé de peignes et de brosses, sépare de la blousse le cœur qui est recueilli dans des boîtes en tôle ; un gill-box complète le travail en parallélisant les fibres.

La laine peignée s'engage, immédiatement au sortir du gill-box, dans une lisseuse-dégraisseuse [...]. Le savon employé pour ce dernier dégraissage est du savon mou d'huile et de potasse ; la laine dégraissée et lissée va se sécher sur de gros cylindres coniques chauffés à la vapeur et prend l'apparence soyeuse et brillante demandée aux fabricants de peigné. Les bobines descendent alors dans le sous-sol, où elles sont empaquetées pour être rendues à leurs propriétaires. »
(Turgan, *Les grandes usines de France : tableau de l'industrie française au XIXe siècle*, Paris, Calmann-Lévy, 18 vol., 1860-1885, vol. 8, p. 107)

Les fibres humidifiées et subdivisées passent par des peignes successifs destinés à les rendre les plus parallèles possible, sans chauffage (contrairement au peignage manuel) et en évitant au maximum de briser les filaments. Les plus courtes et les « boutons », impropres au peignage, forment la « blousse » recyclée dans les laines cardées. On traite ensuite les fibres utiles (ou « cœur » de la laine) selon leur qualité : au XXe siècle, les courtes dans des peigneuses rectilignes, les longues et fines dans celles circulaires. Les rubans de laine, chargés d'électricité, sont ensuite à nouveau étirés (gillboxage) et assouplis par trempage (lissage) avant d'être embobinés, mis en balles et expédiés à la filature avec les déchets récupérés. L'organisation en continu et la taille des ateliers permettent de traiter séparément les laines de chaque filateur. L'établissement travaillant jour et nuit, un gazomètre stockant le gaz issu du charbon fournit l'éclairage. [*cf.* plan]

Le kilogramme de laine peignée à façon, auparavant obtenu à la main en un jour pour un coût d'1,80 franc et un salaire d'un franc, coûte en 1860 par peignage mécanique 0,85 franc (laine, machines et frais généraux compris), pour un salaire journalier double – mais il n'a plus fallu qu'une heure pour le réaliser : en dix ans, la productivité par ouvrier peigneur a décuplé. Dès 1858, Holden livre à Croix plus de cinq tonnes de peignés par jour, et encore plus à Reims…

Pour faire face à la demande, Holden doit s'agrandir, mais surtout s'assurer du contrôle de l'entreprise. Il profite de la fin de son association avec Lister en 1858 pour racheter la part de son associé (et, en passant, le brevet Heilmann) et fonder, avec ses fils Angus et Edward et ses neveux Jonathan Holden et Isaac Holden-Crothers, une firme en réalité familiale, la « S.A. Isaac Holden & Fils », ayant un pied de chaque côté de la Manche (« ces Messieurs Holden », comme tout le monde les appellera ensuite à Croix). Toutefois, le fondateur de la dynastie rejoint vite le sol anglais, d'où il supervise ses établissements : élu député libéral aux Communes (1865), il est anobli en 1893 et le nouveau lord Alston meurt en 1897 en Écosse, où il s'est retiré sur la terre de ses ancêtres. Tandis que ses fils s'occupent des affaires de Bradford, ses neveux gèrent véritablement les peignages français, Jonathan à Reims et Isaac à Croix. Tous les actes notariés croisiens sont passés en la présence de ce dernier, au nom de ses associés. L'entente n'est pas parfaite : rompant avec le vieil Isaac à la fin des années 1870, Jonathan ne fait plus partie des associés et fonde une usine concurrente à Reims en 1880 ; Isaac Crothers, qui demeure pour l'essentiel à Croix si l'on se fie aux recensements, se voit confier en sus l'ancien établissement rémois. C'est en réalité lui le véritable dirigeant du peignage croisien, même s'il s'adjoint progressivement les services de membres de sa famille : son fils, Norman Holden-Crothers, liquidera d'ailleurs l'établissement en 1938.

En-tête des peignages Holden à Croix et Reims (début du XXe siècle).

PRODUCTION, PRODUCTIVITÉ, SALAIRES

Période	**1850-1854**	**1855-1859**
Production moyenne annuelle (en kg)	*227 293*	*665 075*
Part de la consommation totale française de laine peignée (en %)	*2,2*	*5,4*
Capitaux moyens (en francs)		
Bénéfices moyens (en francs)		
Taux de profit moyen (B/C en %)		
Coût moyen de la production de peigné (en franc par kg)	*0,67*	*0,62*
Prix moyen donné pour la production de peigné (en franc par kg)	*1,54*	*1,13*
Montant des salaires moyens payés par Holden (en francs)		*110 067*
Année	**1856**	**1861**
Main-d'œuvre employée	*75*	*657*
Année	**1856**	**1859**
Production par main-d'œuvre et par jour (en kg)	*7,0*	*9,0*
Production par machine et par jour (en kg)		

L'entreprise jouit ainsi de l'important matelas financier que lui procurent les considérables bénéfices de l'établissement jusqu'à la fin des années 1870 : plus de 2,8 millions de francs l'an en moyenne entre 1875 et 1879 ! Quelque temps à peine après son démarrage en mars 1853, son taux

ET COÛTS DE LA LAINE PEIGNÉE PAR HOLDEN À CROIX AU XIXe SIÈCLE

1860-1864	**1865-1869**	**1870-1874**	**1875-1879**	**1880-1884**	**1885-1889**	**1890-1894**
1 812 833	*4 144 904*	*5 411 791*	*7 043 448*	*6 267 680*	*5 803 380*	*6 040 834*
			16,3			*12,9*
2 379 293	*3 370 960*	*6 854 710*	*10 137 870*	*13 285 825*	*15 805 527*	*14 486 036*
593 547	*910 371*	*2 265 119*	*2 827 098*	*1 732 097*	*757 713*	*565 077*
24,9	*27,0*	*33,0*	*27,9*	*13,0*	*4,8*	*3,9*
	0,81	*0,84*	*0,83*	*0,70*	*0,66*	*0,73*
0,89	*1,07*	*1,23*	*1,10*	*0,80*	*0,61*	*0,61*
		835 637	*1 625 314*	*1 470 431*	*1 126 809*	*1 255 325*
1866	**1872**	**1877**	**1881**	**1886**	**1892**	**1898**
723	*1 233*	*2 000*	*1 800*	*1 790*	*1 785*	*1 700*
1861	**1868**	**1877**	**1884**	**1886**	**1890**	
7,6	*11,3*	*9,6*	*10,6*	*10,1*	*10,4*	
	153,5	*157,5*	*123,0*	*97,0*	*80,4*	

de profit (le rapport entre le bénéfice engendré et le capital engagé) se révèle durablement exceptionnel : entre 20 % et 33 %. Peu de firmes pouvaient se targuer de tels chiffres durant toute une génération… Jamais plus, cependant, le peignage « des Anglais » ne retrouvera de telles valeurs – sans connaître toutefois de difficulté sérieuse : les bénéfices des années 1890-1894 représentent encore 565 000 francs en moyenne annuelle, soit un taux de profit de 3,9 %.

L'effectif et la production du peignage croisien progressent considérablement jusqu'à la fin des années 1870. Le nombre d'employés décuple en vingt-cinq ans d'activité, notamment à la fin des années 1850, avec l'arrivée d'une partie des équipes anglaise et écossaise de Saint-Denis, et surtout dans la décennie 1870 qui marque l'apogée du peignage de Croix : il produit alors plus de 16 % de la consommation française de laine peignée (auquel il faut ajouter les 20 % de l'usine de Reims). C'est dire son impact sur l'emploi communal ! L'on mesure ainsi aisément l'énorme poids des salariés de Holden dans la population totale de la ville : 8 % en 1856, 25 % dans les années 1860, jusqu'à 35 % au pic de 1876, pour redescendre autour de 20 % dans la décennie 1880 et 10 % au début du siècle suivant. Il convient pourtant de rectifier l'erreur fréquemment commise (y compris dans la précieuse monographie que Katrina Honeyman et Jordan Goodman consacrent aux Holden), qui consiste à faire le rapport entre l'employeur Holden – certes le plus gros de la cité jusqu'en 1910 – et la population municipale. Bien sûr, l'on demeure frappé par le parallélisme entre l'explosion urbaine de Croix et le développement du peignage. Mais tous les salariés de chez Holden n'habitent pas Croix, tous les ouvriers croisiens ne travaillent pas chez « ces Messieurs les Anglais » et, compte tenu de la jeunesse de la population, il paraît plus pertinent de les comparer aux seuls actifs. En l'absence de listes du personnel, utilisons le recensement de 1901, qui fournit non seulement l'adresse et la situation de famille des ménages, mais aussi leur statut (salarié ou non), le métier et l'employeur éventuel. En dépit de certaines incertitudes liées à la déclaration de chômeurs anciennement chez Holden, il apparaît que sur les 1 700 employés que compte alors le peignage, on dénombre seulement 800 Croisiens – soit moins d'un Holden sur deux, un Croisien sur vingt ou un actif croisien sur dix. L'on peut supposer que la proportion devait être plus forte lors des débuts de Holden et qu'il a fallu ensuite étendre le bassin de recrutement de la main-d'œuvre aux communes environnantes (Wasquehal, Hem, Flers, plus que Roubaix ou Tourcoing). Les recensements montrent que l'aire d'attraction de Holden s'étend peu dans la partie nord de Croix (Le Créchet), plutôt fixée par le tropisme roubaisien. Tous les témoignages d'élus locaux ou d'observateurs insistent sur l'incessant mouvement de travailleurs lors des entrées et sorties d'usines, que facilitent à la Belle Époque l'usage du tramway ou de la bicyclette. Reste que le développement de Croix repose bien sur la croissance de Holden durant le troisième quart du XIXe siècle.

Sortie de l'usine Holden : une foule qui pose.

PAGE DE DROITE
La cheminée Holden : le « ballot » de Croix.

Mais le « peignage des Anglais » rentre ensuite dans le rang. Forts d'une implantation internationale, les Holden se constituent un fidèle réseau de clients qui leur permet de faire face aux irrégularités du marché de la laine, particulièrement marquées dans le Nord : la place lainière roubaisienne alterne brutalement activité débridée et temps morts, ce qui rend délicate toute prévision. Cependant, par gros temps, la réputation des Holden et leurs réserves facilitent la vente à perte pour retenir les acheteurs. Leur position longtemps dominante leur permet de baisser temporairement les prix pour conserver la clientèle. Témoin les décennies 1880-1890, où les coûts de revient d'un kilogramme de ruban de peigné se situent désormais au-dessus du prix de vente (*cf.* tableau) : de près de 60 centimes de gain par kilo vers 1860, l'écart s'amenuise ensuite, pour devenir négatif à partir de 1880. Après quelques oscillations, les charges ont certes sensiblement baissé, mais pas aussi vite et pas autant que les prix de vente.

La production de rubans de laine peignée suit d'ailleurs une courbe analogue à celle des effectifs (*cf.* tableau), signe que la croissance est plutôt extensive et que les gains de productivité demeurent insuffisants à la fin du siècle, comme le prouvent les rendements des machines, sous-utilisées. L'établissement de Reims, travaillant des laines plus longues pour les tissus mérinos, aux débouchés plus réguliers, a une meilleure productivité. Après 1896, les brevets détenus par Holden tombent dans le domaine public et d'autres peigneuses sont apparues. Passé 1870, les concurrents roubaisiens réagissent : ils s'équipent en peigneuses plus performantes ou améliorent significativement le travail de préparation de la laine (épaillage chimique et échardonnage). Dès 1880, le peignage Amédée Prouvost double celui de Croix, qui rétrograde encore vingt ans plus tard, dépassé par celui fondé par Alfred Motte en 1879.

L'ajustement chez Holden-Croix se fait essentiellement par la main-d'œuvre : le nombre de salariés diminue – et encore, probablement pas assez compte tenu de la tendance des affaires –

pour revenir autour de 1 700 en 1898 et décroître progressivement. Ils sont 1 300 au moment où se déclenche le premier conflit mondial, qui perturbe les activités et impose une réduction des effectifs (1 000), notamment masculins, en raison des mobilisations française et belge. Mais la prospérité de Croix ne dépend plus alors exclusivement de celle de Holden…

Holden, une usine au cœur de la cité.

UNE USINE DANS LA VILLE

D'abord implantée dans l'angle formé par la berge du canal jusqu'au pont du Breucq et le chemin de Croix à Hem, la société Holden acquiert en 1865-1866 les terrains situés de l'autre côté de la route d'Hem, réorganise et étend les bâtiments (ateliers de lavage, cardage, peignage, extraction des graisses, entrepôts, annexes…) : en 1876, l'usine couvre 7,5 hectares, sur les trente que possède l'industriel dans la commune – dont la moitié loués comme terres labourables. Dix ans plus tard, le peignage a pris son aspect quasi définitif, tel que les en-têtes de la société le figent, avec ses voies, ses murs de brique, ses sheds et ses huit cheminées, mais toujours la campagne, le kiosque et la maison de maître au premier plan. Les photographies sont moins riantes… Tout de rigueur fonctionnelle, il se situe bien à l'opposé des « châteaux de l'industrie » roubaisiens ou tourquennois.

L'attraction de Croix, prise sous tous les angles et même colorisée sur de multiples cartes postales,

HOLDEN ET LA POLLUTION

La qualité de l'eau, à Croix comme ailleurs dans le Nord, demeure un problème ancien. Déjà, au XVIIIe siècle, les Croisiens exigent l'interdiction du rouissage du lin dans la Marque, en amont de leur paroisse : la macération dans le liquide des fibres végétales, préalable à leur utilisation, rend l'eau impropre à la consommation. Le 11 décembre 1853, le conseil municipal proteste auprès du préfet contre la demande d'un Sieur Mas visant à établir un « routoir » (rouissoir) à Hem, à l'angle de la Marque et de la Petite Marque. Les plus virulents, les « propriétaires », craignent la corruption d'eaux stagnantes impropres à leurs cultures ou « aux besoins de leurs bestiaux », d'autant que « le cours de la Marque se fait lentement et qu'on pourrait craindre qu'il ressorte des miasmes insalubres », et que « la Marque se déverse dans le canal de Roubaix dont les eaux servent à l'alimentation des personnes et des animaux ». Ce sont toutefois les mêmes qui rechignent à paver les routes et à collecter les eaux usées... C'est dire si l'arrivée du peignage mécanique suscite en eux des craintes à cet égard, plus que chez les peigneurs à la main, assez rares en réalité.

Déjà échaudés par leur aventure dyonisienne, les Holden doivent faire face à Croix à de multiples contraintes : la faiblesse de l'écoulement estival constitue un premier défi ; le rejet des eaux de lavage des laines en est un autre. Holden-Crothers croit trouver une solution en construisant en 1856 un atelier pour extraire les corps gras que contiennent les eaux savonneuses et, par la même occasion, revendre la suintine ainsi obtenue. Mais l'odeur pestilentielle des eaux, traitées à ciel ouvert, déclenche l'ire des riverains. Pour se débarrasser des résidus du travail de la suintine, il faut les brûler et limiter les dégagements olfactifs en évacuant les fumées le plus haut possible – d'où le fameux « ballot de Croix »...

Mais le peigneur doit simultanément faire face à une série de plaintes d'une autre nature, qui obligent l'administration préfectorale à promulguer un arrêté du 29 juillet 1857 interdisant le déversement d'eaux insalubres dans le canal, ce qui expose Holden à des contraventions répétées. Point n'est besoin d'invoquer l'action en sous-main des concurrents roubaisiens de l'Écossais, eux aussi empêtrés dans les mêmes difficultés : l'opposition émane essentiellement des notables ruraux. Croix voit ainsi s'affronter deux logiques d'utilisation de l'espace, à un moment charnière de son histoire. Enfonçant le clou, un nouvel arrêté pris le 17 mars 1858 interdit tout déversement d'eau pendant l'étiage de la Marque, entre mai et septembre. Cela équivaudrait à fermer le peignage le tiers de l'année : la direction envisage assez sérieusement de déménager.

L'avocat-conseil des Holden, Me Gennevoise (Lille), exposant les risques pour l'emploi industriel, construit un argumentaire pour démontrer que son client n'est pas le plus gros pollueur de la Marque (la teinturerie Hannart à Hem y contribue aussi largement) et qu'il consent des efforts exceptionnels. Tandis que Holden établit un puisage (ensuite doublé) plus en amont, qui lui permet au passage d'améliorer la qualité de ses eaux de lavage, un commerçant croisien, M. Simon, se propose de les reprendre par drainage jusqu'à un terrain proche où il se fait fort de les restituer au canal, après traitement par la chaux sans utiliser d'acide sulfurique. Le jugement du 17 août 1858 donne raison à Holden, qui peut étendre ainsi ses activités.

le « ballot » de chez Holden, cette cheminée dite alternativement et à tort « la plus haute du monde », « d'Europe », ou, plus modestement, « de France », forte de ses 101, 103 voire 105 mètres, préfigurerait presque le tourisme industriel. C'est du moins ce que retiennent les hôtes de passage à Croix. Mais une telle hauteur ne relève pas de l'anodin : une cheminée, c'est fait pour évacuer des fumées ; plus elle est haute, plus cela signifie qu'on veut s'en débarrasser loin des poumons des Terriens, quitte à se contenter d'éloigner les retombées... Point d'anachronisme toutefois : la prospérité d'une cité ou d'une entreprise se mesure alors au nombre de cheminées fumantes, pas à la pureté de son atmosphère. Il en faut beaucoup pour que les riverains se plaignent et, plus que la qualité de l'air, ce sont les odeurs nauséabondes (les « miasmes ») ou la dégradation visible des eaux qui retiennent l'attention des habitants et, plus ou moins, des autorités. Dans la seconde moitié du XIXe siècle, les considérations hygiénistes accordent à la nature de l'eau une attention croissante : un gros consommateur comme Holden l'apprend à ses dépens.

LA DIVERSIFICATION ÉCONOMIQUE À LA BELLE ÉPOQUE

Croix vit de plus en plus au XIXe siècle au rythme d'une agglomération textile, faite d'échanges et de complémentarités multiples. La présence de Holden induit certes toute une série d'activités connexes, sans que nous puissions réellement en mesurer les effets sur l'emploi industriel ou la dépendance en termes de clientèle. On sait qu'avant l'ouverture de la gare de Croix-Wasquehal (1873) Holden doit s'approvisionner à grands frais à l'extérieur pour ses produits intermédiaires. Un aussi gros consommateur que Holden ne peut que susciter des vocations industrielles. Le dernier tiers du XIXe siècle voit s'implanter à Croix, en particulier dans la partie méridionale sise près du peignage, du canal et de l'embranchement ferroviaire, outre la brasserie Brûlois, toute une série d'industries susceptibles de lui fournir des produits : cuir, savon, teinturerie (Descat), gaz (Desclée frères), chimie, fonderie (Martin), petite mécanique… Nous ignorons la part exacte que prennent ces entreprises dans les approvisionnements du peigneur, mais la correspondance commerciale conservée atteste de liens avec la « Société des Produits chimiques » (Haudequet), la fonderie ou l'usine à gaz. Ainsi, Croix à l'orée du XXe siècle n'est plus une ville mono-industrielle : la mégisserie occupe 120 personnes, l'usine à gaz et les usines chimiques une centaine chacune, les fonderies et la teinturerie plus de cinquante, sans compter les quatre brasseries ou le fabricant de pièces mécaniques Seynave-Dubocage.

La ville dispose de terrains pour accueillir d'autres firmes importantes, qui font prendre à Croix le tournant de la « seconde industrialisation », celui de la métallurgie de transformation et des produits pétroliers. L'usine « immense et superbe » (*Journal de Roubaix*) construite en 1903-1904 entre la gare et l'avenue G. Hannart par la Société électrique met cinq ans à trouver preneur : l'électricité finalement fournie par Roubaix, la CIMA (la Compagnie internationale des machines agricoles), appelée à jouer un rôle essentiel dans l'économie croisienne, s'installe dans les locaux vides, qu'elle débordera largement après guerre.

Le siège de la CIMA, créée en 1905, se trouve à Paris ; le montage et les liens financiers, assez complexes, échappent totalement à la commune de Croix. Ce choix d'implantation s'explique par le souhait des « Américains » Deering et Mac Cormick de se rapprocher d'un marché de consommation français dont ils pressentent les besoins, à l'heure où les régions françaises de grandes cultures (Artois, Cambrésis, grandes plaines du Bassin parisien) accélèrent leur processus de mécanisation – sans parler encore de motorisation, les engins étant le plus souvent tirés par des chevaux. Disposant de place, d'une large palette industrielle et d'une main-d'œuvre abondante, ils donnent à l'usine un développement accéléré : autorisée par arrêté du 26 avril 1909, ouverte avec 300 salariés,

La CIMA : plan en perspective (1936).

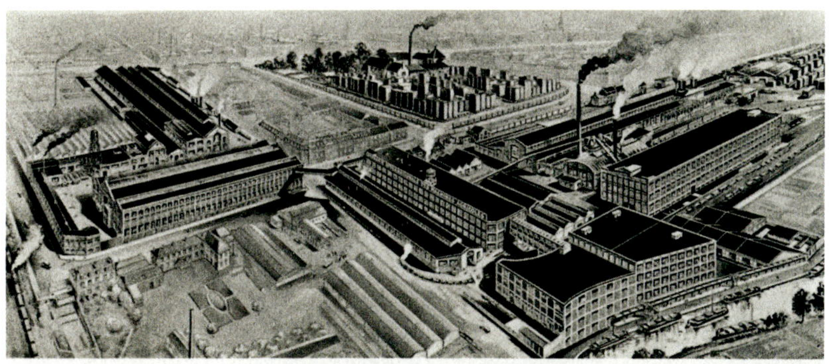

Vue panoramique des Usines et de la Ficellerie de la
COMPAGNIE INTERNATIONALE DES MACHINES AGRICOLES
DEERING
à CROIX près LILLE (NORD)

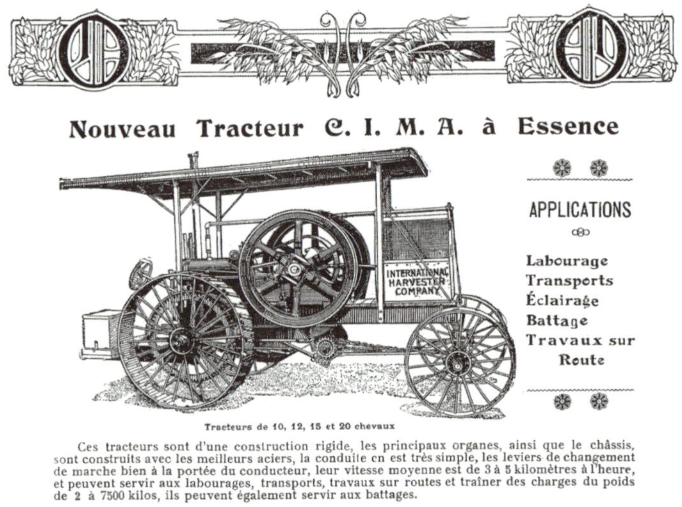

Nouveau Tracteur C. I. M. A. à Essence

APPLICATIONS

Labourage
Transports
Éclairage
Battage
Travaux sur Route

Tracteurs de 10, 12, 15 et 20 chevaux

Ces tracteurs sont d'une construction rigide, les principaux organes, ainsi que le châssis, sont construits avec les meilleurs aciers, la conduite en est très simple, les leviers de changement de marche bien à la portée du conducteur, leur vitesse moyenne est de 3 à 5 kilomètres à l'heure, et peuvent servir aux labourages, transports, travaux sur routes et traîner des charges du poids de 2 à 7500 kilos, ils peuvent également servir aux battages.

Moteur horizontal sur chariot, actionnant une scie circulaire

— 31 —

Le Moteur C.I.M.A.

Moteur vue de face

Tout le monde connaît l'économie d'une force motrice que l'on obtient par un Moteur à essence ou à gaz. Le principe pour l'obtenir est à peu près le même pour tous les moteurs,

Les Moteurs C. I. M. A. résument toutes les améliorations possibles dans un moteur, production d'une force sur laquelle on puisse toujours compter, toujours prêts à fonctionner avec un minimum de dépenses.

Les Moteurs C. I. M. A. sont les plus simples, travaillent régulièrement et sans difficultés.

Les Moteurs C. I. M. A. tournent à une vitesse modérée, toutes les pièces sont construites et ajustées sur gabarit, elle sont donc interchangeables.

Les Moteurs C. I. M. A. s'installent sans autorisation administrative.

— 25 —

la CIMA-Croix en compte plus de 1 500 en 1914. Elle aménage une fonderie de métaux, une forge mécanique, une grande ficellerie pour alimenter les lieuses et un atelier de construction de machines agricoles. La production croisienne a débuté par les faucheuses, avant de se diversifier. Un catalogue CIMA de 1909 présente toute une gamme d'outils aratoires de marque Osborne et International Harvester Company, sans qu'ils puissent déjà provenir de la nouvelle usine : faucheuses, moissonneuses-lieuses, faneuses, herses, râteaux… Il offre également deux types de moteurs à essence CIMA, horizontaux ou verticaux, fixes, transportables ou mobiles, montés sur des tracteurs IHC ou sur des locomobiles, voire des traîneaux ! En moins de cinq ans, les bases du renouveau croisien sont jetées.

À GAUCHE
La CIMA : vues de la fonderie et de la passerelle de l'avenue Hannart.

À DROITE
La CIMA : des produits « maison » à toute épreuve.

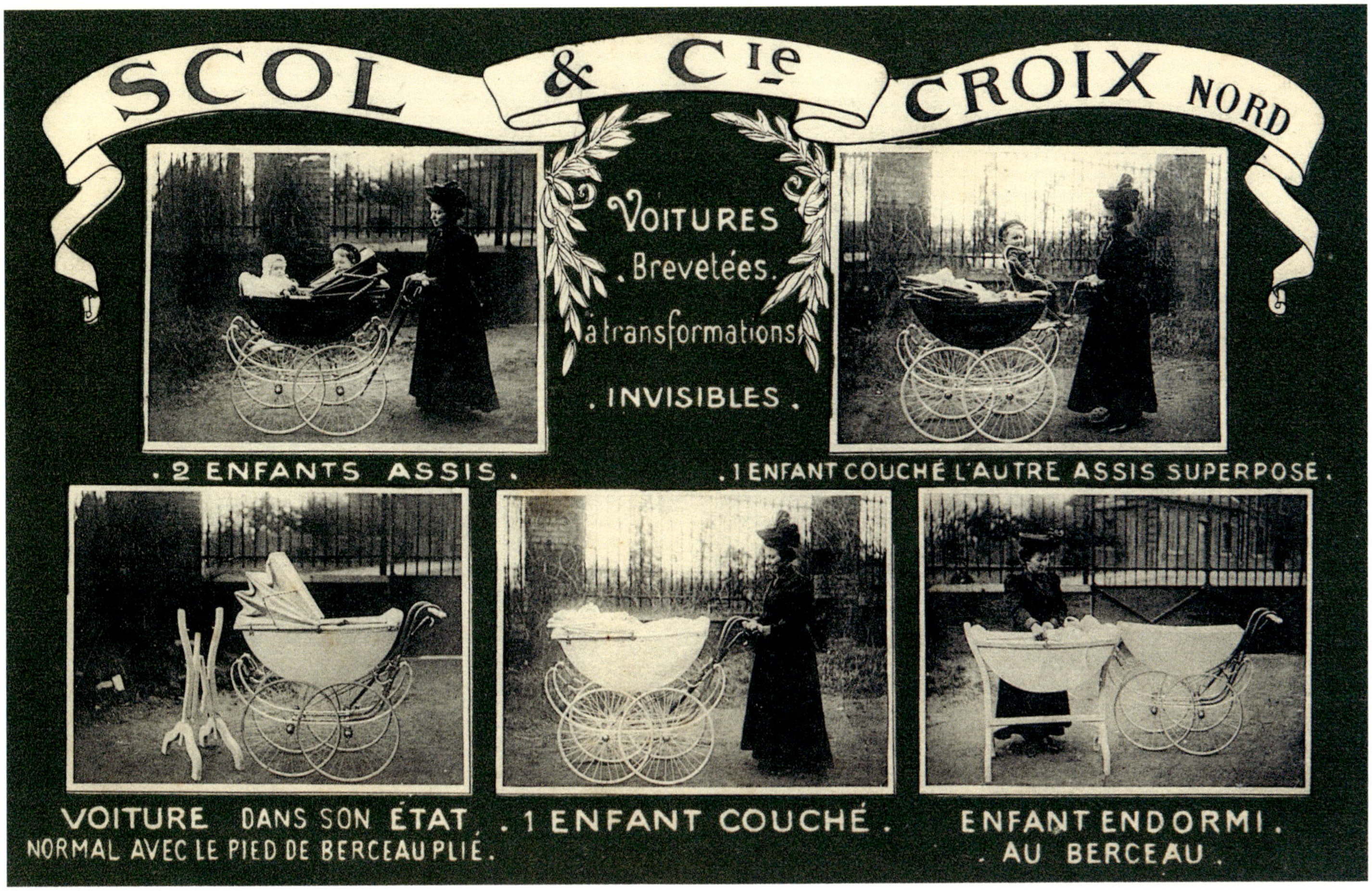

Toutefois, il serait faux de réduire le dynamisme croisien à l'installation de la CIMA. Depuis les années 1890, les demandes à la préfecture d'autorisations d'ouverture des établissements « classés » (dangereux, malcommodes ou insalubres), donnant lieu à enquête *de commodo et incommodo*, se multiplient : si certaines sont de simples transformations de l'existant et si quelques-unes font rapidement faillite, la plupart relèvent de créations appelées à durer. Sur les quelque quatre-vingts demandes instruites entre 1872 et 1912, les deux tiers sont ouvertes après 1895 – sans compter les industries ne nécessitant pas d'autorisation ou les artisans de tout acabit indispensables à une population en expansion.

Une promenade parmi les quelques en-têtes qui ont pu parvenir jusqu'à nous s'avère édifiante. D'autres entreprises sont plus inattendues : témoin la firme Scol & Cie, qui fabrique des landaus et des voitures de bébé « haut de gamme », dont nous invitons le lecteur à découvrir les productions et les modèles « en situation »…

La commune compte également des grossistes ou des semi-grossistes, qui aménagent de véritables entrepôts de grande taille. La force du mouvement

Carte postale de la la firme Scol & Cie. Modèle de landau démontable.

En-tête des Établissements Victor Belmère (fondés en 1898).

En-tête de la Chromographie artistique Lefebvre & Nisse, rue du Creusot (fondée en 1897).

En-tête de la SA L'Épicerie, 1892, rue Favreuil.

coopératif nordiste se traduit notamment par l'importante brasserie coopérative de Croix : fondée en 1899, plusieurs fois agrandie et reconstruite (1920), elle comprend un ensemble imposant de bâtiments de fabrication, de stockage et de commercialisation en brique qui fournit alors chaque année plus de 20 000 hectolitres de bière de fermentation haute, en bouteilles plus qu'en fûts. Tous approvisionnent des petits détaillants en nombre croissant, dont, on pourra trouver, à l'ère du marketing, les publicités bien sommaires ! Cependant, la livraison à domicile fait partie des obligations de toute maison tant soit peu reconnue. De plus, deux marchés hebdomadaires fonctionnent les mercredi et samedi depuis 1871 sur la place publique nivelée. Nous aurons à reparler des cabarets qui fleurissent à un rythme beaucoup plus rapide que le chiffre des Croisiens…

En-tête de l'Imprimerie Xavier Artzet ; la Brasserie coopérative de Croix.

PAGE DE DROITE
De l'échoppe à la PME.

Signe d'enrichissement des classes moyennes – plus que des classes populaires auxquelles les Caisses étaient destinées au départ –, l'ouverture en 1885 d'une succursale de la Caisse d'Épargne de Roubaix à Croix est soutenue par le conseil municipal : il compte sur les 600 livrets croisiens, auxquels il ajoute les 300 au nom d'habitants de Flers et Wasquehal. D'autres guichets bancaires et agents d'assurance desservent à présent la commune.

À un demi-siècle d'écart, le Croisien de la Belle Époque ne reconnaît plus sa bourgade, tellement ses transformations et son dynamisme propre sautent aux yeux. Multiplication industrielle, croissance urbaine et élévation du niveau de vie moyen des habitants créent d'autres besoins (commerces, transports, services…) et diversifient les structures sociales.

Leizar, phot.-édit. Lille 3, Grand'Place, CROIX (Nord).

Henri BLANCKAERT, Fabrique de Chaussures à CROIX.

Chapitre 4

OMBRES ET LUMIÈRES D'UNE SOCIÉTÉ INDUSTRIELLE

(1815-1914)

PETIT-ROUZE
CAFÉ RESTAURANT
A L'HARMONIE
CAFÉ RESTAURANT
CLICHÉ LECHANTRE A CROIX

L'EXPLOSION DÉMOGRAPHIQUE

Un peu moins peuplée que sa voisine Wasquehal au début du XIXe siècle, Croix connaît ensuite un sort démographique bien différent. Trois étapes marquent son développement au XIXe siècle (*cf.* graphique ci-dessous). De 1803 (1 181 habitants) à 1861 (2 593 habitants), elle augmente doucement, doublant en cinquante ans et gagnant chaque année un peu plus de vingt-quatre habitants. Puis, la croissance s'emballe entre 1861 et 1901 (16 439 habitants) : en quarante ans, la population de la ville a sextuplé, s'accroissant de 335 unités l'an ! Enfin, à partir du début du siècle, s'opère une rapide autant qu'inévitable décélération : entre 1901 et 1911, l'effectif croisien ne gagne « plus que » 160 âmes en moyenne annuelle. Si l'on excepte les périodes des deux guerres mondiales, Croix oscillera au XXe siècle autour des 20 000 habitants : la phase de croissance exponentielle est passée…

L'ÉVOLUTION DE LA POPULATION CROISIENNE (1836-1999)

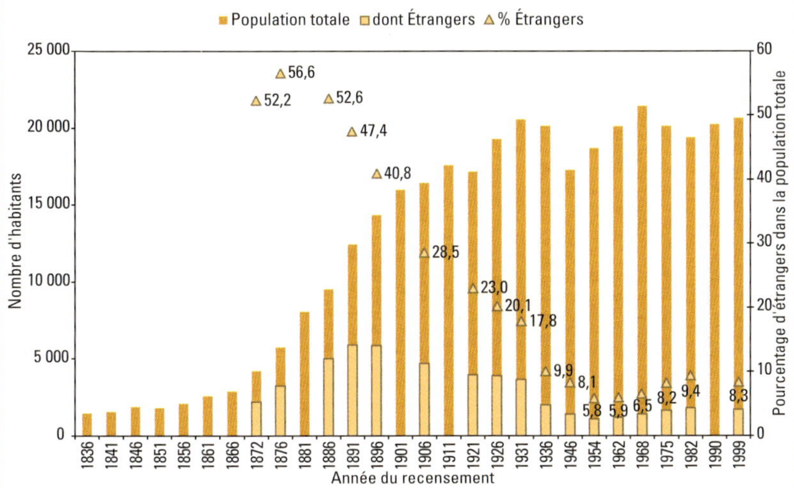

La croissance démographique de la ville, qui correspond, avec un décalage, à celle des deux pôles de l'agglomération de Roubaix-Tourcoing, est alimentée, évidemment, par deux moteurs : d'une part, un taux de fécondité toujours supérieur à la moyenne nationale ; d'autre part, un afflux de migrants, d'abord venus des campagnes françaises environnantes (Flandre notamment) qui ne peuvent employer tous leurs bras, puis de Belgique wallonne et surtout flamande. Les Belges comptent jusqu'à 49 % des Croisiens en 1886 et, à titre de comparaison, 54,4 % des Roubaisiens en 1881 (30,8 % encore en 1906).

PAGE DE GAUCHE
Le café-restaurant « À l'Harmonie », à l'angle de la rue de la Gare et de la Grand-Place.

UNE POPULATION JEUNE

Le simple relevé annuel des naissances, mariages et décès effectué dans les registres de l'état civil, bien tenus depuis l'origine de la commune (au tout début par le desservant de la paroisse puis, rapidement, par le maire), met en évidence la précarité des conditions démographiques du premier XIXe siècle (*cf.* graphique p. 96). En effet, comme sous l'Ancien Régime, le chiffre des naissances peine à dépasser durablement celui des décès. Le nombre de mariages ne s'élève guère au-delà de la quarantaine. La dureté des temps se lit dans l'irrégularité des courbes démographiques et, surtout, durant les périodes où la mort gagne nettement la partie : en 1830-1834, 1841-1842, en 1848 à nouveau. Ces pics de mortalité n'ont rien d'exceptionnel : en 1832-1834 et en 1848-1849, les épidémies de choléra frappent le Roubaisis, comme une bonne partie du territoire français ; la surmortalité du début de la décennie 1840 semble en revanche plus localisée. Nous ne disposons d'indications sur les causes de décès qu'à la fin du siècle. Croyances aux « miasmes » et méconnaissance des mécanismes de la contagion sur des organismes affaiblis, piètres qualités de l'eau et de l'alimentation expliquent sans peine ces pertes humaines. Si l'on tente d'améliorer la circulation de l'air dans des pièces souvent confinées, l'on porte beaucoup moins attention à

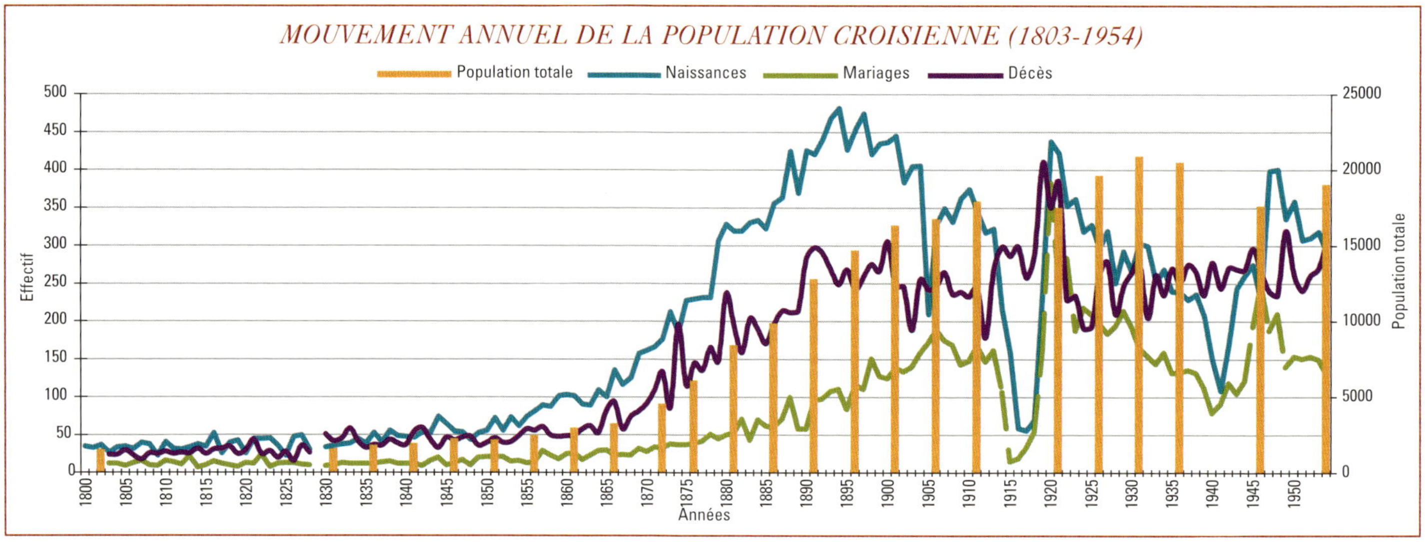

l'eau qui croupit devant les maisons et que l'on puise directement dans la rivière ou le canal… Cependant la mairie, suivant en cela de bon gré les consignes préfectorales, entreprend sous la monarchie de Juillet de vacciner systématiquement les enfants des écoles contre la variole et rétribue – modestement – un médecin forain.

En dépit des incertitudes sur la qualité des premiers dénombrements du siècle, à considérer globalement la période 1803-1851, le solde total du croît naturel (naissances vivantes moins décès) s'établit à + 356, soit un gain net d'à peine huit Croisiens chaque année. Or, comme la commune s'est accrue dans le même temps d'environ 650 personnes, force est de constater que le solde migratoire (+ 291) contribue déjà à la croissance de la bourgade – ce d'autant plus que le dénombrement de 1851 a vu la population croisienne diminuer. Rien d'étonnant à cela : la grave crise que connaît le pays en 1846-1848 relève autant d'un problème de subsistances (mauvaises récoltes céréalières, maladies de la pomme de terre ou du bétail) que d'une chute brutale de l'activité industrielle. La « fabrique » roubaisienne, très touchée par la mévente des cotonnades et le recul durable du lin, ne permet plus aux communes voisines de bénéficier de ses commandes, réduisant les « broutteux » à la misère et renvoyant vers leurs campagnes d'origine les migrants progressivement installés dans l'agglomération. La multiplication des faillites, jointe à de hasardeuses spéculations (chemins de fer), ajoute aux incertitudes économiques. Croix n'échappe pas à la règle, tant que le « peignage des Anglais » ne lui donne pas les moyens de son autonomie.

Le contraste avec la seconde moitié du siècle, victoire de la vie sur la mort, n'en est que plus saisissant. Le solde naturel total entre 1851 et 1911 s'établit à plus de 6 500 habitants, soit une bonne centaine de plus chaque année. S'il paraît logique que les courbes augmentent au rythme de la population, ce sont les ruptures et les décalages qui s'avèrent significatifs. L'explosion urbaine correspond à une forte natalité, de plus en plus nettement supérieure à la mortalité dans l'ensemble : nous voilà bien dans le « croissant fertile » français. Les couples croisiens sont beaucoup plus nombreux à « passer devant M. le Maire » dès le Second Empire : indice de la jeunesse de la population, les mariages se multiplient lorsque les générations nombreuses des décennies 1860-1870 parviennent à l'âge adulte. En revanche, les bébés remplissent moins les berceaux dès l'orée du XXe siècle, ce qui pourrait tourner au paradoxe. En réalité, comme dans le département du Nord, mais évidemment beaucoup plus tard que dans le reste du pays, le malthusianisme démographique gagne du terrain. Les commentateurs sociaux d'inspiration chrétienne ont beaucoup souligné au XIXe siècle « l'immoralité ouvrière » et l'importance des enfants naturels. Si l'agglomération parisienne pourrait effectivement entrer dans ce schéma, ce n'est guère le cas à Roubaix-Tourcoing (sinon dans la première moitié du siècle), ni *a fortiori* à Croix. L'analyse détaillée des registres prouve que le taux de naissances illégitimes y demeure faible tout au long du XIXe siècle : moins d'une naissance sur dix, et encore certaines « régularisations » s'opèrent-elles ensuite par mariage postérieur ou, à défaut, lorsque le père reconnaît l'enfant. Contrairement aux idées reçues, le mariage n'est pas précoce au XIXe siècle, à Croix comme ailleurs en France. Il oscille autour de vingt-huit ans pour les hommes, de vingt-cinq pour les femmes. L'écart d'âge dans le couple, toujours en faveur des hommes (trois à quatre ans en moyenne), s'accentue certes avec l'urbanisation et la baisse de l'âge féminin au mariage (de vingt-six à vingt-quatre ans), mais modérément à Croix – les migrants ruraux ayant apporté leurs habitudes respectives en la matière. Jusqu'à la Grande Guerre, les divorces demeurent marginaux : on n'en compte aucun à Croix, par exemple, dans les trois premières années d'application de la loi Naquet l'autorisant (1884).

Rapportés à l'ensemble des Croisiens, les taux bruts des naissances et décès, nettement plus élevés que la moyenne nationale, révèlent toutefois les tendances démographiques de longue durée : l'inexorable baisse de la natalité après l'apogée de 1870 ; la courbe erratique de la mortalité jusqu'à cette même date, avant sa descente régulière mais lente jusqu'à la Première Guerre mondiale ; l'amenuisement progressif du taux d'accroissement naturel passé 1900. Une vision optimiste consisterait à justifier ces faits par l'élévation du niveau de vie des habitants : incontestablement, la fin des crises frumentaires, la hausse des salaires moyens, la diminution de la part de la nourriture dans les budgets ouvriers (signe de surplus) et la multiplication des commerces alimentaires marquent une amélioration de l'espérance de vie, particulièrement à la Belle Époque.

Pourtant, subsistent d'inquiétants signes : quelques « pics » de mortalité (*cf.* graphique page de gauche), en 1865-1866 (épidémie de choléra), dans la décennie 1870, en 1905 encore, montrent la fragilité de ces conquêtes. Selon les constats de décès du temps, les adultes meurent alors essentiellement de maladies pulmonaires (tuberculose) et cardio-vasculaires, les vieux de… « sénilité » ! Fléaux particulièrement sensibles dans les villes industrielles françaises (Rouen, Le Havre, Lille, Roubaix-Tourcoing…), les mortalités périnatale et infantile provoquent toujours de lourdes pertes : entre 1900 et 1905 en moyenne, près d'un bébé croisien né vivant sur cinq meurt avant d'atteindre l'âge d'un an, victime de maladies digestives (entérite, diarrhée infantile) et respiratoires (broncho-pneumonie, tuberculose), de fièvre (typhoïde) ou de rachitisme. Outre l'ignorance maternelle (sevrage précoce ou, au contraire, trop tardif) et le travail féminin en usine (cause de prématurés), les médecins incriminent certaines habitudes redoutables (les « biberons à tube » remplis pour la journée) et des remèdes traditionnels souvent inefficaces. Ils critiquent aussi la diffusion par des escrocs de laits avariés ou coupés (le « petit-pot », lait privé de sa substance nutritive ; le « lait pauvre », plus qu'écrémé, etc.) provenant de fermes malpropres et la pratique de gardes hasardeuses ou de nourrices « mercenaires », payées pour que la mère puisse ramener un salaire autrement insuffisant pour nourrir la famille. Ils soulignent moins la médiocrité des conditions de logement et la pénurie manifeste d'équipements collectifs. La loi Roussel sur l'assistance à l'enfance abandonnée et le contrôle de certaines mises en nourrice (1874) demeure largement inappliquée. Il faut attendre le début du siècle pour que les édiles s'attaquent vraiment à ce qui apparaît comme un fléau social : mais à Croix, rien encore de semblable à la création en 1904 par le docteur Dron, maire radical de Tourcoing, de la « Sauvegarde du Nourrisson ». L'accouchement s'effectue alors à domicile, ce qui explique la surmortalité des parturientes par hémorragies ou infections. Alors que le Nord était plutôt en avance avant 1850 en France, l'industrialisation et l'urbanisation massives ont dégradé sa position : à Croix comme ailleurs, le taux de mortalité y diminue plus en raison de la jeunesse de sa population que d'une nette amélioration de la situation sanitaire.

La pyramide des âges dressée pour 1856, juste après l'installation de Holden, révèle bien les structures de la population croisienne au tout début de l'industrialisation : une mortalité aux jeunes âges encore forte, en particulier chez les garçons, plus fragiles ; une nuptialité féminine plus précoce ; une surreprésentation durable des hommes adultes (les métiers du tissage étant alors plutôt masculins, tout comme les trieurs de laine) ; un déséquilibre en faveur des femmes au-delà de soixante-cinq ans, veuves en majorité.

PYRAMIDE DES ÂGES DE CROIX EN 1886

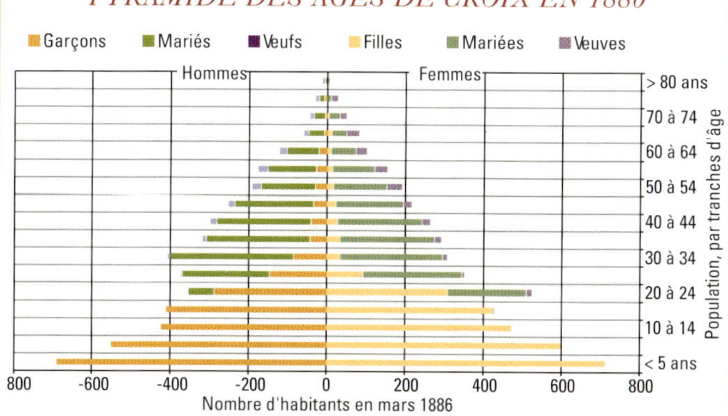

D'ailleurs, les deux doyens (respectivement quatre-vingt-cinq et quatre-vingt-six ans) sont alors des hommes veufs « propriétaires », la femme la plus âgée ne dépassant pas quatre-vingt-quatre ans.

Trente ans plus tard, alors que la commune a accueilli cinq mille migrants, le profil de la pyramide, plus régulier, a un peu changé (*cf.* graphique p. 97) : une base large révélant l'importance des naissances récentes ; un creux relatif parmi les adolescents ; une forte présence féminine à l'entrée dans la vie active (ouvrières, domestiques), avant le mariage, qui contraste avec l'indentation visible chez les jeunes hommes ; une surreprésentation masculine parmi les adultes (ouvriers migrants) ; la faiblesse du célibat définitif ; les effectifs peu fournis, des deux côtés de la pyramide, au-delà de soixante-cinq ans. La dureté persistante de la condition féminine se lit d'ailleurs là : contrairement à nos jours, l'écart entre les sexes chez les personnes âgées demeure faible, notamment parmi les classes aisées. En 1886, la doyenne des Croisiens a bien quatre-vingt-onze ans (contre quatre-vingt-six pour ses homologues masculins), mais les hommes l'emportent encore en nombre sur les femmes au-delà de soixante-quinze ans. Même si l'on ne peut écarter un certain nombre de retours au pays pour les travailleurs âgés, c'est souvent aussi l'inverse qui se passe, les adultes étrangers faisant venir en France auprès d'eux leur vieux parent (belge) devenu veuf. En une génération, la population croisienne a rajeuni : les moins de quinze ans sont passés de 32 % à 36,3 % du total, la part des quinze-quarante ans a un peu régressé, tandis que les plus de soixante ans ne représentent guère plus de 5 % des Croisiens, contre 8 % en 1856. Plus important encore, le net déficit féminin (près de 10 %) a été largement résorbé, signe d'une croissance plus équilibrée.

Retrouvons-nous à Croix le Nord des familles nombreuses du XIXe siècle ? Le recensement de 1886 fournit une radiographie des familles selon leur nombre d'enfants rescapés (*cf.* graphique ci-contre), susceptible de deux interprétations divergentes. D'un côté, deux familles sur cinq, déjà, ont moins de trois enfants et, somme toute, la famille médiane en compte trois, chiffre relativement modéré. D'un autre côté, ces valeurs demeurent largement au-dessus de la moyenne française de l'époque. Qui plus est, nous décomptons ici les survivants, oubliant qu'il a fallu beaucoup plus de naissances pour arriver à ce résultat. En outre, les « grandes familles » (plus de six enfants) en représentent une sur dix : l'image du veuf ou de la veuve en difficulté, chargé d'enfants, n'est pas qu'un *topos* littéraire. Enfin, la baisse de la natalité après 1870 se voit en partie compensée par les meilleures chances de survie à l'âge adulte. Contrairement à d'autres régions françaises, les familles à l'abondante progéniture ne sont pas caractéristiques des seuls milieux populaires ou d'immigration récente : la bourgeoisie chrétienne nordiste obéit dans l'ensemble sur ce point aux préceptes de l'Évangile, tandis que les classes moyennes font preuve d'un malthusianisme plus marqué. Les associations de familles nombreuses, fort bien implantées, jouent d'ailleurs un rôle notable dans la vie politique locale dès la fin du siècle.

LA TAILLE DES FAMILLES CROISIENNES EN 1886

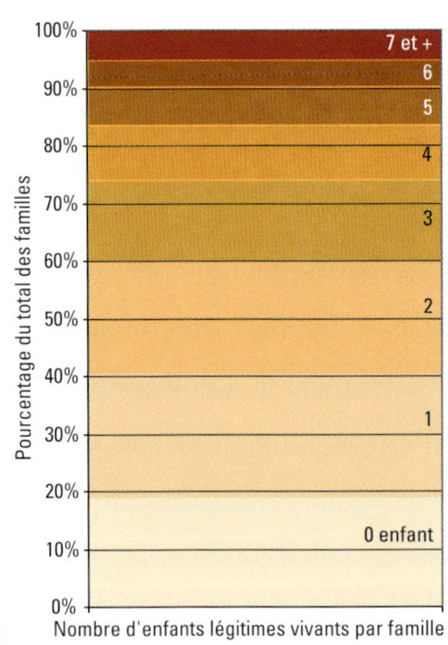

UNE VILLE ATTRACTIVE

La vitalité des Croisiens n'explique qu'en partie la croissance de leur cité dans la seconde moitié du XIXe siècle : aux trois cinquièmes, elle provient de l'attraction que la commune exerce sur les « forains ». Près de dix mille en tout s'y sont fixés entre 1851 et 1911, sans que l'on puisse vraiment parler de décélération au fil du siècle en valeurs absolues : cent cinquante migrants s'installent en moyenne chaque année en 1851-1881 (jusqu'au dixième de la population locale !) et encore cent soixante en 1881-1911. Toutefois, alors que la croissance démographique, durant la première période, est assurée aux trois quarts par les migrations, elle ne l'est plus qu'à moitié pendant la seconde phase. N'oublions pas que les migrations résultent de flux continus et ne s'effectuent jamais dans un seul sens : les registres que les autorités municipales doivent tenir entre 1860 et 1901, bien qu'incomplets, recensent les nouveaux arrivants étrangers, mais aussi leurs départs du territoire croisien et leurs destinations : l'on décompte au moins une sortie pour trois arrivées.

La population, notamment ouvrière, se révèle très mobile au sein de l'agglomération, voire au-delà, selon le degré de qualification : si les entreprises cherchent à retenir leurs ouvriers professionnels, très demandés, elles se débarrassent sans état d'âme des « hommes de peine » et autres « journaliers », tôt embauchés, vite renvoyés lorsque l'activité faiblit : contraints à beaucoup circuler pour retrouver un emploi, ils n'hésitent guère à changer de commune, peu étant propriétaires de leur logement.

Le pic de la proportion d'étrangers survient à l'apogée du peignage Holden, lorsque plus d'un Croisien sur deux n'a pas la nationalité française (*cf.* graphiques p. 95 et ci-contre). Cependant, la décroissance se produit vite : dès 1906, l'on tombe à un peu plus du quart d'étrangers. Tous les recensements n'indiquent pas la nationalité des habitants, mais en voici les tendances. Les poids relatif et absolu des Belges augmentent jusqu'à la fin du XIXe siècle parmi les étrangers. Les quelque 200 Britanniques (Anglais ou Écossais) voient leur part diminuer parmi la population de la ville, même si leur nombre augmente un peu jusqu'en 1886, avant de baisser ensuite (150 en 1896) et si leur visibilité apparaît nette en raison de l'absence de mixité sociale ou linguistique. Les autres nationalités ont alors une place très faible et comprennent majoritairement des hommes : Croix compte en 1886, hommes et femmes confondus, 21 Suisses et 18 Allemands (souvent employés comme mécaniciens), et 49 Néerlandais – par extension de l'immigration flamande belge, il s'agit de tisserands ou de journaliers cherchant en France des jours meilleurs, ou encore de domestiques.

Le dénombrement de 1886 permet de faire le point juste avant la loi de 1889 réformant la législation sur les étrangers (généralisation du passeport, règles plus souples d'acquisition de la nationalité française, réaffirmation des droits et devoirs respectifs du citoyen) et avant que la loi instaurant en France un service militaire obligatoire de trois ans ne connaisse un plein effet. Contrairement à ce que l'on pourrait penser, deux Croisiens sur trois sont alors natifs de leur commune et un sur cinq du département du Nord ; peu d'habitants (5 %) sont originaires du reste de la France et 13 % sont nés à l'étranger (*cf.* graphique ci-dessous). Comment concilier ces chiffres avec les remarques précédentes dégageant l'importance des flux d'immigration ? En réalité, tout comme aujourd'hui, il convient de ne pas confondre immigré et étranger. Ainsi, avant l'assouplissement des règles d'acquisition de la nationalité (1889), les enfants de Belges nés en France demeurent étrangers ; mais leur nombre est tel que cela signifie que les migrants ont fait durablement souche : à peine un sur vingt retournera « au pays ». Enfin, passant outre les préventions contre les « flahutes », les mariages « mixtes » se multiplient : entre le tiers et la moitié des mariages impliquant un ou une Belge, selon un sondage dans l'état civil pour la décennie 1880

Nous touchons là à la question délicate de l'intégration, dont les trois voies classiques demeurent alors, outre l'ascension sociale, l'école, l'armée et, à un moindre degré, la naturalisation. La puissance d'intégration de l'école de Jules Ferry est connue : priorité donnée à l'acquisition de la langue, encadrement moral laïque, assimilation des grands mythes

LES ÉTRANGERS À CROIX (1872-1886)

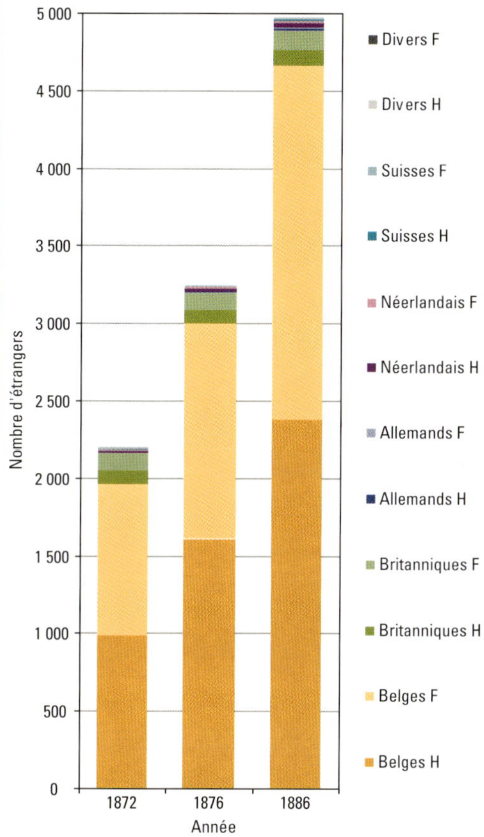

LA POPULATION CROISIENNE SELON LE LIEU DE NAISSANCE EN 1886

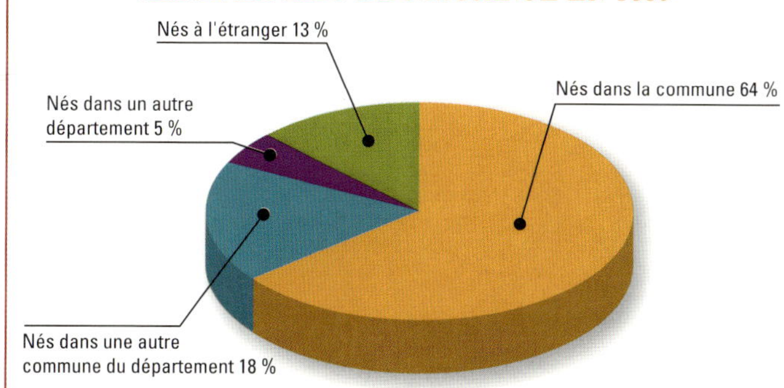

LES ANGLAIS À CROIX

La présence de ce que l'on dénomme la « colonie anglaise », évidemment liée à l'installation de Holden qui emmène les indispensables techniciens dans ses bagages ou en recrute en Grande-Bretagne, prend des tonalités particulières. Un contingent a beau provenir en 1860 du rapatriement progressif sur le peignage de Croix de mécaniciens et agents de maîtrise de l'usine de Saint-Denis, les femmes l'emportent toujours en nombre : ne travaillant pas pour la plupart, certaines servent comme domestiques chez les Holden et leurs directeurs, d'institutrices ou de préceptrices. Les logements réalisés par Holden concernent quasi exclusivement le personnel d'encadrement : le « rang des Directeurs » jouxte la rue des Anglais (future rue Holden-Crothers) et le château de l'industriel. À proximité immédiate du peignage, cette vingtaine de véritables maisons de maître louées par la S.A. « Isaac Holden & Fils » à ses cadres (britanniques, parfois suisses) touche au secteur boisé de La Fontaine, apte à recréer l'illusion de la verte campagne anglaise. Disposant d'une emprise au sol comprise entre 100 et 580 m^2, comptant jusqu'à trois étages, ces demeures jouissent de vastes terrains (moins d'un demi-hectare chacune en moyenne). Afin d'adoucir l'expatriation et d'assurer la greffe, le patron recrée une ambiance « british », assez austère mais confortable, où l'on vient et vit en famille. Le plan de l'usine en 1866 repère bien, juste à l'entrée, l'école anglaise à côté de la chapelle du peignage. Un temple sera ensuite construit.

Le Temple protestant : entrée et intérieur.

Soudée par une forte endogamie – aucun mariage mixte n'a pu être repéré –, une profonde foi protestante (presbytérienne), une nombreuse progéniture et des habitudes importées d'outre-Manche, leur communauté frappe les Croisiens. Ainsi, au recensement de 1876, le directeur Isaac Crothers (quarante-six ans), marié en secondes noces à Mary Aimée Faulkner, de vingt et un ans sa cadette, a déjà eu trois filles et trois fils d'un premier lit, et deux jumeaux (fille et garçon) âgés d'un an. Il emploie à son service deux jardiniers français, quatre domestiques français (dont trois sœurs) et un belge. Dans une maison voisine loge une autre Crothers, Agnès, Écossaise de quarante-six ans, veuve Gemsnelle, avec ses quatre enfants (dont un fils « mécanicien ») et sa belle-sœur écossaise, Mary. Un peu plus loin, vit un des directeurs du peignage, l'Anglais William Lewthwaite (cinquante-deux ans), qui a épousé une sœur d'Isaac Holden-Crothers (Jane, quarante-neuf ans), née en Écosse à Paisley, dont il a cinq enfants – l'aîné est « employé » chez Holden. Et ainsi de suite aux divers échelons d'encadrement, pour les contremaîtres anglais (Benjamin Berry, de Bradford ; Steven Osverall, de Berley, dont les deux premiers enfants sont nés à Saint-Denis et les quatre autres à Croix) ou les comptables suisses (tel Alphonse de Mollens, un protestant lausannois). Des solidarités multiples unissent ainsi ces ménages d'expatriés. Certains d'entre eux s'installent plus près du centre du Village, en particulier au début du tout nouveau boulevard de la Chapelle (futur boulevard Émile-Zola). Une génération plus tard, demeure parmi d'autres le chapelain anglais Charles Faulkner, âgé de soixante-dix-huit ans en 1901, marié à Elizabeth (soixante-seize ans, probablement une Crothers) : ils vivent alors avec leur fille Sarah (trente et un ans) et leur fils Harry (vingt et un ans), leur petite-fille Eliza Crothers, une cuisinière écossaise et une femme de chambre anglaise. Alice Faulkner, parente d'Angus Faulkner (un des directeurs de l'usine, consul britannique en 1905), est mariée à un autre directeur, Thomas Metcalye.

Toutefois, les recensements successifs montrent une érosion lente de la présence britannique : l'encadrement chez Holden s'est largement francisé, Isaac Holden-Crothers est décédé le 10 août 1908, les enfants devenus grands rejoignent tour à tour leur mère patrie. Reste la coloration donnée à certaines fêtes culturelles par l'English Club, tel ce récital de pièces choisies en 1910. Un portrait de groupe avec Union Jack sur perron met artistement en scène le reste de cette colonie britannique, avant que la fermeture du peignage en 1938 ne voie sa quasi-extinction.

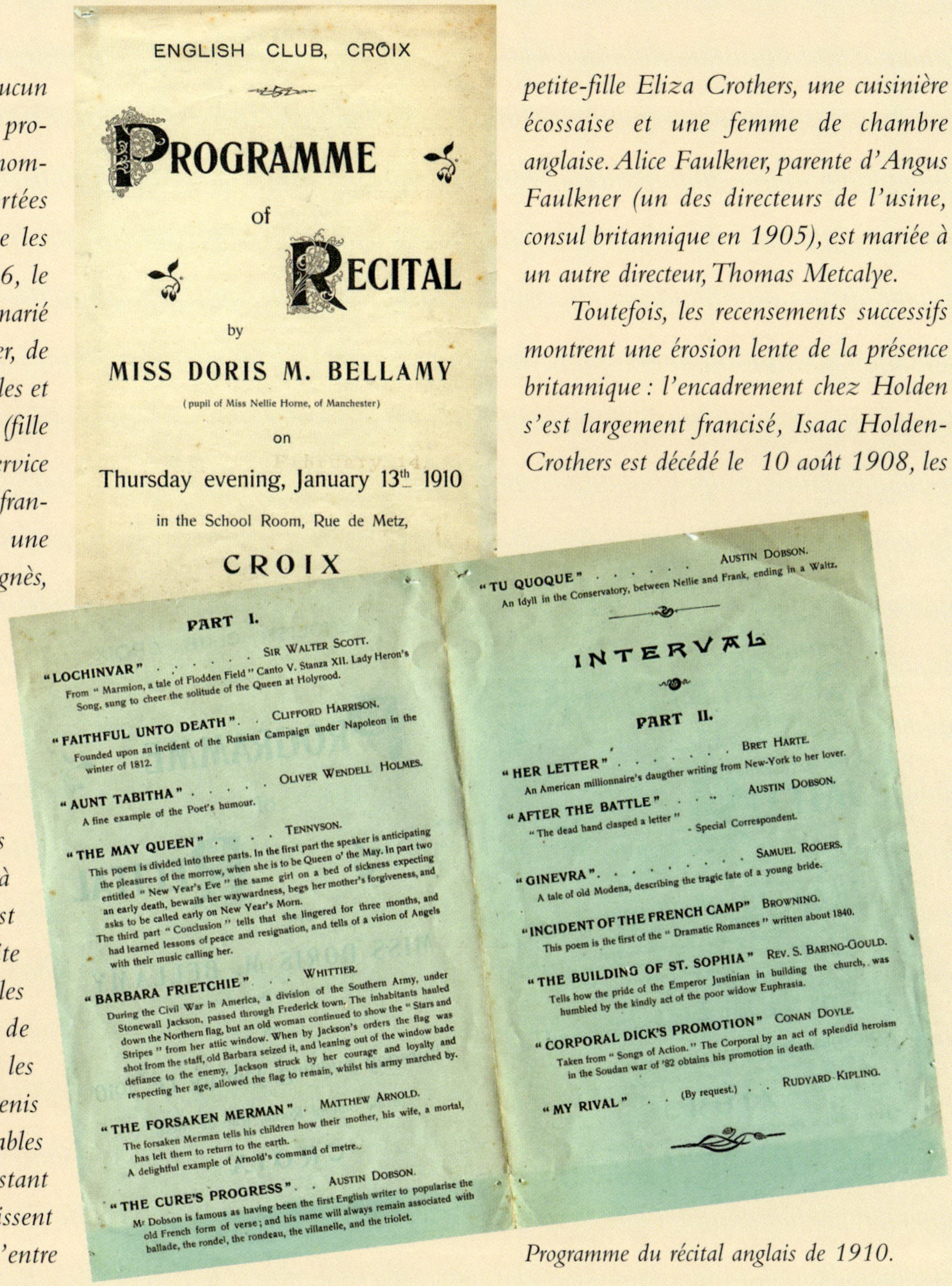
ENGLISH CLUB, CROIX

PROGRAMME of RECITAL by MISS DORIS M. BELLAMY

(pupil of Miss Nellie Horne, of Manchester)

on Thursday evening, January 13th 1910

in the School Room, Rue de Metz,

CROIX

PART I.

"LOCHINVAR" . . . . SIR WALTER SCOTT.
From "Marmion, a tale of Flodden Field" Canto V. Stanza XII. Lady Heron's Song, sung to cheer the solitude of the Queen at Holyrood.

"FAITHFUL UNTO DEATH". . CLIFFORD HARRISON.
Founded upon an incident of the Russian Campaign under Napoleon in the winter of 1812.

"AUNT TABITHA" . . . . . OLIVER WENDELL HOLMES.
A fine example of the Poet's humour.

"THE MAY QUEEN" . . . . TENNYSON.
This poem is divided into three parts. In the first part the speaker is anticipating the pleasures of the morrow, when she is to be Queen o' the May. In part two entitled "New Year's Eve" the same girl on a bed of sickness expecting an early death, bewails her waywardness, begs her mother's forgiveness, and asks to be called early on New Year's Morn.
The third part "Conclusion" tells that she lingered for three months, and had learned lessons of peace and resignation, and tells of a vision of Angels with their music calling her.

"BARBARA FRIETCHIE". . . WHITTIER.
During the Civil War in America, a division of the Southern Army, under Stonewall Jackson, passed through Frederick town. The inhabitants hauled down the Northern flag, but an old woman continued to show the "Stars and Stripes" from her attic window. When by Jackson's orders the flag was shot from the staff, old Barbara seized it, and leaning out of the window bade defiance to the enemy, Jackson struck by her courage and loyalty and respecting her age, allowed the flag to remain, whilst his army marched by.

"THE FORSAKEN MERMAN" . MATTHEW ARNOLD.
The forsaken Merman tells his children how their mother, his wife, a mortal, has left them to return to the earth.
A delightful example of Arnold's command of metre.

"THE CURE'S PROGRESS". . AUSTIN DOBSON.
Mr Dobson is famous as having been the first English writer to popularise the old French form of verse; and his name will always remain associated with ballade, the rondel, the rondeau, the villanelle, and the triolet.

"TU QUOQUE" . . . . AUSTIN DOBSON.
An Idyll in the Conservatory, between Nellie and Frank, ending in a Waltz.

INTERVAL

PART II.

"HER LETTER" . . . . BRET HARTE.
An American millionnaire's daugther writing from New-York to her lover.

"AFTER THE BATTLE" . . . . AUSTIN DOBSON.
"The dead hand clasped a letter" - Special Correspondent.

"GINEVRA". . . . . SAMUEL ROGERS.
A tale of old Modena, describing the tragic fate of a young bride.

"INCIDENT OF THE FRENCH CAMP" BROWNING.
This poem is the first of the "Dramatic Romances" written about 1840.

"THE BUILDING OF ST. SOPHIA" REV. S. BARING-GOULD.
Tells how the pride of the Emperor Justinian in building the church, was humbled by the kindly act of the poor widow Euphrasia.

"CORPORAL DICK'S PROMOTION" CONAN DOYLE.
Taken from "Songs of Action." The Corporal by an act of splendid heroism in the Soudan war of '82 obtains his promotion in death.

"MY RIVAL" . . (By request.) . . RUDYARD-KIPLING.

Programme du récital anglais de 1910.

nationaux français. Nous reviendrons sur la manière dont la municipalité croisienne a su relever le défi de la formation élémentaire et primaire.

Les deux dernières décennies du siècle voient d'ailleurs croître nettement l'installation de Français nés hors de Croix, ce qui diminue d'autant la part des étrangers : en 1896, les deux tiers des habitants sont nés hors de la commune, mais à peine la moitié d'entre eux à l'étranger.

UNE PRÉSENCE BELGE MASSIVE

C'est la crise cotonnière des années 1830-1840 qui chasse les ouvriers gantois ou leur famille vers le nord de la France, c'est ensuite l'irréversible déclin du travail textile à domicile et la pression démographique qui poussent les ruraux flamands à s'expatrier. Ne revenons pas sur l'importance des flux de migrants belges à Croix, issus aux trois quarts de Flandres plus que du Hainaut. Mais, alors que Roubaix et Croix voient les Belges majoritaires à la fin du Second Empire, leur part diminue plus vite à Croix que dans sa grande voisine. Comment ne pas établir la coïncidence avec l'arrêt de l'embauche massive chez Holden ?

Après 1880, la décroissance de l'effectif belge a trois causes principales – en dehors de l'élévation du niveau de vie outre-Quiévrain qui retient davantage les populations. Tout d'abord, la naturalisation de la première génération de Belges qui ne souhaitent plus revenir chez eux. Une telle démarche, facilitée au fil du siècle (condition de résidence de dix ans progressivement abaissée à cinq ou trois ans), relève de considérations personnelles rarement univoques. Le recensement de 1886 relève déjà cinquante-cinq Belges naturalisés (aux deux tiers des hommes). Puis les registres municipaux signalent quatre-vingts demandes de naturalisation entre 1888 et 1900 : beaucoup émanent de couples – ce qui accroît les chances de succès – et quinze sont refusées, soit moins d'une sur cinq. Toutefois, en dépit de la force du symbole, l'effectif reste limité.

La deuxième raison résulte des effets indirects des lois sur la nationalité. D'une part, depuis la loi de 1851 (durcie en 1874), le service militaire contraint les jeunes hommes belges à effectuer un choix : soit ils se font inscrire sur les listes de conscrits pour accomplir leur devoir et acquièrent ainsi la nationalité française ; soit ils décident de renoncer à leur nationalité de Français (déclaration d'extranéité) et ont intérêt à rejoindre leur patrie d'origine pour conserver la possibilité de se faire remplacer, moyennant finances. Quelques tableaux de conscription conservés pour les années 1886-1895 indiquent qu'entre le tiers et la moitié des jeunes gens recensés à Croix est belge. Pourtant, la plupart d'entre eux rempliront leurs obligations militaires en France ; les déclarations d'extranéité, sauf en 1889 et 1895, demeurent minoritaires : le renforcement des contrôles franco-belges limite les possibilités d'échapper ainsi à la conscription. Beaucoup plus nombreux paraissent les cas d'acquisition de la nationalité par la « deuxième génération » : la loi de 1889 confère la nationalité française à tout individu né en France. De surcroît, l'arrêté d'octobre 1891 octroie la nationalité française aux enfants nés de père étranger et de mère française : en 1892, quarante-six jeunes Belges croisiens sur soixante-huit recensés deviennent ainsi français.

Enfin, troisième motif, les migrants permanents se transforment à la Belle Époque en frontaliers, en raison des facilités de communications de part et d'autre de la frontière (bicyclette pour les plus proches, chemin de fer après l'ouverture de la gare de voyageurs, tramways), d'un taux de change favorable au franc français et d'un moindre coût de la vie en Belgique. Cela prouve bien que l'on se situe dans une immigration de relative proximité, voire d'une migration intérieure aux Flandres, même s'il ne faut pas sous-estimer la force du sentiment national.

Les Belges forment-ils véritablement une communauté homogène à Croix ? Leur profil sociologique moyen ne saurait surprendre : les premières décennies, une majorité de jeunes célibataires, garçons ou filles, viennent s'employer dans les usines de Croix et des alentours. Grâce aux livrets ouvriers imposés aux étrangers souhaitant travailler en France, on peut établir qu'entre 1887 et 1892, sur 500 livrets délivrés, un salarié sur cinq a moins de vingt ans et plus de la moitié entre vingt et trente-cinq ans. Deux sur cinq n'ont pas de qualification précise (« journaliers »), autant appartiennent à des métiers précis du textile (peigneurs, tisserands, rattacheurs, bobineurs…) et un sur dix est domestique, plus une dizaine d'ouvriers agricoles. Mais il serait faux de réduire les Belges au prolétariat : d'après les recensements et les annuaires, toute une série œuvrent aussi comme employés au service de commerçants et d'artisans croisiens. Et parmi ces derniers, combien de boulangers, de bouchers ou de marchandes de primeurs nés en Belgique ! Sur les quelque quatre cents débits de boissons déclarés à Croix entre 1893 et 1897, cent cinquante appartiennent à des cabaretiers d'origine belge... Même s'il ne faut pas sous-estimer la pauvreté ouvrière, nous voilà en une génération assez loin des migrants misérables des débuts de l'industrialisation croisienne. Dès 1876, le cadastre révèle que près du dixième des propriétaires de maisons de rapport à Croix sont des artisans ou commerçants d'origine belge : Louis Bouckhaulte, boulanger (dix-neuf) ; Jean-Denis Rapsaert, boucher (six) ; Charles Deschodt, rentier (six) ; Adolphe Vanssynsberghe, aide-boucher de Rapsaert (cinq), sans compter une trentaine d'autres...

La question linguistique belge ne présente pas le même degré d'acuité qu'au XXe siècle. Bien des ouvriers flamands ont d'abord transité par la Wallonie, apprenant des rudiments de français, et le perfectionnent ensuite *in situ*. Un cours du soir pour adultes s'ouvre en 1866, soutenu par le conseil municipal, auquel le préfet a un tantinet forcé la main... Son indéniable succès, en dépit des contraintes du travail usinier, permet de penser que des Flamands l'ont aussi fréquenté. Il convient probablement de récuser l'idée d'une « communauté » belge, sinon flamande, autonome : la conservation de liens avec sa « petite patrie », de pratiques alimentaires ou culturelles distinctes, ne freinent pas l'assimilation. Point d'association spécifique aux « Belges de Croix ». En dehors de périodes de tensions sur le marché du travail ou, parfois, lors de conflits sociaux – nous aurons à y revenir –, les rapports avec les Français d'origine ne font guère problème.

Les jugements des autorités sur les Belges demeurent ambivalents : en 1881 encore, le maire expose au conseil municipal que « les Belges forment plus de la moitié de la population et sont excessivement turbulents, que la police, quoique bien faite par les deux gardes champêtres est souvent insuffisante, qu'il est nécessaire d'avoir toujours sous la main des moyens énergiques de répression, que l'établissement d'une brigade de Gendarmerie serait le moyen le plus efficace d'assurer la sécurité publique ». Cette antienne est reprise par le commissaire de police en 1894 : « Journellement, la population tapageuse de Roubaix se rend à Croix pour y causer du désordre [...]. Cette population ouvrière n'est pas bonne, la majeure partie est étrangère et s'adonne à la boisson. » Il évoque aussi les dangers d'une « population flottante de plus de mille personnes ». Cette vision dénote évidemment les préjugés sur classes et nations : les Belges peuplent autant en proportion les deux rives de la frontière municipale, et l'on ne saurait guère différencier les « bons Belges » croisiens des « mauvais » roubaisiens. L'alcoolisation du Nord – indéniable à la fin du XIXe siècle – traverse toutes les classes sociales, même si ses manifestations populaires s'avèrent plus bruyantes et visibles et si l'alcoolisme masculin s'accroît avec la dureté des conditions de travail et les aléas des ressources du ménage. Quant à la délictuosité supposée des Belges, deux sondages ponctuels dans les archives judiciaires la révoquent en doute : en mars 1880, un charcutier de trente-six ans est condamné pour vol, ainsi qu'un terrassier de seize ans ; en octobre 1892, un ouvrier de ferme doit purger trois ans de détention pour coups et blessures, un Belge, ivre, a outragé un agent de la force publique et deux autres, âgés de vingt-sept ans, animent une rixe en état d'ébriété. Voilà tout : pas de quoi crier au scandale ! Les autorités ont d'ailleurs de quoi calmer les ardeurs des plus turbulents en les expulsant, pour motifs mi-politiques, mi-d'ordre public : ainsi, pour les années 1893-1895, les rapports de police de Croix signalent dix notifications d'arrêt d'expulsion, seize infractions à un arrêt d'expulsion et huit arrestations pour la police belge. Bien peu à l'échelle des milliers de Belges présents. De manière délibérée, le préfet donne d'ailleurs en 1893 des consignes pour éviter des reconduites massives à la frontière, afin de susciter avec la main-d'œuvre française une concurrence dont le patronat a besoin pour contenir les revendications salariales. Le préfet se contente d'exercer une surveillance ordinaire par le biais de la police des étrangers, qui prend parfois des tournures curieuses. Leur participation aux associations demeure très contrôlée, en particulier celles liées de près ou de loin à la Défense nationale : en 1889, 1890 et 1897, des sociétés de « coulonneux » croisiennes doivent ajouter à leur règlement l'interdiction de s'ouvrir aux étrangers (les pigeons voyageurs ont un intérêt hautement stratégique...) ; le préfet interdit en 1897 une société de tir composée exclusivement de Belges, aux trois quarts non domiciliés dans la commune. Pourtant, un rapport de police de 1897 note que les ouvriers belges membres d'une amicale de jeu de quilles, la Société Saint-Paul, sont « bien notés ». Pas de quoi défrayer la chronique.

Quoi qu'il en soit, un tel afflux démographique ne peut que trouver sa traduction sur le territoire croisien, de plus en plus marqué par l'urbanisation.

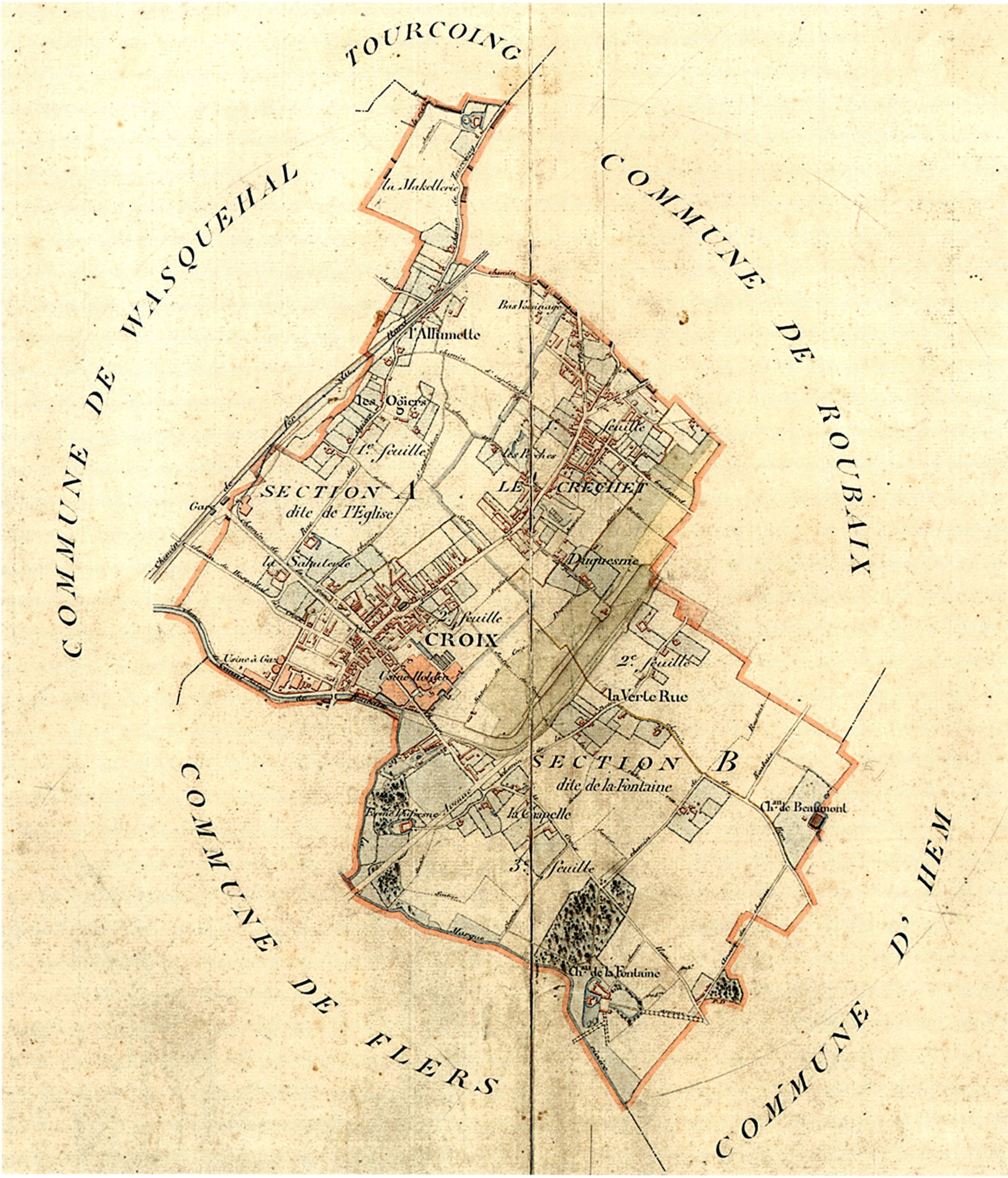
TOURCOING
COMMUNE DE WASQUEHAL
COMMUNE DE ROUBAIX
COMMUNE DE FLERS
COMMUNE D'HEM
la Makellerie
l'Allumette
Bas Voisinage
Les Ogiers
1re feuille
SECTION A
dite de l'Eglise
LE CRECHET
la Saulerie
Duquesne
2e feuille
CROIX
Usine à Gaz
2e feuille
la Verte Rue
SECTION B
dite de la Fontaine
Chau de Beaumont
la Chapelle
3e feuille
Chau de la Fontaine

DES ÉCARTS AUX QUARTIERS, DES QUARTIERS À LA VILLE

L'urbanisation française au XIXe siècle, sauf dans les grands centres villes touchés par l'haussmannisation et dans quelques cas particuliers de cités ouvrières patronales liées à une mono-industrie (textile alsacien, mines), s'avère largement spontanée. En dehors des grands axes de circulation, la construction s'effectue au gré des initiatives individuelles et prend une tonalité nettement spéculative conformément aux principes du libéralisme et de la propriété individuelle. Tout propriétaire de terrain peut le lotir sans prévoir de réseaux collectifs, ouvrir une rue à titre privé sans se soucier de la raccorder des deux côtés au réseau existant et, *a fortiori*, sans obéir à un quelconque plan d'ensemble. L'intervention publique, surtout dans les villes petites et moyennes, demeure limitée : on ne fait vraiment respecter les alignements ou l'écoulement des eaux que très tardivement au XIXe siècle – pour ne pas évoquer l'adduction d'eau ou le tout-à-l'égout. Le maire Beaucarne-Leroux, pourtant à la tête de Croix durant des décennies, dresse en plein conseil plusieurs constats accablants.

Le premier véritable arrêté municipal destiné à encadrer la dynamique urbaine porte en 1854 sur l'écoulement des eaux et la tenue des chemins, légendairement désastreux à Croix : il vise à interdire « de laisser couler sur les chemins [...] d'autres eaux que celles pluviales à cause de l'insalubrité qu'elles occasionnent » et de « laisser couler les eaux ménagères sur ces mêmes sentiers attendu que la stagnation de ces eaux les rendent [*sic*] en mauvais état ». La mise en viabilité des chemins vicinaux débute en 1858... Un deuxième arrêté municipal de 1877 se montre plus précis et contraignant :

« Il est de notre devoir de veiller à la santé et à la sécurité des habitants [...] ; ces intérêts sont fréquemment compromis par le percement des rues que des particuliers entreprennent sur leurs propriétés, sans en avoir obtenu ni même demandé l'autorisation ; [...] ces rues généralement trop étroites, dépourvues de pavés, dont le sol est détrempé par les pluies, sont généralement des foyers d'infection par suite des dépôts [...] d'immondices ; [...] il en est de même de la plupart des réunions de constructions appelées courées. »

PAGE DE GAUCHE
Plan de la commune de Croix en 1876.

Bien sûr, l'idéologie libérale et une jurisprudence constante sanctifient le droit de propriété individuelle. Pourtant, la municipalité ne paraît pas

Le pont de Croix : à pied, à vélo, à cheval, en voiture...

totalement dépourvue de moyens d'intervention : la loi de 1807 sur l'alignement impose une autorisation préalable de la mairie avant que l'on n'ouvre une rue. En pratique, l'initiative de l'ouverture est privée, en fonction des parcelles possédées ou acquises par les investisseurs qui escomptent, soit une plus-value à la revente des terrains, soit les loyers de maisons construites. Pour être reconnue publique, c'est-à-dire entretenue et éclairée par la commune (soit environ 1 500 francs l'an dépensés pour une rue moyenne), elle doit être peuplée au tiers de sa longueur et remplir ensuite certaines conditions de « mise en viabilité » : une largeur minimale de neuf mètres au total (dix après 1892), un tracé le plus droit possible « entre deux lignes parallèles », des trottoirs, un pavage de trois mètres, un aqueduc et un fil d'eau. Le projet d'ouverture est soumis à une enquête d'utilité publique et la municipalité peut refuser la demande. Issue rare tant la commune y trouve son compte : elle améliore un tant soit peu l'aspect de la cité, récupère *in fine* l'emprise au sol et accroît considérablement les contributions foncières reçues, tandis que le propriétaire assume les deux tiers du coût de la mise en viabilité de son « front à rue ». Les délibérations du conseil municipal se font parfois l'écho direct de négociations avec les riverains : le travail en commissions n'est pas encore bien rodé… Le développement urbain s'effectue ainsi dans l'anarchie, au gré du découpage du parcellaire, d'autant que si le passage central des rues est pavé, les bas-côtés ne le sont guère, formant rapidement des cloaques en mauvaise saison.

Or, il faut attendre 1882 pour que Croix se dote d'un plan d'alignement, soixante-cinq ans après Roubaix… En novembre 1877, lorsqu'une enquête d'utilité publique est diligentée pour faire reconnaître la rue du Créchet, l'agent voyer en chef du département regrette « que l'autorité municipale de Croix n'ait pas jugé nécessaire jusqu'alors de faire dresser un plan général des alignements des rues déjà assez nombreuses […]. Il serait indispensable d'arrêter dès à présent ces alignements, afin de ne pas laisser trop au hasard l'établissement des constructions bordant les voies publiques de Croix ». La loi de 1850 sur les logements insalubres ne paraît guère utilisée. Nous verrons comment ces points font progressivement l'objet d'une véritable politique municipale à la fin du XIXe siècle. Contentons-nous pour l'heure de retracer les principales phases de l'expansion urbaine.

Par rapport à celui de 1826, le plan dressé pour le cadastre en 1876 a vu se renforcer le peuplement le long des grands axes : la voie départementale 14 Lille-Roubaix, les chemins d'Hem, des Ogiers et, à un degré moindre, la Verte Rue. À peine si la création de la Grand-Place a entamé la suprématie de la place Saint-Martin qui demeure, bien que malcommode et toute en longueur, la plus commerçante. On remarque une structuration perpendiculaire à la route 14 vers la toute nouvelle rue de la Gare et la rue de Lille, la rue de l'Épeule (future rue de l'Amiral-Courbet). Mais tous ces éléments ne sont pas jointifs, préservant l'individualité des anciens hameaux. Depuis peu toutefois, effet Holden oblige, la population du Village centre dépasse celle du Créchet au nord (*cf.* graphique page de droite) : cela durera à peine plus d'une décennie.

En réalité, l'essentiel de l'organisation de l'espace nord de Croix, la division de la Grand-Rue

La Grand-Rue, à l'ère du tramway électrique ; au fond, l'église Saint-Martin.

Le carrefour de la Croix Blanche, vers Roubaix.

au carrefour de la Croix Blanche, lui a échappé : en 1832, lors de l'élargissement et du classement départemental de la voie de Lille à Roubaix, le conseil municipal de Roubaix choisit logiquement de faire déboucher la route au sud de la place de l'Hôtel de Ville, par la bifurcation de la rue de Roubaix (rue de Lille côté roubaisien) ; en 1838, l'ouverture de la gare de Roubaix impose une liaison directe entre la départementale et la halte ferroviaire : la rue de l'Épeule, nom de ce quartier roubaisien en pleine expansion ; l'ancienne route départementale, devenue secondaire, suit la rue du Nord. La municipalité croisienne n'a ni les moyens ni l'envie de proposer d'autres solutions.

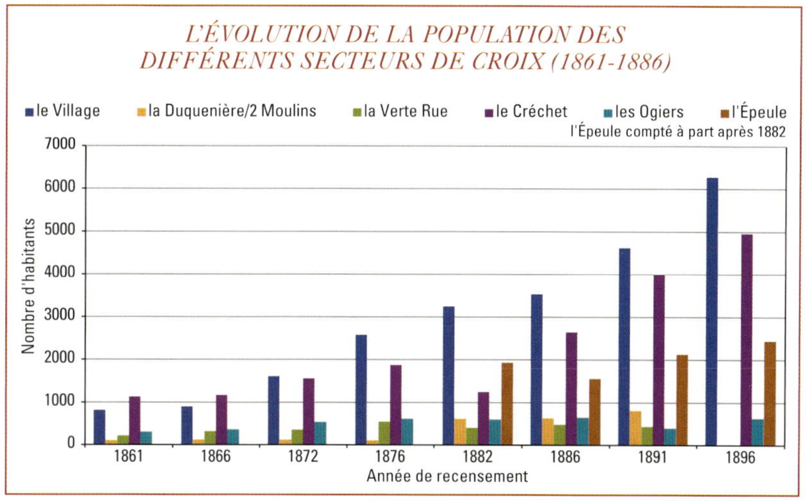

La rue de l'Épeule, devenue rue de l'Amiral-Courbet, vers la gare de Roubaix.

Le plan utilisé pour le recensement de 1921, qui a servi en réalité de base aux discussions d'avant-guerre sur « l'annexion » roubaisienne, traduit bien la nouvelle expansion de la Belle Époque. Les découpages mêmes des recensements et des sections électorales au sein de la commune évoluent au rythme de l'urbanisation. Ainsi, les deux dernières décennies du siècle voient disparaître la zone des Deux Moulins, absorbée par la ville centre, tandis que la croissance exponentielle du secteur de la rue de l'Épeule contraint les autorités à le distinguer, tout comme ceux de l'Allumette et de la Mackellerie au nord. Mais l'urbanisation va si vite que les statistiques manquent de cohérence et de continuité, rendant les comparaisons délicates (voir les variations pour 1886). Plus important pour les habitants : les services publics (voirie, écoles, éclairage, boîte aux lettres) ou privés (commerces, artisanat de proximité) peinent à suivre le rythme et donnent l'impression, en dehors des multiples cabarets, de quartiers durablement sous-équipés. Vaste défi pour une municipalité aux moyens d'action limités, sinon timides !

Le contraste apparaît saisissant avec la « section B » du plan de 1876, dite de La Fontaine, au sud-est : à part le hameau de La Chapelle et quelques maisons le long de la Verte Rue, l'essentiel est toujours formé de bois et de prés, autour des censes subsistantes et des deux châteaux de La Fontaine et de Beaumont (à la limite de la commune d'Hem). Ils appartiennent alors à la grande famille des Brame, qui possède 62 hectares rien que sur la commune de Croix, protégeant *de facto* cet espace contre la spéculation foncière par une politique rigoureuse d'acquisitions et de maintien de l'intégrité de la propriété en dépit des divisions successorales. À l'est de Croix, la population n'augmente guère, c'est le moins qu'on puisse dire.

La courbe des maisons suit approximativement celle des ménages croisiens jusqu'à la fin du XIXe siècle (*cf.* graphique p. 108) : on ne peut donc pas vraiment parler de surpopulation au sens strict, contrairement à ce qui se passe dans le reste de l'agglomération. Cependant, un net décrochement s'opère à l'orée du XXe siècle, alors que l'on n'a pas encore construit de logements sociaux collectifs qui expliqueraient ce phénomène : signe d'une aggravation de la situation – nombre de familles ne pouvant trouver suffisamment de logements –, ou bien preuve d'un agrandissement moyen de la taille des maisons, qui peuvent ainsi accueillir davantage de ménages ? La réponse tient probablement à la première hypothèse, en raison d'une nouvelle poussée démographique que la ville peine à absorber.

NOMBRE DE MAISONS ET MÉNAGES À CROIX (1846-1911)

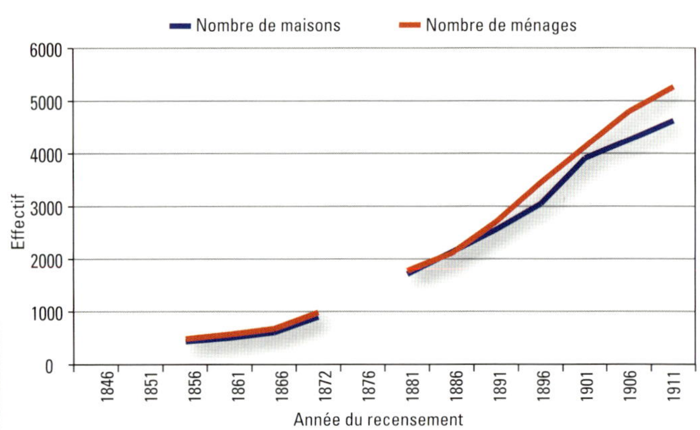

Sur le territoire croisien, les zones de croissance de la population et de la construction immobilière ne s'ajustent pas totalement (*cf.* le graphique ci-dessous) : si la pression tend à diminuer dans la ville centre après la passe délicate des années 1870-1880, la construction de logements peine à suivre dans les secteurs populaires des Ogiers, du Créchet et surtout de l'Épeule.

Le graphique ci-dessous permet de mesurer le degré de densité d'occupation de l'habitat, voire d'entassement, à Croix dans le dernier tiers du XIXe siècle ; il s'intéresse non au nombre de logements, mais de maisons (pouvant renfermer plusieurs logements). Comme il n'existe pas encore d'habitat collectif en dehors de l'hospice (1896), de l'orphelinat Wallaert et des chambres louées aux ouvriers dans certaines auberges, il ne peut s'agir que de subdiviser des maisons particulières. L'on aurait pu s'attendre à des accumulations supérieures, même si les moyennes masquent certaines conditions peu tolérables et si la nature des découpages de recensement influe sur les chiffres. Pour autant que les enquêtes permettent de l'affirmer, la situation semble bien pire à Roubaix ou Tourcoing, qui manquent vite de place. On comprend mieux ainsi l'attraction qu'exercent pour les ouvriers « roubaignos » les confins croisiens, somme toute moins surpeuplés. En revanche, les valeurs élevées atteintes par la Verte Rue ne doivent pas tromper : la taille moyenne des logements y est beaucoup plus grande dans ce secteur rural. Les données de 1896, quoique sujettes à caution, paraissent aller dans le sens d'une amélioration, du

L'ÉVOLUTION DE L'HABITAT DES DIFFÉRENTS SECTEURS DE CROIX (1861-1896)]

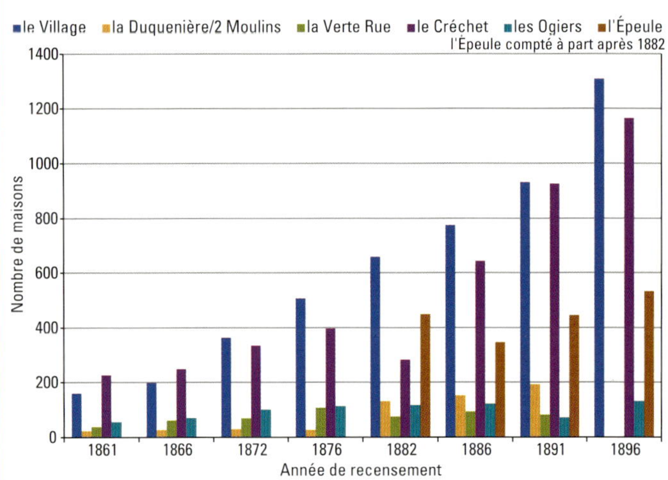

L'OCCUPATION DES MAISONS DES DIFFÉRENTS SECTEURS DE CROIX (1861-1896)]

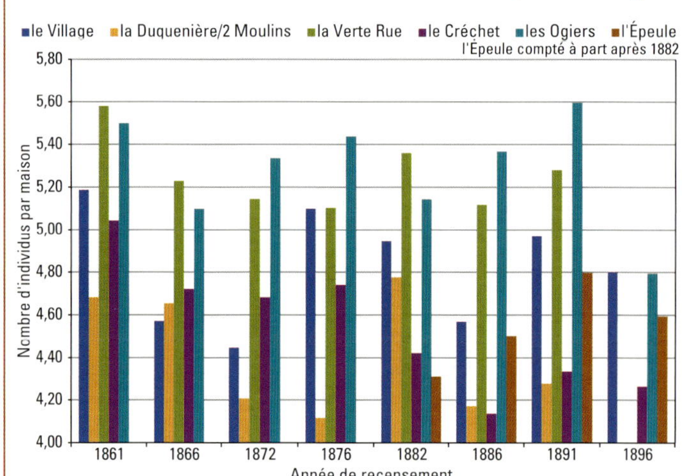

LA RÉALISATION DU BOULEVARD DE LA CHAPELLE ET DE LA RUE DU TROCADÉRO

Le Croisien Alfred Goblet, ingénieur chimiste chez Holden, auteur en 1903 d'une étude précise sur le peignage de la laine à Roubaix-Tourcoing, ne manque pas de dynamisme. En 1878, il dépose une demande afin d'ouvrir une large rue (le futur boulevard de la Chapelle, actuel Émile-Zola). Détenant tous les terrains qui bordent les 700 mètres de la rue projetée, mais conscient d'avoir à vaincre les réticences d'un conseil déjà échaudé par la rue de la Gare, il présente ainsi son argumentaire. Il promet d'améliorer la circulation des eaux qui stagnent au niveau de la rue de la Fonderie, transformée en fondrière par le talus que forme la récente rue de la Gare ; il prendrait à sa charge tous les travaux et leurs conséquences (procès, indemnisations) ; il s'engage enfin à viabiliser et à entretenir la rue pour que la commune n'ait rien à débourser lors de sa reconnaissance ultérieure. Le plan permet de comprendre la « pilule » que veut faire avaler le chimiste : parallèle à la départementale, le boulevard aboutirait à un cul-de-sac en rase campagne, sans aucune liaison, ni avec le futur cimetière à l'ouest, ni avec la Grand-Rue à l'est. La municipalité, déchargée de toute responsabilité et de tout financement, donne son accord, moyennant quelques garanties : le maire Louis Pluquet pense que les propriétaires des alentours feront bien le nécessaire pour prolonger le réseau. Il faut, à la suite de l'enquête d'utilité publique, l'énergique protestation de treize contribuables croisiens pour qu'Alfred Goblet finisse par accepter de racheter les terrains entre le fond de son boulevard et la départementale et d'abaisser vers elle une perpendiculaire depuis son cul-de-sac : ainsi naît la future rue du Trocadéro. Moindre mal, même si aucun débouché n'est prévu vers les Ogiers. Mais il faudra, contrairement aux promesses de M. Goblet, attendre trente ans pour que cesse le cloaque de la Fonderie…

Le boulevard Émile-Zola, ancien boulevard de la Chapelle.

La rue du Trocadéro.

moins quantitative, de la situation : en vingt-cinq ans, malgré l'explosion démographique, le nombre d'habitants par maison passe de plus de cinq à environ quatre et demi. La spéculation immobilière aurait ainsi peu ou prou rempli son office… Au prix, toutefois, de la qualité des logements, des réseaux ou de l'environnement : il faudra des décennies avant que ce lourd héritage soit digéré.

En dehors de la rue de la Gare, sur laquelle nous reviendrons dans le chapitre 5, deux séries d'initiatives nous paraissent particulièrement éclairer la nature de l'expansion de la ville au XIXe siècle : l'une, la réalisation du boulevard de la Chapelle (futur boulevard Émile-Zola) et de sa jonction vers la Grand-Rue par la rue du Trocadéro (actuelle rue Roger-Salengro), est emblématique d'une spéculation individuelle de grande ampleur, à peine corrigée par les autorités municipales ; l'autre, étudiée avec l'habitat ouvrier, relève de l'urbanisation spontanée du nord de la commune, au contact avec Roubaix.

FORTUNES ET INFORTUNES

Selon le cadastre dressé en 1826, Croix compte 228 « propriétaires » (soit un habitant sur cinq), dont à peine 40 % habitent Croix. La plupart n'ont qu'un lopin autour de leur maison.

LA PROPRIÉTÉ À CROIX

A contrario, 5 % des propriétaires à peine, souvent non-croisiens, détiennent la moitié du sol, et 20 % les quatre cinquièmes ! Témoins les possesseurs de plus de 20 hectares : Louis Brame, entrepreneur de travaux publics lillois fortuné, conserve à son usage le château de La Fontaine (acquis en 1842 de la famille Durieux-Pollet), où il regroupe occasionnellement les siens à la belle saison, et loue l'essentiel de ses 62 hectares à quatre fermiers. Les autres non-résidents, rentiers, agissent pareillement : la veuve Vandercruyssen, une Lilloise, loue une ferme de 25 hectares à un agriculteur croisien (Jean-Baptiste Briez), de même que l'Amiénois Séraphin Beaucourt et la veuve Daumale, qui habite près de Valenciennes. Le seul grand propriétaire croisien, le cultivateur Jean-François Descamps, détient 21 hectares de labours et cinq maisons. La plupart des propriétaires moyens (entre 6 et 20 hectares), eux aussi, demeurent forains, à l'exception du rentier Jean-Joseph Dupire et de deux cultivateurs : Alphonse-Joseph Six, qui possède toute la Mackellerie, et Jérôme Pluquet, père du futur maire Louis Pluquet. Le troisième groupe de propriétaires (de 1 à 6 hectares), bien que toujours dominé par des rentiers extérieurs à la commune, comprend aussi le cœur des agriculteurs de Croix : ils n'hésitent pas à louer des terres pour rendre viables leurs exploitations et contrôlent, avec les précédents, le conseil municipal – outre Descamps, Six et Pluquet, nous y retrouvons les noms de l'ancien maire Jean-Baptiste Lezaire et des conseillers François Delannoy, Jean-Baptiste Houzet, Pierre Decottignies, François Agache. Les petits propriétaires paraissent plus diversifiés : modestes rentiers, souvent résidents des communes limitrophes, commerçants dont le logement sert de boutique et d'entrepôt, artisans dont la maison dite « à marteau » comprend un atelier sur l'arrière, tisserands à domicile, ou bien encore cultivateurs voisins qui louent ces lopins en priorité aux membres de leur famille restés à Croix ; signalons enfin la présence croissante de fabricants, rentiers et autres cabaretiers roubaisiens qui commencent à investir dans quelques alignements ouvriers à proximité de la frontière municipale.

La Grand-Rue, encore bordée à gauche de maisons rurales « à basse toture ».

Cinquante ans plus tard, le cadastre de 1876 révèle, somme toute, peu de modifications quant à l'effectif des différentes catégories de propriétaires, sauf pour le dernier groupe, deux fois plus nombreux, alimenté par la spéculation immobilière sur des surfaces relativement modestes, où l'ensemble des artisans-commerçants multiplie la construction de maisons de rapport. Par rapport à 1826, et si l'on excepte les 22 hectares acquis par la ville de Roubaix à la suite du projet de canal, la grande propriété s'est concentrée autour de la famille Brame et du nouveau venu, Isaac Holden. Après le décès du patriarche fondateur Louis en 1865, les

Brame disposent en tout de 128 hectares (le tiers de la commune !) : les deux fils, Jules, l'aîné, sénateur, et Édouard, ingénieur des Ponts et Chaussées (ayant respectivement 52 hectares et 9 hectares), et deux veuves, possédant respectivement 13 hectares et 52 hectares : la fille Céline, veuve de Mortimer Ternaux, vivant à Paris, et la nièce de Louis, la Lilloise Marie Brame, veuve de l'industriel du textile Achille Wallaert (mort en 1876) et héritière du château de La Fontaine, qui en fait la plus grande propriétaire de la commune. Isaac Holden-Crothers a progressivement acquis quelque 32 hectares, essentiellement au nom de la société Holden, pour l'extension de l'usine comme pour les récentes opérations immobilières de la gare, l'établissement de la « colonie anglaise » ou la construction du château, en louant près de la moitié à des agriculteurs du cru.

Globalement, les propriétaires croisiens (majoritaires à présent) et roubaisiens (un quart) l'emportent sur les Lillois ou autres ; mais les Croisiens ne détiennent encore que le tiers du sol de leur commune... En outre, les terres agricoles sont peu à peu grignotées par les acquisitions immobilières (la propriété bâtie est passée de 4 % à 9,5 % du total en cinquante ans), notamment des classes moyennes indépendantes et salariées : les cultivateurs, qui formaient le tiers des propriétaires, n'en constituent plus que le dixième. Mais les possesseurs de biens-fonds sortent gagnants de l'élévation du prix des terres : entre 1826 et 1876, le revenu net imposable du mètre carré bâti passe de 1,4 franc à 5,1 francs, et celui de l'hectare de terrain de 85,5 à 97,4 francs. Le mouvement s'accentue encore à la Belle Époque.

UN MONDE OUVRIER DIVERSIFIÉ ET MOBILE

Jusqu'au début du XXe siècle, les ouvriers travaillent souvent pieds nus ou en sabots et les tâches connaissent une répartition très sexuée au sein des divers ateliers. Ainsi, l'éventail des métiers du peignage se remarque bien dans le relevé des différents postes occupés. Les archives peinent à rendre l'odeur forte des toisons et de l'huile, l'air chaud et humide des ateliers, le danger des courroies volantes (*cf.* encadré ci-contre), les bruits assourdissants des mécanismes et l'incessant transfert des marchandises dans ou hors des usines, à bras d'hommes, par charrettes ou wagons tirés par des chevaux – les écuries des Holden sont immenses – puis des locomotives, le fourmillement des manutentionnaires, « journaliers » ou « hommes de peine ». Chaque entreprise trouve des solutions différentes pour assumer à l'interne ou « externaliser » ces tâches, occupant de multiples sous-traitants. L'on mesure bien cette incessante mobilité ouvrière, même au sein d'un espace réduit, d'un employeur à l'autre, d'une ville ou d'un quartier à l'autre.

Il est difficile d'affirmer que les contrastes sociaux se sont accrus au XIXe siècle, même si certaines apparences trompent, à l'ère des châteaux triomphants et des mornes alignements de maisons ouvrières. L'indigence à laquelle sont souvent réduits les ouvriers âgés ou infirmes, les femmes seules chargées d'enfants, ne doit pas occulter la profonde misère rurale du milieu du siècle. On ne meurt plus de faim à Croix à la fin du XIXe siècle et certains mécanismes d'assistance, certes bien insuffisants, se sont remis en place. Bien sûr, les années 1875-1890 en particulier sont difficiles, notamment pour ceux contraints au chômage par la baisse de l'activité économique. Pour ceux-là, nul filet de protection autre que la charité privée ou les secours municipaux. Mais Croix demeure une ville attractive, signe qui ne trompe pas. La greffe industrielle sur le Village ne prend pas toujours harmonieusement, les deux mondes se côtoient plus qu'ils ne se mélangent ; pourtant, les nostalgiques de la ruralité deviennent de plus en plus rares...

On ne saurait véritablement parler de ségrégation sociale et spatiale à Croix avant le dernier tiers du XIXe siècle. On n'y trouve pas, en dehors des maisons de Holden pour ses

UN TRAGIQUE ACCIDENT CHEZ HOLDEN

(*JOURNAL DE ROUBAIX*, SAMEDI 10 OCTOBRE 1857)

« La nuit dernière, un accident est arrivé dans l'établissement de peignage de laines de MM. Lister & Holden à Croix. Un ouvrier ayant voulu remettre une courroie pendant la marche a été pris par ses vêtements. Son corps a fait plusieurs fois le tour de l'arbre de transmission. Quand on a pu arrêter la machine, on a constaté qu'il avait les jambes fracturées. Transporté immédiatement à l'hôpital de Roubaix, il a reçu tous les soins que réclamait sa triste position. Ses blessures sont graves. On a peu d'espoir de le sauver. »

cadres, de logement organisé par le patronat, à l'image des « forts » roubaisiens de la première moitié du XIXe siècle, dont un, le « fort Sioen », se trouve d'ailleurs aux confins nord de Croix, en pleine campagne, pour ne pas trop dépayser les tisserands. À peine (car il ne s'agit pas d'un logement patronal) peut-on citer le « fort Boulanger » ou « cour Boulanger », ensemble de maisons situé rue de Colmar, construit à la fin des années 1870 par un contremaître du tissage roubaisien Motte, Charles-Henri Boulanger : en 1876, près d'un de ses habitants actifs sur trois travaille de l'autre côté de la frontière municipale, à la teinturerie Émile Roussel, rue de Watt. Preuve que les investisseurs n'habitent pas tous la commune.

La première forme d'habitat ouvrier se résume aux maisons de tisserands inspirées des fermes environnantes : basses et allongées dans le sens du chemin, peu éclairées, avec un petit grenier aux étroites fenêtres mansardées, les « basses totures » ont d'abord un toit en chaume et des murs en torchis (« paillotis »), avant que brique et tuile ne les remplacent progressivement : dès 1856, on ne dénombre plus, sur les 434 maisons que compte Croix, que vingt-huit couvertes de chaume ; mais trente et une à peine ont un étage. Le sol en terre battue permet de conserver l'humidité nécessaire au tissage et d'éviter que les navettes ne se cassent en tombant. L'essentiel de l'espace (« l'ouvroir ») est occupé par « l'otil » au rez-de-chaussée, à côté de la cuisine. Même lorsque le tisserand à domicile a disparu, certaines de ces maisons subsistent, y compris le long de la Grand-Rue.

Les rares courées croisiennes (7 en 1901, contre 1 250 à Roubaix !), réputées typiques de l'habitat ouvrier du XIXe siècle, se concentrent dans le « Village » et non au nord, pourtant plus populaire. Ces cours, perpendiculaires à la rue pour économiser le terrain au mépris des lois sur l'alignement, reliées à elle par un étroit passage, forment des rangées de maison se faisant face à cinq ou six mètres de distance, bâties à la hâte, avec des latrines et une pompe à eau communes. Donnant sur le « Pavé de Lille à Roubaix » ou sur la Grand-Place, les cours Delaoutre, Mathon, Étienne, Saint-Louis, Redant, Briet, Pierronne et Pavillon de Chasse portent souvent les noms de leur propriétaire. Ces classes moyennes (artisans, commerçants) disposant de quelques terrains habitent la maison jouxtant l'entrée : F. Mathon est fabricant de moutarde, L. Redant jardinier et C. Pierronne, sans activité, a un fils mécanicien. À Croix, les courées, plus récentes, sont plus aérées et prennent d'ailleurs souvent la forme atténuée des impasses (Pluquet, Ségard). Si ces constructions laissent énormément à désirer et abritent une population pauvre de journaliers, elles contribuent à la mixité sociale du centre. D'ailleurs, une telle coexistence d'habitat bourgeois et populaire caractérise longtemps l'agglomération de Roubaix-Tourcoing et révèle l'assurance sociale des élites industrielles, qui s'estompe au fil du XIXe siècle.

En outre, le recensement de 1876 montre au sud un ensemble de rues ouvrières (peignerons, gaziers), autour de la rue de Wasquehal, socialement hétérogène : rues Perdue, Vauban, Voltaire, de la Pannerie, de l'Ouest, du Gaz, de la Plaine ou de la Brasserie (plan 1876). La vie de ce quartier populaire à forte présence belge, résultat d'une ébauche d'urbanisme municipal à la fin du Second Empire, demeure animée par tout un réseau de petits commerces. Elle dépend étroitement de Holden, puisqu'un actif de Croix-Centre sur trois y travaille en 1876, 16 % seulement des actifs de ce secteur étant employés à Roubaix. Une telle polarisation, en dépit de l'âpreté des conditions de travail, crée forcément des sentiments de fidélité à la firme, tresse des solidarités familiales et géographiques et atténue les revendications : les « Anglais » l'ont bien compris, nous le verrons.

On ne saurait en dire autant du nord de la commune qui, en dehors de quelques axes un peu plus anciens (rues de Roubaix, du Petit Boutique, des Ogiers, de l'Allumette, de la Mackellerie, le début de la rue Kléber), ne dispose pas d'un tel encadrement. Ce secteur se tourne incontestablement vers les grandes voisines roubaisienne et, à un moindre degré, tourquennoise (à la Mackellerie) : en 1876, 37 % des actifs de ces quartiers travaillent à Roubaix et 3 % seulement chez Holden, pourtant à son apogée. Le seul gros employeur local, qui habite rue de Roubaix, est alors le tailleur Louis Vinchon. La situation change un peu avec les implantations industrielles croisiennes de la Belle Époque, sans bouleverser la structure de l'espace bâti. La transformation et la densification du paysage urbain se lisent dans l'élévation moyenne de l'habitat : en 1886, sur les 2 132 maisons croisiennes, il n'y en a plus que quelques-unes à être de plain-pied, quatre sur cinq disposent d'un étage, une sur cinq en ont deux et sept « châteaux » trois.

Un groupe d'enfants devant des estaminets de la rue des Ogiers.

La rue de l'Allumette, encore bucolique.

La rue de la Mackellerie, un quartier jeune et populaire.

La rue Kléber : à droite l'estaminet « Au dauphin », à gauche un bureau de tabac.

L'habitat ouvrier majoritaire à Croix apparaît essentiellement dans la seconde moitié du XIXe siècle, avec l'explosion de la demande. Ces étroites maisons de brique au toit de pannes (tuiles), indéfiniment répétées le long des rues, comportant un ou deux étages et des ouvertures plus larges que les « basses totures », marquent durablement les quartiers populaires. Ce nouveau modèle de maison « en dur », déjà largement diffusé à Roubaix-Tourcoing, améliore certes au début la situation, mais, construites à l'économie, elles se dégradent très rapidement. Donnant sur des « rues particulières » longtemps à l'abandon, non pavées, dépourvues d'évacuation des eaux et des immondices, elles ne sont pas dotées des infrastructures minimales, tant à l'intérieur qu'à l'extérieur. Le réseau des voies, toutes d'initiative privée, dépend du parcellaire et non de la logique urbaine. Les quartiers du Bas Voisinage, construit entre 1880 et 1888, du Bas Saint-Pierre, de l'Allumette, du Créchet à un moindre degré, illustrent cette urbanisation « sauvage », l'insalubrité et l'entassement de familles nombreuses que révèlent les grappes d'enfants posant sur les cartes postales. C'est là que frappent davantage la mortalité infantile, les fièvres et maladies respiratoires. C'est là aussi que le mécontentement social gronde le plus fort et vibre souvent à l'unisson du prolétariat roubaisien.

Toutefois, à la fin du XIXe siècle, la municipalité tente de reprendre en main les rues particulières pour les viabiliser, sans toutefois pouvoir se montrer trop regardante. Preuve que les normes changent, certains lotissements privés, souvent appelés « cités », montrent de nouvelles exigences de confort. Ainsi la cité Saint-Louis, qui donne sur la Grand-Rue, est formée d'un rang de maisons jumelles accolées, petites certes, mais fonctionnelles et relativement aérées (*cf.* plan) : au rez-de-chaussée, le salon, la salle à manger, la cuisine, une petite cour ouvrant sur des latrines individuelles, face à un jardin profond de quinze mètres ; à l'étage, trois chambres, la plus grande pour les parents, deux autres, certes étroites (4-5 m^2), pour les enfants.

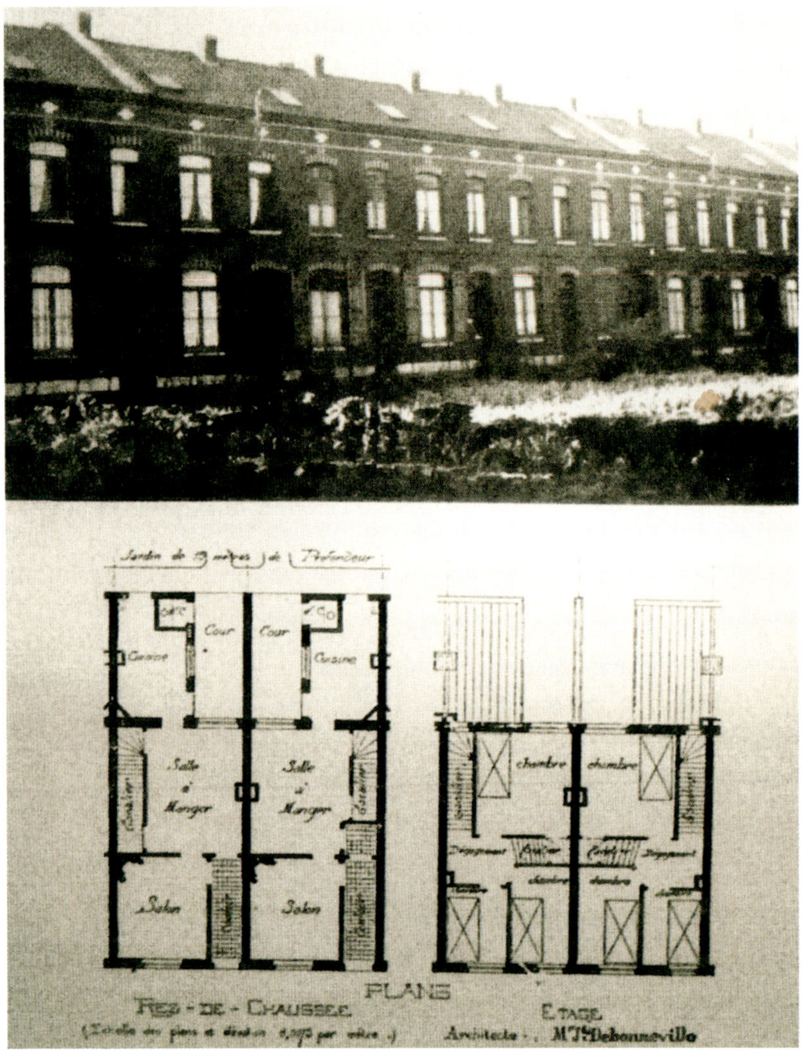

La cité Saint-Louis : un habitat ouvrier amélioré, mais une exception.

LE DÉVELOPPEMENT DES CLASSES MOYENNES

À l'essor, net après 1870, du petit commerce et de l'artisanat lié à la concentration urbaine et à la hausse du niveau de vie, répond l'accroissement d'une classe moyenne indépendante, voire salariée (employés, fonctionnaires). Les professions libérales demeurent sous-représentées : pas de notaire en exercice ni, longtemps, de médecin à Croix. Le cas Holden excepté, c'est cette classe moyenne qui contrôle alors les biens fonciers bâtis. Dès 1876, les propriétaires croisiens de plus de dix maisons sont aux deux tiers artisans ou commerçants : si l'on excepte Louis Pluquet, le maire républicain, l'on trouve en tête un fondeur-mécanicien, Jean-Baptiste Déplechin (20), deux boulangers, Louis Bouckhault et Jules Gallois-Platel (19), deux charpentiers, Théodore-André Lepers et Louis Lecoutre (18 et 17), et ainsi de suite. Il s'agit évidemment de logements de rapport, vite construits et exigeant une rentabilité immédiate : le retour sur investissement demeure aléatoire, tant l'incertitude du lendemain domine un monde ouvrier qui pratique les « déménagements à la cloche de bois »... Le propriétaire, qui n'a certes pas le beau rôle, ne peut en vivre correctement que passé un certain seuil. Le plus souvent, ce complément de ressources sert de système personnel de retraite à ceux qui le peuvent.

Mais n'allez pas croire que les agriculteurs se soient tenus à l'écart du mouvement spéculatif. Les familles paysannes savent se reconvertir dans la pierre, à l'image d'un des fils de Jérôme Pluquet, Louis, déjà cité : si ses deux frères ont repris la modeste exploitation paternelle, Louis lotit l'hectare qui lui est échu de 33 maisons, ce qui en fait le plus gros investisseur croisien. D'autres suivent ce chemin : les fils de l'agriculteur François Flipo vivent de la location de maisons, tout comme ceux de François Delannoy, devenus propriétaire et cabaretier. Jusqu'au conquérant socialiste de la mairie en 1896, Florimond Desbarbieux, qui, devenu entrepreneur en bâtiment, n'hésite pas à acheter des terrains et édifier pour son compte une série de maisons de rapport : ses adversaires politiques ne se privent d'ailleurs pas de le reprocher à ce héraut de la classe ouvrière…

VIES BOURGEOISES

Le secteur agreste de La Fontaine voit peu à peu s'édifier à la Belle Époque les « châteaux » de la grande bourgeoisie industrielle de Croix et surtout de Roubaix, qui fuient à présent l'agitation des centres usiniers et la pollution : citons Dazin-Motte, Dubar, Ferlié-Lecomte, Paul Petit, Léon Petit, Leclercq-Delaoutre, Leclercq-Mulliez, Ferdinand Carissimo ou Henry Catteau. C'est en réalité anticiper sur la théorie du « poumon vert » de l'agglomération que formulera après la Grande Guerre l'architecte Greber lorsqu'il présentera son ambitieux projet de zonage métropolitain.

Ainsi s'installent, à l'extrémité sud du parc Barbieux, alors en territoire croisien, des loisirs gros consommateurs d'espace : plutôt populaires, avec les arènes (le fameux « torodrome ») et le premier vélodrome du Nord, à la Planche

LE CHÂTEAU HOLDEN

Construit près du peignage par l'architecte Édouard Dupire-Rozan dans un style néo-Renaissance, le château Holden, bien que caché derrière les frondaisons, n'en occupe pas moins un volume impressionnant : percé de 84 fenêtres en partie reflétées dans un plan d'eau, il comprend une salle de billard et un bain turc et s'étend, avec sa cour et son jardin, sur 72 ares. Dans le parc de 85 ares, évidemment « à l'anglaise », les Holden ont installé un jeu de balles, une faisanderie, des viviers à poissons et le fameux kiosque à musique, où ils donnent des fêtes de bienfaisance.

LE CHÂTEAU DE LA CROIX BLANCHE

Construit probablement par Édouard Dupire-Rozan (1844-1901), architecte des grandes familles bourgeoises de Roubaix-Tourcoing (Château Vaissier, villa de Pierre Catteau à Roubaix, château Holden à Croix), le château de la Croix Blanche a pour premier propriétaire Cyrille Ferlié, un commissionnaire en laines roubaisien dont la fortune s'est arrondie depuis 1840 ; il y élit domicile en 1878. De style néo-Renaissance, selon le goût de bien des bourgeois contemporains dans la seconde moitié du XIXe siècle, la grande villa, inscrite dans un parc de près de 3 hectares, exprime avec force la réussite sociale de son commanditaire. De larges façades, ouvertes de nombreuses baies, des perrons et des balustrades, des balcons et des bow-windows, des toitures imposantes creusées de lucarnes, copient le modèle aristocratique. À l'intérieur de l'immeuble, la distribution des pièces correspond aux charmes de la vie mondaine et à la recherche du bien-être. À l'entresol, les pièces d'apparat, salons, salle à manger, bureau, et surtout fumoir et salle de billard, montrent la puissance et la richesse du mode de vie. À l'étage noble, les pièces sont réservées à la vie privée ; en témoigne l'oratoire. Le second étage est affecté à la domesticité qui y trouve les pièces de service et ses lieux de repos spécifiques.

Cyrille Ferlié fait appel à plusieurs artistes parisiens renommés pour assurer la décoration des salles de l'entresol. Les fresques du salon sont peintes par Ruel, un collaborateur de Pils, professeur aux Beaux-Arts ; surtout, le grand escalier est décoré par Georges-Jules Clairin (1843-1919), le peintre de l'Opéra et de la Bourse de commerce de Paris. Les baies sont toutes fermées de vitraux conformément à la mode de ce dernier tiers du XIXe siècle. Vantillard (1836-1909), un des grands maîtres verriers de l'époque, réalise la verrière de la salle de billard. Les murs de la salle à manger sont tendus de cuirs de Cordoue peints, pratique très rare au XIXe siècle. Enfin, des tapisseries d'Aubusson, réalisées par la compagnie Bracquenié, fournisseur des grandes familles et des cours européennes, décorent le salon d'honneur. Dans le hall d'entrée, des émaux, placés au-dessus de larges portes, rappellent les pratiques et l'esprit de la Renaissance. Le propriétaire s'affiche devant la salle

La salle à manger. Boiseries et peintures sur cuir de Cordoue.

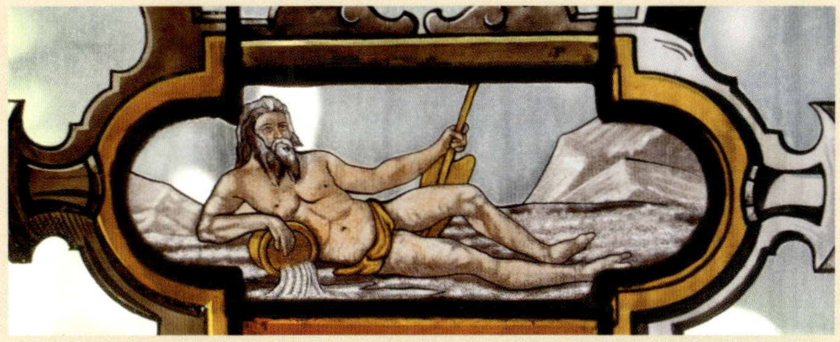

La salle de billard. Le fumoir. Vitrail du bow-window. Vantillard (1836-1909), peintre verrier.

de billard et exprime l'attachement de sa famille à des valeurs comme la persévérance (la salamandre), l'abnégation, la piété et la fidélité (Louise de Lorraine, « la dame blanche de Chenonceau »).

C'est dans cette demeure que le jeune Eugène Duthoit, petit-fils de Cyrille Ferlié, mène sa vie d'enfant, d'adolescent et de jeune adulte. Ses grands-parents aménagent le parc pour qu'il puisse pratiquer l'équitation. Plus tard, ils organisent des réceptions fastueuses pour fêter les succès scolaires et universitaires du futur professeur de la Catho qui y accueille ses premiers étudiants.

À la mort de leurs parents et grands-parents, les héritiers, dont Eugène Duthoit, mettent le château en vente. Il est racheté par le filateur Leclercq-Delaoutre qui s'y installe en 1903. Le nouveau propriétaire apporte quelques modifications aux façades, des modillons, des parements, destinés à afficher la nouvelle propriété. Le domaine reçoit sa clôture et particulièrement la grille et la porte d'entrée. Surtout, Leclercq-Delaoutre fait ouvrir la future avenue des Cottages pour offrir la vue du parc Barbieux. Pourtant, le nouveau propriétaire ne profite pas longtemps de son domaine, puisqu'il meurt au début de 1914 ; son épouse rejoint Roubaix avant le déclenchement de la guerre.

Les débuts de la guerre de 1914-1918 transforment la demeure en ambulance militaire. Les Allemands doivent la réquisitionner puisque la propriétaire reçoit des dommages de guerre en 1921. Mais le château reste inhabité jusqu'à ce qu'un marchand de biens l'achète en 1923. C'est ce dernier, Debucquois, qui le vend à la ville en 1926. Devant la polémique que lance la presse de droite, le maire, Louis Seigneur, sollicite le conservateur du musée de Lille pour attester la valeur des œuvres contenues dans la villa. La conclusion est sans appel : la qualité du mobilier, des tapisseries, de la lustrerie, des fresques, des boiseries, dépasse largement le prix d'achat payé par la mairie (875 000 francs).

LE « JOURNAL DE CAROLINE B. », UNE GRANDE BOURGEOISE

Caroline Brame, fille d'Édouard Brame, est une jeune bourgeoise qui réside ordinairement à Paris. Elle a laissé dans son journal intime quelques témoignages de ses séjours à Croix durant l'été 1865, au château de La Fontaine. La demeure, chef-d'œuvre de la Renaissance flamande, réaménagée au fil des siècles, notamment à l'intérieur, mériterait un ouvrage spécifique. Nous montrons seulement une photographie du cadre de La Fontaine et du château tel qu'il se présentait au début du xxe siècle, dans son écrin d'étangs et de bois.

Née en 1847, cette jeune fille à la foi profonde oscille entre ses souvenirs d'enfance de vacances heureuses à La Fontaine, en compagnie de sa mère Paméla et d'une famille encore unie, et les deuils successifs qui marquent son apprentissage d'adulte : après le décès de sa mère en 1862, vient le 30 juillet 1865 celui de son grand-père lillois, Louis, richissime entrepreneur de travaux publics, le fondateur de la saga Brame et propriétaire de La Fontaine. Caroline, qui donne peu de détails sur l'intérieur du château, excepté la « salle à manger jaune » et le refuge de sa chambre, goûte aux joies de la nature croisienne. Elle se réjouit de faire dire la messe, exceptionnellement, dans la chapelle du château, et s'oblige à s'occuper de « ses pauvres », à soulager momentanément leur misère. Dévote, elle assiste aussi avec une certaine envie aux mariages de ses cousines et amies, avant que son propre mariage, arrangé, et les déchirures familiales ne l'éloignent de La Fontaine. Vie d'oisiveté certes, mais bien remplie, dont voici quelques extraits concernant Croix :

« [...] une promenade on ne peut plus agréable à Fontaine... Que c'était joli, ces bois, cette verdure, ces fleurs ; dois-je le dire, j'ai fait une longue visite aux fraisiers et j'y serais encore si on ne m'en avait arrachée... Quelle gourmandise ! Pour passer du profane au sacré, nous sommes allés voir la chapelle du Croquet qu'on rebâtit. C'est une vraie petite église, c'est si joli au milieu des arbres, et si près de nous ; tandis que nous regardions tout cela et que nous pensions au bonheur d'avoir un jour la messe, je dis à ma tante : « Mais pourquoi donc ne l'aurions-nous pas dans la chapelle du château ? » C'était un de mes rêves caressés depuis longtemps dans mon cœur ; je me demandais si j'en verrais la réalisation ; il me semblait aujourd'hui que rien n'était plus facile. Monseigneur de Cambrai vient demain à Lille, pourquoi ne pas lui demander une permission qu'il accordera certainement ; j'en parlai à mon oncle et il fut décidé que nous irions voir M. le curé de Croix qui nous donna une lettre pour l'archevêque demandant la chère permission. [...] Je ne peux dire à quel point je suis heureuse à la pensée d'avoir la messe à Fontaine tous les huit jours. » (samedi 17 juin 1865)

« Encore une bonne journée passée au grand air. Que Fontaine est joli en ce moment ! Tout est si frais, si vert. Nous sommes allés dans le bois du Croquet, la chapelle avance bien lentement. Nous avons été ensuite voir tous nos pauvres. Ils ont passé un terrible hiver, les uns ont fait des dettes, les autres ont été malades, les troisièmes sont surchargés d'enfants et de fatigue. Mon Dieu lorsque l'on voit ainsi la misère de près, comme on ne peut plus se plaindre du sort qui vous est fait ! Ah, qu'elles sont légères nos petites privations en face des rudes combats que doivent livrer ces pauvres gens pour avoir du pain... » (mercredi 21 juin 1865)

« [...] Comme c'était joli ce soir sur l'étang, ces grandes ombres qui s'étendaient jusque sur les pelouses, le chant des oiseaux qui semblaient faire leur prière du soir, et dans un champ voisin, ces gerbes de lin que les femmes récoltaient. Je ne pouvais que fermer les yeux et rêver. » (samedi 24 juin 1865)

« Me voici retournée dans l'église de Croix. Que de fois je suis venue avec ma mère ! [...] La procession a été superbe, c'était un tout autre aspect que celle de dimanche dernier [à la cathédrale de La Treille à Lille] ; mais j'aimais mieux ces bannières au milieu des champs, la statue de la Sainte-Vierge portée sur des fleurs et le plus tendre des Pères passant au milieu de nous pour nous bénir, pour nous aimer. Le laboureur peut avoir confiance, la moisson sera abondante, Jésus a passé ; les pauvres auront du pain et ils comprendront que c'est Jésus qui le leur donne. Nous avons été entendre de la musique sur l'esplanade [...]. » (dimanche 25 juin 1865)

« Je ne peux dire quelle est ma joie en ce moment... On vient de dire la première messe dans la chapelle du château et je ne saurais dire à quel point c'était touchant ! M. le curé a fait d'abord la bénédiction et la chapelle a été dédiée à Saint-Louis, puis la messe a commencé. L'autel était couvert de lumières et de fleurs. Alors nous avons chanté un cantique ; la chapelle était pleine, et je me demandais si c'était bien à Fontaine qu'on disait la messe. [...] » (samedi 15 juillet 1865)

Le superbe château de La Fontaine et son plan d'eau.

« C'est aujourd'hui que j'ai repris mes petits enfants ; leur nombre est augmenté d'une pauvre petite fille toute contrefaite et qui n'est pas très intelligente. Je dois avouer que sa vue n'a rien qui plaise et j'ai dû me faire violence pour la prendre… Je ne peux pas dire avec quelle joie j'ai revu toutes ces petites enfants ; j'ai fait chanter des cantiques à Clémence, puis je leur ai lu une histoire… Nous avons eu la visite de Mmes de Brigode et de Clercy. Les écoles de Croix sont venues à Fontaine, conduites par les sœurs, et on avait préparé dans le bois un goûter monstre : deux cent cinquante gâteaux, des paniers remplis de groseilles et des cruches pleines d'eau et de vin… Nous avons tous assisté à ce repas sur l'herbe et à leurs jeux et à leurs rires. Edmond [de Layre, récent époux de la cousine de Caroline, Marie Ternaux] a été d'une amabilité parfaite à leur égard, et elles sont parties, les profondes admiratrices de monsieur le baron ! Le soir, malgré une pluie affreuse, j'ai fait des bouquets pour la chapelle : c'est demain la messe. » (jeudi 20 juillet 1865)

Aujourd'hui nous sommes allés à Croix encore pour la triste cérémonie. Mon Dieu que de souvenirs abandonnés dans cette petite église. J'y suis venue toute enfant, puis retournée jeune fille… Bon papa, bonne maman, tous mes oncles que j'ai perdus, ma mère, tous nous avons prié devant cet autel et maintenant qui viendra dans ce joli village ? Nous avons été déjeuner à Beaumont [chez l'oncle Jules Brame] et nous avons passé quelques bons moments. Mais penser que nous sommes si près du jour de notre départ et que nous ne retrouverons plus, en revenant à Lille, cette bonne vie de famille que nous aimons tant, c'est bien triste ! » (mardi 8 août 1865)

Épinoy ; plus huppés, avec également le champ de courses, le long de la Petite Marque.

Toutefois, compte tenu des espaces encore disponibles, il existe aussi de grandes maisons de maître en dehors du secteur de La Fontaine proprement dit. Mentionnons au nord le château du Créchet et ceux bordant la Grand-Rue : celui de la Croix Blanche (*cf.* encadré p. 116-117) et celui de l'industriel Auguste Florin : édifié dans la décennie 1880, il sera racheté par la mairie en 1938 à la famille Catteau, son beau parc de 2 hectares servant de terrains de sport et de promenade au cœur de la cité, tandis que le bâtiment accueillera plus tard la Maison des jeunes.

Mais l'habitat des classes aisées ne se réduit pas aux « châteaux ». Quelques rues, telles les avenues des Marronniers (aujourd'hui rue G. Delory) et Lenotre, ou, plus tard, la bien nommée rue des Cottages (actuelle rue du général de Gaulle), affirment leur caractère bourgeois : elles alignent de grands *cottages* de style anglais bâtis dans le dernier tiers du XIXe siècle pour des industriels ou des négociants de moindre rang (roubaisiens plus que croisiens d'origine) qui ne peuvent s'offrir de somptueux châteaux, mais souhaitent disposer de volumes, de calme, et de confort.

Une telle volonté de distinction imprègne ainsi l'acte d'ouverture de la rue du Boulevard passé le 27 août 1866 entre les futurs propriétaires. Certaines clauses visent explicitement à favoriser l'implantation de maisons bourgeoises au détriment de l'habitat ouvrier :

« Les soussignés s'engagent aussi à ne construire sur ladite rue que des maisons à étages, d'une belle architecture et plâtrée, peinte à l'huile [...]. Ils s'engagent également à ne laisser aucune ouverture pouvant donner accès à des cours ou cités. Toute ouverture devra avoir au moins dix mètres pour former une rue. »

Le château du Créchet dans son parc, au nord de Croix. L'ancien château de l'industriel Florin.

Sans être aussi explicite, ce souci caractérise alors de fait certaines voies croisiennes ouvertes au dernier tiers du siècle qui mêlent bourgeoisie et classes moyennes : la rue de Roubaix au nord, plus près du centre celle du Trocadéro ou de la Gare, le boulevard de la Chapelle... Elles hébergent petits patrons du commerce et de l'artisanat, fabricants, banquiers, professions libérales (avocats, notaires, architectes, assureurs) ou qualifiées (ingénieurs, chimistes, comptables – pas moins de sept dans la seule rue du

Trocadéro –, professeurs de musique et artistes), employés (secrétaires, représentants de commerce), fonctionnaires (instituteurs, receveur municipal, receveur des Postes, commissaire de police, curé…), sans oublier les domestiques, femmes surtout.

Habitat cossu de style cottage anglais : les avenues des Marronniers (en haut) et Lenotre (en bas).

PATRONS ET OUVRIERS : PATERNALISME, CONFLITS, INTÉGRATION

Les années 1890-1910 mettent en France la « question sociale » sur le devant de la scène, notamment lors d'une série de drames ayant pour théâtre le Nord (le « 1er mai sanglant » de Fourmies en 1891, la grève textile d'Armentières en 1903, celles consécutives à la catastrophe minière de Courrières en 1906, etc.). Plus précisément, des grèves générales sont déclenchées dans les branches textiles de Roubaix-Tourcoing en 1880, 1890, 1904-1905… Leur traduction croisienne demeure assez faible au début, en raison de l'omniprésence des Holden, qui mènent une politique sociale, sinon hardie, du moins suffisamment intelligente pour céder quand il le faut et surtout apparaître comme les bienfaiteurs de leurs employés et de leur commune d'adoption. Jean Piat a rappelé nombre de décisions correspondant à cette éthique méthodiste des droits et devoirs du patron et de l'ouvrier, dont voici quelques exemples : Holden offre aux cinq cents ouvriers du peignage un aller-retour en train pour passer une journée à Calais le 15 août 1864 ; dès 1867, il couvre les frais médicaux et les journées d'arrêt des accidentés du travail, même en cas d'imprudence ; il subventionne la moitié des dépenses des sociétés de secours mutuels créées par les ouvriers du peignage ; en 1875, il assure un demi-salaire aux réservistes et conserve leur emploi durant leur absence. Plus ambiguë apparaît en 1857 sa décision d'occuper ses travailleurs en chômage technique par des travaux de terrassement et d'entretien de sa propriété – charité bien ordonnée…

Cela ne signifie pas que les tempêtes sociales n'atteignent pas les rives du peignage, mais que leur écho s'en trouve fort atténué. Ainsi, une grève de solidarité se déclenche chez Holden le 8 mai 1880, mais elle dure peu. Un ouvrier belge, Théodore Vandoorme, y est condamné à trois mois de prison pour « entrave à la liberté du travail » (un piquet de grève), en état d'ébriété. Souvent, l'industriel met rapidement la main à la poche pour accorder telle ou telle augmentation, même symbolique et sans rapport avec les sommes revendiquées, plutôt que de camper sur des positions trop fermes qui, pragmatisme britannique oblige, s'avéreraient en fait contre-productives. Attitude semblable en 1890 après le premier 1er mai, même si des grévistes venus de Roubaix et n'ayant pas eu satisfaction s'en prennent violemment à certaines installations et au directeur du peignage, dont les ouvriers ont assez vite repris le travail une fois réponse obtenue. Holden, magnanime, n'impute pas à la mairie de Croix – garante de l'ordre public – le coût des dégâts occasionnés (lettre du 16 mai 1890). Voilà un terreau peu favorable au syndicalisme : le premier syndicat CGT, à peine implanté chez Holden en 1905, doit rejoindre rapidement celui de Roubaix faute de troupes. En revanche, après 1919, la politique sociale de Holden ne se distingue guère, tant au niveau des salaires que des avantages sociaux, des autres usines membres du Consortium de l'industrie textile de Roubaix-Tourcoing. Le paternalisme des Holden trouve bien sûr son pendant avec la politique de mécénat qu'il adopte à l'égard de Croix.

Pourtant, la revendication ouvrière croisienne ne saurait se limiter au peignage. On a longtemps cherché à opposer ouvriers belges et français. La tradition syndicaliste a retenu l'image de Belges utilisés par le patronat pour limiter les hausses salariales ou, plus grave, celle de « briseurs de grève » que l'on vient chercher à point nommé pour assurer la continuité du travail et réduire progressivement les ressources des grévistes, ainsi contraints à capituler. Il est certain, par exemple, que l'argument de la « priorité au travail national » touche la corde sensible en période de crise et de chômage, partiel ou total – ainsi en 1892 dans les mines de Lens ou Liévin. Pourtant, on trouverait tout aussi bien des ouvriers belges qualifiés de « meneurs », notamment à Roubaix. Certains d'entre eux se rendent dans leur patrie pour recevoir le soutien des socialistes gantois, tandis que l'ouvrier belge Anseele vient porter la bonne parole socialiste à Roubaix. Les succès du parti ouvrier belge dans les années 1886-1887 donnent incontestablement des idées de l'autre côté de la frontière, même si son influence précise demeure difficile à estimer. Les grèves massives dans le textile ne peuvent pas ne pas impliquer des Belges, compte tenu de leur forte présence, y compris pour les ouvriers croisiens travaillant à Roubaix ou Tourcoing : bien des échanges doivent avoir lieu dans les meetings ou les cabarets proches.

La politisation croissante des ouvriers croisiens, source du changement de majorité municipale, nous paraît révélée par l'importante mobilisation des années 1904-1905. Pour nous en tenir à 1904, les grèves débutent courant mars dans le textile roubaisien (peignages, filatures, tissages, teintureries) à propos de l'application de la loi des dix heures de travail quotidien sans diminution des salaires, et prennent vite une tournure politique (*Internationale*, drapeaux rouges...). La multiplication des piquets de grève contre les non-grévistes et des manifestations provoque l'arrivée de renforts militaires (4 000 hommes), dont une partie (le 51e de ligne de Beauvais, commandé par le fils du maréchal de Mac-Mahon) loge au château Holden et patrouille en ville, ce qui suscite la protestation du maire qui dénonce une « occupation militaire » et affirme que « tout est calme à Croix ». La grève s'étend, touchant une cinquantaine d'établissements le 28 mars et plus de quatre-vingts le lendemain dont, fait nouveau par son ampleur à Croix, la teinturerie Raquet (150 grévistes), fermée jusqu'au 15 avril, et les tissages d'ameublement du Nord, boulevard de la Chapelle (30 grévistes, dont 12 femmes), jusqu'au 18 avril. Le conflit s'envenime, gagne même Flers et Wasquehal, le patronat refusant d'accueillir toute délégation d'ouvriers, qui se joignent aux Roubaisiens. Au 31 mars, on dénombre sur l'agglomération 125 usines touchées et 13 000 grévistes, délogés par des charges de cavalerie. Le 1er avril, le mouvement fait tache d'huile hors du textile : chez le constructeur-mécanicien croisien Deruelle (trois jours), puis à la fonderie Vanwerscheldre le 2. L'ouverture de procédures de conciliation et le départ des troupes et des gendarmes le 18 avril met fin assez vite à un mouvement qui a d'ailleurs révélé des dissensions au sein des socialistes croisiens. Reste que Croix, sans être totalement soumise aux influences néfastes d'agitateurs extérieurs (roubaisiens, en l'occurrence), comme se plaisent à le croire les journaux conservateurs, n'est pas l'épicentre de l'agitation sociale.

Si l'on voulait schématiser la géographie sociale croisienne en cet avant-guerre : au sud, le monde du peignage et, de plus en plus, des activités de la deuxième révolution industrielle ; au nord, celui du tissage et de la teinturerie, dans l'orbite roubaisienne ; le long des grands axes et des places, un mélange de classes moyennes et aisées ; et de plus en plus, soit disposées dans les nouvelles rues de l'Est croisien, soit dispersées au gré des volontés de leurs maîtres, les demeures grand-bourgeoises, sinon luxueuses.

VIVRE À CROIX AU XIXe SIÈCLE

Nous n'avons pas souhaité narrer par le menu ce qui fait pourtant l'actualité quotidienne d'une cité : Croix a eu son lot annuel de chiens écrasés, de chutes, d'accidents de la circulation, de vols, de forçats évadés, voire de meurtres. Ni plus ni moins qu'ailleurs. Signalons simplement que la commune accueille jusqu'en 1940 les interdits de séjour dans le département du Nord, sans que cela crée de problèmes particuliers, même si le conseil municipal s'en émeut parfois. Le plus intéressant, à notre sens, relève de la richesse de la vie sociale croisienne.

SOCIABILITÉS CROISIENNES

Dès le dernier tiers du XIXe siècle, Croix s'illustre, en regard de sa taille, en tant que cité à la vie associative particulièrement riche, apte à nourrir une sociabilité populaire au long cours comme des réjouissances collectives plus exceptionnelles. La floraison des associations n'attend certes pas la loi de 1901 : rien qu'entre 1888 et 1898, pas moins de soixante déposent leurs statuts, comptant chacune leurs membres par dizaines. Toutes sont adossées à un cabaret, qui sert parfois de siège, le plus souvent de point de rencontre avant ou après l'effort... Bien sûr, une partie d'entre elles, même pour des jeux apparemment pacifiques comme les boules ou le piquet, des activités aussi anodines que la pêche ou la colombophilie, provient du dédoublement entre une société « laïque » et sa concurrente « cléricale ». On est étonné du nombre de sociétés de tir – quel que soit le projectile : tir au fusil, à l'arbalète, à l'arc... D'autres, telles les sociétés d'anciens combattants (de la guerre de 1870-1871), se constituent davantage pour évoquer des expériences communes ou s'entraider quand un de leurs membres se trouve dans la gêne. Fait remarquable en proportion du nombre d'habitants, la fréquence des sociétés musicales, plus présentes même que les associations sportives, frappe l'observateur le moins attentif.

La pratique musicale ou celle du sport peuvent s'analyser au prisme de la convivialité festive aussi bien qu'à celui de son utilisation politique : orphéons ou clubs de gymnastique, par les valeurs qu'ils véhiculent et les personnes qui les encadrent, catalysent la vie collective et servent de relais aux grands combats idéologiques de cette fin de siècle. Dans un contexte national marqué par la défaite de 1870 et l'esprit de « revanche » contre l'Allemagne, la dimension patriotique des associations s'occupant de tir ou de gymnastique ne saurait surprendre : témoin le nom de la plus célèbre d'entre elles, la Patriote. Dès lors, non sans arbitraire, nous présenterons dans ce chapitre la musique populaire, tandis que les enjeux du sport seront évoqués dans le prochain.

Chaque estaminet abrite au moins une association de loisirs : ici, des archers (rue de Lille).

MUSIQUES ET CHANSONS POPULAIRES

La pratique de la musique se déploie dans la région du Nord au cours de la seconde moitié du XIXe siècle et se perpétue jusqu'à la Seconde Guerre mondiale. Des municipalités, souvent associées à des mécènes, des patrons d'industrie, subventionnent des fanfares ou des orphéons dont le contrôle est un enjeu politique. Encadrer une population turbulente, préparer une carrière électorale en ces débuts de la démocratie, sont autant de motivations pour ceux qui contribuent financièrement au fonctionnement des phalanges musicales. C'est ainsi que Baucarne-Leroux, maire de Croix et futur député, fonde la Musique municipale en 1864 en fédérant les groupes de tisserands et de fermiers. Isaac Holden lui apporte son concours ultérieurement. Après l'arrivée des socialistes à la mairie, en 1896, la Musique municipale se scinde en deux groupes car les tensions politiques traversent l'association croisienne.

Une fanfare, une harmonie, un orphéon exprime donc l'identité d'un groupe social, essentiellement masculin, comme celle d'un quartier ou d'une communauté élargie à l'ensemble de la commune. Elle favorise ainsi une relative mixité sociale : les responsables qui déposent le 26 septembre 1893 les statuts de la Musique municipale (ou Harmonie), sous la houlette du directeur H. Gadenne, professeur de musique à Flers, et du président Théodore Durieux, un employé, n'ont pas tous une écriture très assurée ; y figurent un débourreur, un journalier, un contremaître, un serrurier, trois mécaniciens, un zingueur et un autre employé. À la Belle Époque, les musiques de quartier sont nombreuses et certaines réputées comme la Fanfare du Créchet. La communauté anglaise, réunie dans un English Club, organise régulièrement des concerts de musique populaire ou plus savante.

Festivals et concours scandent la vie musicale et rassemblent des interprètes par centaines, voire par milliers. Ainsi, en 1903, la municipalité organise-t-elle, en l'honneur des pompiers, un grand festival de musiques, de fanfares, d'harmonies et d'orphéons, qui mobilise plus de 150 phalanges françaises et belges et près de 6 500 musiciens qui donnent des auditions dans des « kiosques » dispersés dans les quartiers. À l'occasion de ces manifestations, le chef de la musique invitante compose une œuvre que chaque groupe se doit d'interpréter. Les chorales ne sont jamais oubliées car la pratique du chant est largement répandue dans les structures paroissiales comme dans les groupements de quartiers. À la veille de la Première Guerre mondiale, la ville de Croix possède trois groupes de chanteurs, l'Union chorale, les Orphéonistes, l'Avenir de Croix, auxquels s'ajoutent les chorales des églises Saint-Martin et Saint-Pierre et celle, plus discrète, du temple.

VILLE DE CROIX

SAMEDI 15 & DIMANCHE 16 AOUT 1903

GRAND FESTIVAL INTERNATIONAL

DE

MUSIQUES, D'HARMONIES, DE FANFARES & D'ORPHÉONS

& Fête Militaire

offerte aux Corps de Sapeurs-Pompiers
par la Municipalité Croisienne

Programme Officiel

CROIX
Imprimerie typogr.-lithogr. Xavier ARTZET
Grande Place
1903

VILLE DE CROIX -- SALLE DES FÊTES

DIMANCHE 11 MARS 1906

Grand Concert Annuel

Offert par L'UNION CHORALE (Directeur L. Mercier) à ses Membres Honoraires

PROGRAMME

PREMIÈRE PARTIE

1. A. *Frénelie*, mazurka, *Dussoir* . Musique Municipale
B. *Marche aux flambeaux, N° 3 de Meyerbeer*
2. *Sambre et Meuse* / *Champagne* — Union Chorale avec accompag. de la Musique Municipale
3. *Chansonnette comique* . . . M. G. Bargibant
4. *Solo de concours* . . . . . Nouquet
12e Fantaisie pour clarinette et piano par Buset Fessy A. Catry, *solo de la Musique Municipale*
5. *Grand Air pour ténor* . . . Léon Mercier

UN TRUC NOUVEAU

Comédie en 1 acte de A. Jacques Parès

Personnages

Georges Bulonnaux . . . MM. L. Bouttemy
Grachus Pinmadoie . . . L. Dupont
Jean, domestique . . . L. Chombart
Suzanne . . . Mlle P. Dupont

DEUXIÈME PARTIE

A CLICHY

OPÉRA COMIQUE EN 1 ACTE

Personnages :

Prosper Baguolet . . . MM. E. Vanoverchelde
Hector Baguolet . . . L. Mercier
Ducormier . . . L. Dupont

2. *Les Petits Jean, duettistes de 8 et 9 ans dans leur répertoire*
3. *Trio de Quentin Durward* MM. L. Mercier, *ténor* / E. Vanoverchelde, *baryton* / H. Bouttemy, *basse*
5. *Chansonnette comique* . . . E. Galens

UNE FARCE CHEZ LE CAPITAINE

Bouffonnerie Militaire en un Acte

Personnages :

Duprunaux . . . MM. L. Bouttemy
Triquart . . . L. Dupont
Capitaine Flicart . . . E. Vanoverschelde
De Beauprofil . . . L. Chombart
Zénobie (Cantinière) . . . Mme L. Bouttemy
Augustine . . . Mlle P. Dupont

PIANISTE-ACCOMPAGNATEUR : M. LABBÉ

N.-B. — Les portes seront fermées pendant l'exécution des morceaux.

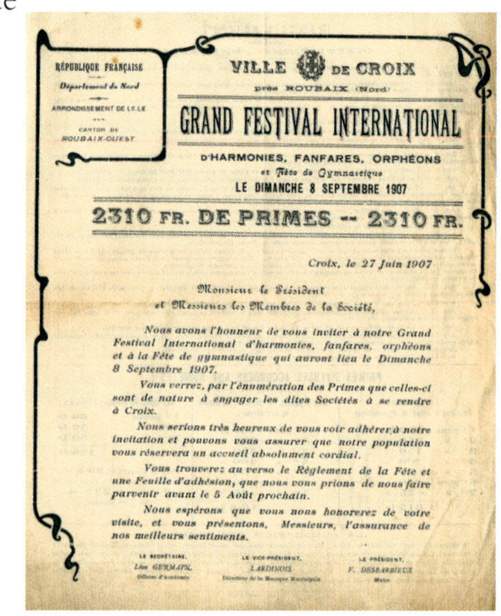

RÉPUBLIQUE FRANÇAISE
Département du Nord
ARRONDISSEMENT DE LILLE
CANTON DE ROUBAIX-OUEST

VILLE DE CROIX
près ROUBAIX (Nord)

GRAND FESTIVAL INTERNATIONAL

D'HARMONIES, FANFARES, ORPHÉONS
et Fête de Gymnastique
LE DIMANCHE 8 SEPTEMBRE 1907

2310 FR. DE PRIMES -- 2310 FR.

Croix, le 27 Juin 1907

Monsieur le Président
et Messieurs les Membres de la Société,

Nous avons l'honneur de vous inviter à notre Grand Festival International d'harmonies, fanfares, orphéons et à la Fête de gymnastique qui auront lieu le Dimanche 8 Septembre 1907.

Vous verrez, par l'énumération des Primes que celles-ci sont de nature à engager les dites Sociétés à se rendre à Croix.

Nous serions très heureux de vous voir adhérer à notre invitation et pouvons vous assurer que notre population vous réservera un accueil absolument cordial.

Vous trouverez au verso le Règlement de la Fête et une Feuille d'adhésion, que nous vous prions de nous faire parvenir avant le 5 Août prochain.

Nous espérons que vous nous honorerez de votre visite, et vous présentons, Messieurs, l'assurance de nos meilleurs sentiments.

LE SECRÉTAIRE, Léon GERMAIN, Officier d'Académie — LE VICE-PRÉSIDENT, LARDINOIS, Directeur de la Musique Municipale — LE PRÉSIDENT, F. DESBARBIEUX, Maire

À la Belle Époque, pas de fêtes populaires sans grand festival de musique ou défilés (extraits de programmes).

GUSTAVE NADAUD, SOUVENIRS ET RÉCITS D'UN VIEUX ROUBAISIEN

« On chercherait vainement aujourd'hui la trace du sentier ou piedsente qui conduisait au vieux cabaret du Créchet. [...] Au temps de ma jeunesse, il était tenu par l'honorable famille des Catel, cousins et cousines de tout le monde.

On n'entrait jamais au cabaret qu'en disant : « Mon cousin, ma cousine, donnez-moi un canon, une pinte de bière ou un verre de g'nef. » Les mots de chope ou de bock étaient alors inconnus. [...]

Le Créchet,
C'est l'enseigne d'un cabaret
Connu pour sa bière piquante
On rit, on boit, on chante
Au Créchet
C'est l'enseigne d'un cabaret [...]
Entrez sous la porte bâtarde
Traversez la petite cour
Vous y voici ; mais prenez garde
On entre chacun à son tour.
Regardez : de naïves fresques,
Œuvres d'artistes inconnus
Tapissent les murs blancs et nus
D'arbres et de cochers grotesques. [...]
Telle est la modeste chanson
Où depuis vingt ans révolus
Se retrouvent à la même heure
Des amis, dix au moins, vingt au plus
Douce habitude nous rassemble
Et les jours succèdent aux jours
Là nous sommes jeunes toujours
Puisque nous vieillissons ensemble.

Nous voici arrivés, assis autour de la grande table ovale et unique. Chacun prend sa pipe au râtelier, la bourre à la flamande et la plonge dans une chaufferette, chauffette *ou* couvé. *Les verres de petites dimensions sont placés devant les buveurs et la cousine – Louise ou Adèle – sert la tournée qui se renouvelle souvent. [...]*

Buvez, fumez, faites silence
Si l'on chantait une chanson ?
Soudain un vif couplet s'élance
Que l'on reprend à l'unisson
Puis, à son tour, chacun entonne
Des refrains oubliés ailleurs
Les plus anciens sont les meilleurs,
Bayard est chanté par Cambronne.
[surnom d'un certain Cornille]

[Suit la liste des spécialités de chacun] Quant à moi, je ne pouvais être un membre assidu puisque je n'habitais pas Roubaix. Mais à chaque voyage je ne manquais jamais d'aller au Créchet et je m'y prodiguais au-delà de toute mesure. « Allons, Gustave, encore une... » Souvent on me faisait faire un fil-à-fil, ce qui veut dire que j'alternais en tenant tête à tout le monde, c'est ce qu'on appelle à certains jeux la Chouette.

On peut remarquer que le répertoire de tous ces chanteurs était fort peu varié. Plusieurs ne savaient qu'un morceau qu'ils répétaient à chaque visite, toujours assurés de l'attention et du succès. Beaucoup de ces refrains étaient des chœurs et on s'intéressait davantage à l'exécution. [...]

Allons, encore une tournée
Et partons, en braves bourgeois,
On a bien fini sa journée
Quand le coucou chante dix fois.
La lune cache sa lumière
Qu'importe, on connaît son chemin.
Adieu. Nous reviendrons demain
La Gentille cabaretière. »

La chanson populaire est une forme particulière de cette curiosité et de ce goût pour le chant. Gustave Nadaud en a été un des promoteurs et des créateurs puisqu'il interprète des chansons en compagnie d'amis roubaisiens à l'auberge du Créchet. Ces jeunes bourgeois ne chantent pas en dialecte local, mais produisent les textes de chansonniers comme Béranger. Dans les dernières années du XIXe siècle et, plus largement, au cours de la Belle Époque, ils sont relayés par des associations populaires très nombreuses à Croix : les Beni Bouffe Tout, les Joyeux de l'Espérance, les Joyeux cantiniers, les Jeunes de Croix, sont particulièrement actifs avant 1914. Chaque année, pour le carnaval, ces sociétés interprètent

VILLE DE CROIX

1900 – MI-CARÊME – 1900

LA GUERRE A L'ALCOOL

CHANSON NOUVELLE

Chantée par les "Joyeux de l'Espérance" établie chez Henri Leplat.

56, RUE DU PETIT BOUTIQUE, 56

Refrain

In n'buvra pus la goutte
Avec c' l'invintion
Pus d'paufes hommes in déroute
Et ni même pus d' méchant.

Premier Couplet

Ah si ch'est quo qu'j'ai attindu dire
Qu'in homme savant y s'not d'avoir trouvé
Inn' invintion cha s'ra bon pou Jean ou Pirre
Ch'est conte l'alcool si sin système est vrai
Y m'parait qui ont essayi
Et cha y n'a pos loun'mint
Ch'est qui ont fort bin réussi
Y ont même tous les preuves in mains.

Deuxième Couplet

Y m'paraitrot qu'avec c'bon système
Cha impêch'ra tous les hommes d'éte soulot
Et pour l'alcool in sin dégoutra d'li-même
A l'plache du g'nèfe in va préféré d' l'eau
In n's'ra pus malade de boire
Comme cha arrife si souvint
Cha s'ra bon vous pouvez croire
Au moins pou diche-neuf sus vingt.

Troisième Couplet

In n'verra pus dins les rues d'hommes pompettes
Comme in' in vot ach'teur à tout momint
T'chant que l'génèfe y ermonte à leu tête
Y n'a pus rin qui sait t'nir dins leus mains
Y s'intètent à faire leu diable
Même y n'ont pus d'bonnes raijons
Mais l'invintion agréable
Les impêch'ra d'ête méchants.

Quatrième Couplet

In n'atindra pus la d'gerre au ménache
L'homme s'ra heureux bin tranf'chille à s'majon
Boire d'l'alcool cha n's'ra pus l'usache
Cha va nous erpugner comme du poison
In n'verra pus d'grosses potiches
Sus les visaches d'tous côtés
Non y n'faudra pus qu'in diche
Tin v'là in nez t'chulotté.

Cinquième Couplet

Pou les commères y n'faudra pus d'bouteille
Pou aller t'cheur leu p'tite consolation
T'chant qu'cha s'ra prêt cha va ête inne merveille
Et tant qu'à mi j'profitrais d'l'occasion
Ch'est adon que j'vas ête fir
Comme in qui a gainni l'gros lot
Du moins in n'pourra pus dire
Qu' Désiré ch'est in soulot.

Désiré BOURGOIS.

Imp. Carton Frères, rue de l'Epeule, 170 – Roubaix.

Chanson populaire de carnaval « antialcoolique »…

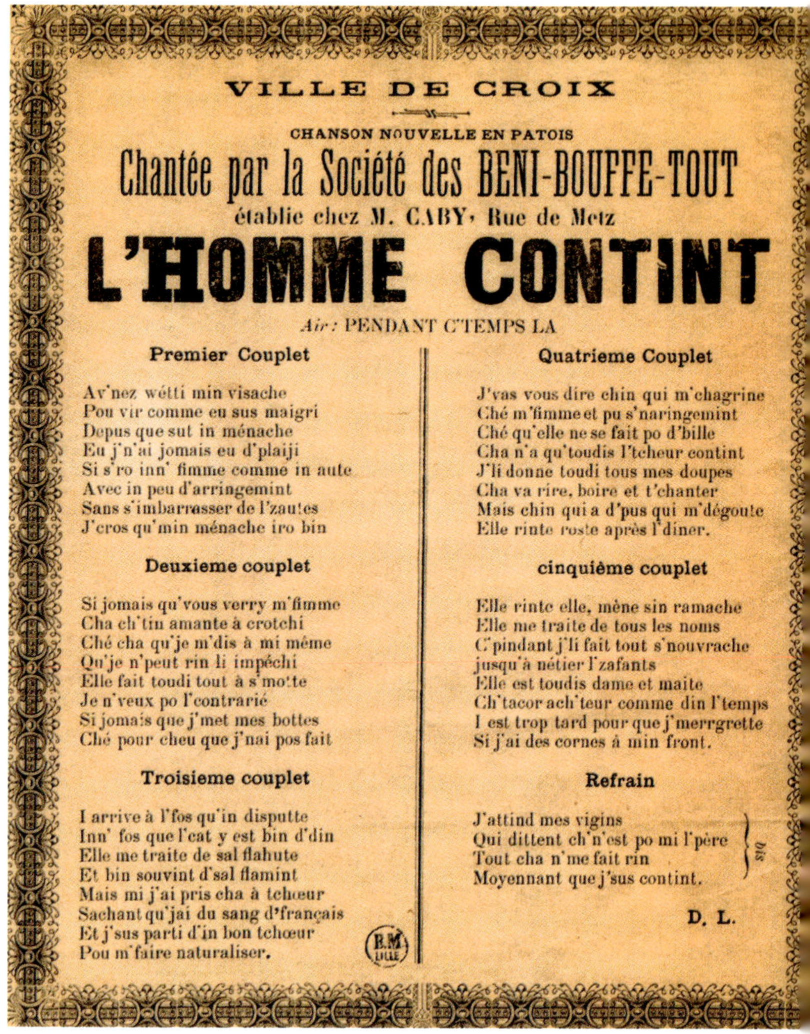

VILLE DE CROIX

CHANSON NOUVELLE EN PATOIS

Chantée par la Société des BENI-BOUFFE-TOUT

établie chez M. CABY, Rue de Metz

L'HOMME CONTINT

Air : PENDANT C'TEMPS LA

Premier Couplet

Av'nez wétti min visache
Pou vir comme eu sus maigri
Depus que sut in ménache
Eu j'n'ai jomais eu d'plaiji
Si s'ro inn' fimme comme in aute
Avec in peu d'arringemint
Sans s'imbarrasser de l'zautes
J'cros qu'min ménache iro bin

Deuxieme couplet

Si jomais qu'vous verry m'fimme
Cha ch'tin amante à crotchi
Ché cha qu'je m'dis à mi même
Qu'je n'peut rin li impéchi
Elle fait toudi tout à s'motte
Je n'veux po l'contrarié
Si jomais que j'met mes bottes
Ché pour cheu que j'nai pos fait

Troisieme couplet

I arrive à l'fos qu'in disputte
Inn' fos que l'cat y est bin d'din
Elle me traite de sal flahute
Et bin souvint d'sal flamint
Mais mi j'ai pris cha à tchœur
Sachant qu'jai du sang d'français
Et j'sus parti d'in bon tchœur
Pou m'faire naturaliser.

Quatrieme Couplet

J'vas vous dire chin qui m'chagrine
Ché m'fimme et pu s'naringemint
Ché qu'elle ne se fait po d'bille
Cha n'a qu'toudis l'tcheur contint
J'li donne toudi tous mes doupes
Cha va rire, boire et t'chanter
Mais chin qui a d'pus qui m'dégoute
Elle rinte roste après l'diner.

cinquième couplet

Elle rinte elle, mène sin ramache
Elle me traite de tous les noms
C'pindant j'li fait tout s'nouvrache
jusqu'à nétier l'zafants
Elle est toudis dame et maite
Ch'tacor ach'teur comme din l'temps
I est trop tard pour que j'merrgrette
Si j'ai des cornes à min front.

Refrain

J'attind mes vigins
Qui dittent ch'n'est po mi l'père
Tout cha n'me fait rin
Moyennant que j'sus contint. } bis

D. L.

Chanson populaire croisienne en patois.

une « nouvelle chanson » composée pour la circonstance dont le texte imprimé est vendu au profit de chaque groupe. Seules les paroles sont nouvelles car la musique reprend des airs connus et fredonnés en d'autres moments. Quelques auteurs sont mis à contribution, comme Désiré Bourgois ou Ernest Lens, un ouvrier d'origine immigrée. Ils écrivent leurs textes en patois roubaisien car, dit-on, « l'vrai Roubaigno parle pato », mais c'est un dialecte qui se francise car le passage de l'oral à l'écrit impose le recours à des termes inconnus en patois. Liberté, chagrin, nationalité, naturaliser, n'ont pas de correspondant patoisant. L'estaminet donne l'hospitalité à toutes ces associations populaires et confère le caractère de chanson à boire à bien des œuvres. Néanmoins, les auteurs excluent toujours la vulgarité et exploitent la veine humoristique, souvent, l'ironie, parfois.

Domiciliées dans les quartiers qu'elles illustrent – le Créchet, l'Allumette, la Mackellerie –, ces sociétés chantent des textes qui décrivent l'environnement immédiat. Quelques thèmes reviennent avec régularité : le voisinage, le cabaret, un événement local, les rapports entre les hommes et les femmes. Le travail ne semble pas inspirer les paroliers car la chanson est d'abord détente entre amis. En revanche, la vie du couple se décline aisément. Chansons d'hommes, elles ne sont pas dénuées de stéréotypes et de misogynie. La femme porte « la culotte », le « ménache » n'offre que des « désagrémints » et les « consolations » y sont rares. « Chin qui arrife dans un menache », ce sont toujours les humeurs de la femme, les querelles conjugales pour des mesquineries, et l'obligation pour le mari d'être toujours « contint ». Enfin, ces chansons reflètent parfois la xénophobie dont sont victimes les ouvriers flamands : l'épouse insulte son mari en le traitant « d'sal flahute » ou « d'sal flamint »...

Toutes les chansons ne sont pas de carnaval. L'ouverture d'un magasin, l'évolution d'un quartier, une anecdote donnent lieu à des textes que l'on reprend en chœur, au cabaret ou dans la rue car l'on peut chanter sur l'espace public en certaines circonstances autorisées par la mairie.

Le socialisme victorieux donne aussi naissance à une chanson politique en français. En effet, la langue nationale exprime la volonté de progrès ; son usage doit permettre la rencontre des Français et des Belges, comme le fait aussi le théâtre de marionnettes. Les œuvres produites ne sont pas d'amusement, mais de propagande : elles informent et mobilisent ou vulgarisent des thèmes et des revendications. *L'Alerte aux travailleurs*, *La Revanche des travailleurs* ou *La Marche des revendications sociales* sont autant de thèmes qu'interprètent les membres de la section socialiste ou « la jeunesse prolétarienne » sur des airs musicaux qui rythment la marche. Adolphe Leforest, cordonnier et tenancier d'estaminet, au Créchet, s'avère un des auteurs les plus prolifiques de l'avant-guerre. Chaque chanson est renouvelée car les opportunités se modifient – c'est le cas des élections – et sa vente au profit de la section du parti fournit des moyens à la bataille politique. Comme les autres, ces œuvres sont chantées dans les estaminets que tiennent les adhérents du parti. Rares sont les chansons écrites en patois. En fait, le socialisme local exploite le parler populaire surtout après 1918. Effectivement, la presse socialiste de Roubaix et de Lille tient dans les années 1920 une chronique patoisante, au moment où le retour à un passé, plus mythifié que réel, tend à s'imposer dans la région que la guerre a malmenée. La chanson socialiste suscite en retour un antidote employé par les « anticollectivistes » qui en font un instrument de contre-propagande en période électorale.

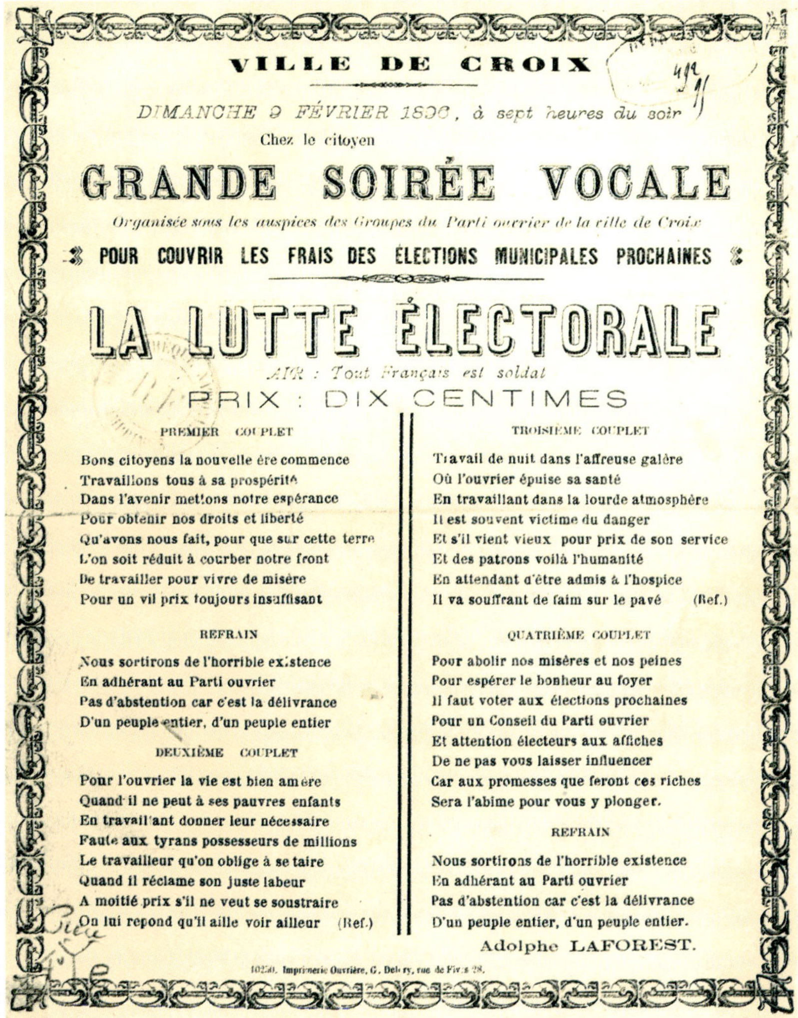

VILLE DE CROIX

DIMANCHE 9 FÉVRIER 1896, à sept heures du soir

Chez le citoyen

GRANDE SOIRÉE VOCALE

Organisée sous les auspices des Groupes du Parti ouvrier de la ville de Croix

POUR COUVRIR LES FRAIS DES ÉLECTIONS MUNICIPALES PROCHAINES

LA LUTTE ÉLECTORALE

AIR : Tout Français est soldat

PRIX : DIX CENTIMES

PREMIER COUPLET

Bons citoyens la nouvelle ère commence
Travaillons tous à sa prospérité
Dans l'avenir mettons notre espérance
Pour obtenir nos droits et liberté
Qu'avons nous fait, pour que sur cette terre
L'on soit réduit à courber notre front
De travailler pour vivre de misère
Pour un vil prix toujours insuffisant

REFRAIN

Nous sortirons de l'horrible existence
En adhérant au Parti ouvrier
Pas d'abstention car c'est la délivrance
D'un peuple entier, d'un peuple entier

DEUXIÈME COUPLET

Pour l'ouvrier la vie est bien amère
Quand il ne peut à ses pauvres enfants
En travaillant donner leur nécessaire
Faute aux tyrans possesseurs de millions
Le travailleur qu'on oblige à se taire
Quand il réclame son juste labeur
A moitié prix s'il ne veut se soustraire
On lui repond qu'il aille voir ailleur (Ref.)

TROISIÈME COUPLET

Travail de nuit dans l'affreuse galère
Où l'ouvrier épuise sa santé
En travaillant dans la lourde atmosphère
Il est souvent victime du danger
Et s'il vient vieux pour prix de son service
Et des patrons voilà l'humanité
En attendant d'être admis à l'hospice
Il va souffrant de faim sur le pavé (Ref.)

QUATRIÈME COUPLET

Pour abolir nos misères et nos peines
Pour espérer le bonheur au foyer
Il faut voter aux élections prochaines
Pour un Conseil du Parti ouvrier
Et attention électeurs aux affiches
De ne pas vous laisser influencer
Car aux promesses que feront ces riches
Sera l'abime pour vous y plonger.

REFRAIN

Nous sortirons de l'horrible existence
En adhérant au Parti ouvrier
Pas d'abstention car c'est la délivrance
D'un peuple entier, d'un peuple entier.

Adolphe LAFOREST.

10250. Imprimerie Ouvrière, G. Delory, rue de Fives 28.

Quand la chanson anime et finance « La lutte électorale ».

Ajoutons, à ces loisirs relativement encadrés, l'attraction croissante des jeunes gens pour les bals de plein air ou les salles de danse où tinte le piano mécanique, les spectacles légers contre lesquels tonnent en vain les ligues de vertu locales et, *last but not least*, la nouveauté du premier cinéma qu'ouvre, juste avant guerre, dans une arrière-salle le cabaretier Delnatte, rue de Roubaix.

D'abord niché dans le parc Holden, l'élégant kiosque que l'on peut admirer derrière l'actuelle mairie est donné à la ville de Croix, moyennant la somme de 5 000 francs (plus les frais d'actes) que doit débourser la mairie pour le démonter, le rénover et l'installer sur la Grand-Place au grand plaisir des Croisiens. Il sera à nouveau déplacé en 1934 pour trouver sa place définitive.

PAGES SUIVANTES
Le kiosque vers 1900 : vue depuis la Grand-Rue (en haut) ; vue vers l'usine Holden (en bas). Le kiosque aujourd'hui.

RÉPUBLIQUE FRANÇAISE
10c
POSTES
49. – CROIX. – Grande-Place.
St L. R.

VIVRE SA FOI

Longtemps critiquée pour la mauvaise tenue de son église, y compris par la hiérarchie diocésaine qui qualifie aimablement d'« étable » l'édifice rescapé de l'Empire, Croix semble pourtant se conformer à la pratique religieuse courante. Les journaux tenus par les curés, notamment celui rédigé par les desservants du premier tiers du XIXe siècle, qui, exceptionnellement conservé, équivaut à un véritable recensement, donnent quelques indices. Il existe certains symptômes, assez tardifs toutefois, du déclin de l'influence catholique, telle la baisse de la proportion des unions célébrées à l'église et, surtout, des baptêmes. Si on compare ces chiffres au nombre total des mariages ou des naissances enregistré par l'état civil, il apparaît, selon les sondages effectués, qu'il faut attendre l'extrême fin du XIXe siècle pour que cette proportion s'abaisse significativement sous les 9/10. Mais la très grande majorité des Croisiens, même au temps du « socialisme municipal » et de la lutte anticléricale, se conforme encore aux rites minima du catholicisme qui rythment les étapes de la vie, du berceau à la tombe, sans pour autant assister en masse aux offices dominicaux. L'industrialisation n'a, sur ce point, pas immédiatement modifié les comportements, ne serait-ce que par les liens entretenus par ces ruraux expatriés avec leurs origines. En outre, les signes de renouveau ne manquent pas à la fin du XIXe siècle. Les pèlerinages et autres processions, fréquents, illustrent les manifestations de la foi la plus vive (*cf.* encadré ci-contre).

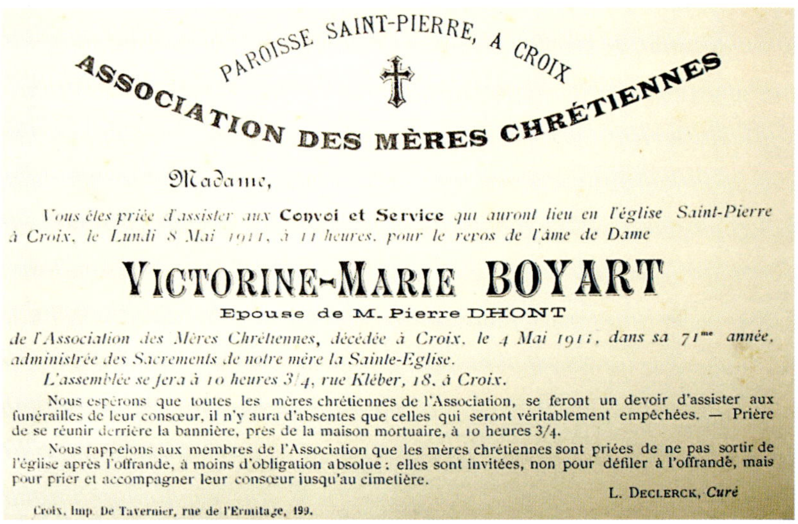

PAROISSE SAINT-PIERRE, A CROIX

ASSOCIATION DES MÈRES CHRÉTIENNES

Madame,

Vous êtes priée d'assister aux **Convoi et Service** *qui auront lieu en l'église Saint-Pierre à Croix, le Lundi 8 Mai 1911, à 11 heures, pour le repos de l'âme de Dame*

VICTORINE-MARIE BOYART

Epouse de M. Pierre DHONT

de l'Association des Mères Chrétiennes, décédée à Croix, le 4 Mai 1911, dans sa 71me année, administrée des Sacrements de notre mère la Sainte-Eglise.

L'assemblée se fera à 10 heures 3/4, rue Kléber, 18, à Croix.

Nous espérons que toutes les mères chrétiennes de l'Association, se feront un devoir d'assister aux funérailles de leur consœur, il n'y aura d'absentes que celles qui seront véritablement empêchées. — Prière de se réunir derrière la bannière, près de la maison mortuaire, à 10 heures 3/4.

Nous rappelons aux membres de l'Association que les mères chrétiennes sont priées de ne pas sortir de l'église après l'offrande, à moins d'obligation absolue ; elles sont invitées, non pour défiler à l'offrandé, mais pour prier et accompagner leur consœur jusqu'au cimetière.

L. DECLERCK, *Curé*

Croix, Imp. De Tavernier, rue de l'Ermitage, 199.

Faire-part de décès d'une membre de l'Association des mères chrétiennes (paroisse Saint-Pierre, 1911).

La confrérie de Notre-Dame du Rosaire, dirigée par les Dominicains, entretient par ses prières perpétuellement relayées par ses membres la dévotion mariale ; elle compte plus de trois cents fidèles croisiens en 1897. L'Église catholique tisse un dense réseau d'associations de défense de la religion, de la morale, des écoles « libres » ou regroupant autour des valeurs familiales des catégories de fidèles, telles l'Union des jeunes filles chrétiennes ou l'Association des mères chrétiennes. Les libres-penseurs les plus affirmés, regroupés notamment dans la franc-maçonnerie ou parmi les militants radicaux du parti ouvrier, demeurent en réalité une minorité.

En raison de la liaison permanente avec les financements municipaux imposée par les mentalités autant que par le régime du Concordat de 1801, le problème des édifices cultuels que le XIXe siècle laissera en héritage sera traité avec les politiques communales, en même temps que la querelle de la Séparation de l'Église et de l'État, extrêmement vigoureuse dans la cité. Positions religieuses, morales, sociales et politiques se combinent et s'opposent, prenant une tournure particulièrement virulente à la Belle Époque.

LES CURÉS À CROIX AU XIXe SIÈCLE

Saint-Martin
Gaspart Flament (1803-1812)
Jean Motte (1812-1814)
Louis Hanguillart (1814-1833)
Hippolyte Devrainne (1833-1837)
Pierre Dutriez (1837-1852)
Pierre Direz (1852-1876)
Louis Deram (1876-1887)
Jean Deswel (1887-1900)
Charles Jourdin (1900-1906)
Georges Rafin (1906-1919)

Saint-Pierre
Léon Declerck (1892-1927)

LA CHAPELLE NOTRE-DAME DE LA DÉLIVRANCE AU MONT DU CROQUET

Intérieur de la chapelle du Croquet.

La chapelle du Croquet est un modeste édifice de style néo-gothique érigé en brique et pierre, ouvert sur la rue d'Hem par un portail en arc brisé. La présence de nombreuses ancres atteste la fragilité de sa construction. Elle est aujourd'hui indissociablement liée au culte de Notre-Dame de la Délivrance et à la légende de la guérison miraculeuse de Sigismond, seigneur de Croix, par la Vierge. Nous savons maintenant que cette histoire romanesque a peu ou prou vu le jour en 1862. Depuis lors, on considère que le miracle en question se serait déroulé à l'emplacement de la chapelle.

Le premier plan cadastral de la commune montre effectivement une chapelle à cet endroit. Celle-ci est citée par ailleurs en 1834 dans un document des archives paroissiales de Saint-Martin aujourd'hui disparu. Croisien, l'abbé Henri Boussemart, auteur du Manuel du pèlerinage à Notre-Dame de Délivrance vénérée dans la chapelle du Croquet à Croix, *opuscule imprimé à Croix en 1901, affirme que celle-ci, et ce dès l'Ancien Régime, abritait un Calvaire, qu'elle avait été détruite à la Révolution, relevée en 1802 par M. Duriez, propriétaire du château de La Fontaine, puis reconstruite dans son état actuel entre 1863 et 1865 par M. Louis Brame, nouvel occupant des lieux. Ces décisions privées, qu'il n'y a pas lieu de mettre en doute, expliquent sans doute la quasi-absence de documents à ce sujet.*

Deux initiatives du clergé de Saint-Martin font sortir la chapelle de son anonymat dans le dernier quart du XIXe siècle. Le lundi de Pâques 1881, l'abbé Louis Deram, curé de Croix, en fait l'objet d'un pèlerinage, qui sera très fréquenté les décennies suivantes : le bulletin paroissial rapporte une foule de douze mille fidèles en 1900. Légende oblige, on recommande à Notre-Dame les personnes malades des yeux ou les enfants ne pouvant marcher – ultérieurement, c'est au « géant » Gilles de Croix promené dans la ville que seront recommandés les chômeurs des années 1930… En 1900, sous l'impulsion d'un des vicaires de Saint-Martin, l'abbé Louis Farsy, la statue de Notre-Dame de la Délivrance, datant de 1652, conservée jusque-là dans une chapelle érigée sur la place en 1825, est transférée dans la chapelle. Cette dernière initiative, très opportune, vient donner du corps à la légende du chevalier croisé. La chapelle, sur laquelle veille une association de sauvegarde, devient propriété de l'Association diocésaine de Lille en 1971. Une dizaine d'années plus tard, la statue originale fut mise à l'abri dans l'église Saint-Martin qui possédait, pour sa part, depuis 1903 un autel à Notre-Dame de la Délivrance. Celui-ci fut déplacé en 1926 dans le bras nord du transept, lequel se vit doté deux ans après d'un important cycle de toiles marouflées illustrant, en quatre épisodes, la légende croisienne qui avait alors acquis la célébrité.

Recueillement autour de la chapelle du Croquet (vers 1900).

Chapitre 5

GESTION MUNICIPALE ET COMBATS POLITIQUES

(1815-1914)

DUNLOP
MOTEURINE
TERRAIN A VENDRE
VELODROME
ROUBAISIEN

UNE MUNICIPALITÉ LONGTEMPS À COURT DE RESSOURCES ET D'AMBITIONS

À vrai dire, au moins jusqu'au début de la IIIe République, les débats politiques nationaux ne font qu'effleurer la cité ; il règne majoritairement chez les édiles un conformisme politique du meilleur aloi : se succèdent ainsi sans émoi particulier les prestations de serment, après le Premier Empire, aux Bourbons en 1814 et 1815, à Louis-Philippe d'Orléans en 1830 ou à l'Empereur Napoléon III en 1852. Ainsi, le plébiscite ratifiant le coup d'État de Louis-Napoléon le 2 décembre 1851 est approuvé par 322 voix contre une… Bien entendu, les notables ont leurs préférences et leur sensibilité propre, mais elles laissent peu de traces dans les registres des délibérations. En outre, si les conseils municipaux sont élus par leurs concitoyens mâles (au suffrage censitaire, un peu élargi par la loi de 1831, puis universel masculin après 1848), le maire peut être choisi par les autorités préfectorales en dehors du conseil municipal ou sans tenir compte de la hiérarchie des suffrages obtenus sur la liste. Ainsi, la succession des maires (*cf.* encadré ci-contre) témoigne des changements de régimes : en 1815-1816, 1830, 1848, 1851 (notons le retour de Jean-Baptiste Briet), 1871 (avec le va-et-vient de Beaucarne-Leroux en 1874) et 1877, date de consolidation de la IIIe République (*idem*, en symétrie, pour Louis Pluquet-Lepers).

Avant tout relais du pouvoir, les maires diffusent les informations officielles, font remonter les troubles à l'ordre public et les éventuelles difficultés économiques et sociales. Jusqu'aux lois sur la décentralisation de 1982-1983, les délibérations municipales font l'objet d'un contrôle *a priori*, notamment pour tout ce qui engagerait à l'excès les finances de la commune. De l'abondant échange de courrier entre la préfecture et le maire, il ressort que ce dernier et le conseil municipal peuvent opposer une redoutable force d'inertie, surtout lorsqu'il s'agit de ne pas augmenter les dépenses. Les premiers magistrats se font aussi, exceptionnellement, les hérauts de leur commune lorsqu'elle s'estime menacée. Mais la vie politique demeure sous étroit contrôle des autorités jusqu'à la IIIe République.

Les dix plus gros contribuables de la commune (ici agriculteurs), en vertu de la loi de 1818, siègent au conseil municipal et doivent être consultés pour toutes les décisions financières. La vie politique croisienne est ainsi dominée par le groupe des propriétaires-cultivateurs, comme le maire de 1830, François-Joseph Delannoy, alors dit « rentier ». Son adjoint, Pierre-Joseph Delebecq, percepteur de Croix, est d'origine paysanne. Pierre-Joseph Delebecq succède à l'ancien adjoint Pierre-Joseph

PAGE DE GAUCHE
Affluence au vélodrome avant guerre, devant le nouveau boulevard de Lille à Roubaix.

LES MAIRES DE CROIX AU XIXe SIÈCLE

François Leclercq (juillet 1798-1801)
Jean-Baptiste Lezaire (1801-1816)
Jean-François Descamps (1816-1830)
François-Joseph Delannoy (1830-1843)
Jean-Baptiste Briet (1843-avril 1848 et 1851-1853)
Floris Catelle (avril 1848-août 1848)
Louis-Joseph Beaucarne-Leroux (1853-1871 et 1874-1877)
Louis-François Pluquet-Lepers (1871-1874 et 1877-1896)
Florimond Desbarbieux (1896-1908)
Léon Stien (1908-1912)
Augustin Telliez (1912-1925)

LOUIS-JOSEPH BEAUCARNE-LEROUX

Né le 6 janvier 1817 à Roubaix, héritant de propriétés agricoles à Croix qu'il sait agrandir tout au long de sa vie, il illustre le type de notabilité économiquement dynamique et politiquement conservatrice. Fils de Pierre Louis Beaucarne et de Marie Mathon, il vit avec eux dans une cense des Ogiers avec sa sœur Fidéline, en compagnie de trois domestiques (valets de ferme) et de deux servantes pour la maison (recensement de 1836). Au décès de ses parents, il est à la tête de plus de 30 hectares, qu'il exploite avec huit domestiques (et toujours deux servantes). Marié à Hortense Leroux (d'où l'accolement des deux patronymes, traditionnel dans la bourgeoisie nordiste), de deux ans sa cadette, leur fortune lui permet d'investir dans ses domaines (assolements, engrais, sélection des espèces animales) et d'obtenir entre 1860 et 1867 de multiples récompenses aux concours agricoles. Il rédige diverses brochures sur les arbres nuisibles aux récoltes, la culture du tabac, les dégâts causés par les pigeons aux ensemencements, les expropriations ou l'agriculture des Flandres... Sous le Second Empire, membre de la Chambre consultative d'agriculture de l'arrondissement de Lille, dont il assure le secrétariat, et de la Commission de statistiques, enquêteur lui-même en 1866, il préside plusieurs fois le Comice agricole de Lille (en 1863, 1864, 1869). Il fait partie des spécialistes des questions agricoles dans l'Assemblée nationale de 1871. Il représente bien les intérêts ruraux croisiens, tout en comprenant l'importance pour sa commune de l'implantation de Holden, qu'il ménage ou soutient, notamment lors de ses procès. De sensibilité royaliste, rallié sans hésitation à l'Empire à qui il rend des services électoraux, il se voit confier par le nouveau régime la responsabilité de la mairie de Croix entre le 31 juillet 1852 et le 7 mai 1871 – fonction qu'il occupera à nouveau du 19 février 1874 au 20 mai 1877, le temps de la « République des Ducs ». Il reçoit d'ailleurs la Légion d'honneur le 12 août 1868. Élu le 8 février 1871 comme représentant du Nord (20e sur 28, avec 202 549 voix sur 262 927 votants), il siège au centre droit et prend des positions de plus en plus hostiles à la République. En 1871, il vote pour la paix avec l'Allemagne et l'abrogation des lois exilant les membres des familles ayant régné sur la France. En 1872, il refuse le retour de l'Assemblée de Versailles à Paris ; en 1873, il accepte la démission de Thiers et veut prolonger l'état de siège et les pouvoirs du maréchal de Mac-Mahon à la tête de l'État. En 1874, il investit le ministère conservateur de Broglie et refuse la dissolution de l'Assemblée. Il vote contre l'amendement Wallon du 30 janvier 1875 qui établit le titre de président de la République et, logiquement, contre les lois constitutionnelles du 25 février 1875 qui fondent la IIIe République. Échouant aux législatives de 1876, 1877 et 1881, il redevient facilement député du Nord le 4 octobre 1885 (7e sur 20, avec 162 358 voix sur 292 696 votants) et se range résolument aux côtés de la droite monarchiste. Il décède à Paris à soixante et onze ans le 22 novembre 1888.

Agache. Le percepteur laisse la place d'adjoint dès 1831 à un agriculteur, Louis Houzet, remplacé en 1835 par un nouveau cultivateur (Pierre Agache). Toutefois, la situation évolue un peu ensuite, sous le mandat de Jean-Baptiste Briet : le nouvel adjoint est le boulanger du village, Jean-Baptiste Spriet. La vie politique est ensuite dominée par le maire Beaucarne-Leroux (*cf.* encadré)

Pendant l'essentiel du XIXe siècle, l'histoire des délibérations du conseil municipal croisien pourrait se résumer à : comment payer sans vivre trop à crédit ? L'on objectera que ce souci demeure vrai en tout temps et en tout lieu mais, soumise à une population et à des exigences de service public croissantes, la bourgade peine particulièrement à boucler ses budgets – d'où son sentiment, pas totalement infondé, de tout devoir à Holden, du moins indirectement. La courbe des budgets communaux réalisés permet de se rendre compte de l'étroitesse des sommes disponibles, surtout jusqu'à la décennie 1830 (*cf.* graphique ci-dessous). On voit ensuite la commune disposer de recettes exceptionnelles, notamment pendant la crise de 1847-1848 et en 1858. En fait, puisque la guerre de l'octroi a eu lieu… et qu'il a fini par être supprimé en 1842, et comme les agriculteurs ne souhaitent pas augmenter l'imposition foncière qui constitue l'essentiel des ressources communales, c'est la quadrature du cercle.

Le préfet, agacé par les contradictions croisiennes, ne peut qu'enjoindre la plus grande prudence : que ce soit pour construire le presbytère (10 000 francs), pour lequel un premier emprunt de 5 000 francs doit être souscrit en 1838, ou l'église Saint-Martin, en 1848, dont la commune n'assume toutefois que 10 % des dépenses (*cf.* graphique en bas).

LES RECETTES COMMUNALES DE CROIX (1803-1905)

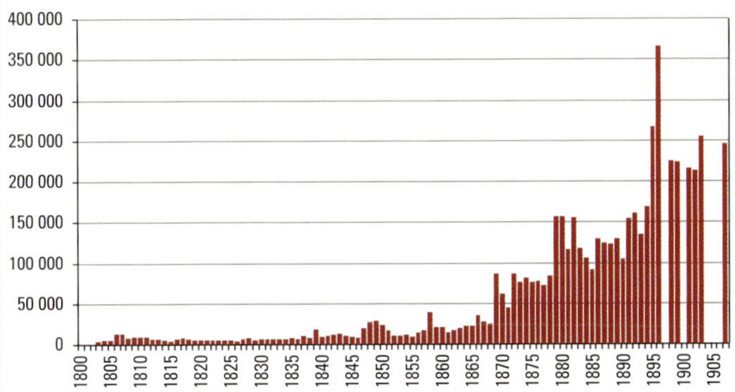

LE SOLDE RECETTES – DÉPENSES DE LA COMMUNE DE CROIX (1803-1908)

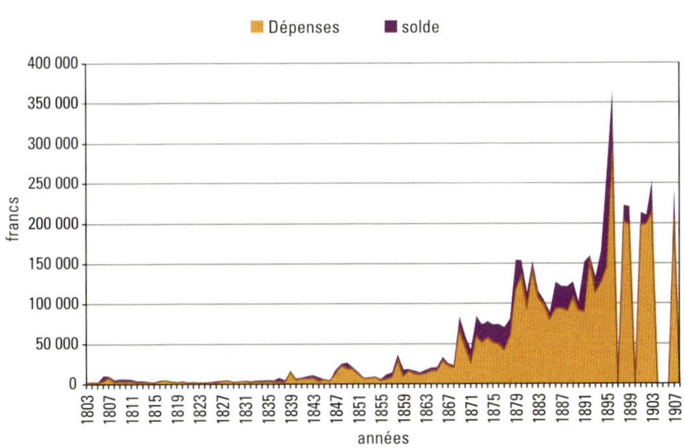

En dehors des investissements pour les édifices religieux, un effort plus mesuré (cinq fois moindre entre 1830 et 1860) porte sur les bâtiments scolaires. La première école de Croix est construite en 1836, pour 6 257 francs ; avant, l'instruction se faisait dans deux maisons louées sur la place du village. Les instituteurs sont rétribués par la commune (peu : 160 francs en 1836, au-dessous du minimum fixe imposé par la loi Guizot de 1833) au titre des enfants pauvres qu'ils accueillent, le reste étant dû par les parents qui ont les moyens de s'acquitter de cette contribution. Inutile de dire que la fréquentation, saisonnière (peu d'élèves pendant les travaux des champs, davantage en hiver), est encore limitée : moins de la moitié d'une classe d'âge suit les cours dans la décennie 1840.

Les dépenses courantes proviennent surtout de l'assistance. Le graphique ci-dessous (en valeurs absolues) pourrait faire croire au poids croissant des dépenses d'assistance de la commune, en particulier sous la IIIe République. En réalité, l'omniprésence des dépenses de bienfaisance dans les finances du bourg jusqu'au Second Empire se lit sur le graphique p. 139 (en pourcentage du budget). Après une décennie plus faste, de 1828 à 1855, les sommes qui y sont consacrées monopolisent entre 25 % et 35 % des dépenses totales de Croix. Ainsi, l'épidémie qui frappe en 1829 les Ogiers, où trois « indigents » décèdent et une trentaine sont malades, ne peut être assumée par le bureau : le préfet doit donner une subvention du double (643 francs).

LES SOMMES ALLOUÉES AU BUREAU DE BIENFAISANCE DE CROIX (1803-1896)

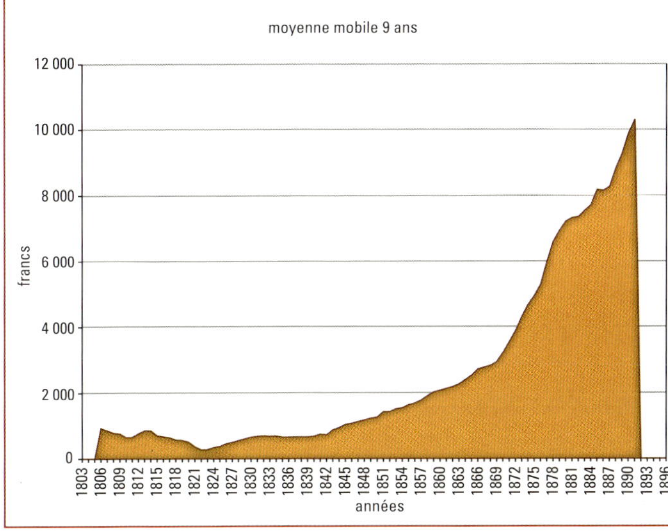

L'ÉGLISE SAINT-MARTIN

Une modeste église est reconstruite à Croix en 1805 par l'architecte Amé François Joseph Leplus. En 1837, le nouveau curé, l'abbé Pierre Dutriez, trouve, à juste titre, que l'édifice est insuffisant. Dès cette année, il envisage de l'agrandir et prend contact avec l'architecte Achille Dewarlez qui dresse un devis, resté sans suite. En janvier 1846, le même prêtre et la fabrique décident de lancer une souscription, cette fois pour la reconstruction du monument, et confient la direction des travaux à un tout jeune architecte lillois employé par la municipalité de Tourcoing, Charles Leroy (1819-1876). Le devis, établi le 30 novembre 1846, s'élève à 46 100 francs. L'adjudication a lieu le 3 juin 1847 et le gros œuvre est achevé en novembre 1848. La fausse voûte du chœur et la sculpture ornementale sont réalisées plus tard ; les travaux sont finalement reçus le 13 mars 1851.

Leroy, qui deviendra en 1856 architecte de la future cathédrale de Lille, fait preuve à Croix d'une grande audace puisqu'il élève ici la première église néo-gothique du département construite ex nihilo. Construite en briques et pierres, elle présente, dans l'axe de la rue principale, une harmonieuse façade marquée par une élégante tour occidentale pourvue d'un haut portail et d'une rose. Son élévation à deux niveaux avec, en guise de fenêtres hautes, des oculi placés au sommet d'arcatures aveugles, est originale. L'ensemble, à la fois sobre et raffiné, tire ses sources d'inspiration de l'architecture régionale du XVe siècle. La fragilité des matériaux employés, fausses voûtes en plâtre sur lattis et châssis des baies en bois, en fait un édifice économique certes, mais frêle.

C'est encore le curé, l'abbé Louis Deram, et la fabrique (par le biais d'une importante souscription) qui sont en 1878 à l'origine de l'agrandissement de l'église et, comme auparavant, ce sont eux qui paieront les quatre cinquièmes de la construction, la commune s'acquittant du reste. Les travaux, confiés à l'architecte lillois Alphonse Dubuisson (1873-1920), consistent en l'édification d'un vaste transept à collatéraux et d'un chœur plus profond pourvu de chapelles latérales. Quant à l'élévation, elle reprend rigoureusement celle de Leroy. Les travaux sont adjugés le 18 septembre 1879 à un entrepreneur croisien, Alfred Emblans, sur un devis de 106 200 francs ; ils sont reçus définitivement le 20 février 1883. Cette campagne voit également la pose de nouveaux vitraux

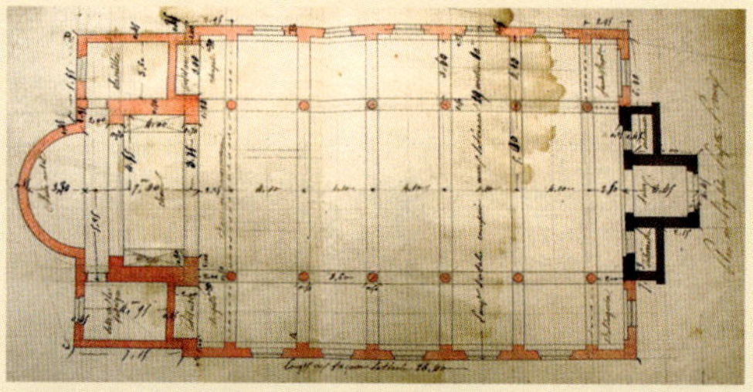

Dessin de la façade par Ch. Leroy (1846).
Plan de l'église (1846).
Vue de l'intérieur du chœur, après l'agrandissement de 1883.

Vue de la nef centrale, après l'agrandissement de 1883.
Façade de l'église agrandie, vue depuis la place Saint-Martin.

dans le transept et dans le chœur, où sont représentées trois scènes de la vie du saint patron de l'église.

L'église abrite peu de mobilier antérieur à cette deuxième phase de travaux : des fonts baptismaux et quelques plaques funéraires du début du XIXe siècle ainsi que d'originales stalles et une table de communion datant de 1848-1849. L'abbé Georges Decock, curé de 1919 à 1934, enrichit considérablement cet ensemble en installant le buffet d'orgues (1926), où prend place l'année suivante une remarquable Descente de croix du peintre Pharaon de Winter, plusieurs autres toiles de moindre intérêt et un groupe sculpté figurant la Charité de saint Martin, dû au sculpteur croisien René Van der Meersch (1931). C'est encore l'abbé Decock qui confie à deux peintres de l'école Saint-Luc de Tournai, Mahaut et Trenteseaux, l'exécution des peintures murales du chœur illustrant notamment les saints associés à la monarchie française et les toiles marouflées du bras nord du transept narrant la légende de Sigismond de Croix (1926-1928). Il aménage par ailleurs un jardin autour de l'église où est installé un monumental groupe de la Trinité, remontant au XIVe siècle, découvert à cette occasion (1926).

L'intérêt majeur de l'église Saint-Martin lui vaut une inscription au titre des Monuments historiques le 9 juin 2005.

PART DE LA BIENFAISANCE DANS LES DÉPENSES DE CROIX (1803-1896)

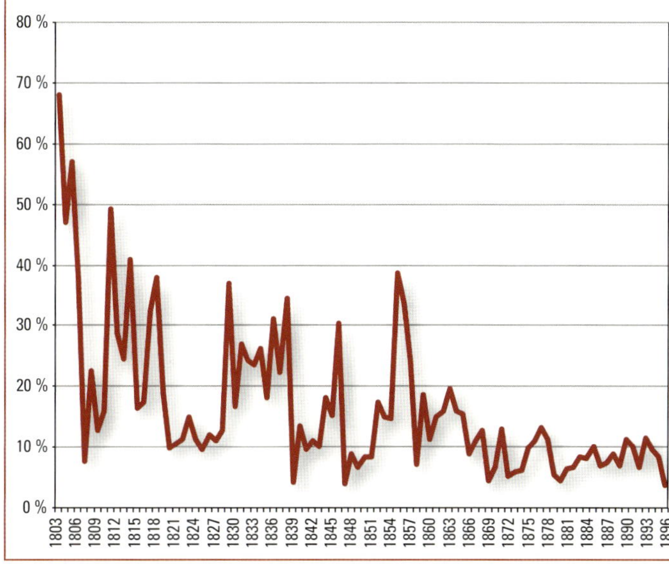

Comme dans beaucoup de villes françaises du XIXe siècle, la municipalité souhaite distinguer les indigents devant bénéficier d'aides – ceux qui ont perdu leur travail en raison du chômage, de l'âge ou des infirmités – des « mauvais pauvres », inconnus et supposés paresseux. Le plus souvent, cela consiste à exclure ceux mal fixés sur un territoire, *a fortiori* ceux qui ne sont pas français : « Les étrangers indigents ne seront admis à recevoir des secours du Bureau de bienfaisance qu'après cinq années de résidence et d'inscription à la mairie » (1882). Cependant, l'attitude envers eux dépend beaucoup du marché du travail, souvent tendu dans le Nord en raison des concurrences entre agriculture et industrie. Ainsi, la municipalité décide à l'unanimité en 1861 de faire admettre à l'hospice de Roubaix sur le compte de la commune tous les salariés agricoles étrangers (gagés et logés), assimilés aux ouvriers domiciliés à Croix. Voici pourquoi : « Dans nos contrées, les ouvriers sont exclusivement attachés aux travaux de l'industrie, ils désertent le travail des champs pour celui de la ville [...], la culture est privée des bras qu'elle rencontre sur les lieux, il faut avoir recours aux ouvriers étrangers ; [...] mais il arrive que ces ouvriers soient atteints de maladie ou éprouvent des accidents, ils doivent être renvoyés dans leur pays souvent éloigné ou ils restent à la charge des agriculteurs. » Encore une manière de prendre en compte les aspirations du « lobby » agricole local.

L'ÉCOLE AU XIXe SIÈCLE : ACCUEIL, NÉCESSITÉS ÉDUCATIVES ET ENJEUX IDÉOLOGIQUES

Croix fait plutôt bonne figure en matière de scolarisation primaire, compte tenu des contraintes qui pèsent sur elle. L'école communale, mixte, a été rouverte depuis 1803. Dans une bourgade, l'instituteur, au moins jusqu'au vote de la loi Guizot (1833), doit pour survivre exercer d'autres métiers et sert souvent d'aide au curé (instruction religieuse). Le maître de Croix, Constantin Desbonnets depuis 1816, touche de la commune une modeste indemnité de logement au titre des enfants pauvres qu'il instruit gratuitement (quatre en 1819 sur quarante élèves, vingt en 1828 sur une cinquantaine), le complément lui est dû par les parents qui ont les moyens de s'acquitter du droit d'écolage, un peu plus élevé pour un enfant « écrivain » qu'un « non écrivain ». En 1833, un autre enseignant, Adolphe Delesalle, ouvre une seconde école : tous deux instruisent à leur domicile (deux maisons louées sur la place du village). La loi Guizot impose d'améliorer l'accueil des enfants et les conditions d'existence de l'instituteur, fort précaires, par une indemnité fixe de 200 francs. Faute de pouvoir entretenir deux instituteurs, le conseil municipal choisit en 1834 Delesalle « pour ses capacités » (un brevet attestant qu'il sait lire, écrire et compter !) ; Desbonnets – que le curé fait tout pour garder car il l'aide comme clerc de la paroisse Saint-Martin et dispense l'instruction religieuse – maintient une école, privée, qui ferme à sa mort en 1844.

Croix achète en 1836 quatre maisons et un petit terrain pour y loger la mairie, l'instituteur et les salles de classe qu'elle doit aménager (près de l'actuelle école Victor Hugo), pour un coût total de 6 000 francs, sans compter des participations équivalentes de l'État – très lentes à venir. L'instituteur fait de son mieux : aux prises avec des manuels de lecture différents, il ne peut que pratiquer une méthode individuelle, chaque élève étant repris à tour de rôle… Inutile de souligner la lenteur du rythme d'apprentissage et l'irrégularité de la fréquentation, saisonnière (les élèves se font rares pendant les travaux des champs) : 29 % maximum des petits Croisiens de six à quatorze ans en 1846, 32 % en 1847, 37 % en 1848 ; l'industrialisation, avec son cortège de travail des enfants et l'alternance brutale des cycles d'activité, n'arrange rien. Cependant, après 1840, l'enseignant utilise une pédagogie simultanée, avec livres identiques, tableau noir et ardoises, qui lui permet de créer des groupes de niveau allant à peu près au même pas (lecture syllabique, grande innovation ; écriture ; puis calcul) – sauf qu'il est tout seul ! À l'Inspection qui s'inquiète de la sous-scolarisation à Croix, notamment des filles (une pour deux garçons), et de la mixité de l'école, le maire rétorque en novembre 1847 qu'il ne saurait prévoir d'école pour la « population flottante » des quelque six cents Belges du Créchet qui travaillent à Roubaix : « Ces gens-là ne tiennent pas à l'instruction, aucun moyen jusqu'ici n'a encore pu réussir pour les engager à envoyer leurs enfants à l'école. » Le zèle municipal a l'air bien limité, mais une partie de la population ouvrière a effectivement besoin d'un salaire supplémentaire et ne dispose pas, de surcroît, des moyens de payer l'enseignant. La création d'une école spécifique de filles paraît inutile pour la mairie – travaillée en sous-main par le curé qui entend conserver ses jeunes ouailles –, puisque la femme de l'instituteur Tronquez assure gratis, après que les petites ont entendu quelques bribes des cours des garçons, « l'enseignement de tous les ouvrages d'utilité et même d'agrément qu'il convient à une femme de savoir faire, de sorte qu'une institutrice ne saurait mieux faire sous ce rapport »… La question de la scolarisation féminine, rendue obligatoire si la commune en a les moyens par la loi Falloux (1850), se résout « miraculeusement » la même année. Deux sœurs, Marie Philippine et Apolline Charlotte Descamps, rentières à Croix, toutes deux membres de la

congrégation des Sœurs de la Sainte-Union, proposent au maire d'offrir un local pour l'instruction des filles pauvres ; elle serait assurée par une sœur seulement pourvue d'une lettre d'obédience, logée sur place, moyennant le paiement d'une indemnité annuelle (200 francs) et du mobilier scolaire par la commune, triplement gagnante. Mais cette dernière n'étant pas propriétaire du logement, le statut communal de l'école fait longtemps débat. La classe ouvre à la rentrée 1851, avec un potentiel de soixante-dix élèves, ce qui double en gros la scolarisation des petites Croisiennes.

Dans les villes, les plus jeunes enfants (moins de six ans) sont accueillis dans des « salles d'asile », « établissements charitables » (1837) servant de garderies pour ceux dont la mère travaille en usine (ces salles deviendront après 1881 les « écoles maternelles » dotées d'un contenu pédagogique). Il n'en existe pas à Croix avant le Second Empire : auparavant, quelques enfants étaient accueillis par la salle d'asile communale de Flers, située dans la fabrique de M. Descat. En 1857, Marie Descamps, toujours elle, propose de faire construire à l'école des filles Grande Rue une salle d'asile ouverte à tous : la commune indemnise la sœur de la Sainte-Union qui s'en occupe. Le témoignage que nous

La trilogie républicaine, rue de Lille (1887) : la mairie, le commissariat, l'école.

PAGE DE GAUCHE
L'indispensable hospice de la rue des Ogiers, ouvert en 1896.

laisse Caroline Brame dans son journal intime brosse un tableau assez noir des conditions d'accueil des enfants : jeune bourgeoise marquée par une forte foi catholique, elle ne peut s'empêcher de reculer devant la misère ouvrière : « Nous sommes allés à l'asile de Croix aujourd'hui, comme il faisait chaud ! En entrant dans cette salle où plus de deux cent cinquante enfants étaient réunis depuis l'âge de dix mois jusqu'à quatorze, quinze ans, j'avoue que nous avons été suffoqués par une odeur des moins agréables. Que c'était joli à voir, cependant, ces si petits enfants dormant sur les gradins ! Les autres fixant sur nous leurs yeux bleus et noirs avec une expression indéfinissable, enfin les grandes qui chuchotaient tout bas. Que disaient-elles ? On nous récita un petit dialogue qui n'était qu'à moitié endormant, puis nous leur avons distribué à tous des jouets, des gâteaux et des objets plein d'utilité » (*mardi 18 juillet 1865*).

L'école de garçons, qui peut accueillir jusqu'à cent quarante élèves, ne suffit plus. On doit l'agrandir et, pour tenter de suivre cahin-caha l'explosion démographique, la compléter : acquisition de terrains autour de l'école pour l'espace des cours de récréation (1863), reconstruction des bâtiments (financée aux trois quarts par Holden) pour abriter deux classes (1867). Dans la foulée, devant l'insalubrité de la salle d'asile existante, la commune décide de profiter de la loi Duruy (1867) pour créer une école de filles et une salle d'asile communales : opération menée tambour battant dès 1870, moyennant un emprunt de 15 000 francs. Afin d'éviter des descriptions fastidieuses et répétitives, le tableau ci-après récapitule cette course incessante entre les cohortes de jeunes Croisiens et leurs possibilités de scolarisation sous la IIIe République. À présent, l'attitude des parents a changé et l'école apparaît indispensable à la promotion sociale. Le sort de l'instituteur, formé à l'école normale de Douai, s'est amélioré après 1865 (il gagne autant qu'un ouvrier qualifié), mais ce n'est pas encore un notable.

La gratuité et l'obligation scolaires imposées par les lois Ferry (gratuité en 1881, obligation en 1882), bien que largement amorcées auparavant puisque plus de la moitié des enfants sont scolarisés, consacrent toute la difficulté de la commune à financer les dédoublements de classes ou les créations d'écoles, à payer les adjoints : les classes comptent entre cinquante et cent élèves, soit jusqu'à trois enfants par mètre carré. Les maîtres et maîtresses d'école doivent batailler ferme et trouver des appuis. Le moindre argument n'est pas de jouer sur la concurrence

PAGE DE DROITE
Les enfants de l'école publique, devant les grilles de la nouvelle mairie.

L'école privée catholique du boulevard de la Chapelle.

avec les écoles catholiques, qui se développent ou s'implantent dans les quartiers en plein essor… L'abbé Declerk, l'église Saint-Pierre à peine ouverte, a établi une école de filles et une maternelle : l'école Saint-Pierre, dirigée par les Sœurs de la Charité de Saint-Vincent-de-Paul, ouvre en octobre 1896. Il parvient, avec le soutien d'Eugène Duthoit qui possède le local, à créer une école privée de garçons rue Dupire, en face de celle des filles, pour faire pièce au groupe scolaire Kléber : confiée aux Petits Frères de Marie, l'école Jeanne d'Arc démarre dès 1897. C'est bien d'ailleurs ce motif qu'invoque le directeur de l'école publique lorsqu'il se plaint au maire en 1896 : « Certains parents m'ont fait part de leur regret d'être forcés de me retirer les leurs, jusqu'au jour où mon installation sera moins défectueuse. Je crains que cette défection s'accentue encore davantage. Le mécontentement est général. Il sera un appoint considérable à la réussite de l'école privée qui ne va pas tarder à ouvrir, si on n'avise au plus tôt. » Argument imparable, en cette période de guerre scolaire exacerbée : la nouvelle majorité socialiste vote la création d'une cinquième classe… Reste que Croix a fait un effort sans précédent : entre 1871 et 1912, le nombre de classes communales (laïques) a décuplé !

LE DÉVELOPPEMENT DES ÉCOLES COMMUNALES À CROIX

Type et nom de l'école	Nature	Nombre de classes existantes en 1871 (+ année de création)
Centre (V. Hugo)	Primaire Garçons	2 en 1871, 3 (1872), 4 (1880, 5 (1882), 6 (1887), 7 (1890), 8 (1894)
Sainte-Union (école)	Primaire Filles	1 en 1871, 2 (1872), 3 (1873) ; laïcisation 1890
Sainte-Union (salle d'asile)	Maternelle	1 en 1871, 2 (1873) ; laïcisation 1890
Créchet (Kléber)	Primaire Garçons	2 (1879), 4 (1882), 5 (1896), 6 (1899)
Gare (Voltaire)	Primaire Filles	1 (1880), 3 (1881), 4 (1883), 5 (1902), 6 (1912)
Créchet (A. France)	Primaire Filles	3 (1882), 4 (1883), 5 (1892), 7 (1912)
Créchet (Pasteur)	Maternelle	1 (1884), 2 (1887), 3 (1892), 4 (1896)
Grande Rue (J. Macé)	Maternelle	reprise école Sainte-Union : 2 (1890), 3 (1894), 4 (1899)
Grande Rue (J. Jaurès)	Primaire Filles	reprise maternelle Sainte-Union : 2 (1892), 3 (1899)
Mackellerie (Raspail)	Maternelle	2 (1894), 3 (1899)

RF.
MAIRIE
RF.
7. — CROIX. — La Mairie.

6 — Croix (Nord) - Boulevard de la Chapelle
Ecole libre
10c
B. F., PARIS

RÉSEAUX ET ÉQUIPEMENTS COLLECTIFS : DES AMÉNAGEMENTS DIFFICILES

En dehors des questions urbaines et scolaires, déjà évoquées, l'essentiel tourne autour des rapports de la commune avec les Holden.

PAGE DE DROITE
La majestueuse rue de la Gare ; à droite, les rails de la voie ferrée Holden.

UNE GARE ET SA RUE POUR HOLDEN ?

Répondre à l'afflux des marchandises vers et en provenance de son peignage représente pour Holden un défi que ne peuvent relever ni les norias d'attelages depuis la gare de Roubaix *via* la rue de l'Épeule, ni le transport fluvial par péniches abordant aux quais du canal. D'où l'idée de créer sur la voie ferrée existante un embranchement en lisière

Péniche à quai sur le canal de Croix ; au fond, le pont de Croix et l'usine Holden.

de Croix pour assurer le transit des produits industriels par wagons jusqu'au peignage, par une voie ferrée perpendiculaire longue d'environ un kilomètre. Encore fallait-il obtenir l'accord de la Compagnie des Chemins de fer du Nord, qui a refusé à trois reprises en 1868 d'ouvrir une gare concurrente si proche de celle de Roubaix. Imaginant un temps un transport fluvial de substitution depuis Dunkerque, la société Holden parvient à ses fins par l'entremise du notaire lillois Edmond Gennevoise, par ailleurs fils de l'avocat-conseil des Holden. Le notaire, qui se trouve avoir pour client la Compagnie du Nord, la convainc en 1870 : elle accepte l'ouverture d'une gare, uniquement pour les marchandises et à condition que le peigneur pourvoit aux terrains et à une bonne partie des frais d'installation (30 000 francs pour les voies de garage), plus la rémunération d'un aiguilleur particulier. Autant que l'entregent de Me Gennevoise, l'argument économique a joué : le peignage génère plus de 12 000 tonnes de fret par an et l'ensemble Croix-Wasquehal compte à présent une dizaine d'entreprises importantes susceptibles de rentabiliser l'embranchement. Ce sera d'ailleurs le cas dès 1877, lorsque la Société des Produits chimiques de Croix, pour un sous-raccordement, devra s'acquitter d'une redevance annuelle d'au moins 5 000 francs.

Les Holden achètent, parfois au prix fort, pour plus de 13 hectares de parcelles à l'emplacement de la gare et du futur raccordement. Le tracé initial, destiné à éviter toute construction, prévoit un simple parcours en plein champ. Parallèle au trajet actuel, mais 250 mètres plus au nord, il devait passer derrière l'église et se rabattre vers l'usine en décrivant un coude au niveau de la cense de M. Delannoy-Descamps. C'est l'opposition déterminée de ce dernier, refusant de vendre un verger, qui contraint Holden à imaginer une autre solution. Au contraire d'une voie ferrée qui déprécie les propriétés qu'elle traverse, une rue mixte bordée d'un chemin de fer accroîtrait la valeur des terrains adjacents. C'est ainsi que le peigneur, conscient qu'on ne peut « songer à une expropriation pour cause d'utilité publique », parvient à convaincre les deux autres grands propriétaires (la veuve d'Au-

male, de Valenciennes, à qui il a déjà racheté sa parcelle pour la gare, et le brasseur Brulois, qui obtiendra d'ouvrir un cabaret face à la gare…) de se joindre à lui. Le nouveau tracé, certes plus coûteux pour lui au départ, passe par l'intersection des chemins vicinaux du Noir Bonnet et des Ogiers pour aboutir rue des Anglais (future rue Holden), avant de rejoindre le peignage : les wagons chargés, d'abord tirés par des chevaux, peuvent ainsi suivre la légère déclivité – les locomotives des six convois quotidiens accéderont directement à l'usine après 1879. L'industriel conditionne évidemment l'ouverture de la rue à celle de la gare.

À l'échelle croisienne, la voie longue de 800 mètres paraît monumentale : l'arrêté municipal du 11 juillet 1872 impose une largeur de 20 mètres au lieu de 16 au départ (9 mètres pour le pavé, 5 pour la voie ferrée, deux trottoirs de 3 mètres – deux fois la norme) et une viabilité sur toute la longueur (trottoirs bordurés, fils d'eau pavés et aqueducs). La veuve et le brasseur, nettement gagnants, assument le quart des 155 000 francs de dépenses de mise en viabilité, Holden le reste. Un an après son ouverture, la rue sera cédée « en bon état d'entretien » à la commune, qui devra alors l'assurer (sauf pour la voie ferrée). La rue de la Gare est inaugurée en grandes pompes le 9 août 1873 : le maire Pluquet peut ensuite inviter au banquet offert par Isaac Holden-Crothers, outre ce dernier, les responsables ingénieurs de la Compagnie du Nord, Me Gennevoise, le député Beaucarne-Leroux et les élus locaux au son de l'harmonie municipale. Les réjouissances se prolongent le lendemain, sous la forme d'un festival de musique et de défilés.

La gare de marchandises, située sur le territoire de Wasquehal, mais intitulée Croix-Wasquehal pour ne pas perturber les clients du peignage, ouvre finalement le 1er mai 1873 et se place rapidement au quinzième rang parmi les 230 du réseau de la Compagnie. Celle de voyageurs, conformément aux vœux émis en août 1872 par la municipalité, puis la préfecture, voit s'arrêter les premiers trains le 1er novembre 1873. Sa fréquentation ne justifie pas les réticences de la Compagnie : la halte de Croix-Wasquehal passe des douze arrêts quotidiens au double après 1874. Toutefois, la gare ne se trouve pas dans l'axe de la rue éponyme car sa construction est entamée alors que Holden vient de choisir un tracé rectiligne pour son raccordement : d'où un coude de quarante mètres… Les abords de la gare de voyageurs, d'abord simple guérite offerte par Holden, puis copie de celle de

Seclin, demeurent longtemps précaires, comme le montre à l'envi une carte postale du début du siècle, où les brodequins des voyageuses souffrent de la boue et où les carrioles paraissent bien rustiques !

Au total, selon le mémoire dressé par Me Gennevoise, l'opération aura coûté aux Holden 763 000 francs (550 000 pour les acquisitions foncières et la gare proprement dite, 118 000 pour la rue de la Gare et 95 000 pour le raccordement), desquels il faut déduire la valeur des terrains et maisons disponibles à la revente ou à la location, estimée à 480 000 francs, soit un coût réel de 283 000 francs : somme considérable pour un particulier ou une commune, mais à peine l'équivalent d'un semestre de bénéfices, sans compter les quelque 20 000 à 30 000 francs minima économisés en transports ou en ruptures de charge chaque année.

Le projet Holden rencontre celui qu'expriment en 1868 le maire et son conseil qui veulent ouvrir une petite place face au débouché de la rue des Anglais (future rue Holden), accompagnée d'un réseau de six rues nouvelles (entre la rue de la Gare et la rue de Lille) – le seul exemple d'initiative municipale en la matière au XIXe siècle pour structurer correctement l'espace. Beaucarne-Leroux fait valoir la gêne causée par la voie ferrée pour obtenir de Holden la cession gratuite d'un terrain destiné à loger ce qui devient la deuxième place publique de la commune (l'actuelle place des Martyrs), ainsi qu'un marché couvert et une nouvelle mairie – projets, eux, hélas avortés.

HOLDEN ET CROIX

La famille Holden, et notamment Isaac Holden-Crothers qui l'incarne plus de quarante ans, ne peut manquer de susciter à Croix un élan d'enthousiasme. Ce dernier figure au Panthéon des Croisiens, comme en témoigne le monument qui lui a été consacré en 1991. Le peignage permet incontestablement à Croix de se doter des moyens de son autonomie financière, par les impôts qu'il paye, par le développement économique et social qu'il induit et par l'accès à des services autrement impossibles à obtenir. Il convient toutefois de garder en tête l'ordre de proportion entre les bénéfices moyens du peignage et les versements des Holden à la commune : gigantesques et protéiformes vus des simples citoyens, mesurés si l'on s'en tient aux comptes de l'entreprise. Nous avons vu que, pour Croix, l'opération de la gare se révèle une bonne affaire. L'hectare de terrain cédé à la commune pour y établir le nouveau cimetière municipal l'est à un prix modique, à condition qu'une partie du cimetière soit occupée par les tombes des Anglais, dont l'entretien est assuré par une fondation Holden spécifique : à ce moment, une fois le raccordement réalisé, cette parcelle n'a plus guère d'intérêt stratégique pour la firme. Une partie des sommes ou des opérations que le bouche à oreille dit « données » par les Anglais ne constituent en réalité, à la lecture des actes notariés, que des rabais ou des avances, souvent remboursables sans intérêt par la commune. Cela n'est certes pas rien, compte tenu de la charge de la dette, mais ce n'est pas complètement désintéressé. Ainsi, en 1895, les 75 ares de la rue des Ogiers sur lesquels l'hospice est édifié sont cédés à la commune pour 12 000 francs. Loin de nous l'idée de minimiser la générosité des Holden – bien d'autres patrons aussi fortunés n'en ont pas fait preuve. La multiplication des « petits gestes », parfois symboliques (comme l'accueil en personne des fanfares croisiennes victorieuses d'un concours en 1881), qui la perpétuent, relève de ce qu'on appellerait aujourd'hui des « stratégies de communication » destinée à se faire accepter – ce qui n'allait pas de soi – et, surtout, d'une conception sociale où les efforts doivent être partagés, en proportion des capacités de chacun : les contributions des Holden ne couvrent que très rarement la totalité des sommes nécessaires et exigent une participation des intéressés.

Pour l'essentiel, les générosités des Holden relèvent de trois sortes :

– Les actes d'assistance aux malheureux : ils ne ratent aucune souscription, ni aucune initiative destinée à secourir la veuve et l'orphelin local (dons réguliers de 300 francs au bureau de bienfaisance, ou, plus exceptionnel, à des locataires délogés par un incendie ou aux enfants des sept morts croisiens de la guerre de 1870, accueil des malades du choléra dans une partie de l'usine transformée en hôpital, distribution de pains, subvention aux soupes populaires...).

– Le partage de services indispensables à l'entreprise : le public peut profiter tous les jours ouvrables du bureau télégraphique ouvert au peignage en avril 1872, en lui laissant toutefois la priorité ; la brigade de pompiers Holden et sa pompe flambant neuve (12 000 francs), nécessaires vu les risques liés aux machines à vapeur, sont mises à la disposition de la commune en cas d'incendie ; ils versent 10 000 francs en 1866 pour la construction d'une école, qui accueille surtout les enfants de ses salariés, la commune salariant l'instituteur ; ils donnent 30 000 francs pour le curage d'un canal... qu'ils ont largement contribué à polluer.

– Leur action auprès de l'État, des grands intérêts économiques et de la commune pour développer les infrastructures : outre les gares, la liaison Croix-Roubaix en car à vapeur ouvre en 1879, prolongée en 1880 jusqu'à Lille par le CD 14, avant que ne les remplacent les tramways électriques verts de la ligne F en 1902 ; en avril 1879, un bureau de poste ; à partir de 1881, ils versent 60 % du coût du réseau d'éclairage au gaz de la voie publique, pour lequel la commune est depuis 1868 liée à la société Desclée pour cinquante ans ; 80 % des 10 000 francs nécessaires à l'édification du gymnase en 1884, et 20 % des 60 000 francs de la construction de l'hospice en 1896.

Enfin, Isaac Holden-Crothers, véritable « Français de cœur », a multiplié les déclarations d'amour patriotique au-delà de sa commune d'accueil : il donne ainsi 500 000 francs pour financer plus vite le paiement des cinq milliards d'indemnités dues à l'Allemagne après 1871, souscrit à divers monuments aux morts de 1870, comme à Roubaix. Il est d'ailleurs fait chevalier de la Légion d'honneur en juin 1876 sur la proposition du préfet du Nord.

PAGE DE GAUCHE
Les abords de la gare de Croix restent à aménager...

Le pont de Croix, au temps du tramway à vapeur de la ligne F (avant 1902).

Croisiens et Croisiennes de tous âges sur la Grand-Place, devant le bureau des Postes et Télégraphes et la rue Holden-Crothers.

DÉBATS LOCAUX ET ENJEUX NATIONAUX

Les bouleversements de la société croisienne ont eu évidemment des répercussions sur l'orientation politique de la commune. Mais pas au rythme que l'on suppose. Si la masse ouvrière l'emporte tôt en nombre, cela agit à retardement : n'oublions pas que les étrangers ne votent pas et qu'il faut attendre les années 1890 pour que la part des Belges s'abaisse significativement au profit des nationaux, et quelques années encore pour que leurs enfants puissent apporter leurs suffrages. De surcroît, le monde ouvrier n'est pas plus homogène politiquement qu'il ne l'est socialement, surtout tant que n'émergent pas des partis censés le représenter.

DE DROITE À GAUCHE ?

La crise du 16 mai 1877, qui met fin aux tentatives autoritaires du président de la République (le maréchal de Mac-Mahon), ôte toute possibilité de restauration monarchique. Les grandes lois fondatrices de la République, notamment celles sur la presse (1881) et sur les municipalités (1884), favorisent incontestablement un débat politique qui, auparavant, surtout à la campagne, restait souvent l'apanage des notables, même s'il existait déjà des formes d'expression populaires. S'enracinent et se diffusent alors les pratiques qui lui sont liées : enquêtes publiques, organisation des partis ou des groupements d'idées, relais associatifs, développement des réunions ou des meetings, diffusion de la presse (locale, comme le *Journal de Roubaix*, ou nationale, avec la révolution des journaux de masse bon marché), discussions dans les cabarets ou, plus fermés, les « clubs », collages d'affiches, distribution de tracts ou de libelles peu amènes… Les campagnes électorales nous ont laissés, au contraire de la période postérieure à 1896, fort surveillée, peu de documents spécifiques à Croix, même pour les élections locales. Beaucoup de professions de foi proviennent de modèles nationaux ou régionaux. Cependant, tous les témoignages concordent pour montrer la prudence d'une municipalité républicaine attentive, mais guère coercitive, y compris avec les forces cléricales. Le pensionnat Wallaert qui accueille, près du château de La Fontaine, des orphelins pauvres, est édifié avec des fonds privés. On peut porter au crédit des édiles d'alors cette phase d'apprentissage de la démocratie, ainsi que la priorité accordée à la scolarisation des enfants des deux sexes et, dans une moindre mesure, leurs tentatives pour remédier à l'urbanisation sauvage de la cité. Témoins la parcimonieuse progression de l'éclairage au gaz depuis 1875, le déménagement du cimetière en 1878-1879, l'aménagement de l'ancien presbytère, déclassé en 1887, pour y loger mairie (déménagée de la place Saint-Martin), commissariat et école, rue de Lille, la trop lente et indulgente reconnaissance publique des voies privées croisiennes, ou le projet d'hospice civil, rue des Ogiers. Pour l'avenir, sont étudiées les possibilités d'électrification (1895) ou d'adduction d'eau potable.

Le cas d'Henri Ségard illustre bien le parcours des notables républicains qui prennent progressivement le contrôle de la mairie après la crise du

PAGE DE DROITE
Dessin de la façade du Chalet-bains de Croix, de style Art nouveau (1901).

Le majestueux orphelinat privé Wallaert (plus tard Institution Notre-Dame-des-Anges), dans le « poumon vert » de Croix.

16 mai. Élu en 1865 au conseil municipal, où il siège jusqu'en 1896, il devient adjoint en 1880 et préside le groupe radical. Commandant des gardes mobiles de Croix-Wasquehal durant la guerre de 1870, administrateur de la Caisse d'Épargne, on le retrouve dans une série d'associations. Il fonde en 1884 La Patriote, dont il est président honoraire jusqu'à sa mort en mars 1904. Ses funérailles, religieuses, ont lieu à Saint-Martin.

LA MAIRIE DE CROIX AUX SOCIALISTES (1896)

La surprenante – ou « inquiétante », selon le point de vue des autorités – conquête de la mairie par les socialistes et leurs alliés radicaux-socialistes en mai 1896 se fonde sur une victoire assez large de Florimond Desbarbieux. Dès les années 1880, on sent émerger un mouvement ouvrier autonome. Ainsi, se multiplient les bulletins blancs barrant les listes républicaines au profit de « Vive la Sociale » ou « Vive Louise Michel », l'égérie des Communards. Croix est la troisième ville du département à basculer dans l'escarcelle socialiste, après Roubaix (1892) et Lille. Supposée provisoire, l'installation du « socialisme municipal » (expression plus tardive) s'avère durable : les élections municipales de 1900 et de 1904 confortent indéniablement la nouvelle majorité. Ces événements scindent le groupe des républicains de la première ou de la deuxième heure qui ont tenu la municipalité durant près de vingt ans. Une partie d'entre eux, tout en soutenant le régime et les « libertés de 89 », deviennent de plus en plus « modérés » et s'organisent face aux « outrances » des « collectivistes », ainsi dans la Ligue républicaine de Croix que dirige Paul Pluquet.

La police politique craint beaucoup l'effet d'entraînement sur les communes industrielles moyennes voisines, d'autant plus que cet enracinement s'accompagne de la création d'une série de mutuelles ou de coopératives ouvrières, d'obédience socialiste, mais aussi chrétienne : outre la Brasserie coopérative, La Prévoyante, société anonyme coopérative des ouvriers-rentreurs (boulangerie, en 1890, produits de consommation, en 1898), qui siège rue Lavoisier et compte 1 250 membres en 1893, l'Union coopérative du Thorin (épicerie, 1893), la Boucherie coopérative croisienne (1899)… Il s'agit d'organisations populaires de masse, réformistes certes, à l'image des grandes coopératives belges qui accordent à leurs membres des réductions à l'achat et participent aussi au développement des mouvements de consommateurs « contre la vie chère ». On peut porter au crédit de la nouvelle équipe la volonté d'améliorer le réseau viaire – quitte à forcer les propriétaires des rues particulières à les paver, ce qui est illégal selon le préfet –, l'effort considérable, en quantité et en qualité, pour l'équipement scolaire primaire, ou la construction, décidée en 1901, d'un beau et utile chalet-bains qui donnera satisfaction après quelques déboires initiaux. Voici d'ailleurs comment le cabinet du préfet du Nord, le 28 octobre 1897, tout en critiquant la personne des dirigeants socialistes, notamment Desbarbieux, tire un premier bilan de la victoire du Parti ouvrier à Croix :

« M. Desbarbieux à Croix, dans sa mairie, agit seul ; nul ne l'influence et il gère les finances communales comme ses intérêts particuliers, avec un ordre et une parcimonie extrêmes. Il est économe des deniers municipaux comme s'ils sortaient de sa poche, il s'occupe lui-même des fournisseurs et rien n'échappe à sa vigilance. […]

Les chefs du Parti ouvrier font déjà sonner bien haut, dans les réunions, ce que Croix a fait, considérant les œuvres de solidarité

CROIX, LE PARC BARBIEUX ET « L'ANNEXION »

L'extension urbaine de Roubaix et de Croix brouille les limites communales et soulève des contentieux récurrents, sinon même des litiges entre les deux villes au cours des années 1870 et 1880. Roubaix demande souvent des « rectifications de limites » afin d'ordonner sa croissance. D'autre part, les fiscalités locales différentes – Roubaix conserve son octroi – compliquent les relations. Pourtant, c'est la construction du parc Barbieux et l'ouverture du Grand Boulevard qui créent les tensions les plus vives.

L'avenue Lacépède, sur l'emplacement du canal abandonné.

Reconnue d'utilité publique par un décret impérial de 1866, la construction d'une promenade et d'un jardin sur le site d'un canal avorté, impose des expropriations difficiles. De fait, les travaux commencent à la fin des années 1870 et se développent par étapes successives. Le territoire croisien est concerné, mais des échanges amiables résolvent une partie des problèmes quand les municipalités respectives ont la même tonalité politique – ainsi en 1880. Pourtant, peu à peu, une avancée en « doigt de gant » se dessine en terre croisienne. La ville de Roubaix, dirigée par Eugène Motte, ne juge pas utile, après 1900, de se concerter avec sa voisine quand l'ambition du « beau jardin » est à l'ordre du jour. Des propriétaires de Croix cèdent des terrains à des prix élevés sans en référer à la mairie puisqu'ils ne sollicitent aucune autorisation de construire. À l'achèvement des travaux, en 1908, la partie occidentale du parc se déploie sur Croix et non sur Roubaix. Les Croisiens et leurs élus insistent sur les relations difficiles entre le nord et le sud de la commune sans convaincre Roubaix, qui refuse d'imaginer qu'une avenue puisse traverser le jardin et cherche à protéger un espace qu'elle aménage à grands frais.

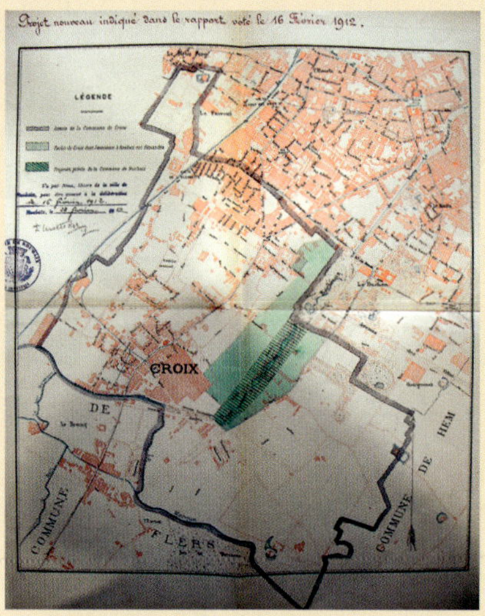

« L'annexion » de Barbieux : plan du projet de février 1912.

Le Grand Boulevard et sa jonction avec le réseau de voies roubaisiennes alourdissent le contentieux. Si Eugène Motte est un des promoteurs de « l'avenue du XXe siècle », Croix ne marque pas d'intérêt pour cette artère qui n'a pas de fonction structurante pour son développement. Or, le programme de construction décidé par le conseil général du Nord impose une chaussée carrossée large et une voie ferrée destinée au tramway rapide. Les modalités d'une « belle entrée de ville » préoccupent la municipalité Motte d'autant plus que l'Exposition internationale est à l'horizon 1911.

Après une réponse dilatoire des élus croisiens en 1908, Roubaix réexamine de nouveaux projets au printemps 1910. Le conseil municipal débat de l'annexion de tout ou partie du territoire de Croix. L'intégration de la commune suburbaine n'effraie pas financièrement la capitale de la laine car les équipements essentiels fonctionnent à Croix. Comme l'absorption n'apparaît pas politiquement réaliste, le conseil propose d'annexer environ 170 hectares, situés de part et d'autre de Barbieux, soit plus d'un tiers de la commune. Jean Lebas, le chef de l'opposition socialiste, fait voter une solution de compromis pour une négociation difficile avec les assemblées locales : il s'agirait d'annexer 32 hectares au nord du parc pour construire l'entrée de ville souhaitée.

Les discussions roubaisiennes se déroulent sans consulter les voisins. Dès qu'ils apprennent le contenu des délibérations roubaisiennes, les Croisiens expriment leur indignation et émettent de vives protestations. Des pétitions circulent dans la ville pour alerter les élus du conseil d'arrondissement et du conseil général appelés, par la loi, à donner un avis et pour inciter la préfecture à diligenter toutes les enquêtes utiles. Le conseil municipal rencontre un écho non négligeable : les enquêteurs épousent plutôt ses vues ; les instances locales, que traversent bien des tensions à propos du boulevard, émettent des avis défavorables en 1911 et 1912. Les élec-

Le célèbre café de la Laiterie.
Le nouveau grand boulevard Carnot, encore peu encombré.
Les rocailles aménagées du parc Barbieux.

tions municipales de 1912 confirment à Croix une équipe socialiste décidée à résister et provoquent, pour des raisons complexes, l'échec d'Eugène Motte et la victoire des socialistes de Jean Lebas.

Sans se rapprocher, malgré une adhésion politique commune au parti socialiste SFIO, les deux villes affinent et nuancent leur argumentaire. Roubaix se replie le 16 février 1912 sur « l'annexion minimale » des 32 hectares (cf. la dernière version du projet, page ci-contre). Croix, qui dénonce le « fer à cheval » dans lequel on veut enfermer son territoire et le paradoxe d'un octroi en plein cœur de la ville, exprime son souhait, ultime proposition, de participer à la construction du « boulevard » longeant Barbieux et annonce son intention de préparer l'aménagement du quartier qui demeurerait croisien. Pourtant, le 7 octobre 1913, le conseil général du Nord accepte la proposition de « rectification des limites communales de Roubaix » selon un schéma Lebas amendé. Le Conseil d'État donne son aval, puisque toutes les procédures sont respectées. Le président de la République, Raymond Poincaré, signe le décret qui rattache à Roubaix 32 hectares du territoire croisien, le 28 février 1914. Le 22 octobre 1914, un nouveau décret présidentiel confère l'utilité publique à l'ouverture d'une avenue comprenant chaussée et voie ferrée et longeant le parc au nord.

La persévérance roubaisienne, par-delà les alternances politiques, trouve ses origines dans les contentieux avec Croix, mais surtout dans une politique d'urbanisme propre largement antérieure. Face à Lille, Roubaix veut édifier une entrée de ville digne de sa puissance économique et veut renforcer les relations avec le chef-lieu que la vieille route, par Croix, ne lui permet pas d'obtenir. En outre, son extension vers l'ouest l'encourage à imaginer un espace privilégié où les villas cossues, bâties dans la verdure, composeraient un quartier résidentiel susceptible de fixer une population aisée qui tend à lui échapper. Annexer ce territoire l'autorise à mettre en œuvre une stratégie urbaine que les voisins de Croix seraient incapables de mener.

Dans cette affaire, Croix commet des maladresses parce que ses intérêts diffèrent de ceux de Roubaix et parce qu'elle ne dispose pas des moyens de sa grande voisine. Elle n'a pas tort de vilipender les élus roubaisiens qui la « traitent comme s'ils étaient en pays conquis », ni de dénoncer les espoirs de spéculations foncières : le terrain a un coût plus élevé à Roubaix qu'à Croix ; bien des propriétaires de Croix sont aussi roubaisiens. La ville en tire des leçons pour l'avenir. Il lui faut aménager le sud de Barbieux et l'axe du Grand Boulevard pour éloigner les prétentions roubaisiennes. Sa présence dans les instances électives ne doit pas être négligée : après 1918, les maires de Croix songent au conseil d'arrondissement et au conseil général. Des questions fondamentales sont posées, au-delà de l'anecdote. L'identité des « beffrois » a des limites et l'aménagement d'une agglomération comme celle de Lille-Roubaix-Tourcoing a besoin des structures adaptées à l'ampleur des problèmes.

sociale. Croix a un budget de 25 000 F. 11 800 F ont été votés pour le bureau de bienfaisance, soit une augmentation de 1 000 F. Durant le dernier hiver de 96-97, déjà, une somme de 700 F a été consacrée à la distribution, dans les écoles, de cretonne, à la pièce (2,20 m par enfant), et de laine, en pelotes, distribuées dans les écoles maternelles. Et les petites filles faisaient elles-mêmes leurs chemises, et tricotaient leurs bas. Cette année la municipalité doit faire mieux encore : 1 500 F ont été votés et approuvés pour distribution de vêtements aux enfants, et 4 500 F sont destinés à la création des cantines scolaires. Un crédit de 200 F a été ouvert pour accorder des indemnités pour les fournitures scolaires des élèves qui entreront à l'institut Turgot (les garçons) et à l'école primaire supérieure Sévigné (les filles). 1 000 F ont été votés pour envoyer des enfants au sanatorium de Saint-Pol. 8 000 F pour le fonctionnement de l'hospice nouveau, qui aura coûté à la commune près de 100 000 F. La ville n'a pas d'octroi et les centimes sont peu élevés. L'hospice avait été construit précédemment, mais l'ancienne municipalité n'avait rien prévu au budget pour ce service. Le conseil municipal socialiste de Croix prétend avoir également à son actif l'installation du service des eaux potables, voté en principe avant son installation, mais sans projet présenté. »

Mais la « peur sociale » qui s'exprime face à la montée en puissance du mouvement ouvrier, alors considéré comme ennemi du régime républicain, n'est pas forcément fondée. L'unanimité se fissure au sein des socialistes, entre l'idéologie révolutionnaire des guesdistes et les tentations ou pratiques réformistes des « socialistes indépendants », auxquels appartient l'équipe Desbarbieux. Ce dernier, qui n'adhère pas à la SFIO unifiée de 1906, se marginalise ensuite rapidement : il obtiendra moins de 150 voix aux municipales de 1912… En effet, l'attitude relativement attentiste du maire durant les grèves de 1904-1905 est critiquée, tout comme son ambiguïté sociale et le sens de ses intérêts bien compris. Tout se passe comme si la vigueur, voire l'inventivité, de sa politique anticléricale prétendait masquer une certaine timidité révolutionnaire.

PAGE DE DROITE
Défilé, fanfare et procession vers l'église Saint-Pierre.

Deux listes socialistes concurrentes s'affrontent d'ailleurs en 1908 : l'une alliant socialistes indépendants et radicaux-socialistes (Desbarbieux et Bernard), l'autre représentant la nouvelle SFIO, qui l'emporte nettement : en dépit du fait que Léon Stien, le nouveau maire socialiste (32 ans), est employé de la ville de Lille, sa liste a une tonalité nettement plus ouvrière. De même, la victoire d'Augustin Telliez en 1912 voit l'arrivée d'un authentique ouvrier tisserand, âgé de 43 ans, à la tête de la municipalité. Cette dernière multiplie les symboles, comme le monument aux victimes du travail et les aides aux grévistes ou aux syndicats. Toutefois, l'unanimité se fait, même lorsque Roubaix est dirigée par les socialistes après 1912, pour faire front contre les multiples projets « d'annexion » roubaisienne (*cf.* encadré page 150-151).

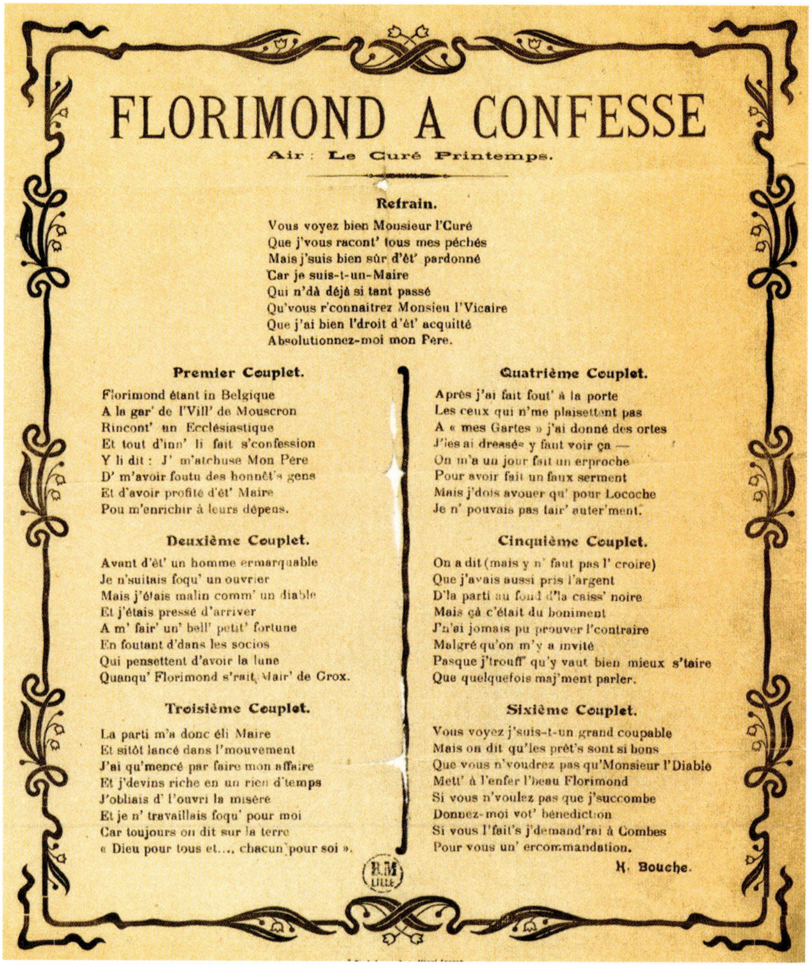
FLORIMOND A CONFESSE

Air : Le Curé Printemps.

Refrain.

Vous voyez bien Monsieur l'Curé
Que j'vous racont' tous mes péchés
Mais j'suis bien sûr d'ét' pardonné
Car je suis-t-un-Maire
Qui n'dà déjà si tant passé
Qu'vous r'connaitrez Monsieu l'Vicaire
Que j'ai bien l'droit d'ét' acquitté
Absolutionnez-moi mon Pere.

Premier Couplet.

Florimond étant in Belgique
A la gar' de l'Vill' de Mouscron
Rincont' un Ecclésiastique
Et tout d'inn' li fait s'confession
Y li dit : J' m'atchuse Mon Pere
D' m'avoir foutu des honnêt's gens
Et d'avoir profité d'ét' Maire
Pou m'enrichir à leurs dépens.

Deuxième Couplet.

Avant d'èt' un homme ermarquable
Je n'suitais foqu' un ouvrier
Mais j'étais malin comm' un diable
Et j'étais pressé d'arriver
A m' fair' un' bell' petit' fortune
En foutant d'dans les socios
Qui pensettent d'avoir la lune
Quanqu' Florimond s'rait Mair' de Crox.

Troisième Couplet.

La parti m'a donc éli Maire
Et sitôt lancé dans l'mouvement
J'ai qu'mencé par faire mon affaire
Et j'devins riche en un rien d'temps
J'obliais d' l'ouvri la misère
Et je n' travaillais foqu' pour moi
Car toujours on dit sur la terre
« Dieu pour tous et…, chacun pour soi ».

Quatrième Couplet.

Après j'ai fait fout' à la porte
Les ceux qui n'me plaisettent pas
A « mes Gartes » j'ai donné des ortes
J'les ai dressés y faut voir ça —
On m'a un jour fait un erproche
Pour avoir fait un faux serment
Mais j'dois avouer qu' pour Locoche
Je n' pouvais pas fair' auter'ment.

Cinquième Couplet.

On a dit (mais y n' faut pas l' croire)
Que j'avais aussi pris l'argent
D'la parti au fond d'la caiss' noire
Mais çà c'était du boniment
J'n'ai jomais pu prouver l'contraire
Malgré qu'on m'y a invité
Pasque j'trouff' qu'y vaut bien mieux s'taire
Que quelquefois maj'ment parler.

Sixième Couplet.

Vous voyez j'suis-t-un grand coupable
Mais on dit qu'les prêt's sont si bons
Que vous n'voudrez pas qu'Monsieur l'Diable
Mett' à l'enfer l'beau Florimond
Si vous n'voulez pas que j'succombe
Donnez-moi vot' bénédiction
Si vous l'fait's j'demand'rai à Combes
Pour vous un' ercommandation.

H. Bouche.

B.M. LILLE

Chanson humoristico-politique : « Florimond à confesse ».

CLÉRICAUX ET ANTICLÉRICAUX AU TOURNANT DU SIÈCLE

La place de la religion et des Églises dans la société moderne alimente une part importante des débats politiques postérieurs à 1880. La laïcisation de la vie publique, la suppression du crucifix des locaux publics, la sécularisation des cimetières, des programmes scolaires et des personnels nourrit, dans la plupart des communes françaises, les discussions publiques autour des « cléricaux » et des « anticléricaux ».

La situation de la ville de Croix offre des analogies, mais aussi de nombreuses différences avec des communes telles Roubaix, Tourcoing ou Lille. Le petit nombre des membres de la bourgeoisie moyenne limite l'influence de la sociabilité laïque ; les francs-maçons locaux se réunissent dans les loges lilloises, avant que les « amicales laïques » ne deviennent les pépinières de la laïcité. La section locale de la Ligue des droits de l'homme est fondée en février 1905. Les ouvriers ne constituent pas un ensemble homogène et, flamands ou non, demeurent marqués en grande partie par la pratique du culte. Les socialistes, majoritairement guesdistes, adhèrent à l'anticléricalisme, voire à la libre-pensée militante, même s'ils annoncent que le combat contre le capitalisme demeure prioritaire. D'ailleurs, les obsèques civiles ne donnent pas lieu à manifestations ; les chansons socialistes connues à Croix n'accordent une grande place ni à l'anticléricalisme ni à la libre-pensée. La société de libre-pensée ouvrière recrute peu de militants. En revanche, les protestants baptistes qui réunissent une communauté de plus de 500 personnes expriment un anticléricalisme actif qu'illustre le pasteur Mafille, à l'origine de pétitions qui encouragent les socialistes à interdire en 1896 les processions, en 1901 le port public de la soutane, avant les sonneries de cloches pour les cérémonies religieuses en 1907, ou à débaptiser certaines rues (boulevard de la Chapelle, place Saint-Pierre, place Saint-Martin). En effet, les fastes de l'Église catholique les irritent et la concurrence entre les deux Églises sert la municipalité qui profite de « troubles à l'ordre public » pour asseoir une stratégie laïque.

Le patronat local et les propriétaires qui dominent longtemps la vie communale gardent une forte influence dans la paroisse Saint-Martin. Ils subventionnent les écoles congréganistes depuis les années 1880 et n'hésitent pas, dans les entreprises textiles, à fournir un emploi d'abord aux employés qui envoient leurs enfants à l'école privée. Holden se tient à l'écart de ces pratiques, mais le filateur Leclercq-Delaoutre ou le teinturier Cocheteux sont connus pour utiliser ces procédés. Eugène Duthoit, à la fin des années 1890, est le propriétaire de l'école des Frères maristes et déploie son activité de juriste et de militant au service de la « défense religieuse ». La question laïque est centrale lorsque sont fondées les associations politiques conservatrices, où l'on retrouve des figures du patronat local : l'Union catholique, dont la première assemblée générale se tient à Croix en avril 1904, ou l'Union sociale et patriotique, qui organise des conférences dans différents quartiers. Les prêtres et le patronage multiplient les processions, notamment de jeunes, tandis que les défilés des fanfares ou du club des Alpins font l'objet d'âpres controverses. Les escarmouches foisonnent. Comme beaucoup d'autres litiges avec la mairie, l'affaire de la procession de la Fête-Dieu (24 juin) 1900, suivie par quinze cents fidèles dans la propriété personnelle de Georges Prouvost-Duhaut, mais réputée visible depuis la Grand-Rue, finit devant le tribunal de Roubaix, mais par un acquittement. Ne reculant pas devant la provocation, le maire Desbarbieux, au nom du bureau de bienfaisance, ordonne le 11 juillet 1904 aux gardes champêtres d'effectuer des quêtes dans les églises, lors des offices et des enterrements, « devant le grand nombre de familles nécessiteuses et les secours urgents à distribuer ».

La municipalité républicaine adopte une attitude ambiguë avant 1896. Ainsi, la laïcisation des écoles n'est pas achevée en 1896 : les filles peuvent encore suivre l'enseignement communal congréganiste. À l'opposé, elle verse un traitement

L'ÉGLISE SAINT-PIERRE

À la fin des années 1880, l'obtention d'un premier vicaire (1864) puis d'un second (1878) et l'agrandissement de l'église Saint-Martin ne suffisent plus pour les besoins d'une population toujours croissante, tout particulièrement dans le quartier du Créchet. L'initiative de la construction d'une deuxième église, encouragée par le curé de Croix, revient à une rentière du lieu, Mademoiselle Marie Anne Direz (1827-1910). Elle s'investit dans cette œuvre en hommage à son oncle, l'abbé Pierre Direz, curé de Croix de 1852 à 1876, dont elle a hérité de la fortune, et le prénom de celui-ci explique le choix du vocable.

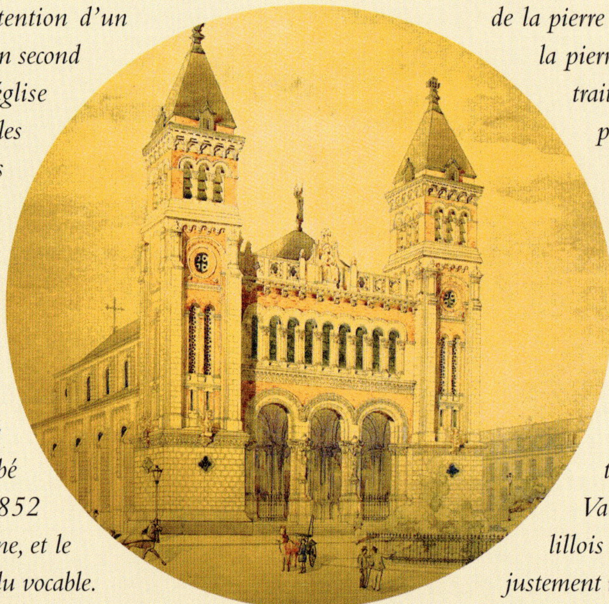

L'architecte roubaisien Paul Destombes (1850-1919), déjà auteur d'une dizaine d'églises dans l'arrondissement de Lille, est choisi en 1889. La première pierre du nouvel édifice est posée le 7 avril 1889 ; l'église est achevée en juin 1890, mais elle n'est ouverte au culte, par arrêté préfectoral, que le 10 mai 1892. Une fois encore, Destombes, qui est également l'architecte du séduisant presbytère voisin, a recours à son style de prédilection, le néo-roman. Mais les moyens mis à sa disposition – la construction seule coûte plus de 200 000 francs – lui permettent de donner libre cours à sa créativité. Initialement prévue pour servir d'écran à un square, la large façade, avec ses deux tours et son porche à trois arcades, est une des plus monumentales et des plus originales de la région lilloise. À l'intérieur, le vaisseau central, de 10 mètres de largeur, est particulièrement ample. En revanche, l'élévation à deux niveaux, grandes arcades et fenêtres hautes, n'est pas très innovante. L'ensemble reste néanmoins séduisant. Le choix des matériaux, notamment de la pierre bleue et de la brique blanche simulant la pierre, est très heureux tout comme l'est le traitement de la sculpture ornementale, en particulier des corbeilles des chapiteaux et du Tétramorphe symboliquement placé au bas des tours.

Fait assez rare pour être souligné, l'église est achevée avec son mobilier définitif. Autels latéraux, transformés pour l'un en 1895 et en 1901 pour l'autre, confessionnaux, maître-autel amputé depuis de ses parties hautes, et chaire, supprimée après Vatican II, ont été réalisés par le sculpteur lillois Édouard Buisine, dont l'atelier était justement réputé. Aux deux extrémités du maître-autel, les anges musiciens juchés au haut de colonnettes sont particulièrement remarquables. Le chœur a été doté, dès 1890, de cinq verrières dues au talent du célèbre peintre verrier Lorin établi à Chartres. Elles figurent, de gauche à droite, la Remise des clefs à saint Pierre, le saint présenté plein de vigueur en position très frontale, et son crucifiement la tête en bas. Les lambris du chœur et les stalles, bien qu'ils ne datent que de 1932-1933, s'intègrent sans peine à cet ensemble.

Initialement prévue, la cession de la nouvelle église à la commune échoue en 1893 et l'édifice est finalement cédé à la fabrique en 1900 ce qui lui vaut, l'année suivante, le titre de chapelle de secours. Après la loi de séparation des Églises et de l'État, elle fait partie des rares lieux de culte restitués à ses propriétaires originels après « réclamation ». Ils constituent à cet effet, en 1909, une société civile immobilière dont fait partie Eugène Duthoit. L'église appartient à l'Association diocésaine de Lille depuis 1927.

au pasteur protestant pour éviter de le payer à un nouveau vicaire catholique. La construction de l'église Saint-Pierre révèle également la complexité des choix. Une société civile anonyme s'est constituée en 1888 pour édifier un lieu de culte dans un quartier en pleine croissance. La première pierre est posée le 7 avril 1889. Propriété privée, l'église est achevée en 1892 sans qu'il y ait eu d'autorisation de construction. La municipalité en profite pour exiger l'aménagement des abords : une chaussée pavée, un réseau d'égouts, un parvis, des trottoirs (la place Saint-Pierre, devenue « place de la

Église Saint-Pierre. Dessin en perspective (détail) de P. Destombes (1889).

Liberté »). Les notables locaux – dont le grand-père d'Eugène Duthoit, Cyrille Férié – se soumettent mais, en échange, ils attendent des contreparties : assurer le statut de succursale à la nouvelle église afin que la commune la prenne en charge ou du moins contribue à son fonctionnement. La donation en est un moyen : la ville l'accepte en 1892, tout en renvoyant au conseil de fabrique de Saint-

La nouvelle église Saint-Pierre (façade).

L'abbé Léon Declerck, curé de Saint-Pierre (1892-1923), acteur majeur de l'action catholique dans sa paroisse.

Martin le soin de rétribuer les desservants. L'interpellation du préfet donne lieu à un échange de courriers fort intéressant : les arguments économiques – l'installation de commerçants autour de l'église – l'emportent sur les considérations religieuses pour justifier les choix municipaux. Néanmoins, l'État qui, depuis les années 1880, fait preuve d'une grande vigilance quand le clergé réclame la création d'une paroisse, impose le statut de « chapelle de secours » et non pas d'église. La fabrique de Saint-Martin doit donc subvenir aux besoins du nouveau lieu de culte qui ne dispose d'aucune compétence juridique. Contrairement aux proclamations catholiques la qualifiant de « paroisse » (ainsi lors du jubilé de l'abbé Declerck en 1907), Saint-Pierre conserve ce statut jusqu'en 1908, quand l'archevêché de Cambrai l'érige en paroisse, puisqu'il dispose du pouvoir de le faire après le vote de la loi de séparation.

La publication de la loi sur les congrégations, le 1er juillet 1901, pose à nouveau le problème de l'école puisque les congrégations installées à Croix se consacrent principalement à la fonction enseignante. Le conseil municipal est sollicité d'émettre un avis sur chacune d'entre elles, les Frères maristes comme les Sœurs de l'Enfant Jésus ou les Sœurs de la Sainte Union. Les élus radicaux et socialistes prononcent toujours un refus et justifient leur choix au nom d'arguments pédagogiques (la qualité médiocre de l'enseignement) ou politiques (la division de la jeunesse et des familles, l'hostilité au gouvernement républicain, voire les troubles de l'ordre public). Toutes les congrégations finissent par être interdites sur le territoire communal, ou doivent se réduire à l'état laïque. Ainsi, les sœurs de la Charité de Saint-Vincent-de-Paul doivent-elles quitter en 1902 leur école de la rue Kléber : la cérémonie d'adieu, en présence d'un millier de personnes, se transforme *in fine* en meeting électoral. En revanche, après sécularisation, les Frères maristes peuvent continuer à enseigner : le procès contre l'État qu'Eugène Duthoit gagne en 1903 fait jurisprudence. Des établissements privés maintiennent leur acti-

Une jeunesse dynamique sur la place Saint-Pierre, rebaptisée place de la Liberté (derrière, la pharmacie et un distillateur...).

vité, grâce aux subsides des notables locaux, même si le nombre de leurs élèves diminue progressivement, faute d'enseignants.

L'application rigoureuse de la loi conduit les élus à mettre en œuvre une politique scolaire dynamique. Les socialistes ont adopté cette stratégie dès 1896 et la poursuivent au-delà. Agrandir les locaux scolaires ou construire de nouvelles écoles dans les quartiers en pleine croissance sont des priorités tenues avec persévérance pour faire pièce à l'influence de l'école « libre » financée par la bourgeoisie catholique. Lutte sociale et combat anticlérical se nourrissent mutuellement. La gestion socialiste s'inscrit donc dans la perspective de la promotion laïque locale. Le contrôle du bureau de bienfaisance devient un enjeu, que gagne le nouveau maire. Vient le tour de la commission administrative de l'hospice : en janvier 1905, les radicaux-socialistes alliés de la mairie gagnent sa vice-présidence, le républicain libéral Paul Pluquet est remplacé par le radical Halluin. La laïcisation de l'hospice en est un exemple particulier : supprimer le traitement des religieuses, refuser l'entretien de la chapelle sont des préliminaires d'intensité croissante. Les débats au sein du conseil municipal soulèvent l'opposition de la minorité qui tente d'obtenir le soutien de l'opinion locale. De fortes tensions agitent plusieurs institutions : la musique municipale (dont la Grande Harmonie, catholique, à qui le maire interdit tout défilé en février 1904...), les corps de sapeurs-pompiers ; mais bien d'autres sociétés communales surmontent ces débats virulents (La Patriote).

La séparation des Églises et de l'État offre un second exemple de cette marche vers la laïcité. Dès son arrivée à la mairie, la majorité socialiste émet des vœux en faveur d'une loi modifiant les rapports entre les Églises et les pouvoirs publics et refuse d'approuver les budgets de la fabrique paroissiale. Lorsque les campagnes laïques redoublent d'intensité en 1903 et 1904, les occasions ne manquent pas de rappeler l'admiration des élus pour l'action anticléricale du gouvernement d'Émile Combes et pour « l'épuration des moines, des religieux et des défroqués », à l'indignation de la minorité. La majorité du conseil décide de supprimer la contribution communale au budget de la fabrique avant le vote de la loi de séparation ; elle provoque

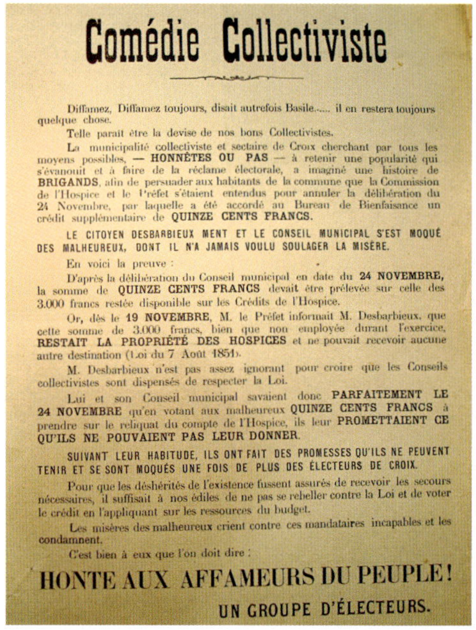

Comédie Collectiviste

Diffamez, Diffamez toujours, disait autrefois Basile..... il en restera toujours quelque chose.

Telle parait être la devise de nos bons Collectivistes.

La municipalité collectiviste et sectaire de Croix cherchant par tous les moyens possibles, — **HONNÊTES OU PAS** — à retenir une popularité qui s'évanouit et à faire de la réclame électorale, a imaginé une histoire de **BRIGANDS**, afin de persuader aux habitants de la commune que la Commission de l'Hospice et le Préfet s'étaient entendus pour annuler la délibération du 24 Novembre, par laquelle a été accordé au Bureau de Bienfaisance un crédit supplémentaire de **QUINZE CENTS FRANCS.**

LE CITOYEN DESBARBIEUX MENT ET LE CONSEIL MUNICIPAL S'EST MOQUÉ DES MALHEUREUX, DONT IL N'A JAMAIS VOULU SOULAGER LA MISÈRE.

En voici la preuve :

D'après la délibération du Conseil municipal en date du **24 NOVEMBRE,** la somme de **QUINZE CENTS FRANCS** devait être prélevée sur celle des 3.000 francs restée disponible sur les Crédits de l'Hospice.

Or, dès le **19 NOVEMBRE**, M. le Préfet informait M. Desbarbieux, que cette somme de 3.000 francs, bien que non employée durant l'exercice, **RESTAIT LA PROPRIÉTÉ DES HOSPICES** et ne pouvait recevoir aucune autre destination (Loi du 7 Août 1851).

M. Desbarbieux n'est pas assez ignorant pour croire que les Conseils collectivistes sont dispensés de respecter la Loi.

Lui et son Conseil municipal savaient donc **PARFAITEMENT LE 24 NOVEMBRE** qu'en votant aux malheureux **QUINZE CENTS FRANCS** à prendre sur le reliquat du compte de l'Hospice, ils leur **PROMETTAIENT CE QU'ILS NE POUVAIENT PAS LEUR DONNER.**

SUIVANT LEUR HABITUDE, ILS ONT FAIT DES PROMESSES QU'ILS NE PEUVENT TENIR ET SE SONT MOQUÉS UNE FOIS DE PLUS DES ÉLECTEURS DE CROIX.

Pour que les déshérités de l'existence fussent assurés de recevoir les secours nécessaires, il suffisait à nos édiles de ne pas se rebeller contre la Loi et de voter le crédit en l'appliquant sur les ressources du budget.

Les misères des malheureux crient contre ces mandataires incapables et les condamnent.

C'est bien à eux que l'on doit dire :

HONTE AUX AFFAMEURS DU PEUPLE !

UN GROUPE D'ÉLECTEURS.

Affiche de la « Comédie collectiviste » (décembre 1904), qui bataille pour le contrôle de la commission de l'hospice. Barricade devant le chœur de l'église Saint-Martin, pendant l'inventaire (1er mars 1906).

l'intervention préfectorale puisqu'elle prend une mesure illégale. De même supprime-t-elle l'allocation pour le presbytère paroissial, alors que la loi prévoit son maintien aux prêtres affectés à la paroisse pendant une durée de cinq ans si leur nomination est antérieure au vote de la loi. De leur côté, les notables catholiques s'agitent ; ils multiplient les réunions publiques et lancent des pétitions dont ils envoient les listes aux parlementaires conservateurs. En vain, puisque la loi est votée à une large majorité et que les parlementaires hostiles ne retrouvent pas tous leur siège en 1906 : Eugène Motte est battu à Roubaix.

En application de la loi de séparation, l'inventaire des biens de la paroisse Saint-Martin est prévu le 1er mars 1906. Il ne peut avoir lieu car dans l'église, dont les portes sont barricadées de l'intérieur, une centaine de paroissiens, quelques hommes mais surtout des femmes et des enfants, empêchent les agents de l'État de pénétrer dans le bâtiment. Entouré des membres du conseil de fabrique, le curé Jourdain lit une protestation devant le commissaire de police, l'inspecteur des domaines et le maire Florimond Desbarbieux. Comme il menace d'obliger l'administration à recourir à la violence, les représentants de l'État font un constat de carence et arrêtent l'inventaire pour éviter que la manifestation ne dégénère, mais expulsent les occupants. En fait, les manifestants sont peu nombreux du côté catholique et les militants anticléricaux sont absents. L'inventaire du temple protestant se déroule dans le calme ; le pasteur remet, comme c'est le cas à Roubaix, la liste des biens affectés au lieu du culte. Les églises restent fermées pendant un mois : les barricades ne sont enlevées que le 3 avril, après que le gouvernement a décidé de suspendre les inventaires. À aucun moment, les protestataires ne

EUGÈNE DUTHOIT (1869-1944) ET LE CATHOLICISME SOCIAL

Né à Roubaix, il appartient aux grandes familles du patronat lainier de l'agglomération : les Ferlié, Motte et Wattine. Orphelin de mère, il est élevé par ses grands-parents maternels, propriétaires du château de la Croix Blanche. Élève au collège Notre-Dame-des-Victoires puis étudiant à la Faculté catholique de droit de Lille, il obtient le doctorat en 1892. Maître de conférences à la « Catho », il devient professeur, chargé du cours de droit criminel en 1898. Pourtant, il s'oriente rapidement vers l'économie et organise un enseignement structuré de cette discipline de 1906 à 1940. Ses collègues lui confient des responsabilités administratives : assesseur de la Faculté catholique de droit, il en devient le doyen jusqu'à la fin de sa carrière. Ses fonctions d'enseignant-chercheur ne l'empêchent pas de commencer une carrière politique puisque, de 1898 à 1907, il siège au conseil d'arrondissement où il représente le canton de Roubaix-Ouest et où il apporte une aide efficace à Eugène Motte, le député-maire de Roubaix, son cousin.

À Croix, il s'engage dans l'action locale en présentant sa candidature aux élections municipales de 1908, mais surtout en prenant part aux batailles en faveur des écoles libres et des congrégations religieuses. Il fonde également une société mutuelle, l'Union mutuelle croisienne, et participe à divers patronages ou associations cultuelles.

Ce catholique actif demeure éloigné des positions des démocrates chrétiens tels que Victor Diligent, même si la République ne lui pose aucun problème. À plus forte raison, un mouvement comme le Sillon ne le convainc pas. En effet, Eugène Duthoit appartient à la sensibilité « catholique sociale », assez bien représentée dans les milieux de l'aristocratie et de la grande bourgeoisie. Il est une des personnalités en vue des Conférences Saint-Vincent-de-Paul du diocèse de Cambrai et prend part à la fondation des Semaines sociales de France en 1904. Cependant, il n'accepte pas les thèses classiques d'une hiérarchie sociale d'essence divine, ni celles d'une collaboration nécessaire entre les salariés et les employeurs (les syndicats mixtes). Fidèle aux enseignements de Léon XIII et notamment à l'encyclique Rerum Novarum *publiée en 1891, Eugène Duthoit recherche un ordre social juste parce que la justice est au cœur du christianisme. Dans un livre intitulé* Liberté du contrat et tradition chrétienne, *publié en 1914, il affirme « qu'il faut qu'avant tout un parti de justice règle les modes de production et de répartition ». La question sociale ne peut se résoudre par la charité ; il faut attribuer de véritables droits sociaux aux salariés. Ces positions, constamment répétées, lui valent d'être en butte à ceux que l'on surnomme déjà les « intégristes » qui dénoncent le « complice du collectivisme ». Même si le Vatican, à l'époque de Pie X, exprime ses réserves et ses critiques, Eugène Duthoit demeure un fidèle soumis à l'autorité pontificale.*

Président des Semaines sociales de 1919 à 1939, Eugène Duthoit leur donne un grand rayonnement international. « L'Université itinérante du catholicisme social » réunit des universitaires, des théologiens, des hommes et des femmes d'œuvres et des militants sociaux. Eugène Duthoit en retire de riches synthèses grâce à la confrontation des théoriciens et des praticiens qui se déroule à l'occasion de carrefours et publie un certain nombre d'ouvrages qui s'en inspirent : Un plan de réformes politiques *(1926),* Le catholicisme, lien social *(1932) ou* L'Économie au service de l'homme *(1932). Toutes ces réflexions l'incitent à ne pas désapprouver la législation économique et sociale du Front populaire en 1936. En effet, la reconnaissance des syndicats, des conventions collectives et d'un salaire juste, est au cœur de 1936. Or, depuis de longues années, Eugène Duthoit milite pour un syndicalisme autonome, ce que refusent les patrons du Consortium de l'industrie textile de Roubaix-Tourcoing. Il favorise la formation des militants de la CFTC en assurant des enseignements à l'École normale ouvrière ou en promouvant la formation d'un clergé à même d'agir en milieu ouvrier (les missionnaires du travail). Car il veut servir l'Église pour qu'elle demeure une référence essentielle dans la société contemporaine.*

Néanmoins, Eugène Duthoit n'évite pas la « tentation corporatiste », puisqu'il reconnaît la légitimité des revendications catégorielles, la nécessité d'organiser les professions et de les représenter dans l'État. Cette conviction, associée au pétainisme de l'homme qui a participé à la Première Guerre mondiale, explique non seulement l'adhésion à la Charte du travail promulguée par Pétain en 1941, mais aussi les pressantes recommandations qu'il multiplie auprès des militants catholiques et syndicalistes pour qu'ils en tirent le meilleur parti possible. Or, le pouvoir de convaincre du militant catholique social s'effrite en ces années noires de l'Occupation car ses amis ou ses disciples choisissent le camp du refus. Joseph Danel, son successeur en quelque sorte à la Catho, et Louis Blanckaert, son étudiant le plus fidèle, s'en éloignent.

parviennent à soulever la population, qui ne rejoint pas les notables conservateurs, lesquels demeurent d'ailleurs prudents.

Comme le pape refuse l'article de la loi consacré aux associations cultuelles chargées de gérer les biens de l'Église, de nouvelles lois sont nécessaires. Celle qui est promulguée le 13 avril 1908 confie aux établissements communaux de bienfaisance et d'assistance les biens des fabriques et aux communes la propriété et l'entretien des édifices du culte. Les biens de l'église Saint-Martin sont donc dévolus au bureau de bienfaisance et à l'hospice par décision du conseil municipal au printemps 1910. La donation de l'église Saint-Pierre est révoquée par ses mandataires au nom d'une clause contenue dans la convention de donation signée en 1892 avec la fabrique de Saint-Martin. Redevenue privée, la chapelle est gérée par le diocèse à partir de 1927 puisque l'Église catholique accepte les associations diocésaines après les négociations menées à l'issue de la Première Guerre mondiale.

Le patronage Saint-Pierre, foyer du militantisme catholique.

La maison mère des Petites Sœurs de l'Ouvrier au 50, rue de la Gare (façade intérieure).

Les débats ne cessent pas après 1908, même s'ils perdent en intensité. Ainsi, à la veille de la guerre mondiale, la municipalité fait-elle voter une résolution visant à modifier le nom de toutes les rues ou places de la ville faisant référence à la religion. Pourtant les tensions s'apaisent, hormis dans la communauté protestante au sein de laquelle la refondation des paroisses suscite une crise grave entre le temple de Croix et celui de Roubaix.

Les catholiques adaptent leur choix et renforcent leur organisation, spécialement vers les jeunes (patronage Saint-Pierre). En prenant acte de la construction d'une société sécularisée et laïcisée, certains optent progressivement pour une démarche plus ouverte qui s'écarte de la stricte défense religieuse conservatrice. En abandonnant la vie politique en 1907 (il a échoué nettement en 1904 aux municipales de Croix à la tête d'une liste « républicaine-libérale »), Eugène Duthoit s'engage plus résolument dans la promotion du catholicisme social car l'enjeu se situe sur le terrain économique. De même, l'intransigeance du pape et des notables conservateurs incite les démocrates-chrétiens à utiliser les principes et les procédures de la République pour infléchir leur message et diffuser leur propagande. À Croix, comme à Roubaix, l'action de l'avocat Victor Diligent se veut persévérante et multiforme. Les réunions politiques comme la recherche d'une nouvelle sociabilité tentent de réduire l'emprise du cléricalisme en promouvant une « troisième voie » entre le capitalisme et le socialisme. À cet égard, la fondation de la coopérative de production La Semeuse (confection et objets d'habillement), destinée à lutter contre les abus du capitalisme – le chômage, les bas salaires, la faible dignité du travail ouvrier – fait du territoire croisien, à partir de 1909 et pour quelques années, un laboratoire d'une certaine pensée sociale de l'Église. Forts des enquêtes de l'Office du travail et des « Ligues sociales d'acheteurs » sur le travail des femmes dans la confection, en atelier ou à domicile, les promoteurs de La Semeuse, tel Diligent, veulent remédier à la faiblesse des salaires

(16 à 18 francs par semaine, sans compter l'acquisition du fil et la location de la force motrice) et à la parcellisation des tâches (un veston passe entre trente-deux mains), source de déqualification. Le nouvel atelier coopératif de La Semeuse, inauguré à Croix (au 165, rue Kléber) en octobre 1909, paye les ouvrières 26 francs par semaine, les fait participer aux bénéfices et leur donne une formation professionnelle pour qu'elles sachent confectionner l'essentiel d'un vêtement. Il permet aux mères, selon l'idéal chrétien de la famille, d'emporter le travail à domicile. Les besoins initiaux en capital (2 000 francs) sont divisés en petites parts de 25 francs, rémunérées pas plus de 3 %. L'objectif demeure de le faire racheter par l'ouvrière, selon une démarche démocratique soutenue par les syndicats catholiques locaux naissants (employés, métallurgistes), dits « libres », par opposition aux « syndicats mixtes » ouvriers-patrons, dominés par ces derniers. Une telle démarche, alors novatrice, n'en demeure pas moins exceptionnelle dans l'Église catholique. Cette dernière ne néglige pas, toutefois, les moyens d'assistance et de prosélytisme classiques envers les populations ouvrières, comme en témoigne la maison mère à Croix, rue de la Gare, des Petites Sœurs de l'Ouvrier.

LE SPORT DEVIENT UN ENJEU POLITIQUE ET ÉCONOMIQUE

Les activités sportives se diversifient à la Belle Époque dans des associations et des clubs spécifiques. L'agglomération ne déroge pas à la règle de la codification, au moment où se reconstituent les Jeux olympiques. La pratique devient plus collective et différencie rapidement ceux qui s'engagent dans une activité physique et ceux qui participent à un spectacle. En outre, des lieux commencent à être édifiés dans le paysage urbain : c'est le cas du « vélodrome » et dans une moindre mesure du « torodrome », qui identifient non seulement des espaces dans la ville, mais un point précis dans son développement. Enfin, l'activité sportive rend nécessaire l'intervention de mécènes, qu'il s'agisse de la bourgeoise industrielle (Holden et La Patriote à Croix) ou du pouvoir municipal. Le paternalisme et le souci de publicité pour la première, la recherche de l'influence politique en démocratie pour le second, légitiment les subventions puisque les partenaires en tirent profit. Le sport fait partie de la culture de masse ; son rayonnement dépend des manifestations ou des prestations, d'individus certes, mais surtout de groupes.

L'évolution des sociétés de gymnastique, les courses cyclistes ou les corridas illustrent cette entrée dans l'ère du sport moderne. La Patriote, une société de gymnastique, est fondée en 1884 au moment où le sentiment de la « revanche » est largement répandu et elle ne cache pas son intention de former des hommes capables de devenir de bons soldats. Elle accueille des amateurs dont certains, à l'instar de Gustave Sandras, champion du monde en 1900, acquièrent une grande renommée. Société républicaine, La Patriote se différencie des associations catholiques qui se développent après 1900 et structurent tous ceux qui pensent être exclus par la municipalité socialiste. Mais, de plus en plus souvent, les gymnastes se livrent à des démonstrations qui mettent en valeur les qualités athlétiques tout en proposant de beaux spectacles gymniques.

Les premières courses cyclistes datent du début des années 1890. Des associations roubaisiennes

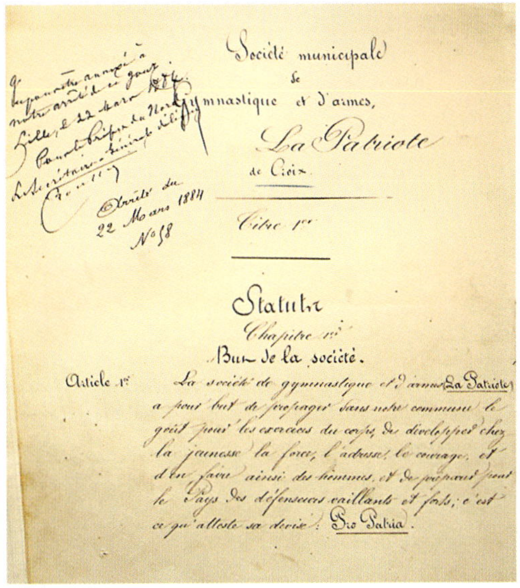
Société municipale
de
Gymnastique et d'armes,
La Patriote
de Croix

Arrêté du 22 Mars 1884 N° 58

Titre 1er

Statuts
Chapitre 1er
But de la société.

Article 1er La société de gymnastique et d'armes La Patriote a pour but de propager dans notre commune le goût pour les exercices du corps, de développer chez la jeunesse la force, l'adresse, le courage, et d'en faire ainsi des hommes, et de préparer pour le Pays des défenseurs vaillants et forts ; c'est ce qu'atteste sa devise : Pro Patria.

Première page des statuts de la Société municipale de gymnastique et d'armes La Patriote de Croix (arrêté du 22 mars 1884).

Fête militaire donnée par la société Les Alpins pour le patronage Saint-Pierre (1901).

prennent l'initiative d'organiser des compétitions où s'engagent amateurs et professionnels ; le *Journal de Roubaix* leur apporte un soutien médiatique et financier. Mais, comme les épreuves se déroulent en ville et imposent l'autorisation du pouvoir municipal, l'édification d'un lieu clos s'avère pertinente. En 1895, deux industriels responsables de clubs vélocipédiques, Théodore Vienne et Maurice Perez, font construire le vélodrome de Roubaix sur le territoire de Croix parce que la valeur des terrains y est moins élevée. L'architecte E. Dupire-Rozan bâtit en quelques semaines un terrain de courses dont on vante les qualités dans la France entière. De nombreuses compétitions de pistards s'y déroulent avec le concours de bien des champions réputés, l'Américain Major Taylor qui, parce que noir, doit solliciter des dérogations, ou Maurice Garin, qui va s'installer à Roubaix. Les courses de vingt-quatre heures, sans interruption et sans relais, constituent le clou de ces démonstrations qui deviennent autant de spectacles de la ténacité ou de l'effondrement des hommes. En 1901, Baert, un coureur de Croix, parcourt plus de 580 kilomètres sans quitter sa bicyclette. La presse raconte l'épuisement des hommes, dont certains sont pris d'accès de folie, en multipliant les images. Le public, qui assiste nombreux – le vélodrome contient plus de 12 000 places –, réclame l'exploit puisqu'il paie sa place à un prix différent, relativement élevé, déterminé par la proximité du spectacle. Ce sont les mêmes promoteurs qui inventent la course Paris-Roubaix en 1896 comme compétition concurrente de Bordeaux-Paris. L'arrivée s'effectue au vélodrome de Croix qui assure le succès populaire et financier de l'opération car le spectacle est athlétique : « les forçats de la route » permettent d'abondants commentaires de presse.

Une société de gymnastique réputée, La Patriote, et son champion du monde en 1900 Gustave Sandras, qui « avait de bons bras ».

PAGE DE DROITE
Le lion Goliath contre le taureau Venaïto dans les arènes de Croix (14 juillet 1899).

Le vélodrome demeure rarement inactif. Ses propriétaires imaginent d'y accueillir des concours d'athlétisme, des démonstrations de gymnastique – « la pyramide humaine » –, des combats de lutteurs, voire des compétitions hippiques. Le sport, collectif ou non, devient spectacle, sinon « jeu du cirque », payant pour l'observateur. Le lieu fixe des estaminets, des buvettes, un restaurant, et accueille des commerçants forains.

L'événement attire un public extérieur à la ville, qui touche les dividendes de la taxe sur les spectacles montés par de véritables entrepreneurs. Théodore Vienne et Maurice Perez en sont deux bons exemples. La réussite de leurs compétitions cyclistes les incite à exploiter, un temps, la curiosité pour la corrida. Ils n'en sont pas les inventeurs car ce sont les animateurs du club hippique, notamment le filateur Wattine, qui en ont eu l'idée en organisant une course de taureaux dans une propriété privée, dès 1893. Les premières expériences associent donc corrida et pratique équestre. En 1897, le vélodrome accueille quelques courses, qui obtiennent un indéniable succès populaire ; les propriétaires annulent des compétitions cyclistes pour monter de nouvelles corridas. En 1899, Théodore Vienne et Maurice Perez font construire le « torodrome » de Croix à proximité du vélodrome, puisque le public semble goûter les prestations des matadors et des picadors.

Convaincus de la rentabilité financière de ces spectacles sportifs, ils accueillent des « courses espagnoles » avec la mise à mort du taureau. L'environnement espagnol est recréé : les aficionados vantent la « plaza de Croix » dans laquelle dix mille personnes peuvent être accueillies. Les corridas drainent les foules. *L'Illustration* raconte que, le 14 juillet 1899, un programme curieux, celui du combat entre le lion Goliath et le taureau Venaïto, attire des Croisiens et des Roubaisiens, des Belges, des Anglais et des Parisiens venus par trains spéciaux ; mais le combat tourne vite court, Goliath se montrant fort peu belliqueux… Des matadors célèbres, sans doute sur le retour, prêtent leur concours. Ce succès populaire correspond à la mode des espagnolades et relève plus de la curiosité que de l'intérêt. En effet, les conditions de la mise à mort de taureaux parfois vieillissants indignent, comme le 14 juillet 1899. La Ligue protectrice des animaux lance des pétitions et fait appel aux députés de la région. Le pasteur Élie Gounelle, dont l'autorité morale est forte, même en dehors de la communauté protestante de l'agglomération roubaisienne, tonne contre ces « spectacles indignes ». La municipalité de Croix apporte son soutien aux corridas car elle prélève des taxes qui améliorent ses ressources et peut offrir aux allocataires du bureau de bienfaisance de la viande à bon compte. Le commerce local en tire profit : les estaminets et buvettes du vélodrome, les vendeurs de fleurs à la sauvette, en bénéficient. Pourtant, avec le temps, les recettes s'amoindrissent. Dès 1902-1903, « l'impôt des pauvres » rentre mal ; les bêtes tuées sont inégalement distribuées. Les promoteurs des courses à l'espagnole finissent par abandonner, ils démontent les installations en 1904. Les opérations spectaculaires qu'ils montent à Paris – galas de boxe, de lutte gréco-romaine – sont plus profitables. L'hebdomadaire *Roubaix-Toros*, qu'ils ont lancé, cesse sa publication en fin d'année 1901.

En 1913, une association, Nord Aficionados, tente de relancer la corrida avec le soutien de la Société nouvelle du vélodrome qui aménage des arènes sur le terrain des cyclistes ; on entend le rentabiliser quand se déroulent les courses de l'été. En juin, alerté par les adversaires des corridas, le préfet interdit toutes les courses à l'espagnole au nom de la sauvegarde de l'ordre public. Au mois d'août, il promulgue un nouvel arrêté d'interdiction en rappelant que les amateurs de taureaux peuvent se rendre à des « courses landaises » dont les fonctions sportives sont plus évidentes. Le maire, Auguste Telliez, regrette ces décisions, mais s'y soumet, ce que les organisateurs des corridas n'entendent pas faire ; des gendarmes occupent les locaux. En 1914, une nouvelle tentative avorte : malgré le soutien de la mairie et du député de la circonscription, le préfet prononce l'interdiction des courses avec mise à mort. La crise diplomatique qui éclate quelques semaines plus tard mobilise les esprits sur d'autres préoccupations que les corridas. Occupé par la cavalerie allemande en 1914-1918, le vélodrome n'est plus en état d'accueillir le public à la fin du conflit mondial.

Les expériences menées à Croix illustrent la diversité des facteurs qui contribuent à l'expansion des sports à la Belle Époque. Au moment où Pierre de Coubertin refonde les Jeux olympiques, les enjeux ne sont pas exclusivement sportifs. À sa mesure, la ville de Croix met en valeur la multiplicité des ingrédients qui contribuent à l'essor de compétitions offrant des réjouissances populaires et assurant la promotion de loisirs appréciés destinés à « assainir le peuple ».

Chapitre 6

UNE VILLE SOCIAL-DÉMOCRATE

(1914-1939)

3 — CROIX - La Gare
Editeur, Nautmont

LES CROISIENS À L'HEURE ALLEMANDE

PAGE DE GAUCHE
La gare pendant la guerre.

Le 3 août 1914, la déclaration de guerre surprend les Croisiens comme la majeure partie des Français. Depuis plusieurs mois, la situation internationale s'était dégradée mais rares étaient ceux qui imaginaient une guerre prochaine. Comme l'avait rappelé la brillante exposition internationale de Roubaix, en 1911, la paix était une des conditions de la prospérité. L'opinion était largement pacifique ; les socialistes locaux, la mairie encourageaient cette sensibilité. Pour preuve, toutes les familles approuvent, en juillet 1914, l'excursion annuelle de fin d'année scolaire. Les familles bourgeoises préparent, elles, leur villégiature sur la Côte.

C'est à partir de la dernière semaine de juillet que monte l'inquiétude. La réquisition des chevaux, des voitures, la suspension des permissions militaires, le rappel des réservistes alarment bien des Croisiens. La nouvelle de la mort de Jean Jaurès, assassiné le 31 juillet, fait croître la tension et l'émotion d'autant plus qu'en fin d'après-midi, le 1er août 1914, la mairie doit afficher l'ordre de mobilisation générale. Le conseil municipal et la section socialiste locale font paraître un communiqué dans lequel ils dénoncent « la montée de l'esprit de violence » et appellent à la « recherche des moyens nécessaires pour éviter tout recours aux armes ». Dans les paroisses, le clergé enfreint l'arrêté municipal qui interdit les sonneries de cloches, en faisant sonner le tocsin.

Le 3 août, les hommes mobilisables commencent à quitter la ville pour rejoindre l'armée. Ces départs n'ont pas lieu dans l'enthousiasme mais dans la résignation : il faut partir, pour une guerre courte. Le plan militaire français qui prévoit la mobilisation de tous les hommes âgés de vingt à quarante-sept ans impose des délais en fonction du statut : armée d'active, armée de réserve ou, pour les plus âgés, armée territoriale. De fait, bien des territoriaux n'ont pas le temps de partir avant l'invasion. Ce sont aussi les Belges qui sont appelés à rejoindre leur consulat et l'armée dès le 3 août. Une mobilisation aussi générale affecte la vie quotidienne. En effet, l'État-Major français prévoit peu d'exemptions : les ouvriers, les paysans, les artisans, les employés, les médecins, les prêtres sont soumis à l'obligation militaire. Quinze des vingt-sept conseillers municipaux doivent abandonner leurs fonctions. L'usine Holden perd 300 ouvriers, soit le tiers de la main-d'œuvre masculine qu'elle emploie et le quart de l'ensemble de ses salariés. Mais l'invasion allemande empêche une partie des mobilisables, les plus âgés, de rejoindre leur régiment.

En quelques jours, se cristallise une véritable union sacrée. Le château de la Croix Blanche se transforme en ambulance. Des jeunes femmes se proposent de venir y soigner les blessés. Le directeur de la CIMA offre aux agriculteurs de la région les faucheuses de son magasin pour moissonner. Le maire Augustin Telliez appelle les notables et les syndicalistes à participer, toutes tendances confondues, à l'organisation d'un comité de secours. Le clergé des deux paroisses dit des messes pour les mobilisés. On salue l'union indéfectible des peuples français et anglais contre l'agresseur allemand.

VIVRE SOUS L'OCCUPATION

Après des semaines de combats indécis mais meurtriers, l'armée allemande occupe un territoire qui comprend une bonne part du département. Elle installe ses garnisons à Croix, le 24 octobre. Si la kommandantur de district prend position à Roubaix, le château de La Fontaine à Croix accueille la kommandantur locale, militaire et civile ; la gendarmerie prend possession du château Florin. Des bâtiments publics – les écoles communales, les salles des fêtes et de gymnastique – et des immeubles

PAGE DE DROITE
Groupe appartenant au Comité d'alimentation du Nord en 1916.

privés – l'usine Holden, les magasins de la CIMA, des écoles privées, des domiciles de particuliers – sont réquisitionnés pour la troupe et les officiers. Un ordre allemand se met rapidement en place. L'heure de l'Europe centrale est imposée aux habitants qui doivent respecter le couvre-feu, disposer d'une carte d'identité et ne peuvent se déplacer d'une commune à une autre sans laissez-passer. Toutes les activités publiques sont interdites hormis les cérémonies religieuses. Les églises deviennent donc des lieux de sociabilité vivants ; le pèlerinage à Notre-Dame de la Délivrance reçoit l'autorisation de l'occupant. Les offices religieux se déroulent sans autre difficulté que celle des messes dites

Bon de monnaie émis en 1914.

par les aumôniers militaires bavarois. En revanche, détenir des pigeons, coller une affiche, circuler le soir, distribuer un tract, est rigoureusement interdit. En 1915, l'occupant procède à l'inventaire des postes téléphoniques et des appareils photographiques et punit ceux qui ne les ont pas remis à la kommandantur.

Dès leur arrivée, les Allemands exigent une contribution financière, par tête d'habitant, qui s'accroît pendant toute la durée de l'occupation. Si elle est fixée à 5 francs, par personne, en 1914, elle atteint 35 francs en 1916. Par ailleurs, tout est prétexte pour prélever sur la commune des financements utiles à la guerre. Les amendes exigées des particuliers ou de la ville pour infraction à la réglementation deviennent pratiques courantes. Les réquisitions régulières s'aggravent avec l'entrée dans la « guerre totale », en 1916, et concernent des produits agricoles, des marchandises en magasins, des objets de la vie quotidienne.

L'occupation entrave très sévèrement toute l'activité économique. Les entreprises manquent de matières premières, de charbon, d'eau ; elles doivent solliciter l'autorisation allemande pour se ravitailler. Comme elles ne disposent plus d'une bonne partie de leurs salariés, les usines locales décident, dès lors, de cesser leur activité et refusent de travailler pour l'occupant. Le chômage devient la réalité quotidienne avec son cortège de pauvreté et d'inactivité. Tous les secteurs de l'activité économique ne sont pas, cependant, à l'arrêt total. Des commerces, des artisans, des agences bancaires, des charges libérales continuent de fonctionner. Les petites entreprises de travaux tenues par des artisans non mobilisés ont encore du travail. La plupart des exploitations agricoles – elles sont seize en 1914 – reçoivent, des Allemands, l'autorisation d'exploiter mais elles manquent de main-d'œuvre. L'occupation aggrave les inégalités sociales et impose le recours aux secours et allocations d'urgence. Les rentiers, les propriétaires ne sont pas, eux non plus, à l'abri des difficultés puisque le gouvernement français, en décidant d'un moratoire des loyers, oblige un grand nombre d'entre eux à vivre d'emprunts et de prêts.

La population perd aussi la plupart de ses libertés collectives et privées. Tout attroupement public est interdit et l'éclairage des immeubles est sévèrement réglementé. La vente de boissons alcoolisées, à l'exception de la bière, produite encore par les brasseries locales, n'est pas autorisée. Les hommes en âge d'être mobilisés doivent répondre à des appels réguliers. Les écoles ne fonctionnent que par roulement à moins que les instituteurs n'accueillent leurs élèves dans les salles des cafés. Par ailleurs, dès l'arrivée de l'armée allemande, les hommes appartenant à la communauté britannique sont assignés à résidence ; certains sont arrêtés, voire déportés. Les Belges sont invités à quitter la ville. En avril 1915, plus d'un millier d'entre eux sont

expulsés. Les Allemands entendent éviter les risques de turbulences sociales et imaginent, aussi, un regroupement de la communauté flamande. Néanmoins, pour pesante et contraignante qu'elle soit, l'occupation allemande n'a pas la pénibilité constatée dans d'autres villes du Nord occupé. Croix n'appartient pas à la zone des combats et demeure une base militaire arrière. L'occupant n'utilise la pratique des otages qu'à partir de 1916, et dans une moindre mesure qu'à Lille ou Roubaix.

Avec le chômage, la pénurie de ravitaillement accable la population dont le sort se dégradera avec la durée de la guerre. Contrairement aux conventions internationales de La Haye, qui exigent de l'occupant de ne pas maltraiter les civils, l'autorité d'occupation ne se préoccupe pas vraiment de l'approvisionnement de la ville. Comme dans toute la France occupée, les pouvoirs publics ne peuvent et ne veulent pas dépendre de la bonne volonté des Allemands. Lorsque les stocks de denrées sont épuisés, il faut improviser des solutions efficaces. Le commerce local, tenu par l'épouse du mobilisé, ravitaille la population sans éviter, toujours, l'exploitation du malheur. La mairie doit donc faire appel aux comités mis en place par les États neutres, Espagne, États-Unis, puis Pays-Bas (Comité hispano-américain, Comité hollandais) et par les mandataires des villes du Nord (Comité d'alimentation du Nord de la France). Pourtant, l'approvisionnement demeure difficile et aléatoire. Le rationnement, accompagné d'un cortège de formalités administratives et matérielles, devient nécessité. L'âge, l'activité professionnelle, le sexe sont autant de critères utilisés pour organiser la vente de denrées qui ne sont pas toujours de qualité et dont le prix monte rapidement. Ainsi, de l'automne 1914 à l'automne 1916, le prix des pommes de terre triple dans les ventes encadrées par les services municipaux.

LES PARADOXES DU POUVOIR MUNICIPAL

Comme dans l'ensemble du territoire occupé, l'autorité allemande refuse de se concerter avec les fonctionnaires d'autorité français, sous-préfet et préfet. C'est pourquoi le maire devient l'interlocuteur de l'occupant et l'intermédiaire entre la population et la puissance étrangère. Cependant l'édile ne peut oublier la tutelle de l'État : il est donc souvent obligé de chercher un double accommodement avec l'occupant et la République, dont la législation ne peut pas être transgressée.

Dès le début de l'occupation, Augustin Telliez met en place un fonctionnement collectif : les dix conseillers en poste se réunissent chaque semaine pour préparer les principales décisions. La présence de chacun est une obligation civique et patriotique. Les charges des uns et des autres sont très précisément définies. S'ajoutent à ce dispositif des réunions fréquentes entre élus socialistes, notamment avec les députés demeurés à Lille comme Gustave Delory ou Henri Ghesquière ; avec les socialistes roubaisiens, les relations sont plus réservées. Éventuellement le préfet convoque une réunion. L'improvisation rend la collaboration et la concertation indispensables.

En effet, si les charges classiques du maire demeurent, la conjoncture impose des obligations et des fonctions nouvelles. Les services sociaux s'étoffent puisque la mairie doit verser les allocations militaires aux épouses et aux enfants des mobilisés et développer les secours aux civils sans ressources. De surcroît, le souci permanent du ravitaillement suppose une vigilance quotidienne. Il faut stocker les denrées, créer des points de vente, organiser les distributions de manière équitable, veiller à ce que leur déroulement se fasse dans l'ordre. Le maire a donc la charge de trouver les locaux, de recruter les directeurs de magasins municipaux ou les gardes champêtres. Il lui revient également d'édicter et de faire appliquer des arrêtés rigoureux pour éviter fraudes et malversations lorsque le ravitaillement en pain est en cause. En effet, le pain est un grand sujet de préoccupation pendant toute la durée de l'occupation.

Les fonctions municipales s'élargissent encore quand s'impose la nécessité de disposer de la monnaie indispensable aux échanges. Les stocks s'épuisent ; la Banque de France ne peut plus émettre les espèces nécessaires ; les banques locales n'ont pas de réserves de longue durée. La ville doit donc émettre des bons communaux avec la double autorisation du préfet et de la kommandantur. Mais pour éviter une dépréciation rapide de cette monnaie papier provisoire, il faut obtenir des cautions et des garanties bancaires. La ville doit donc emprunter auprès de particuliers ou d'organismes financiers locaux et contrôler très précisément les volumes de l'émission. C'est pourquoi s'affiche la solidarité de Croix et de Wasquehal.

La conjoncture de l'occupation renforce l'autorité municipale et prépare une véritable solidarité intercommunale. Les « consortiums de communes » sont nécessaires pour coordonner et fonder l'activité. Croix, comme bien d'autres villes du territoire occupé, se doit d'étoffer ses services administratifs, recruter du personnel pour assurer le suivi de la plupart des décisions. C'est ainsi qu'apparaissent un service du chômage et un service des prêts. Croix participe, entre 1914 et 1918, à une véritable municipalisation du pouvoir qui laissera son empreinte après le retour à la paix. Dans l'immédiat, elle alourdit les charges financières d'autant plus que les sollicitations se multiplient et se diversifient. Mais cet alourdissement qui inquiète – notamment dans l'organisation des secours – n'entrave pas forcément l'avenir car l'inflation progresse.

Confronté à l'occupant, le maire est souvent en situation difficile car il doit à la fois répondre aux exigences incessantes de la kommandantur et faire appliquer des ordres que leur nature rend impopulaires, puisqu'ils concernent même les loisirs. Pendant toute l'occupation, le maire s'engage à respecter ce que les lois de la guerre imposent aux populations : la soumission à l'autorité, le couvre-feu, les réquisitions, le financement, mais il s'interdit de négocier un véritable compromis. Pour avoir refusé une affiche qui voulait imposer la fabrication des « sacs à terre », Augustin Telliez, après une première interpellation au cours de l'hiver 1914-1915, est arrêté et déporté en Poméranie jusqu'à l'armistice. L'adjoint, Victor Vaneslande, qui fait fonction de maire, est à son tour victime de sanctions pour « absence de zèle dans l'exécution ». Avertissements, amendes, emprisonnements lui sont infligés parce qu'il rejette des ordres trop rigoureux. Au printemps 1918, il est suspendu de ses fonctions et menacé du bataillon disciplinaire ! C'est d'ailleurs au printemps 1918 que la kommandantur envisage de désigner des otages au sein du conseil municipal.

LES ANNÉES TERRIBLES

Si l'idée de guerre courte s'estompe rapidement, rares sont ceux, parmi les belligérants, qui imaginent une durée aussi longue. L'année 1915, puis l'année 1916, en n'offrant aucune perspective de paix, suscitent lassitude et découragement. Le maire de Croix, Victor Vaneslande, l'exprime bien lorsqu'à la fin de décembre 1915, il dénonce « l'affreux cataclysme qui réduit notre population si laborieuse à une misère noire » et rappelle le bien-fondé du choix socialiste qui « maudit la guerre ». Un an après, il tient un discours analogue et, ce faisant, inscrit sa réflexion dans une perspective critique de l'Union sacrée.

La guerre totale aggrave contraintes et misère. À Croix, comme dans le Nord occupé, la spoliation des ressources locales s'intensifie. La contribution de guerre augmente ; les réquisitions s'étendent. Le Grand Quartier général allemand procède à l'enlèvement de tous les stocks de marchandises et au démontage du matériel. En 1917, année la plus noire, la population doit remettre les ustensiles de cuisine, les chandeliers des pianos, les serrures des portes, les barres de rideaux car les Allemands ont besoin de métaux. Les églises, exemptées de contraintes depuis 1914, sont obligées de livrer cloches et tuyaux d'orgues ; le temple anglican subit le même sort. Quelques mois plus tard, les Allemands saisissent la laine des matelas au grand mécontentement de la population qui subit de plus en plus de sanctions pour des peccadilles. Tout paiement est exigé en marks, au taux le plus favorable à l'occupant.

Puis l'autorité militaire tente d'imposer l'obligation du travail. Dans une ville où, en 1916, près des deux tiers des habitants sont des femmes, les occupants décident de déporter les jeunes filles pour les faire travailler aux champs. Devant l'indignation locale et la réprobation internationale, ils reviennent à des méthodes plus incitatives en annonçant des avantages matériels à tous ceux qui seraient disposés à travailler pour l'Allemagne. Mais ils n'abandonnent pas l'intimidation et exigent de la mairie la liste de tous les chômeurs comme ils imposent, en 1917, une « carte professionnelle » à tous les hommes. Toutes ces mesures sont ambiguës. Les Allemands veulent limiter les effets du chômage et son cortège de déviances. Mais ils entendent aussi que les civils travaillent à leur service, ce qui constitue une infraction aux conventions de La Haye. À vrai dire, ils n'obtiennent pas grand succès.

Dans ce climat d'oppression, le ravitaillement s'avère de plus en plus délicat. La guerre sous-marine rend les importations des pays neutres de plus en plus aléatoires. L'entrée en guerre des États-Unis oblige à trouver de nouveaux fournisseurs tels que les Pays-Bas qui connaissent, eux aussi, de sérieuses difficultés. La qualité des produits se dégrade au moins autant que leur quantité. Le seigle et le son entrent désormais majoritairement dans la fabrication du pain affublé du qualificatif « kaka ». De nouvelles denrées sont consommées, comme le riz ou les rutabagas, car les pommes de terre font défaut. Les ersatz remplacent les produits naturels : on distribue la céréaline, on donne la recette de la caféinette, de la mokaline ou de la cacaolactine. À la fin de l'année 1917, le lait finit par manquer ; il faut le réserver aux enfants en bas âge et aux malades. L'eau, à son tour, est limitée aux usages domestiques.

En s'ajoutant au rationnement de plus en plus réglementé, les privations accentuent la précarité. La municipalité accroît son contrôle pour répartir la pénurie ; l'occupant multiplie les obligations et les interdits car il redoute une explosion sociale. Ainsi, fruits et légumes ne peuvent-ils quitter la commune au printemps de 1918. Faute d'avoir la capacité d'utiliser le marché noir, les milieux populaires sont tentés par la contrebande. Maxence Van der Meersch l'a évoquée avec réalisme quand il met en scène femmes et adolescents qui deviennent « fonceurs » pour se ravitailler illégalement en Belgique. D'ailleurs la mairie y a recours pour fournir les fumeurs en tabac. Toutefois, malgré toutes ces difficultés, les Croisiens sont moins dénutris que d'autres, les Lillois par exemple. En effet, les épidémies se déploient assez peu et la mortalité, dans la population civile, ne semble pas progresser de manière significative par rapport à l'avant-guerre. Dans une commune où l'urbanisation est loin d'être achevée, disposer de semences permet de cultiver un jardin.

La natalité, dans les trois dernières années de l'occupation, chute de 80 %, conséquence de la longue séparation des couples. À la fin de la guerre, un habitant sur trois est absent de la commune. La mobilisation des soldats, l'expulsion de Belges, les convois de familles pauvres vers la France non occupée, le départ de femmes et d'enfants qui rejoignent leurs familles dans leur commune d'origine, vident peu à peu la ville. Les autorités d'occupation s'en inquiètent et interdisent tout changement de domicile.

Les civils ne sont plus à l'abri des combats. Au cours de l'été 1917, l'aviation alliée bombarde les installations allemandes, tuant plusieurs habitants. D'autres bombardements sont répétés au printemps et au cours de l'été 1918 ; ils provoquent des dommages analogues. Lors de leur retraite, en octobre 1918, les Allemands entraînent avec eux la population masculine à l'exception des élus, des fonctionnaires et des prêtres. La population n'est pas épargnée par la guerre psychologique. Le *Bulletin de Roubaix* exploite la souffrance et incite au pacifisme. Les Français utilisent aussi l'arme psychologique. Eugène Duthoit participe, à la demande du gouvernement, à une campagne d'opinion auprès des intellectuels nord-américains pour faire comprendre les positions françaises.

Ce système oppressif n'entraîne pas la soumission de la population. Si des civils travaillent pour l'occupant, les actes de résistance sont nombreux. Le 1er novembre 1916, Eugène d'Halluin, accusé d'espionnage, est exécuté à Maubeuge. En 1918, des employés de mairie sont punis de prison et de bataillon disciplinaire pour avoir aidé des jeunes à quitter

Croix et la région. La déportation d'Augustin Telliez et les condamnations de Victor Vaneslande illustrent ces actes de refus. On respecte la réglementation militaire sans pour autant accepter la soumission et l'humiliation.

La guerre et l'occupation favorisent un regain de piété, car, selon le témoignage du curé de Saint-Pierre, « le canon et l'imminence des pires épreuves sont de fervents prédicateurs ». L'angoisse quotidienne et la recherche d'une protection divine ou sacrée raniment la dévotion. La participation aux offices et aux cérémonies rituelles, la distribution des sacrements, rassemblent de nombreux fidèles. Hommes, femmes et enfants prennent part, en ces temps d'isolement, de sous-information et d'absence de loisirs, à de beaux « spectacles » car les offices donnent lieu à un cérémonial qui séduit, sauf en hiver, où l'absence de chauffage rend les églises glaciales. Le clergé, qui imagine une « reconquête chrétienne », exploite la dureté des temps pour enrôler les femmes de soldats dans les associations paroissiales et les jeunes au sein des patronages. Pourtant, ce sursaut religieux n'a pas, selon les prêtres eux-mêmes, une ampleur édifiante et durable. Quand s'éloigne l'espérance d'une issue rapide du conflit, les préoccupations du quotidien submergent les esprits.

Le 17 octobre 1918, Croix retrouve la liberté avec joie et soulagement. Aucun combat n'a lieu pour libérer la ville mais en partant les Allemands font sauter les ponts et détruisent le vélodrome, sans toutefois toucher aux usines, contrairement à leurs intentions premières. La population oublie, pour un temps, ses malheurs passés et se réjouit d'une paix prochaine dans l'union reconstruite. Le curé de Saint-Martin raconte qu'il trinque, ce jour-là, avec des libres-penseurs, et que la population embrasse les soldats anglais. Trêve éphémère puisque ces mêmes libres-penseurs sont absents du pèlerinage à Notre-Dame de la Délivrance organisé quelques jours plus tard.

LA MÉMOIRE DE LA GUERRE

Après l'enthousiasme de la libération, la ville compte ses disparus. C'est un traumatisme moral et humain qui frappe la commune puisque 630 hommes – de nationalité française – sont morts au combat. La communauté belge subit aussi un choc important bien que la diversité de ses origines géographiques rende difficile l'évaluation des décès. Le bilan meurtrier signifie qu'un Croisien sur trois mobilisés a trouvé la mort. 7 % des Croisiens, citoyens français, ont été tués ou sont morts des suites de leurs blessures. C'est un véritable « coup de hache » qui s'abat sur la commune. Il frappe de manière visible les associations qui, en 1919 et encore en 1920, dressent la liste de leurs membres disparus : 30 % des Alpins, 20 % des membres de La Patriote, 15 % des membres de l'Union mutuelle croisienne ou de l'Harmonie municipale. En perdant trois élus, le conseil municipal voit disparaître plus de 13 % de ses membres. La guerre atteint, en profondeur, toute la vie associative.

La jeunesse des morts au combat révèle aussi toute la cruauté de l'épreuve. Les batailles de 1914 et de 1915, où l'on recherche le « mouvement ou la percée », sont les plus meurtrières. Ce sont donc les soldats d'active ou de réserve qui tombent les premiers. Pour Croix, 75 % des soldats tués sont âgés de moins de trente ans et 45 % des victimes n'ont pas atteint vingt-cinq ans.

Ces hommes, mobilisés surtout dans des grades subalternes, exerçaient une activité professionnelle, majoritairement salariée. Les deux tiers des soldats tués sont des ouvriers ; plus de quatre tués sur dix travaillaient, avant 1914, dans les usines textiles du Roubaisis. La petite bourgeoisie – artisans, commerçants, employés – n'a pas été épargnée par la violence meurtrière ; le tiers des victimes appartient à cette catégorie sociale. L'économie locale doit donc, à partir de 1919, remplacer les hommes qui lui manquent en recourant, une fois encore, à l'immigration.

Enfin, nombreux étaient les jeunes soldats mariés – le mariage précoce est fréquent dans les milieux ouvriers – et parfois pères de familles. Les tués laissent donc pour les trois quarts d'entre eux une veuve, et l'on dénombre plus de deux cents orphelins. Ces derniers revendiqueront pendant de longues années leur statut de victimes de guerre, à la charge de la communauté puisqu'ils deviennent pupilles de la nation.

Dès son retour de déportation, en 1919, Augustin Telliez décide de consacrer un monument aux soldats morts au combat. Revenu d'Allemagne plus pacifiste encore qu'en 1914, il entend, comme socialiste révolutionnaire, dénoncer le « capitalisme, fauteur de guerre », et construire un lieu de mémoire à toutes les victimes du capitalisme, qu'elles soient celles du travail ou de la guerre. Cette intention, loin de faire l'unanimité en raison de son regard politique sur la guerre, est finalement abandonnée au profit d'autres solutions. La ville fait édifier un monument à la mémoire des victimes du travail qu'elle inaugure le 1er mai 1919. Elle décide par ailleurs de consacrer le monument dressé à la mémoire des morts de la guerre de 1870 à celle des soldats tués au cours des deux guerres, d'apposer une plaque dans les locaux de la mairie et dans les écoles et d'affecter une parcelle du cimetière communal à l'inhumation des soldats que les familles souhaitent rapatrier. Enfin, le conseil municipal s'accorde pour attribuer le patronyme « de grands hommes de paix » à des rues de la ville (Jean Jaurès, Woodrow Wilson).

La commémoration de la guerre ne dispose pas de l'unicité du lieu puisque stèle et plaques sont dispersées dans la ville. Dès lors, la commémoration peut prendre une dimension civique (une plaque dans les locaux de la mairie) et participer à la mise en scène d'un culte des morts (le monument du cimetière). Paradoxalement, mais ce n'est pas le seul exemple en France, le conseil municipal laïque et anticlérical choisit la Toussaint pour commémorer la tragédie. Ce sont donc les morts qu'elle honore et non la patrie qu'elle célèbre. D'ailleurs, le retour des corps des soldats tués, donnant lieu ou non à des obsèques religieuses, offre le spectacle « d'un enterrement permanent » pendant plusieurs années. Le 11 novembre ne fait pas l'objet, dans ces conditions, de commémorations officielles hormis celles que proposent des associations d'anciens combattants.

Tous les Croisiens ne partagent pas les mêmes convictions. La sensibilité pacifiste s'exprime très largement, comme ailleurs. Les groupes d'anciens combattants républicains, majoritaires dans la ville, soutiennent et relaient les choix municipaux. Mais les adhérents de l'Union nationale des combattants, porteurs d'un patriotisme plus affiché, prennent leurs distances car le message municipal ne consacre pas de place à l'armistice et à la victoire. Néanmoins, tout en organisant la célébration du 11 novembre, ils s'associent à celles de la Toussaint d'autant plus qu'il s'agit, à leurs yeux, d'une fête religieuse. Mais ils déplorent la laïcité de la liturgie socialiste et communiste qui, en cette occurrence, respecte les principes contenus dans la loi de séparation de l'Église et de l'État. Ils dénoncent l'installation de stèles sans rappel aux éventuelles croyances des disparus et s'appuient sur les églises paroissiales, notamment celle de Saint-Martin, pour exprimer leurs souhaits. Ils font déposer, dans cette église, une plaque à la mémoire des paroissiens morts pour la France et sollicitent René Max Vandermeersch, jeune artiste croisien, pour qu'il sculpte *Le soldat et la veuve*, groupe destiné au même lieu. Mais c'est en vain qu'ils tentent d'obtenir du maire Louis Seigneur, en 1926, la construction d'un second monument au centre de la Grand-Place communale.

Un pont détruit par les Allemands en octobre 1918.

Les anciens combattants belges n'hésitent pas à participer au cérémonial tout en adhérant à leur propre association qui dispose de ses lieux de sociabilité.

La diversité de la mémoire persiste tout au long des vingt années de l'entre-deux-guerres, car elle s'alimente d'expériences et de cultures différentes. Ainsi les veuves de guerre, les blessés et mutilés se structurent en groupes spécifiques, chacun émettant des revendications particulières. Seuls les prisonniers de guerre ont des difficultés à se faire entendre tant la captivité a mauvaise réputation. Avec le temps, les tensions s'atténuent, permettant ainsi au 11 novembre de devenir plus fédérateur dans les années 1930. La menace que Hitler suscite après 1933 lui donne même une fonction d'exorcisme. En célébrant dans un grand recueillement le 11 novembre 1938, la population tente de conjurer les effets de l'angoissante crise de Munich.

UNE MUNICIPALITÉ SOCIALISTE

Contrairement à d'autres villes de la région occupée, Croix n'a pas à relever de ruines, mais à restaurer. De même, aucune installation industrielle n'est endommagée au point d'être irréparable. Il faut donc réhabiliter, « reconstituer » selon la terminologie utilisée à l'époque en utilisant les « dommages de guerre ». Ce sont les atteintes portées aux moyens de communication qui engendrent les difficultés les plus grandes pour le ravitaillement et la reprise des activités économiques. Les pénuries qui durent de longs mois encore obligent la ville à maintenir les rationnements et à se préoccuper de l'approvisionnement de la population : charbon, viande et denrées de première nécessité. Faute de réorganisation rapide, les mécontentements s'ajoutent les uns aux autres et nourrissent une effervescence que l'État s'efforce d'endiguer.

RECONSTRUIRE ET MODERNISER

La situation des entreprises locales est complexe. Elles doivent reconstituer leur potentiel de production et se rééquiper puisque leur matériel et leurs stocks ont été confisqués par les Allemands. Mais la concurrence est désormais plus rude, l'effort de guerre ayant imposé le recours aux importations. Pour faire face, les industriels locaux réclament souvent un renforcement des protections douanières. En revanche, la dépréciation du franc rend possible, à terme, l'essor des exportations car l'Europe continentale offre des marchés importants. Dans l'immédiat, les difficultés de l'approvisionnement en énergie, en charbon et en matières premières, freinent le redémarrage des entreprises contraintes de pratiquer le chômage technique.

Dès lors, l'aspiration au retour à « la normale » ne peut être satisfaite. La conjoncture se prête plutôt aux tensions sociales tant les intérêts de chacun apparaissent contradictoires. Vie chère et difficultés de l'emploi nourrissent la revendication ouvrière d'autant plus que les salaires ne progressent pas et que les conventions collectives, signées à l'automne 1919, s'appliquent mal. Les industriels du textile fondent, au printemps 1919, le Consortium, qui promet une stratégie sociale (salaires, allocations familiales) mais construit d'abord un front de résistance patronale ; ils visent des gains de productivité dans les usines textiles menacées par la concurrence internationale. Le Syndicat des peigneurs y adhère quelques mois plus tard, en émettant des réserves sur la tactique.

PAGE DE DROITE
Carte publicitaire de la CIMA, dans les années 1920.

À la fin de l'automne 1919, l'agglomération de Lille, Roubaix et Tourcoing est confrontée à de vastes mouvements de grèves. Le patronat local refuse d'augmenter les salaires et souhaite retarder, sinon même différer, l'application de la législation sociale. Il réduit le nombre des embauches pour freiner la pression ouvrière. Les grandes entreprises locales – la CIMA, Holden –, aux stratégies internationales, adoptent des pratiques plus ouvertes et négocient des augmentations de salaires proportionnées à la productivité. Elles évitent la fièvre sociale du printemps 1920 même si plus de 1 500 ouvriers grévistes réclament des indemnités de vie chère. Ce faisant, les peigneurs de la firme Holden obtiennent le « salaire mobile » au grand dam du Consortium. Pourtant ces firmes n'échappent pas à la grève de 1921 qui mobilise, d'août à octobre, les ouvriers indignés par la décision du Consortium de baisser les salaires. Pendant plusieurs semaines, les ouvriers du textile, rejoints par tous les autres dans ce qui devient grève générale, arrêtent le travail. Près de 2 000 grévistes, qui manifestent violemment, réclament aux cris de « nos quat'sous » le maintien de l'indemnité de vie chère. La reprise, partielle, ne s'engage que dans la seconde quinzaine d'octobre 1921 quand le patronat accepte un compromis.

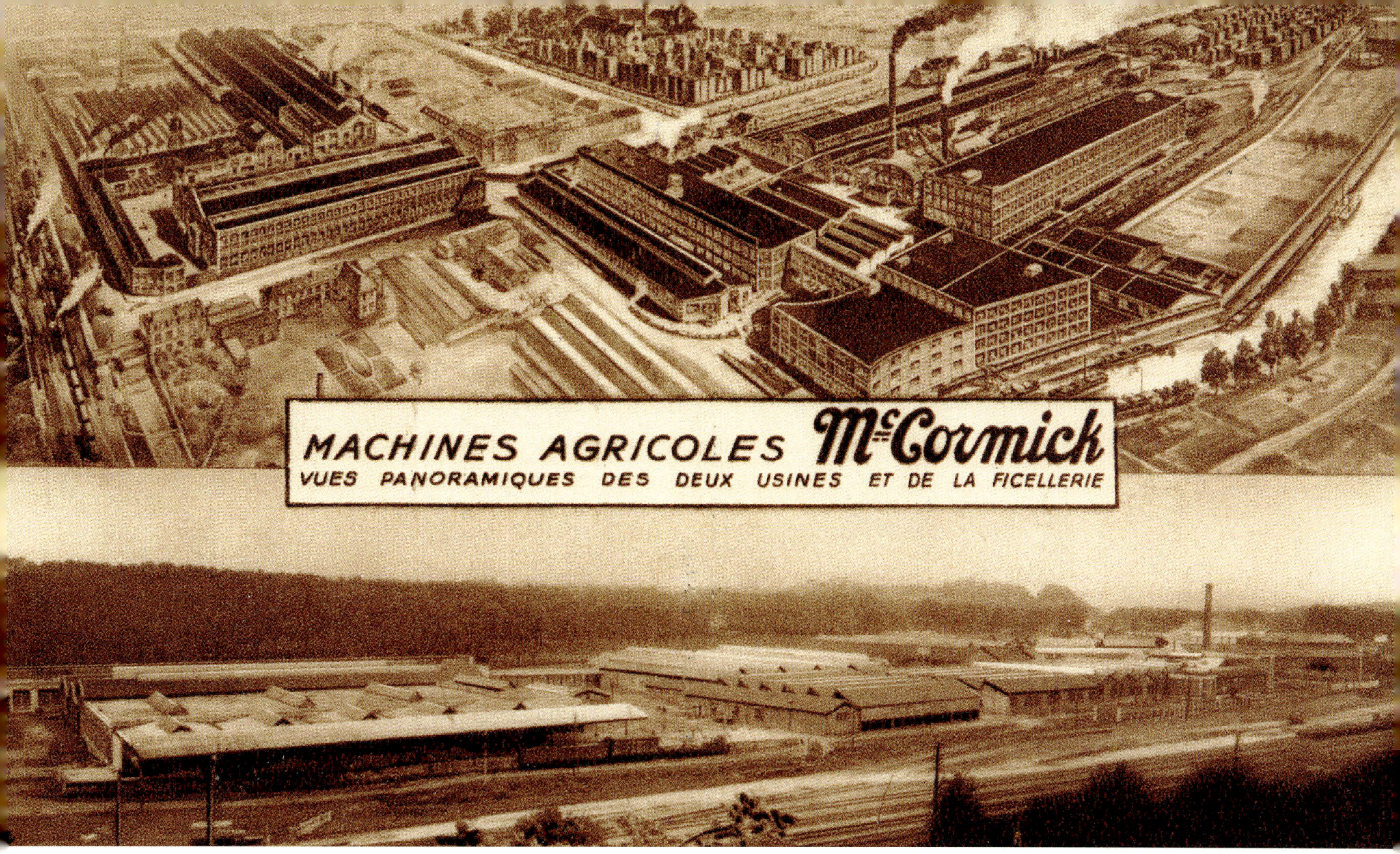

Ces mouvements sociaux illustrent la difficile transition d'une économie de guerre à une économie de paix. Ils font prendre conscience de nouvelles problématiques induites par le conflit mondial. La révolution n'est pas « à l'ordre du jour », mais la conjoncture tendue provoque une division durable entre socialistes et communistes, qui se livrent aux surenchères. L'évolution du catholicisme social, particulièrement celle d'Eugène Duthoit, qui donne son appui à la jeune CFTC, illustre l'émergence d'une nouvelle sensibilité, plus combative, en rupture avec le traditionnel corporatisme. Le patronat y puise les raisons de sortir de son individualisme et de s'organiser, moins pour négocier que pour résister à la revendication ouvrière. L'évolution de la direction du peignage Holden est, à cet égard, très caractéristique. Jusqu'à la Belle Époque, elle s'est tenue à l'écart des industriels de la région, et n'a adhéré au Syndicat des peigneurs qu'en 1902. En 1921, elle obtient un siège permanent au sein du conseil d'administration du Consortium, mais n'y défend pas la négociation.

Dans le champ politique, les effets ne sont pas insignifiants. En effet, la crise sociale, conjuguée à la mémoire tragique de la guerre, pousse la section et les conseillers municipaux socialistes à rejoindre unanimement, en 1920, la IIIe Internationale et donc le communisme. L'administration communiste ne ménage pas ses efforts pour aider le syndicalisme révolutionnaire de la CGTU à s'installer à Croix et dans tout le Roubaisis. La conjoncture explique, dans une large mesure, l'attribution de la Croix de guerre à la commune alors que Roubaix ou Tourcoing ne l'obtiennent pas.

Les effets de la reprise industrielle se révèlent en 1922, notamment dans les grandes firmes. Ainsi, à partir de 1923-1924, la CIMA fabrique-t-elle des moissonneuses lieuses à chevaux, des râteaux faneurs, des semoirs, des arracheuses de pommes de terre, pour satisfaire une clientèle soucieuse de répondre à l'exode rural. Pour d'autres entreprises, Holden, la Cotonnière de Croix, Seynaeve et Dubocage, le renouvellement s'annonce plus délicat car le marché international manque de stabilité. Mais toutes choisissent la rationalisation du travail. Chronométrage, spécialisation des postes, multiplication des équipes, doivent garantir la rentabilité des hommes ou des femmes serveurs de machines plus performantes. Cette « américanisation », qui accroît la pénibilité du travail, provoque des tensions entre patrons et ouvriers comme entre catégories de main-d'œuvre puisque, plus que jamais, les étrangers sont recrutés ou licenciés en fonction des carnets de commandes.

Toutes les entreprises d'importance choisissent des pratiques analogues pour répondre aux nouveaux défis à l'exception de celles qui, comme Seynaeve et Dubocage, recherchent des salariés qualifiés.

L'après-guerre favorise la diversification industrielle grâce à des entreprises moyennes ou artisanales. Le sort de vieilles industries liées à l'agriculture (engrais, petit matériel) ou à l'agro-alimentaire (brasseries, fabriques de chicorée) devient aléatoire. La concurrence de nouveaux matériaux menace briqueteries et tuileries. En revanche, les années 1920 favorisent l'essor d'activités nouvelles en aval ou en amont des industries anciennes. C'est le cas du textile : Croix accueille tissages, teintureries, ateliers de broderie, de dentelles, de soieries. De même, se développent ateliers de fonderie, de construction mécaniques et électriques. La reconstruction et l'urbanisation donnent aux entreprises du bâtiment un nouvel essor (Rabot-Dutilleul, Ferret Savinel) dont bénéficient les artisans qui équipent les immeubles (plombiers, électriciens).

Si le nombre des exploitations agricoles continue de baisser parce que l'expansion urbaine accroît la valeur du foncier et pousse à vendre, les productions maraîchères et horticoles progressent. S'épanouissent surtout les activités de service tertiaire, le courtage, la représentation, le commerce de proximité, l'artisanat de maintenance. Entre 1914 et 1929 le nombre des épiceries augmente de 50 %, celui des bouchers de 29 %. Avec 250 cabarets et estaminets en 1929, le commerce des boissons progresse de plus de 50 % depuis l'avant-guerre. S'installent des commerces de fleuristes, de modistes, de parfumerie, des salons de coiffure, symboles de nouveaux modes de vie influencés par la publicité des Années folles.

PAGE DE DROITE
La villa Voreux Cau. Le vestibule.

Plan de la ville de Croix en 1921.

La reconstitution et la modernisation économiques appellent une population nouvelle et son implantation à Croix. Les années de l'immédiat après-guerre constituent à cet égard un apogée de l'immigration. À la fin de 1919, la mairie recense 7 000 étrangers, soit 42 % de la population totale. Deux ans plus tard, leur nombre atteint 7 612 personnes, soit encore 40 % de la population. Mais la « prospérité » retrouvée des années 1925-1929 stabilise le nombre des étrangers au niveau d'environ 6 000 personnes. Comme avant guerre, les Belges, et particulièrement les Flamands, composent le groupe hégémonique (98 % en 1921) ; une colonie anglaise d'une centaine de personnes continue à vivre à Croix. Toutefois, les années 1920 diversifient les origines de l'immigration. On dénombre, en 1929, 250 Polonais auxquels s'associent, en petits groupes, des ressortissants d'Europe centrale (Hongrois, Tchèques, Russes « blancs ») et méridionale (Italiens).

Les services de la main-d'œuvre qui gèrent l'arrivée des immigrants interdisent, en 1919, le recours aux étrangers, hormis les Belges, dans les peignages. Holden embauche toujours de nombreux Flamands dans les fonctions de laveurs ou de peigneurs. Certains s'installent à Croix ; d'autres, frontaliers, continuent de faire des trajets quotidiens, ou à rentrer, en fin de semaine, dans leur village de Flandre. Les industries de main-d'œuvre déficitaire – la filature, la métallurgie, l'industrie agroalimentaire – obtiennent le droit de recruter des salariés de toutes origines. La CIMA accueille donc des Russes « blancs » et des Tchèques ; la Cotonnière embauche des Polonais qui ne s'installent pas tous à Croix. Bien des Polonais et surtout des Polonaises effectuent, chaque jour, le trajet des mines à Croix et Roubaix avant d'élire domicile dans l'agglomération où ils

occupent garnis et courées abandonnés par d'autres immigrés, en général flamands.

Les recensements n'évaluent donc qu'une partie de la main-d'œuvre étrangère employée dans les entreprises puisque des centaines de salariés n'y sont pas domiciliés.

Le gouvernement souhaite stabiliser la main-d'œuvre étrangère en instituant la carte d'identité professionnelle qui vaut carte de séjour. Valable un an, elle indique la nature de l'emploi et s'impose à tous, même aux Belges qui ont obtenu, en 1924, la libre recherche du travail et de l'installation en France. Si elle doit éviter le *turn over,* l'exemple croisien en montre cependant les limites. Les membres des communautés étrangères, et surtout les Belges, subissent toujours le sort de main-d'œuvre d'ajustement. Par ailleurs, plus de la moitié des salariés d'origine étrangère sont des hommes célibataires ; les familles demeurent minoritaires. Dès lors, loger un travailleur étranger peut se satisfaire d'un logement fort modeste et la scolarisation des enfants ne présente pas d'urgence. En simplifiant les conditions et les modalités de la naturalisation, la loi de 1927 encourage les immigrés à demander la nationalité française. Pourtant, la démarche demeure minoritaire.

UNE URBANISATION ENCADRÉE

Avant la guerre, les pouvoirs publics ne disposaient pas des moyens juridiques nécessaires au contrôle des constructions urbaines. Seuls, les critères de l'alignement et les exigences d'hygiène et de salubrité étaient retenus dans la demande d'« autorisation de construire » délivrée par la mairie. La propriété et l'initiative privées s'imposaient toujours à l'autorité administrative.

La guerre et l'immédiat après-guerre offrent aux municipalités la possibilité d'agir avec plus d'efficacité. En 1917, une loi fixe des règles strictes pour la localisation des nouveaux établissements industriels : les Américains les appellent le *zoning*. La loi de novembre 1918 autorise les expropriations et pose les principes des réserves foncières. Enfin, en 1919, un troisième texte (la loi Cornudet) impose aux villes de plus de 10 000 habitants de se doter d'un « plan d'extension, d'aménagement et d'embellissement ». Par ailleurs, les lois Ribot de 1922 et Loucheur de 1928 veulent favoriser l'accès à la propriété des familles modestes grâce à des incitations financières comme les prêts à long terme et à taux réduit. Plus généralement soucieux de contribuer au renouvellement d'un parc immobilier vieilli, l'État engage une politique de construction incitative. Ainsi, dès le budget de 1922, l'État dispense-t-il tout nouveau propriétaire constructeur de la fiscalité locale et supprime, au passage, le vieil impôt sur les fenêtres.

La ville de Croix, avec ses moyens, utilise tous ces outils. À cet effet, elle désigne un architecte conseil en la personne d'Eugène-Gabriel Pagnerre, un Lillois réputé moderniste. Parallèlement, la ville ébauche, au sein de l'administration municipale, un service technique de « l'urbanisme » chargé de préparer un règlement et d'instruire les demandes de construction.

À la fin de la guerre, Croix prend en compte plusieurs problèmes. Les paysages urbains se sont développés sans plan d'ensemble. Des terrains vagues, des friches subsistent, susceptibles d'être lotis ou de recevoir des installations industrielles. Des rues sont ouvertes mais finissent en impasses ou s'arrêtent à la limite d'une commune voisine. Construits trop vite, sous la pression de l'initiative privée, bien des quartiers et de nombreux immeubles sont insalubres. Le pavage des chaussées ou l'aqueducage sont insuffisants ; la commune manque d'un plan de circulation hiérarchisé. L'ouverture du Grand Boulevard divise le territoire communal et contraint la ville à imaginer sa fonction structurante en relation avec les axes de communication, comme la rue des Ogiers ou la rue Jean-Jaurès.

Augustin Telliez fait adhérer sa ville au projet d'extension, d'aménagement, d'embellissement conjoint avec Roubaix, Tourcoing et Wattrelos. Jacques Greber, architecte urbaniste parisien, qui travaille aux États-Unis et a gagné les concours d'urbanisme de Paris et de Lille, est chargé d'établir le programme. Sa réflexion s'élabore à l'échelle de l'agglomération. Il estime que la ville est « la demeure de la collectivité » et qu'elle doit répondre à trois préoccupations fondamentales. Primo, l'hygiène garantit la vie et la santé ; secundo, la circulation organise la vie économique de la cité ; tertio, l'esthétique confère à la vie urbaine son caractère, son charme et construit le paysage environnemental. En conséquence, l'aménagement de la ville est un art qui doit mettre en œuvre ces trois obligations fondamentales et concomitantes. L'enquête de terrain, menée par voie aérienne, permet à Jacques Greber d'envisager un plan qui, tout en respectant les limites des communes, organise l'agglomération autour des fonctions économiques et résidentielles distribuées en zones. L'urbaniste propose de réduire la densité du centre et d'organiser un plan de circulation qui rende plus aisés les échanges et les communications entre les quartiers et entre les villes.

Faute de pouvoir mettre en œuvre un programme ambitieux qui imposerait des réaménagements trop vastes, la mairie retient quelques principes et, de manière pragmatique, prépare un plan d'embellissement dont l'élaboration couvre la période 1926-1935. Le conseil municipal l'adopte en 1935.

D'emblée, la ville table sur la solidarité communale et participe aux différentes structures mises en place pour traiter des problèmes tels que le curage de la Marque, la navigation, la voirie, la fourniture en électricité ou les transports collectifs. Le plan d'extension met l'accent sur la cohérence nécessaire des voies de communication entre les communes de l'agglomération et de l'arrondissement. Ainsi adhère-t-elle en 1932 au projet de « Lille métropole » et apporte-t-elle sa participation, en 1935, au groupement d'urbanisme initié par le préfet.

La municipalité, soucieuse d'améliorer l'image urbaine, fait aménager quelques petits squares, procède à des plantations d'arbres le long d'avenues et encourage la construction de chaussées et de trottoirs. Les autorisations de construire sont désormais soumises à des critères tels que le choix de matériaux nobles, la décoration des façades, l'harmonie des éléments architecturaux. La commune impose le câblage électrique souterrain pour assurer à la fois la sécurité des riverains et l'esthétique des quartiers. En acquérant les deux « châteaux » de la Croix Blanche et Catteau, elle exprime aussi la volonté de prévenir des lotissements intempestifs en « centre-ville » et de réserver les espaces verts nécessaires, comme l'a rappelé Jacques Greber. Ce faisant, elle installe la municipalité ouvrière et les services sociaux dans de riches propriétés bourgeoises et confère à ses acquisitions une charge symbolique très forte.

Le plan de circulation – l'essentiel du projet de 1935 – s'inspire aussi de Greber. Il hiérarchise la circulation en distinguant le transit et les communications internes. Les transports interurbains passent désormais au nord des quartiers habités (Grand Boulevard, rue des Ogiers). L'avenue Jean-Jaurès, ossature de la circulation interne, doit structurer les lotissements à venir.

Les travaux de pavage.

Améliorer la salubrité, en contrôlant les installations et les activités polluantes, en surveillant les installations privées (citernes d'essence pour l'automobile), compléter la réglementation sanitaire, étendre le réseau d'aqueducs, renforcer l'adduction d'eau potable, constituent les domaines de préoccupation des hygiénistes de l'époque. Ce sont autant de champs d'intervention des deux maires de Croix de l'entre-deux-guerres.

Engagée par Augustin Telliez, prolongée et amplifiée par son successeur Louis Seigneur, cette politique s'inscrit dans une évidente continuité, que la majorité soit communiste ou socialiste. Mais, coûteuse, elle suppose des délais et l'adhésion de la population amenée à supporter des charges financières supplémentaires. Louis Seigneur obtient, sans trop de difficultés, la constitution des syndicats de propriétaires qui prennent en charge, en concertation avec la mairie, l'aménagement des rues. Cependant, la contrainte est souvent nécessaire pour surmonter les inerties ou le refus des règles qui mettent en cause l'initiative privée. Des permis de construire sont rejetés ; des contentieux éclatent à propos du non-respect des normes ou du plan d'urbanisme ; les injonctions adressées aux propriétaires, même les industriels, pour travaux à effectuer, les amendes, sont fréquentes.

Augustin Telliez (1869-1943).

UNE PRATIQUE SOCIAL-DÉMOCRATE ?

L'après-guerre illustre, à Croix, avec une intensité moindre que dans le bassin minier, la division durable du socialisme qui s'affiche au congrès de Tours de décembre 1920.

Le retour des mobilisés a révélé des désaccords dès les élections municipales de 1919. Par ailleurs, l'aggravation de la situation sociale, en 1920, laisse penser que la voie réformatrice est une impasse. Dans l'immédiat, la section SFIO disparaît, mais Augustin Telliez, devenu dirigeant du jeune parti communiste, garde ses fonctions de maire. À Croix, comme dans bien d'autres communes, l'alternative communiste repose sur un malentendu. Bien des communistes se refusent à imaginer la « bolchevisation » de leur parti et s'en éloignent progressivement. C'est le cas d'Augustin Telliez qui n'admet pas de soumettre la gestion communale à des consignes venues de cellules extérieures au conseil municipal et qui prend ses distances par rapport au parti. Il en démissionne en 1924 pour ne pas en être exclu et achève bien difficilement ses mandats de maire et de conseiller d'arrondissement tant les tensions sont fortes. Faute de retrouver la légitimité socialiste, il se résigne à quitter la vie politique.

Entre-temps, sous l'impulsion des nouveaux dirigeants socialistes du département, Jean Lebas, Roger Salengro, le socialisme septentrional se reconstruit en prenant appui notamment sur les élus locaux. Croix occupe une position stratégique car elle est un maillon important de l'influence électorale du parti dans le Roubaisis. Peu de personnalités locales s'imposent au point que l'on songe, pour les élections municipales de 1925, à des militants roubaisiens réputés domiciliés à Croix. Comme prévu, le scrutin n'est pas facile pour les socialistes qui, tout en obtenant 45 % des voix des électeurs inscrits, ne devancent la droite républicaine que de cent voix. Le conseil élu est socialiste ; un seul membre de l'opposition entre à la mairie (le docteur Barroyer).

Le résultat serré fait choisir Louis Seigneur, constamment réélu jusqu'à la Seconde Guerre mondiale.

Louis Seigneur incarne bien le « socialisme reconstruit ». Issu de la petite bourgeoisie démocratique, radical-socialiste encore en 1919, il exerce la profession de représentant de commerce. Pour avoir été gréviste en 1921, il est licencié et devient « commerçant », c'est-à-dire tenancier d'estaminet. Cet itinéraire, somme toute classique pour un socialiste, lui assure une popularité élevée chez les ouvriers et la sympathie de la petite bourgeoisie salariée. Hostile au parti communiste, avec lequel il ne conclut jamais d'alliance même en 1935, il bénéficie longtemps de l'image de « victime du capitalisme ». La droite républicaine apprécie, quant à elle, l'ouverture d'esprit d'un homme dont l'épouse est catholique et qui ne participe pas au militantisme anticlérical public. L'équipe d'adjoints qui l'entoure est à son image : ils ne sont pas « militants ouvriers » mais instituteur (Émile Lhotellerie), commerçant (Auguste Vandenas) ou contremaître (Jean-Baptiste Montois).

La rupture entre les socialistes et les communistes permet au parti communiste de recruter ses adhérents et ses militants parmi les salariés de l'industrie et, tout particulièrement, dans les grandes entreprises. Son image de parti des ouvriers correspond à la réalité sociologique même si des artisans, des employés lui sont acquis. Dès lors, le parti socialiste SFIO reconstruit doit séduire un nouveau public chez les salariés qui ne sont pas principalement ouvriers sans pour autant perdre toute sa clientèle ouvrière. La rivalité entre les deux formations correspond donc à des priorités idéologiques et à une concurrence sociologique. La droite républicaine, qu'influence toujours le catholicisme social, ne se situe pas sur le terrain de la concurrence puisqu'elle incarne plutôt les différentes strates de la bourgeoisie non salariée sans parvenir à mobiliser le patronat industriel qui préfère les responsabilités associatives, caritatives et paroissiales, à l'engagement politique local.

Louis Seigneur (1880-1944).

Confrontée à une double opposition, la municipalité socialiste bénéficie d'une posture centriste à laquelle adhère la majorité du corps électoral. Seule une improbable alliance des adversaires serait menaçante. Dès lors, en bénéficiant d'une audience électorale supérieure à 40 % des inscrits, soit la majorité absolue des votants, les socialistes disposent d'une hégémonie politique peu discutée. En effet, si les années de crise favorisent la progression communiste, elles affaiblissent la droite républicaine et sauvegardent donc la primauté socialiste dont témoignent les conseils municipaux homogènes et la place de Croix dans le socialisme régional.

La section socialiste, constituée d'une centaine de membres, joue un rôle d'impulsion sans définir les choix municipaux confiés au conseil et au maire.

La salle des fêtes-cinéma dans les années 1920.

La confusion des fonctions militantes et des responsabilités de maire n'est plus de saison. D'autre part, les socialistes ont perdu la plupart de leurs relais avec les organisations syndicales, divisées elles aussi entre « révolutionnaires » et « réformistes ». Contraints de reconstruire un réseau au maillage dense propre à mobiliser les électeurs dans leurs activités diverses, ils privilégient les associations sportives et de loisirs, les sociétés de musique et surtout les amicales laïques qui portent la politique municipale en direction des familles et de la jeunesse. Les associations d'anciens combattants ne sont pas négligées, particulièrement les « anciens combattants républicains ». La société de libre-pensée devient plus discrète même si elle participe toujours aux débats locaux. Les présidences cumulées de plusieurs de ces structures de sociabilité, comme c'est le cas de Louis Seigneur, assurent une véritable notabilité à ses détenteurs.

La municipalité exploite le goût de la fête en organisant des rencontres fréquentes auxquelles s'associent les groupes constitués et la population. Elles peuvent être ponctuelles et commémorer un événement particulier (le 30e anniversaire du premier succès municipal en 1926) ou mettre en valeur les associations locales (le festival international de la musique de 1924), célébrer une activité symbole de la commune (la rencontre internationale des sports de 1934) ou créer une manifestation exclusivement festive (le carnaval et le géant Gilles de Croix en 1932). Elles peuvent s'inscrire dans le calendrier annuel de la ville comme la fête des écoles qui, chaque année, célèbre la politique scolaire de la municipalité et, par là même, son intérêt pour la jeunesse ou comme la fête du 1er mai qu'une municipalité socialiste se doit d'organiser avec faste pour honorer les travailleurs. Ces manifestations s'ajoutent aux fêtes protocolaires dignement célébrées que sont le 14 juillet, le 1er novembre, puis le 11 novembre.

Toutes les manifestations publiques donnent lieu à des mises en scène bien ordonnancées. Le cortège des associations subventionnées, accompagnées des sociétés musicales ou gymniques et des invités, traverse toute la ville et termine son parcours par une réception à l'Hôtel de Ville promu cœur de la vie sociale. Le maire prononce une allocution qui souligne la sollicitude des élus pour le bien-être et la convivialité dans la ville. Elles offrent aussi l'occasion de manifester la solidarité populaire puisqu'elles donnent lieu à des quêtes dont le produit est destiné aux personnes âgées, aux enfants des écoles ou aux chômeurs. Surtout, elles tendent à souligner que la municipalité initie le dynamisme nécessaire à la construction d'une communauté vivante et cohérente par-delà les origines géographiques et nationales différentes. Des choix tels que le transfert du kiosque de la Grand-Place vers le parc de la mairie, en 1934, illustrent l'influence croissante du pouvoir municipal qui entend fédérer les activités de la « maison commune » et qui inscrit dans l'espace le lieu de réunion des activités municipales. L'opposition, qui a combattu le déplacement de la mairie au château de la Croix Blanche en dénonçant le gaspillage des ressources locales, garde une certaine discrétion car elle privilégie ses propres références et trouve dans les paroisses les occasions de les exprimer. Le consensus s'établit autour d'un protocole commun, à l'occasion de la fête des Mères, des manifestations en l'honneur des travailleurs, du 14 juillet.

LA « MUNICIPALISATION PROVIDENCE »

L'analyse de la gestion de l'entre-deux-guerres souligne les priorités d'une municipalité « démocrate socialiste » qui accorde aux services publics locaux une fonction primordiale dans des domaines tels que l'assainissement des quartiers, la promotion de l'hygiène publique, l'assistance sociale, la promotion de l'enfance et de la jeunesse.

Le ravitaillement en eau demeure problématique. C'est pourquoi la ville crée, en 1923, un service municipal chargé de la construction du réseau de canalisations, de son entretien, des branchements aux particuliers, tandis que la Société des Eaux du Nord vend l'eau à la ville. Cependant les réservoirs demeurent insuffisants et n'alimentent en eau potable que les deux tiers de la population. Les puits continuent d'assurer l'alimentation d'une partie des foyers populaires sans pouvoir éviter les risques sanitaires. L'évacuation des eaux usées est toujours une préoccupation importante. Les travaux n'équipent que les rues devenues propriétés communales et excluent les voies privées, encore nombreuses à la veille de la guerre. Enfin, la convention destinée à favoriser l'électrification des domiciles particuliers grâce au câblage souterrain signée en 1921 ne s'applique qu'aux quartiers centraux. L'éclairage électrique public n'est installé qu'au début des années 1930.

Croix installe, en 1929, un service municipal de l'hygiène dont la direction est confiée au docteur Ducamp, responsable du service lillois. Sur ses propositions, un règlement sanitaire est voté par le conseil municipal qui entend améliorer une hygiène publique souvent malmenée dans les quartiers populaires. Ce service reçoit plusieurs missions. D'abord, il donne un avis sur tous les projets de construction privée afin de faire respecter les critères d'hygiène élémentaire. En outre, à la demande des locataires, il peut visiter les logements pour déterminer leur niveau d'insalubrité et engager les propriétaires à faire les travaux. La lutte contre la tuberculose, deuxième cause de mortalité après le cancer, est à ce prix. Quand se déclenche une épidémie, il revient au service municipal d'hygiène d'assurer la désinfection des locaux publics ou privés. De plus, il mène des enquêtes sur l'état sanitaire de la population et procède aux campagnes de vaccination. Enfin, en collaboration avec l'Institut Pasteur de Lille, il surveille la qualité de l'eau, notamment celle des puits particuliers, souvent contaminés. En résumé, il assure au nom de la municipalité les conditions nécessaires à l'amélioration de l'état sanitaire de la commune.

L'enfance devient aussi une préoccupation majeure parce que les effets démographiques de la guerre se font sentir et qu'à l'instar des villes ouvrières Croix souffre d'une mortalité infantile élevée, parmi les plus fortes de l'agglomération. Ainsi, en 1926, outre les dix-sept enfants déclarés mort-nés, 15 % des nouveau-nés n'atteignent pas l'âge d'un an. L'ouverture d'une maternité, en 1931, l'instauration de visites prénatales, de consultations des nourrissons, en association avec les médecins de la ville, visent à réduire les effets d'un environnement social difficile. De fait, ces mesures d'incitation persuadent les femmes de faire suivre médicalement leur grossesse et contribuent à inverser la tendance.

Une stratégie sociale de prévention des risques se met en place pour améliorer une situation toujours fragile. Cette « municipalisation providence » amène la commune à inscrire au budget social 30 % de dépenses que l'État juge facultatives. Elles s'ajoutent aux dépenses obligatoires relevant du même domaine (protection des indigents et des vieillards). La conjoncture s'y prête puisque le « coup de hache » reçu entre 1914 et 1918 suppose une protection renforcée de la santé des survivants. De plus, elle s'inscrit dans un programme largement répandu dans les municipalités à direction socialiste.

Enfin, les aléas de la vie industrielle, en provoquant un chômage récurrent, partiel ou total, donnent lieu, dès 1920, à la création d'un fonds municipal de chômage, que la crise des années 1930 étoffe et transforme en service municipal de chômage.

L'opposition dénonce une politique dispendieuse et la montée corrélative de la fiscalité. En réalité, ce n'est pas tant la dimension sociale qui pèse sur le budget que la volonté d'assainir, d'embellir la ville qui oblige à recourir à l'emprunt puisque, chaque année, les comptes administratifs dégagent un excédent appréciable. Seule la crise économique vient l'écorner. C'est à travers la presse ou les tracts distribués dans les quartiers, à l'occasion des élections municipales, que s'exprime la critique. En fait, les débats portent plutôt sur le statut de la pratique religieuse dans la commune et sur la place que la ville accorde à l'école libre.

En effet, les manifestations du culte demeurent interdites sur la voie publique jusqu'au début des années 1930. Et quand bien même Louis Seigneur annonce qu'il peut les tolérer, ce sont les propriétés privées qui accueillent les processions, le clergé local semblant s'en satisfaire. Néanmoins, comme la jurisprudence des tribunaux est revenue sur ces interdictions, les associations catholiques font à la ville un procès qu'elle perd au début des années 1930. Les réactions ne tardent pas du côté catholique comme chez les libres-penseurs et même les protestants locaux. Les processions publiques ne sont pas rétablies dans les faits. D'ailleurs, les relations entre le clergé et la mairie se sont nettement détendues. Ainsi, la restauration et l'embellissement de l'église Saint-Martin devenue, par la loi de séparation, propriété communale, sont laissés à l'initiative de la paroisse. Le maire n'émet aucune remarque lorsque se construit la nouvelle paroisse Notre-Dame et donne l'autorisation de bâtir une église qui s'insère dans le nouveau quartier. Les curés de Saint-Martin et de Saint-Pierre participent au comité de secours et de chômage et reconnaissent qu'une « concorde remarquable » règne pendant plusieurs années. Seule la double surenchère de la société de la libre-pensée et des notables catholiques vient perturber la qualité des relations. Car l'école continue de nourrir le contentieux, d'autant que les familles ouvrières catholiques envoient de plus en plus souvent leurs enfants à l'école communale. Le recrutement des enseignants de l'école privée apparaît difficile même en engageant des instituteurs belges. L'entretien des établissements devient coûteux et les subventions patronales n'augmentent guère.

Le clergé catholique condamne toujours le socialisme, moins pour son action locale que pour son influence supposée sur des phénomènes de société dont les élus locaux ne peuvent porter la responsabilité. En dénonçant la montée du nombre des divorces (un divorce pour dix mariages en 1925), la fréquence accrue des mariages civils (15 à 20 % des unions), la progression des funérailles civiles et l'absence de baptême, il stigmatise les symptômes de l'évolution socioculturelle d'après guerre, alors même que la municipalité ne met plus en scène l'anticléricalisme militant. D'ailleurs, le clergé exprime une crainte analogue à l'égard du protestantisme et particulièrement du prosélytisme autour du temple évangélique, très actif en matière sociale.

Face à la municipalité et aux réseaux associatifs qu'elle met en œuvre, les catholiques reconstituent et étoffent leurs propres systèmes de sociabilité. L'encadrement de la jeunesse, à travers les patronages, les sociétés de gymnastique, les équipes de scouts, la mobilisation des adultes dans les chorales, les groupes de théâtre, la formation des fidèles au prosélytisme par l'entremise de la Fédération nationale catholique qui multiplie les conférences, l'action sociale dans les sociétés mutuelles comme l'Union mutuelle croisienne toujours influencée par Eugène Duthoit, sont autant de moyens utilisés pour construire une « contre-société » catholique. La création d'une troisième paroisse, Notre-Dame de Lourdes, à la fin des années 1920, vise à encadrer la population d'un quartier neuf. Mais elle s'adresse plutôt aux classes moyennes et à la bourgeoisie aisée de l'ensemble résidentiel qui se développe autour du parc Barbieux. Elle n'améliore pas l'encadrement paroissial des milieux populaires au sein desquels progresse l'indifférentisme religieux. Certes, la fondation d'une section de la Jeunesse ouvrière chrétienne, étroitement associée à celle de Roubaix, vise à reconquérir les jeunes de la classe ouvrière, mais elle n'est pas aisément reconnue dans les paroisses.

DE NOUVEAUX PAYSAGES URBAINS

Au cours des années de prospérité – les réalisations se poursuivent jusqu'au milieu des années 1930 – près de 800 logements essentiellement individuels sont construits. La mairie, avec la collaboration de l'Office d'habitations à bon marché, prend en charge quelques dizaines de maisons ouvrières au sud-ouest de la ville. Cependant, la plupart de ceux qui font bâtir viennent des communes voisines. Les courées ne progressent plus mais accueillent toujours des populations modestes qui remplacent les accédants à de nouveaux logements. La densité y demeure toujours forte tandis que les conditions de vie s'y dégradent (Fort Boulanger). Les nouveaux propriétaires appartiennent à des milieux diversifiés : ouvriers, mais surtout employés, artisans et membres des classes moyennes. Les programmes de lotissement n'entraînent pas vraiment la mixité sociale car les quartiers neufs accueillent rarement des populations ouvrières sauf à l'occasion de constructions lancées par des entreprises (lotissement Richardson).

Géographiquement, la petite et la moyenne bourgeoisie s'installent à l'est et au sud des usines, tandis que la bourgeoisie industrielle s'implante à proximité du parc Barbieux, le long des axes qui percent Beaumont et sur le boulevard qui relie Roubaix à Lille. L'attraction de la campagne – il s'agit là d'une propagande persuasive menée par des revues influentes comme *La vie à la campagne* – est un critère de choix. Les terrains restent accessibles – le foncier demeure moins coûteux qu'à Roubaix – et les constructions nouvelles sont dispensées de l'impôt.

L'effort s'exprime enfin dans l'aménagement et la modernisation de locaux anciens. Les surélévations d'immeubles, la construction de pièces supplémentaires, un salon s'ajoutant à la pièce à vivre, l'édification de garages pour les automobiles, l'agencement de salles de bains et de sanitaires, révèlent l'intérêt croissant que les habitants portent à leur logement.

Toutes les professions du bâtiment sont concernées, ce qui assure le dynamisme d'entreprises locales dont le nombre s'accroît. Si la bourgeoisie fait appel à des architectes locaux réputés (Barbotin, Bourgeois, Maillard, Dupire, Pagnerre), elle sollicite aussi des talents parisiens, de renommée internationale. Jacques Greber construit plusieurs villas (La Corbeillerie, le château Motte, la maison Delannoy) ; Robert Mallet-Stevens se consacre à la villa Cavrois. Les projets populaires d'habitations à bon marché (HBM) font intervenir des architectes mais les constructions sont souvent normalisées sinon même industrialisées, et répétitives dans leur structure. Enfin, des maçons continuent à édifier des immeubles modestes sans se préoccuper d'abord d'esthétique ; c'est souvent le cas des maisons ouvrières.

Dans l'entre-deux-guerres, la mairie impose un cahier des charges qui va au-delà des règlements antérieurs, notamment celui de 1902. Les critères d'hygiène prévalent. L'éclairage des pièces, leur aération, la spécialisation de leur affectation, la nature des extensions (buanderies et autres dépendances), les toilettes séparées du logement, font l'objet de prescriptions normatives. La ville exige aussi le respect de critères esthétiques, des matériaux solides et n'autorise plus les constructions provisoires. De même aucun permis de construire n'est attribué pour les immeubles démunis d'accès direct à la rue. Faute de pouvoir détruire les courées

JACQUES GREBER, ARCHITECTE À CROIX

Après la Première Guerre mondiale, l'architecte urbaniste est fort apprécié dans la région. Il a acquis sa notoriété grâce aux travaux engagés aux États-Unis et qu'il poursuit, dans les années 1920, en Nouvelle-Angleterre et en Pennsylvanie.

Les concours d'aménagement et d'urbanisme qu'il a gagnés, à Paris en 1919, à Lille en 1920, l'amènent à intervenir dans l'agglomération de Lille, Roubaix, Tourcoing, en qualité d'urbaniste, d'architecte de demeures privées ou de commandes publiques (école de plein air, vélodrome de Roubaix, cités-jardins à Tourcoing) et comme architecte paysager (Tourcoing).

Plusieurs industriels, désireux de construire à Croix, le sollicitent. C'est le cas de Paul Cavrois, mais surtout des familles Motte, Tiberghien, des industriels Robert Delannoy et Léon Deschepper.

La Corbeillerie – dont subsistent la conciergerie et deux garages – est construite pour le teinturier apprêteur roubaisien Léon Deschepper en 1925-1926. Jacques Greber dessine la future résidence tout en dirigeant la section des jardins de l'Exposition internationale des arts décoratifs de Paris. Robert Mallet-Stevens y présente des « arbres en ciment ». Attaché qu'il est au site et à l'environnement – l'architecte parle du « contexte » – et aux goûts de ses commanditaires, Jacques Greber propose une villa cossue, qui, par son volume – elle est édifiée sur trois niveaux – et par son accessibilité, apparaît plutôt comme un manoir. Orientée vers le parc Barbieux, elle s'inscrit dans un écrin de verdure, en position éminente sur un terrain légèrement ondulé, décalé par rapport à l'axe central du domaine. C'est une construction assez ramassée qui possède une double fonction sociale (la cour d'arrivée, la façade principale) et familiale. La résidence est de structure classique puisque les ouvertures pour être nombreuses sont de petite taille et laisse au matériau la place essentielle. Les façades, toutes dissemblables, n'ont pas l'austérité de l'architecture « internationale ». Jacques Greber s'inspire de références multiples : néo-médiévale (la tour), néo-Renaissance (la loggia au-dessus du portail d'entrée), flamande (l'ample toiture percée de lucarnes et de cheminées) et même américaine. Sa démarche relève donc de l'éclectisme persistant. La Corbeillerie offre un exemple d'architecture où l'élégance naît du décor construit et de la fantaisie des formes maîtrisées. La géométrie des éléments de la façade – carré, rectangle, triangle, trapèze –, les porches en saillie, la diversité des matériaux, parfois simples (brique, pierre, bois), parfois plus complexes (fer forgé, vitrail, céramique, marbre) caractérisent une architecture de représentation appréciée par une bourgeoisie attentive à son statut social et à son confort et qui tente la synthèse, selon les goûts de l'époque, entre tradition et modernité.

L'intérieur est très vaste puisque les trois niveaux principaux comportent plus de vingt pièces. Il correspond à la fonction mondaine et familiale de la résidence. Les hiérarchies familiales – parents, enfants – et sociales – domesticité – sont respectées de manière classique. L'aménagement illustre le confort tel que l'imagine une famille bourgeoise de l'époque : sols parquetés, revêtements de marbre dans les couloirs, cheminées, meubles anciens et antiquités. Mais la résidence n'exclut pas la modernité. Le téléphone relie la zone des maîtres de maison et le secteur de la domesticité. Le chauffage central est installé dans toutes les pièces. À chaque chambre est associée une salle de bains. Un ascenseur dessert les différents niveaux.

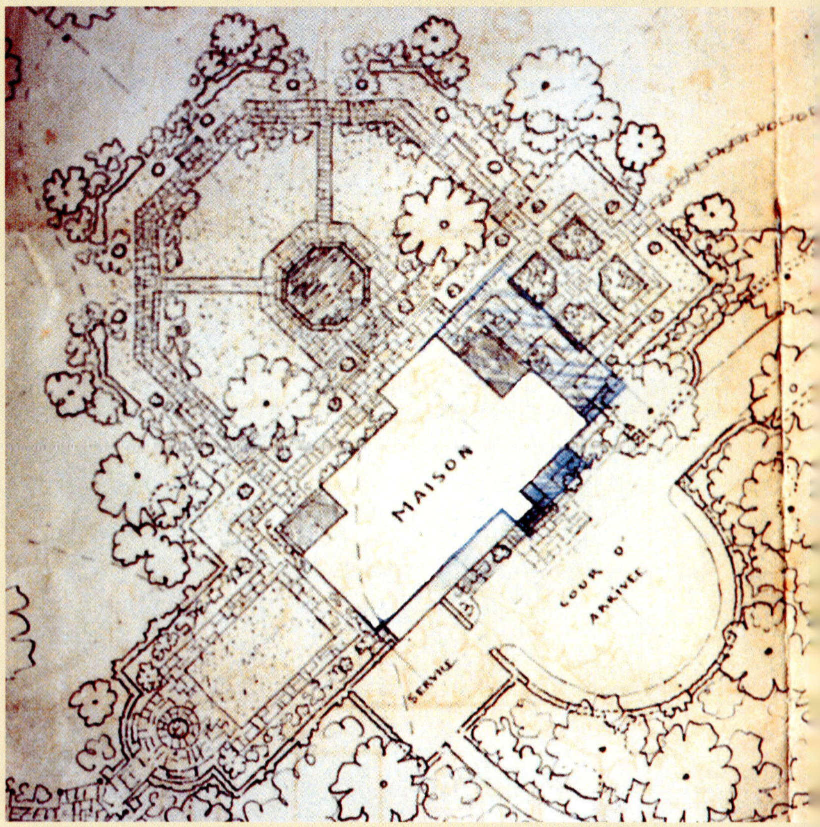

Les jardins de la villa « La Corbeillerie ». Dessin de Greber, 1925.

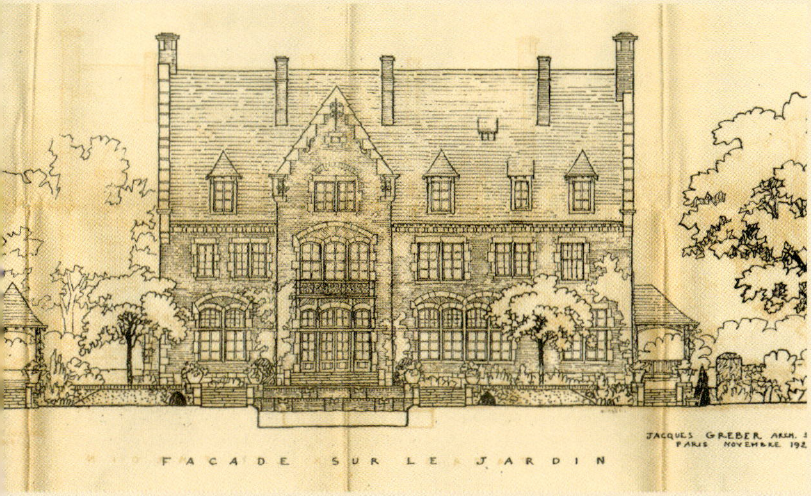

« La Corbeillerie ». Façade antérieure, dessin de Greber, 1925.

Le parc qui entoure la propriété est adapté, à la fois, au site et à la maison. La proximité du « Beau Jardin de Barbieux » inspire un espace paysager qui isole la résidence de l'extérieur et, tout en rejetant l'arbitraire pittoresque du modèle anglais, offre des parcours de promenade et de découverte. Les cheminements épousent la topographie des lieux et relient jardin d'agrément et jardin utilitaire. Le parc n'est plus un simple décor, mais une composition dans laquelle les différents éléments se mettent mutuellement en valeur. La résidence familiale est enchâssée dans un espace dissymétrique construit autour de trois ensembles contrastés : un jardin à fleurs, un jardin des enfants et un jardin d'agrément qui prolongent les pièces à vivre. Il articule des parterres fleuris de formes géométriques multiples, des gloriettes, des jardinières, délimités par des alignements d'arbustes, des murets et des dallages de pierre. Une galerie bordée de pergolas esquisse, à la manière d'un déambulatoire, un parcours richement fleuri, qui suggère une échappée dans la propriété afin d'y trouver repos, intimité et silence.

Le jardin de la Corbeillerie témoigne de l'art des jardins que renouvelle l'époque Art déco. Jacques Greber l'a développé en France, notamment dans les riches résidences à la construction desquelles il a souvent collaboré (château de Bully dans le Rhône, villa Altana à Antibes, château de Malbosc à Grasse, villa Flipo à Mouvaux). C'est un jardin d'architecte, conçu comme « un appartement permettant la vie dehors » et qui, tout en offrant le confort, doit éviter les travaux d'entretien inutiles.

existantes, la municipalité entend interdire leur extension. Toute construction doit s'inscrire dans l'alignement et répondre aux critères du plan d'aménagement. Le quartier, la superficie et le volume déterminent le standing d'un immeuble. Mais les aménagements intérieurs tels que la diversité des pièces, la distinction entre l'espace de réception et le séjour, l'ampleur du vestibule, l'agencement d'un vaste sous-sol, l'étage de la domesticité qualifient la villa bourgeoise. La surface du jardin, qui devient parc dans les résidences de Beaumont et de l'avenue de Flandres, amplifie encore les contrastes sociaux. « Le coin de terre », potager d'une famille d'ouvriers ou d'employés, fruit de l'action de l'abbé Lemire, ne se compare pas aux jardins de plusieurs hectares dessinés, le plus souvent, par des architectes paysagistes. Jacques Greber y participe pleinement pour les villas qu'il conçoit.

Les immeubles de standing n'ont plus l'apparence exubérante de la Belle Époque. La bourgeoisie limite le recours à l'ostentation des « châteaux » au profit du confort et du luxe intérieurs ; ces familles demeurent discrètes en bâtissant dans des lieux arborés. Les styles s'épurent tout en laissant s'exprimer un « régionalisme » qui tend à se moderniser. Les villas Art déco, comme les immeubles de Jacques Greber, entendent respecter la tradition et le site. Exception notoire, la villa Cavrois rompt avec cette sensibilité locale. Son architecture se veut un manifeste esthétique qui traduit à la fois l'expression de la puissance de son commanditaire et sa volonté de bénéficier du progrès dans les moindres détails. Cependant, pour le grand public, elle ne représente pas – ce que beaucoup souhaitent en bâtissant – la maison idéale qui répond à d'autres goûts architecturaux. C'est pourquoi, au moment de son inauguration, en 1932, la presse régionale ne s'en fait pas l'écho.

Le maillage urbain conquiert sa densité dans les quartiers situés au nord du Grand Boulevard et du parc Barbieux. La Croix Blanche commence à s'étoffer ; les lotissements s'ébauchent à la Duquenière. Surtout, les discordances entre les quartiers se comblent pour aboutir, peu à peu, à l'aménagement d'un espace urbanisé plus concentré où les maisons en rangées, aux façades uniformisées mais aux décors variés, lotissent des terrains naguère vierges. Le sud de Barbieux demeure, au-delà des « carrières » habitées par les peigneurs ou les trieurs de laine, la zone agreste et boisée où subsistent quelques fermes à l'écart des grandes maisons bourgeoises qui s'imposent dans un paysage peu modifié.

MALLET-STEVENS ET LA VILLA CAVROIS

Lorsque Paul Cavrois, au début des années 1920, songe à construire une villa sur un terrain qu'il possède à Croix, il fait appel à l'architecte Jacques Greber très présent dans la région et qu'apprécient ses confrères industriels. Mais les propositions de l'architecte parisien ne conviennent pas à l'industriel roubaisien qui souhaiterait une construction plus originale. Par l'intermédiaire de Jacques Greber, il sollicite Robert Mallet-Stevens dont la réputation nationale et internationale s'est affirmée et qui a reçu commande d'hommes d'affaires ou d'artistes influents (immeubles de Passy, villa de Noailles à Hyères). Une esquisse est ébauchée en 1929. Paul Cavrois en approuve l'esprit : une maison vaste, lumineuse, confortable, moderne. Les travaux, qui commencent en 1930, s'achèvent au printemps 1932. Des entreprises parisiennes ont assuré les travaux d'équipement en éclairage, en chauffage, en ferronnerie. Mallet-Stevens a confié à des entreprises régionales, roubaisiennes ou lilloises, le terrassement, la maçonnerie, la plomberie, la peinture.

Robert Mallet-Stevens incarne alors une des tendances de l'architecture moderne qui s'efforce de renouveler l'art de construire. Si Le Corbusier songe aux constructions et à leur place dans la cité, Robert Mallet-Stevens se préoccupe davantage de « l'œuvre architecturale ». À ses yeux, « l'architecture est un art essentiellement géométrique ». La maison doit donc être « un palais composé d'un ensemble de cubes ». Les volumes comme les formes sont essentiels : l'architecte « sculpte un bloc énorme : la maison ».

À cet égard, la villa qu'il construit pour Paul Cavrois relève de la pleine maîtrise de son art. L'ample vaisseau qu'il édifie offre des formes simples et ordonnées, des surfaces lisses, des façades ouvertes de larges baies qui accrochent la lumière et le regard. L'architecte exploite au mieux la technique moderne du béton pour conférer élégance et robustesse, clarté et fonctionnalité. Car la façade ne porte plus la structure mais détermine l'esthétique de l'ensemble. Il s'agit d'offrir un immeuble vaste destiné à une famille nombreuse car la maison est avant tout le cadre de la vie familiale où les hiérarchies demeurent. Le luxe, c'est le confort, et non l'accumulation de matières riches.

L'architecte rompt avec les schémas classiques fort appréciés par les contemporains. Les amples toitures, percées de lucarnes, disparaissent au profit de terrasses à l'italienne. Elles sont un acquis de l'architecture contemporaine et, moins coûteuses que les combles couverts classiques, permettent de donner à l'immeuble une plus grande ampleur et des volumes plus vastes. La pergola, au sommet de la maison, et la piscine renforcent les impressions esthétiques et confirment la place du loisir de plein air dans une maison de campagne. Mais ce sont des éléments architecturaux peu adaptés à la région. De fait, seul le parement de briques jaunes qui recouvre les façades marque une concession aux références nordistes. L'architecte refuse la mode pour imposer un style moderne qui n'a pourtant pas l'audace de celui de Le Corbusier.

La distribution de l'espace répond aux pratiques familiales et sociales. En ce sens, Robert Mallet-Stevens se conforme au goût bourgeois et distingue les pièces dévolues aux lieux de vie ou aux réceptions, la zone des parents et le secteur des enfants. La vie sociale suppose une domesticité importante qui se soucie de la vie familiale sans y participer. L'aménagement intérieur, par l'ampleur des pièces et leur décoration, illustre cette ségrégation interne. En revanche, en optant pour les formes épurées, les techniques offrant des surfaces utiles maximales (murs porteurs transversaux, fenêtres coulissantes), l'architecte opère des choix novateurs.

Villa Cavrois.
Vue aérienne.

L'innovation s'exprime aussi dans une véritable scénographie de l'aménagement intérieur. Mallet-Stevens, tout en abandonnant tapisseries, tentures, décors chargés, entend construire une ambiance de confort grâce au mobilier qu'il dessine, de structure et de forme épurées, en matériaux nobles pour les maîtres de maison, plus sobres et fonctionnels pour les enfants. De même la diversité des tons des meubles, les nuances des couleurs choisies pour les murs, doivent-elles éviter la monotonie qu'un ensemble architectural dépouillé pourrait susciter et donner l'impression d'une luxueuse élégance. Quant à la lumière, naturelle ou artificielle, elle doit contribuer à cet environnement agréable et construire

le décor. Mallet-Stevens est un illusionniste qui recherche d'abord la beauté formelle et visuelle.

La villa Cavrois, grâce à sa technologie d'avant-garde, est enfin un hymne à la modernité. Le téléphone, les horloges électriques, la radio sont installés dans toutes les pièces. Une seule clef permet d'ouvrir toutes les portes de l'immeuble. La cuisine constitue un « salon des arts ménagers en miniature » tant l'appareillage installé est du dernier cri. L'entretien de la maison s'effectue grâce à un système d'aspiration centralisé. La « fée électricité » est omniprésente à la fois comme source d'énergie (éclairage, chauffage) et comme élément de décoration grâce aux panneaux lumineux ou aux « boîtes à lumière ». En l'espèce, les choix de Mallet-Stevens s'avèrent révolutionnaires pour l'époque.

La demeure construite par Mallet-Stevens donne lieu à publicité aussi bien pour son architecture que son aménagement. C'est plus à l'échelon national et à l'étranger que l'écho en retentit ; la région y est moins réceptive. Cependant cet immeuble, qui pour l'architecte définissait « le cadre de la vie contemporaine », n'a été habité par la famille Cavrois que pendant une courte durée, moins de huit ans. Après la guerre, l'Occupation et la mort de Robert Mallet-Stevens, la famille réaménage l'ensemble en tentant de le faire correspondre à des critères plus conformes à ses besoins et à ses goûts.

UNE SOCIÉTÉ CONFRONTÉE À LA CRISE DES ANNÉES 1930

Croix atteint son apogée démographique au début des années 1930 puisque le nombre d'habitants recensés s'élève à 20652 personnes en 1931. Les traces de la guerre semblent effacées, la ville retrouve son dynamisme d'avant 1914. Pourtant, la situation reste fragile puisque le recensement de 1936 amorce une baisse, faible sans doute, mais symptomatique de la crise. En effet, élaborée pour combattre le chômage, la politique des quotas, appliquée aux travailleurs étrangers dans un climat de xénophobie croissante, entraîne le départ de ceux qui perdent leur travail. L'application rigoureuse de la réglementation se traduit par une baisse du nombre des habitants nés à l'étranger. Elle passe, en effet, de 17 % en 1931 à 14 % en 1936, puis à 7 % en 1937. Croix demeure cependant « la ville aux vingt nationalités ». Les Belges, qui supplantent Polonais, Italiens, Tchèques, Hongrois et Anglais, dominent une population mêlée, mais les étrangers de naissance ne représentent plus qu'une minorité en décroissance rapide.

LES CONTRASTES SOCIAUX

La société locale révèle d'autres fragilités persistantes. Les recensements de 1931 et de 1936 confirment la part modeste des Croisiens de naissance. 30 % des habitants domiciliés sont nés sur le territoire communal ; les autres sont nés à l'extérieur, majoritairement à Roubaix et dans les communes limitrophes. Comme les naissances ont lieu pour la plupart au domicile et que la commune dispose d'une maternité, ce constat prouve que Croix poursuit sa croissance en accueillant des nouveaux venus. Ils s'installent ou repartent quelques années plus tard en fonction des aléas économiques. L'instabilité de la population ne manque pas de peser sur l'habitat et de contribuer à la dégradation des logements modestes, voire à l'augmentation du nombre des « garnis ».

PAGE DE DROITE
Une braderie place de la République, au début des années 1930.

Par ailleurs, toutes les séquelles de la Grande Guerre se révèlent. Ainsi, en nombre, la population féminine dépasse-t-elle sensiblement la population masculine. Vingt ans après, la surmortalité des hommes pendant le conflit n'est pas compensée ; malgré l'immigration, majoritairement masculine, les effectifs des femmes actives dépassent ceux des inactives. Les femmes occupent des emplois dans toutes les entreprises industrielles, même métallurgiques. En outre, la population vieillit. Même si les naissances l'emportent toujours sur les décès, avant 1940, ce qui n'est plus le cas à Roubaix ou à Lille, les enfants scolarisés représentent un groupe en baisse (17 % de la population en 1936).

L'hégémonie industrielle impose sa marque. En effet, le recensement de 1936 évalue à 50 % le nombre des adultes exerçant une activité professionnelle d'ouvrier. L'industrie textile rassemble toujours la majorité des travailleurs et devance la métallurgie. Mais le peignage ne fait plus vivre que 5 % des foyers. Ce sont les autres usines de la commune ou surtout celles de Roubaix (Lemaire et Dillies, peignages Amédée Prouvost ou Motte, confections Selliez) qui emploient, dans le textile, le plus grand nombre de salariés domiciliés à Croix. La CIMA, même si son bassin d'emplois est vaste, fait appel plus largement que Holden à la main-d'œuvre locale. Enfin, les ateliers et les petites entreprises offrent, dans la commune, des emplois plus nombreux qui répondent à des besoins renouvelés (électricité, bâtiment, mécanique, maintenance automobile, conserveries et agroalimentaire). Tous ces emplois contribuent à la diversification ouvrière concomitante de la diversité économique.

La prépondérance des industries n'exclut pas la part croissante des employés du tertiaire qui rassemblent, en 1936, un quart des Croisiens. La palette des commerces s'est élargie (alimentation, confection, entretien, décoration, loisirs) mais concerne surtout les activités de proximité auxquelles la population s'adresse fréquemment. Le secteur tertiaire s'ouvre aux salariés grâce au recrutement de fonctionnaires et d'agents municipaux ou à des employés, dont la plupart des postes se situent en dehors de la ville, à Roubaix ou à Lille. Les professions libérales ou intellectuelles, le personnel d'encadrement ne disposent pas d'une grande représentativité ; instituteurs, professeurs, médecins et professionnels de santé en sont les seuls membres. C'est qu'à l'image de l'agglomération, les fonctions économiques ne génèrent ni les besoins professionnels ni les groupes sociaux caractéristiques de la complexité urbaine. Enfin les effectifs d'exploitants agricoles continuent de baisser : le recensement de 1936 dénombre seize exploitations agricoles qui fournissent légumes, lait et produits courants destinés à la consommation locale.

Les contrastes sociaux entre les catégories comme à l'intérieur des groupes se lisent aisément. La classe ouvrière ne dissimule pas sa diversité et sa complexité. L'aristocratie ouvrière que constituent les artisans ou les salariés, mécaniciens ou trieurs de laines, se distingue nettement du prolétariat des laveurs ou des journaliers. Les premiers ont un travail et un salaire régulier dont les seconds bénéficient rarement. La baisse de l'horaire ouvré et des salaires, la maladie ou l'accident, entraînent la misère. La rationalisation du travail, la mécanisation et le travail posté accentuent la pénibilité et les risques de précarité. Les déficits alimentaires, le manque d'hygiène, l'alcoolisme souvent, offrent un terreau favorable aux maladies comme la tuberculose qui sévit à l'état endémique.

Cette conjonction de difficultés sociales favorise l'essor de structures collectives. Le syndicalisme mobilise plus d'ouvriers qu'avant guerre car la conjoncture renforce la prise de conscience. Elle est certes inégale car les étrangers ne se syndiquent pas et les femmes le font peu. Les ouvriers textiles se mobilisent moins que ceux de la métallurgie. Mais la CGT réformatrice et socialisante, la CFTC qui regroupe les salariés chrétiens, la CGTU (unitaire et communisante) encadrent plus qu'à la Belle Époque les travailleurs. La CGTU installe une section à la CIMA et met en valeur un grand dynamisme. La CFTC, par son influence dans des catégories d'origine catholique, inquiète le patronat local qui en fait sa cible privilégiée. Créée en 1928, la section de la Jeunesse ouvrière chrétienne contribue elle aussi à forger une conscience collective ouvrière en mettant l'accent sur les conditions de travail et de vie des jeunes travailleurs. Très souvent, ces organisations fonctionnent en relation étroite avec celles des villes voisines ce qui explique, en partie, l'ampleur des contestations ouvrières.

L'horizon ouvrier demeure borné par l'usine, la nature du travail et le quartier. S'évader de cet environnement devient de plus en plus difficile. Cependant grâce à la sociabilité locale diversifiée et dynamique, les ouvriers tentent de sortir de la grisaille quotidienne. Les sociétés traditionnelles remportent un incontestable pouvoir d'attraction en organisant jeux et concours : chants d'oiseaux, combats de coqs, fléchettes, tir à l'arc, bourles, bouchons… Les sociétés colombophiles sont particulièrement actives. Après la gymnastique, c'est le football et le cyclisme qui séduisent les jeunes de condition modeste (La Patriote, Les Sports travaillistes). Croix est une pépinière de talents et de champions (Alex Vanderdonckt, champion de France de cyclisme dans les années 1930). La réputation de la ville est liée au nombre et à la qualité des sociétés de musique instrumentale et chorale, financées par le mécénat industriel et la commune (l'Harmonie municipale, Harmonie mutuelle, les Trompettes Indépendantes). Elles se produisent souvent et participent à des concours ou en organisent. Ainsi le festival international de 1924 rassemble plus de cinq mille exécutants. La sociabilité populaire s'exprime dans les estaminets, souvent propriétés de brasseurs, où l'on consomme « une chope » autour d'une tablée de joueurs de cartes ou de dés. Le cinéma, apparu à la Belle Époque, est exploité dans des locaux inconfortables et peu sécurisés. Il attire un public populaire croissant pour des films de divertissement ou d'aventures, mais ce sont les salles roubaisiennes ou lilloises qui proposent les films de renom. Dans les années 1930, la paroisse s'équipe d'une salle pour présenter des films familiaux.

Pour sa part, le patronat industriel, installé initialement dans les quartiers neufs de la Croix Blanche, élit domicile dans les zones agrestes de Croix – Beaumont, le Croquet – tout en exerçant son activité économique à Roubaix car la « grande ville » garde son pouvoir attractif. Il fournit des recettes substantielles au budget communal grâce à l'impôt sur les propriétés bâties et non bâties mais se montre discret. Ses membres exercent des charges de notabilité : présidence du conseil paroissial, de sociétés mutualité, d'associations caritatives ou culturelles. Mais ils ne s'investissent pas dans des fonctions politiques locales. Le patronat peut, avec la crise, soutenir des groupes politiques marqués à droite comme les Croix-de-Feu puis le Parti social français, mais il le fait dans la discrétion.

Entourés de familles nombreuses, ces Croisiens mènent une existence confortable dans leurs vastes villas à l'abri des regards, adoptant le style de vie de « gentilshommes campagnards ». Ils disposent de parcs arborés avec potager et verger qui alimentent en produits frais les tables familiales. Ce train de vie implique un grand nombre de domestiques, souvent d'origine étrangère, belge puis polonaise, qui entretient la demeure et accomplit toutes les tâches du quotidien. Cette domesticité s'étoffe au fil du temps, on lui confie l'entretien du jardin, la conduite de l'automobile, nouveau symbole d'aisance. Si le nombre des véhicules est multiplié par trente entre 1920 et 1939, l'automobile demeure un élément du standing. Les gouvernantes en charge de l'éducation des enfants bénéficient d'un statut particulier puisqu'elles enseignent les bonnes manières, l'instruction, et initient parfois aux langues étrangères. Cette bourgeoisie consacre ses activités de loisirs à des sports élitistes tels que l'équitation ou le tennis, adhère à des clubs « select » et mène une vie sociale entre « grandes familles ».

Cependant, toutes les familles bourgeoises ne souhaitent pas partager les délices de la « vie à la campagne ». La bourgeoisie d'affaires installée de longue date dans la ville continue à vivre dans le centre de Croix, dans des immeubles spacieux et cossus, le long des avenues ouvertes à la Belle Époque (Gustave-Delory, Cottages).

La société ne se réduit pas aux contrastes entre une bourgeoisie fortunée mais très minoritaire et une population ouvrière numériquement dominante. Croix accueille une classe moyenne grandissante : tous statuts et fonctions confondus, celle-ci rassemble le tiers de la population. Dans cette nébuleuse sociale, artisans et commerçants de niveau modeste tirent leurs revenus de la clientèle ouvrière à laquelle les propriétaires louent maisons ou garnis. Tous résident dans les mêmes quartiers où l'on se côtoie et se fréquente dans les sociétés, les estaminets ; ils partagent souvent des loisirs communs et participent aux mêmes fêtes. Les employés, dont le nombre progresse, trouvent à Croix un domicile plutôt qu'un emploi. En accédant à la propriété, ils s'installent dans des lotissements extérieurs aux quartiers ouvriers dont ils sont

parfois issus. Cette « petite bourgeoisie » gagne en influence sociale. Dans cet ensemble contrasté, les professions libérales et les cadres sont mal représentés. Leur rôle modeste dans l'économie locale ne leur permet pas d'acquérir une grande influence, à l'exception des médecins. Enfin, l'urbanisation de l'agglomération amoindrit encore l'importance sociale des familles d'agriculteurs.

La famille de la Noe vers 1923-1924.

Même si leur nombre baisse, les immigrés laissent toujours leur empreinte sur la ville. Entre le peignage Holden et la CIMA, la « Petite Belgique » constitue un quartier bien identifié vers lequel convergent les Flamands qui peuplent courées ou garnis. Une grande majorité d'entre eux sont appelés par les « usines », les autres sont recrutés comme ouvriers dans l'agroalimentaire, le bâtiment, comme domestiques. Les Anglais, rassemblés en colonie, vivent autour du peignage Holden. Usine, rue, temple, école, carré réservé au cimetière cimentent une communauté toujours attachée à la vie britannique. D'autres groupes élisent domicile comme les Italiens, sollicités par l'industrie du bâtiment, ou les Polonais qu'embauchent filatures et tissages ou particuliers à la recherche de domesticité. Certaines de ces familles immigrées font souche et demandent la naturalisation. Marginal avant 1936, le processus s'accentue car l'accès à la nationalité française permet de devenir propriétaire, de conserver un emploi, même comme journalier ou homme de peine. Devenir commerçant ou artisan prouve une intégration réussie. Parmi ces étrangers, les gens de maison sont inégalement visibles car ils sont logés dans les maisons de maîtres. Cette domesticité est d'ailleurs menacée, à la fin des années 1930, faute de n'avoir pas toujours obtenu de carte de séjour et respecté les procédures légales.

De la diversité urbaine émane un dynamisme évident. Les familles accordent une large place à l'école, à la fréquentation de laquelle la mairie veille avec vigilance. La municipalité aide les élèves de milieu modeste (cantines scolaires, distribution de vêtements aux pauvres) et investit des moyens importants dans une scolarisation ouverte sur des pratiques modernes (cinéma, visites d'entreprises,

MAXENCE VAN DER MEERSCH (1907-1951)

S'il est né à Roubaix, l'écrivain a vécu longtemps à Croix. Dès avant 1914, une partie de sa famille y habite : la grand-mère paternelle, un oncle, une tante, des cousins. Son père Benjamin y a fondé un négoce de matériaux qu'il gère avec son frère Georges. Après la faillite de l'entreprise en 1908, la mère de Maxence tient, à Croix, rue de la Mackellerie, un café dîneurs tandis que le père se fait oublier en Belgique. Maxence, chaque jour, gagne l'école la plus proche située à Roubaix. Le quartier garde la mémoire de l'enfant jouant dans la rue mais que sa claudication empêche de courir ou de sauter les fossés. Après la Première Guerre mondiale, les besoins de la reconstruction sont tels que les époux Van der Meersch fondent une nouvelle entreprise rue de Favreul à Croix. Mais les parents se séparent définitivement. Benjamin garde l'entreprise qu'il fait rapidement prospérer et édifie un pavillon pour lequel il fait appel à l'architecte Louis Bernard, un des premiers à avoir utilisé le béton dans une construction particulière. Il y réside en compagnie de Maxence dont il a la charge. C'est en habitant à Croix que Maxence devient lycéen puis étudiant sous la vigilante attention d'un père dandy et prévenant. L'écrivain évoque souvent sa « maison de Croix » où il acquiert, dit-il, la sérénité nécessaire à l'écriture. Le recensement le situe toujours à ce domicile en 1931. D'ailleurs, en 1935, à l'époque où il rate le prix Goncourt, le romancier reçoit la presse dans « sa maison de Croix ». Les annuaires de l'époque en font encore une « notabilité croisienne » à la veille de la Seconde Guerre mondiale.

Les « fictions documentaires » et les « chroniques » conçues par Maxence Van der Meersch s'inspirent de faits, de personnages et de lieux qui appartiennent à son environnement immédiat. Si la Flandre, Roubaix, Bondues, Lille, occupent une grande place dans son œuvre au point qu'on a pu le qualifier « d'écrivain du Nord », le lauréat du prix Goncourt ne néglige pas la ville de sa jeunesse et des débuts de son âge adulte. Contrairement aux autres, Croix ne renvoie pas l'image de la violence à l'instar de Roubaix ou de Lille, ni celle des mesquineries et des petitesses comme le village de Bondues. En effet, il brosse un portait attendri d'une ville industrielle et ouvrière aux allures provinciales.

Un épisode d'un de ses romans les plus célèbres, Quand les sirènes se taisent, se déroule dans le parc de l'hôtel de ville de Croix où la municipalité distribue la soupe populaire aux grévistes de 1931. Il met en scène les manifestants roubaisiens qui essaient d'obtenir un repas. « Tout le monde venait pour manger. On voyait des masses de bonnes choses, on s'amusait de l'animation des cuisiniers, de leur travail rapide et quelque peu fantaisiste. Personne ne pensait plus à la grève, à la misère du foyer. On attendait seulement son tour, avec impatience. »

C'est probablement sa dernière œuvre, La Compagne, roman posthume publié en 1955 et dernière étape de la trilogie La Fille pauvre, qui exploite le plus largement le cadre croisien. En effet, Maxence Van der Meersch y fait venir Denise – sa future femme Thérèse Denis – pour l'écarter du milieu roubaisien corrompu. Il décrit une maison « juste derrière l'église Saint-Pierre, dans une petite rue en impasse, provinciale et silencieuse, avec de l'herbe dans le joint des pavés ». Il met en scène, avec bonheur parfois, avec excès souvent, les habitants du quartier, les petits commerçants, le café buvette, l'épicerie confiserie, les enfants qui vont à l'école ou au catéchisme, les personnages interlopes qui pratiquent la contrebande du tabac, au total une population qui finit par accepter l'étrangère et qui lui manifeste sa solidarité et sa sympathie parce qu'elle partage les mêmes valeurs. « Les gens, sur le trottoir, assis par groupes au seuil des portes, par ces beaux soirs d'été où nous revenions de l'usine, nous regardaient venir de loin, et nous souriaient. » Le romancier n'y situe pas de personnages antipathiques mais des « braves gens » de la réalité quotidienne. Car Saint-Pierre c'est aussi « la voix des deux grosses cloches de l'église » qui scande la vie du quartier paisible bien éloigné des sirènes des usines qui appellent au travail.

Certes, en pourfendeur de la modernité industrielle, il dénonce une « civilisation qui n'empêche pas le peuple de manquer d'eau claire, d'air et de soleil » car le logement ouvrier y est insalubre et

Simons, Une soupe populaire à Croix*, aquarelle.*

inconfortable et les revenus demeurent très modestes ; mais sa critique n'est ni sarcastique ni destructrice. Sorti de Saint-Pierre, l'écrivain voit dans Croix « l'étrange paysage d'usines géantes, à la file, le long de rues immenses et mornes, coupées de passerelles et de tunnels aériens et sillonnées de voies ferrées où circulent des locomotives et des trains de houille, d'acier ou de produits chimiques parmi les camions automobiles ». Pourtant, cet horizon sinistre et oppressant peut s'ouvrir car, au-delà du canal, « le pays devient campagnard et verdoyant avec de grosses haies d'aubépine, partageant des prairies épaisses et de grandes villas entourées de parcs et de bois ».

Croix au double visage, la monstruosité industrielle et l'évasion champêtre.

bibliothèques). Elle n'hésite pas non plus à distribuer bourses et subventions aux bons élèves qui s'orientent vers les lycées, les écoles supérieures, les conservatoires de musique, les écoles des beaux-arts dans la région ou à Paris. Il en résulte un engouement pour la pratique des arts, de la poésie, particulièrement dans les classes moyennes et dans la bourgeoisie, qu'encouragent plusieurs institutions locales. Les sociétés de musique recrutent leurs interprètes formés à Roubaix, à Lille, voire à Paris. Les écoles des beaux-arts de Roubaix et de Lille accueillent des étudiants, appelés, pour certains, à la notoriété. Le Salon annuel des artistes roubaisiens et les galeries locales offrent le cadre d'expression de jeunes talents qui commencent à être reconnus. Les familles de notables n'hésitent pas à leur faire confiance. René Max Vandermeersch, élève des Beaux-Arts à Paris, obtient plusieurs distinctions de l'Institut, à la fin des années 1920, pour des œuvres d'inspiration religieuse (Saint-Martin). Gabriel Gobin, portraitiste, peintre de paysages et de natures mortes, ou Claire Brouillard-Tiberghien, peintre de natures mortes, sont invités régulièrement dans les salons parisiens, particulièrement au Salon des artistes français. Sans en faire une profession, ces jeunes talents ont une fonction qui dépasse le cadre local. Adeine de la Noe, ancienne élève de l'école des beaux-arts de Lille, se voit souvent récompensée. En 1939, elle décore d'une fresque qui suscite la curiosité le pavillon de la presse construit par Mallet-Stevens pour l'exposition du *Progrès Social*. C'est au cours des années 1930 que Pierre César Lagage débute sa carrière de peintre dont la consécration internationale va s'affirmer au-delà de la guerre. De même, André Missant et Eugène Leroy connaissent des débuts prometteurs. Enfin, le romancier Maxence Van der Meersch, roubaisien de naissance, appartient, pendant de longues années, « aux notabilités croisiennes ».

LES ANNÉES SOMBRES

La crise mondiale frappe une économie anémiée ; 1931 en marque le point de départ car la dépréciation du dollar et de la livre sterling fait du franc une monnaie trop chère. La dépression marque sa précocité, à Croix, par rapport à l'ensemble du pays et prend des formes très diversifiées. Pour résister à ce qui devient, de fait, concurrence étrangère, le patronat tente d'obtenir de l'État l'alourdissement de la protection douanière. C'est une proposition illusoire car tout protectionnisme, dans ce climat de nationalisme économique, entraînerait d'inévitables rétorsions. Faute d'obtenir satisfaction, le patronat entend faire baisser les coûts de production et exige des ouvriers qu'en acceptant les baisses de salaires et la remise en cause des acquis sociaux (sursalaire), ils paient les effets de la crise. Les syndicats ouvriers, quelle que soit leur sensibilité, refusent.

Une première manœuvre patronale a lieu en 1930. Elle entraîne, en riposte, une grève massive pour refuser le paiement, par les salariés, des assurances sociales. Des milliers d'ouvriers arrêtent le travail dans l'agglomération roubaisienne. À Croix, quelque deux cents ouvriers ne rejoignent pas l'usine. Le patronat, et plus précisément le Consortium textile, recule.

Néanmoins, en persistant dans sa stratégie, le patronat de Roubaix-Tourcoing provoque une nouvelle grève qui dure du printemps à l'été 1931. Les syndicats ouvriers rejettent la décision des chefs d'entreprises de baisser les salaires de 10 %. L'arbitrage de l'État ayant échoué, ils lancent le 16 mai un mot d'ordre de grève générale. En quelques jours, 80 % des ouvriers du textile cessent le travail et sont rejoints par d'autres travailleurs. À Croix, on dénombre 2 400 grévistes effectifs. L'ampleur du mouvement déferle sur toute l'agglomération et alimente la radicalisation des positions. Aucune négociation sérieuse ne s'engage ; avec la durée, la contestation s'amplifie et incite les salariés étrangers, peu syndiqués, à entrer dans l'action.

La grève, bien mise en scène par Maxence Van der Meersch dans *Quand les sirènes se taisent*, dure plus de deux mois. Les surenchères se multiplient, notamment du côté communiste. Le patronat entend, une nouvelle fois, briser le syndicalisme qui lui résiste. L'effervescence gagne, les cortèges dans les rues tournent à la manifestation ; des bagarres éclatent. Si Croix échappe aux échauffourées et aux barricades roubaisiennes, la fièvre monte. En juillet, les gendarmes mobiles interviennent pour disperser les piquets de grèves, cependant vite rétablis. Des non-grévistes sont molestés. Interpellés, des manifestants se voient condamnés sévèrement par les tribunaux. Le peignage Holden, épargné jusque-là par des grèves aussi longues, devient un des foyers du conflit. Le patronat essaie de négocier avec le syndicalisme chrétien belge la venue de nouveaux salariés flamands. Il décide des lock-out d'entreprises au prétexte de la sécurité ou du manque de matière première.

Le travail reprend, fin juillet, sans accord dans les usines adhérentes au Consortium. Cependant, le front patronal se brise. Le Syndicat des peigneurs, sous l'impulsion des peignages Amédée Prouvost et Motte, quitte l'organisation ; Holden le suit mais prend ses distances. Les teintureries et les « industriels indépendants », pour leur part, s'engagent à éviter des conflits ultérieurs et maintiennent les salaires. À Croix et dans toute l'agglomération, les grévistes suscitent un grand élan de sympathie, d'autant plus que le clergé, encouragé par l'évêque de Lille, Mgr Liénart, apporte son appui aux syndicats CFTC. La ville, par les quêtes qu'elle organise, les soupes populaires qu'elle distribue, les crédits de secours qu'elle fait voter, aide les ouvriers à résister.

La crise s'aggrave entre 1932 et 1935 et affecte toutes les activités. Le peignage se défend mieux que les autres entreprises, mais, à la fin de 1934, la laine peignée se vend mal dans les filatures. L'industrie métallurgique et mécanique affronte, elle aussi, la crise des débouchés. La CIMA, Seynaeve et Dubocage doivent réduire leur production. Pour trouver de nouveaux marchés, dans cette crise où interfèrent dumping et nationalisme économiques, les entreprises accentuent la rationalisation du travail et baissent les salaires, provoquant une réduction des revenus ouvriers. Le chômage total s'accroît, le chômage partiel s'étend insidieusement. En 1934, la CIMA n'emploie plus que la moitié des salariés embauchés au début des années 1920. Nombre d'entreprises réduisent la durée du travail de 30 à 50 %. Afin d'affronter ces défis, on recherche des solutions économiques et financières. La décision de faire fusionner, en 1934, la CIMA et l'entreprise picarde Wallut vise à rationaliser la palette des productions : à Croix, la ficellerie agricole et le matériel de récolte, à Creil-Montataire le matériel de labour. Par la succursale de Lille, on commercialise les tracteurs. Les entreprises utilisent aussi le volant de main-d'œuvre que représentent immigrés et frontaliers pour ajuster leurs moyens à leurs besoins puisque l'industrie locale n'emploie pas, sauf exception, de main-d'œuvre hautement qualifiée.

La municipalité doit se préoccuper de cet afflux croissant de chômeurs qui de 120, fin 1930, monte à 800 à l'automne 1932, pour atteindre 1 100 à l'automne 1934. Seuls, les travailleurs en chômage total peuvent être indemnisés. Les autres subissent, avec le chômage partiel, une réduction forte de leurs revenus. Les frontaliers sont frappés de plein fouet et licenciés les premiers, avec les femmes et les salariés plus âgés.

Les gestes de générosité et de solidarité ne manquent pas. Autour de la municipalité et des paroisses, un comité de chômage auquel se joignent quelques notables organise quêtes publiques et fêtes de bienfaisance. On improvise des solutions telles que des matches de football, des concours colombophiles, des concerts publics. Pour la promenade flamande de 1932, on construit le géant Gilles de Croix exhibé dans les rues sur une chanson de Bodart Timal. Le produit de la vente de la chanson est offert aux chômeurs. Pour financer l'indemnisation du chômage à laquelle la mairie consacre 40 % du budget – l'une des plus fortes contributions du département –, le conseil municipal augmente la fiscalité. Il s'efforce de poursuivre la politique des grands travaux et des équipements pour donner du travail. Pourtant les ressources finissent par manquer ; il faut abandonner plusieurs projets.

Les tensions s'amplifient et atteignent le champ politique. Les ligues nationales, Croix-de-Feu et Jeunesses patriotes, cherchent à séduire une clientèle de commerçants, d'artisans ou de petits entrepreneurs inquiets de leurs revenus qui protestent contre la fiscalité pesante. Toutefois, leur audience demeure limitée ; mais ces ligues participent aux gestes de solidarité à l'égard des familles de chômeurs (les colis de Noël). Leur action ne revêt pas les formes violentes utilisées dans les grands centres urbains même si leur présence s'affiche. Le parti communiste, de son côté, exploite le malaise social pour recruter de nouveaux militants et accroître son potentiel électoral. Il attend la constitution du « Rassemblement populaire » pour les élections municipales de 1935, ce que les socialistes lui refusent en présentant une liste homogène victorieuse dès le premier tour. Dans cette conjoncture, les élections législatives d'avril et mai 1936 permettent aux familles politiques de mesurer leur influence. La gauche demeure fortement majoritaire mais la progression du parti communiste par rapport à 1932 écorne l'hégémonie socialiste. La droite ne profite pas de la situation politique et perd une partie de son électorat séduit par l'abstention. Dans la 8e circonscription de Lille qui renouvelle sa confiance au socialiste, le docteur Dupré, les électeurs de Croix accordent au candidat de la SFIO une audience plus forte que celle qu'il obtient dans l'ensemble des communes.

La victoire du Front populaire entraîne en France un mouvement social dont l'ampleur et la forme sont nouvelles. Croix ne se distingue pas des autres villes industrielles. Dès les premiers jours de juin 1936, les ouvriers du peignage Holden soumettent à la direction un cahier de revendications : augmentation des salaires, congés payés, semaine de 40 heures. Les ouvriers de la CIMA s'engagent à leur tour, bientôt suivis par plusieurs autres entreprises. Le 5 juin, la grève gagne tous les secteurs professionnels. Les grévistes occupent très souvent les locaux ; s'ils mettent en cause l'autorité patronale, ils veulent protéger l'outil de travail et craignent que les rumeurs de déménagement des machines ne deviennent réalité. La CIMA qui, depuis 1909 n'a pas connu de grève, joue un rôle très actif comme les ouvriers du peignage Holden, la Cotonnière de Croix et la FACEN (câbles électriques). Le mouvement fait tache d'huile, n'épargnant que l'artisanat et le commerce. À la mi-juin, on évalue le nombre des grévistes à 3 000 personnes. Aucune violence n'est signalée même si les patrons font pression sur les ouvriers étrangers pour arrêter la grève.

Le travail reprend progressivement. La signature d'accords entre patrons et syndicats ouvriers met un terme au conflit qui dure, en moyenne, une quinzaine de jours. Le patronat de la métallurgie fait des concessions rapides : la convention collective de la CIMA devient un exemple. En revanche, les patrons du textile résistent et diffèrent la tenue de négociations sous l'influence du Consortium. La reprise est parfois difficile dans les petites entreprises et les ateliers.

La municipalité apporte son soutien aux grévistes et à leurs familles par des distributions de vivres, de paille de couchage, de vêtements, de repas aux femmes et aux enfants, par l'indemnisation des heures non ouvrées. Mais le mouvement de solidarité ne revêt pas l'ampleur constatée lors des conflits récents. Même sans violences, la grève fait peur à une partie de la population car elle s'accompagne d'une occupation des ateliers. Les mesures phares – l'augmentation des salaires de 10 à 15 %, les congés payés, les 40 heures – comme la signature des conventions collectives confèrent aux ouvriers des droits sociaux nouveaux. Mais leur reconnaissance n'est pas facile. Le patronat, inquiet de la force du mouvement, doit finalement céder à la loi, attendant l'opportunité de revenir sur les concessions qu'il lui faut accepter. La Fédération de la métallurgie adopte des positions plus souples que les organisations textiles et que le Consortium. Dès lors, le calendrier de la reprise du travail dépend du climat social dans l'entreprise. À l'automne 1936, le mouvement rebondit parce que certains chefs d'entreprises veulent différer l'application des accords. C'est le cas du peignage Holden qui décrète le lock-out pendant plusieurs semaines.

Pour les ouvriers de Croix, comme pour les salariés français, les congés payés portent une charge symbolique forte. Contrairement à la légende, les départs massifs pour la mer ou la campagne ne sont pas courants. En 1936, les familles passent l'été dans leur ville et participent aux loisirs encadrés par la mairie, les associations populaires ou les syndicats. En effet, ce temps de repos ne saurait être dévolu à la paresse. Il doit encourager une vie sociale intégrée au quartier et permettre d'accéder, par les loisirs, à un plus grand épanouissement personnel. Si deux cheminements coexistent, celui de la mairie et celui des associations catholiques, ils empruntent des voies similaires : jeux collectifs, activités sportives, concours divers, excursions, séances de cinéma, apprentissage de l'art théâtral et de la musique, sont autant d'activités susceptibles de favoriser la sociabilité et l'enrichissement de chacun.

À partir de 1936, une éclaircie timide s'ouvre pour un grand nombre d'entreprises locales. Les stocks de laine cardée et peignée s'écoulent mieux, les revenus paysans se redressent et autorisent la reprise des achats de matériel agricole. La CIMA, Seynaeve et Dubocage, la Cotonnière tournent à un rythme moindre que dans les années 1920, mais leur activité redevient correcte. Ces entreprises bénéficient de la dévaluation de l'automne 1936

PAGE DE DROITE
La colonie anglaise dans les années 1930 à l'usine Holden.

Affiche pour la fête du 14 juillet 1936.

qui dope, un temps, les exportations. Cependant elle ne convainc pas les patrons du textile qui se résignent mal à la politique sociale. Les carnets de commandes permettent de nouvelles embauches mais l'augmentation prévue des salaires traîne et l'application de la loi sur les 40 heures soulève bien des contentieux. Enfin, la division syndicale amplifie les surenchères.

C'est dans ce climat de sourdes tensions que la direction du peignage Holden réfléchit à son maintien en France. Dès le printemps 1937, des négociations s'engagent avec le Syndicat des peigneurs pour envisager un rachat de l'entreprise, sans succès. Néanmoins, la décision des Anglais de quitter le territoire français est prise au printemps 1938 après de nouvelles discussions avec les peigneurs. La fermeture est programmée pour la fin de l'été 1938, la période intermédiaire étant consacrée aux modalités de rachat, par le Syndicat des peigneurs, des locaux, des matières premières, des stocks et des machines. Il faut l'intervention de la préfecture et de l'inspection du travail pour que l'on prenne les salariés en compte. Les peignages de l'agglomération acceptent d'embaucher les ouvriers de nationalité française et les employés. Les ouvriers étrangers sont licenciés et contraints de quitter le territoire français. L'atelier de dégraissage, lui, continue de fonctionner sous l'enseigne de La Suintine.

La fermeture définitive du peignage ne soulève pas de mouvement social grave ni de réactions publiques. La mairie est intervenue auprès de la préfecture, des élus ont fait pression sur les industriels pour limiter le drame humain. Les peigneurs eux-mêmes ont craint des désordres qui ne se sont pas produits. L'opinion peut croire à la fatalité économique qui ne saurait, en l'occurrence, être invoquée. On a attribué l'arrêt de l'en-

treprise à la crise internationale et plus précisément à l'annexion de l'Autriche par l'Allemagne, en mars 1938. Les préoccupations qui animent l'entreprise Holden sont d'un autre ordre : elles ont une origine essentiellement économique. Le peignage ne bénéficie plus d'une rentabilité suffisante aux yeux des actionnaires anglais ; les grands peignages roubaisiens – Amédée, Motte – le supplantent désormais. La firme subit aussi les effets de ses choix stratégiques qui l'ont encouragée à privilégier le marché impérial britannique. En outre, la politique française en matière d'emplois, dans les années 1930, a progressivement limité les capacités d'accès au marché du travail flamand. Enfin, les réformes sociales menées par le Front populaire inquiètent le paternalisme de l'entreprise. Pour atténuer le choc d'une fermeture brutale, la société s'engage à payer les retraites. Ce faisant elle souhaite protéger son image sociale. La famille Holden quitte définitivement Croix au printemps 1940 en laissant en France la plupart des collaborateurs britanniques de l'entreprise.

Dans l'immédiat le calme relatif qui accompagne la fermeture de l'usine s'explique par l'intensité d'un conflit qui frappe Roubaix et la main-d'œuvre de nationalité française. En effet, à la fin de l'année 1937, l'usine Lemaire et Dillies affronte une grave crise sociale. Le Consortium textile en fait un enjeu déterminant de sa stratégie de résistance aux revendications ouvrières. Toutes les négociations échouent devant l'intransigeance patronale. Seule la décision de l'État de réquisitionner l'entreprise au moment de la crise de Munich, à l'automne 1938, permet la reprise du travail. Désavoué, le Consortium se dissout mais la grève a duré plus de onze mois. Elle a mobilisé longtemps l'attention des pouvoirs publics et de l'opinion car elle est devenue un test de l'état des relations sociales dans l'agglomération. Or l'usine emploie plus d'ouvriers que le peignage Holden, de surcroît ni immigrés ni frontaliers, ce qui donne une tonalité particulière au conflit et à sa solution. La fermeture du peignage s'en trouve relativisée, même si elle met au chômage près de 500 salariés.

L'esprit patronal de reconquête et la politique du gouvernement français dirigé par Édouard Daladier, après la rupture du Front populaire, mènent à la grève générale du 30 novembre 1938. Déclenchée dans une conjoncture internationale très tendue, elle semble inopportune et, sur le plan national, rencontre l'échec. Sur le plan local, les débrayages sont nombreux et suivis par un grand nombre d'ouvriers qui paralysent même certaines entreprises comme la CIMA ; des commerçants s'associent à la protestation, preuve que le malaise social est profond et que le calme est plus apparent que réel. À l'évidence, les grévistes rencontrent un certain écho car la situation est très difficile. Les militants des partis politiques, Parti social français et parti communiste, cherchent à l'exploiter, ce qui contribue à la dégradation du climat politique.

Jusqu'à la veille de la guerre, Croix est une des communes du département où le nombre des chômeurs demeure le plus élevé. Les indemnisations sont de plus en plus lourdes à supporter. La ville se voit contrainte d'abandonner tous les travaux d'urbanisme car l'État n'investit plus, et il devient impossible de solliciter les particuliers. La construction immobilière individuelle est, elle aussi, en crise faute de clients potentiels. L'artisanat subit, à son tour, les effets de la crise.

Par contraste, ces années d'avant-guerre voient émerger de nouvelles interrogations et préparent de nouveaux clivages. Si Eugène Duthoit approuve la législation de 1936, sa mise en œuvre l'inquiète car, souvent, les contentieux ne manquent pas. D'autres voix s'expriment au sein du catholicisme social pour dénoncer l'opposition frontale contre les réformes et les syndicats et pour encourager l'organisation ouvrière (J. Danel). De même le pacifisme socialiste s'infléchit car « la paix à tout prix » ne répond pas aux défis totalitaires. Ces prises de position préparent les reclassements de la guerre et de l'immédiat après-guerre.

PEINDRE À CROIX

EN HAUT. *Gabriel Gobin,* Le peintre Delvarre.
EN BAS. *Gabriel Gobin,* La ferme du Hutin à Roubaix.
PAGE DE DROITE. *Pierre César Lagage,* Réminiscences, *aquarelle.*

Parmi les artistes reconnus à Croix dans l'entre-deux-guerres, deux personnalités se détachent : Gabriel Gobin et Pierre César Lagage. Les autres n'ont pas la même notoriété. En effet, Eugène Leroy et André Missant n'exposent qu'à partir de la fin des années 1930.

Gabriel Gobin et Pierre César Lagage partagent un point commun : ce sont des « enfants de l'immigration » nés dans des familles venues du Hainaut belge, et non de Flandre. Mais si Gabriel Gobin, né en Belgique en 1903, garde la nationalité belge, Pierre César Lagage est né à Croix en 1911 ; il est donc français. Le premier appartient à une famille modeste : son père tient une métairie à Beaumont. Le père du second exerce la profession de chef comptable dans une usine de Roubaix ; c'est donc un membre de la classe moyenne salariée dont l'aisance est suffisante pour appointer une domestique. Leurs carrières artistiques ne se ressemblent pas.

Gabriel Gobin *a suivi une formation à l'école des arts industriels de Roubaix ; il est devenu peintre sur tissus dans un tissage lillois. Une année d'études à l'école des beaux-arts de Lille dans l'atelier de peinture dirigé par Sabatté, lui permet de parfaire sa formation. Le Salon des artistes français de Paris le reçoit, en 1927, pour une toile,* Les derniers rayons.

Pendant quelques années, il expose à Roubaix ou à Paris. C'est un peintre de paysages – La grange au crépuscule *– et un portraitiste –* La danseuse, Le peintre Henri Delvarre. *Ces œuvres sont celles d'un artiste académique qui exploite les thèmes de la fin du XIXe siècle.* La danseuse *est un clin d'œil à Degas ;* La grange *s'inspire de Courbet ;* Le peintre Delvarre *reprend des procédés de Manet. La presse régionale donne un écho favorable aux œuvres d'un artiste qui, à la fin des années 1920, n'a pas atteint trente ans et qui produit des œuvres encore convenues. Pourtant, il semble arrêter sa carrière ; le Salon des indépendants l'invite à Paris, en 1953, mais il n'y produit qu'une toile peinte à la fin des années 1920.*

En revanche, il réapparaît en 1937, comme acteur de théâtre, et joue dans la Compagnie Pitoëff. Pendant la guerre, à Lyon, il fait représenter une pièce qu'il a écrite, Renais, *s'inspirant des thèmes de l'époque. Après la Libération, il illustre quelques livres mais se consacre surtout à son métier d'acteur. Le cinéma et la télévision le sollicitent beaucoup puisqu'il se produit dans près de cent vingt*

films. Il y tient des rôles secondaires dans des films mis en scène par de grands réalisateurs : Clouzot, Allégret, Cayatte, Chabrol, Buñuel, Malle ou Beineix. Il joue en compagnie de Louis Jouvet, Jean Gabin, Gérard Philipe, Suzanne Flon, Jeanne Moreau ou Jean-Paul Belmondo. Sa carrière s'achève en 1990. Il meurt en 1998.

***Pierre César Lagage**, après des études secondaires, entre à l'école des beaux-arts de Roubaix où il apprend le dessin et la gravure auprès de bons techniciens. Mais aucun professeur de l'école n'est un grand maître. Il affirme une vocation précoce pour la peinture à laquelle il se forme en autodidacte. Il expose ses premières œuvres à l'âge de dix-huit ans. Les galeries de Roubaix, de Tourcoing, de Lille, l'accueillent au début des années 1930 ; ses toiles suscitent un écho régional assez fort pour être présentées dans les galeries parisiennes et obtenir un soutien enthousiaste de grands critiques d'art (Gaston Dielh, Raymond Cogniat). En 1936 et 1937, la Belgique et la Pologne lui consacrent des expositions et lui permettent d'acquérir, très jeune, une première notoriété internationale. En 1937, il quitte Croix pour s'installer à Paris où il fréquente les artistes du Bateau-Lavoir, à Montmartre, ou ceux du groupe « Forces nouvelles » (Tal Coat, Gruber, Pignon).*

Dans les années 1930, Pierre César Lagage pratique une peinture figurative qui s'inspire des artistes flamands des XVIe et XVIIe siècles comme Bruegel ou Teniers et qu'influence la peinture symboliste d'un Maurice

*Denis. C'est dans la vie simple, celle des milieux populaires, de la campagne ou de l'industrie, des fêtes populaires (*La kermesse*) ou des joies familiales (*La maternité*), qu'il trouve ses thèmes de prédilection. Contrairement aux maîtres flamands, il ne les traite pas de manière sarcastique mais plutôt avec humour, en gardant toujours beaucoup de sympathie pour ses sujets. Sa peinture s'inscrit dans ce mouvement « du retour à l'humain » typique des années 1930, époque où les totalitarismes contestent et nient l'homme. Le réalisme auquel il se réfère a toujours une valeur symbolique, comme le soulignent les deux panneaux de* L'industrie *et* Réminiscences. *Pierre César Lagage est un « réaliste imaginatif » qui transfigure le réel de la vie quotidienne.*

Doué d'un talent reconnu et apprécié pour un dessin stylisé qui suggère les formes avec justesse, élégance et intuition du mouvement, Pierre César Lagage est aussi un excellent coloriste qui, par les couleurs complémentaires qu'il utilise toujours en à-plat, semble composer ses toiles comme un vitrail. On a dit de lui qu'il était, dans une certaine mesure, « un peintre médiéviste » qui consacre à la ligne et aux formes une place essentielle. Il met en scène des personnages venus d'ailleurs et construit un monde de nulle part.

À la veille de la guerre, en 1939, la critique le salue comme un grand espoir de la peinture française.

Pierre César Lagage, L'industrie, *panneaux sur bois.*

Chapitre 7

RENOUVELER LA VILLE

(1939-fin des années 1970)

UNE NOUVELLE EXPÉRIENCE DE L'OCCUPATION

La déclaration de guerre, le 3 septembre 1939, ne surprend pas vraiment la population car les crises internationales répétées, depuis le printemps 1938 – annexion de l'Autriche, invasion de la Tchécoslovaquie après son démantèlement, menaces sur la Pologne – font comprendre qu'une mobilisation est imminente. Une fois encore la guerre est acceptée avec résignation, ce dont témoigne le maire Louis Seigneur quand il dénonce une « nouvelle calamité » et lorsqu'il émet le vœu que sa durée soit aussi courte que possible.

LA VILLE DANS LA « DRÔLE DE GUERRE »

La mobilisation générale affecte près de deux mille hommes qui, selon le témoignage du curé de Saint-Martin, « partent avec courage, laissant leurs femmes en pleurs », et désorganise la vie quotidienne et l'activité économique. Les réquisitions de moyens matériels – automobiles, camions, chevaux – comme celle des immeubles pour loger les troupes se multiplient. Locaux industriels et maisons particulières sont abondamment sollicités. En fait, bien des familles, notamment bourgeoises, ont quitté la ville ; leurs villas servent de lieux d'accueil pour des officiers français, puis pour des officiers anglais. La mobilisation ne fait qu'accélérer cet exode vers le sud. Les habitants imaginent que la « protection » se trouve au sud de Paris.

Même si la « drôle de guerre » – qui dure jusqu'au 10 mai 1940 – épargne les Français des effets des combats, il est devenu essentiel d'organiser la « défense passive ». Dès lors, il importe de construire des abris, d'étayer les caves des immeubles, de creuser des tranchées, pour limiter les effets des bombardements aériens. Pour inciter les civils à se protéger, on simule les risques d'attaques en multipliant les alertes. Les souvenirs de la Grande Guerre pressent les pouvoirs publics de mettre la population en état de défense. Très vite, la déclaration de guerre provoque la baisse d'activité des entreprises. Le ravitaillement devient difficile, les denrées manquent, leurs prix grimpent dès l'hiver 1939-1940. Il faut mettre en place le rationnement tandis que les comités d'entraide assurent aux familles des mobilisés et aux chômeurs, de plus en plus nombreux, les moyens de subsistance.

C'est dans ce climat de dépression que Hitler lance, le 10 mai 1940, son offensive à l'ouest. Les vagues successives de bombardiers allemands aggravent l'angoisse de la population qui, dès le 15 mai 1940, comme le signale le curé de Saint-Martin, ne parle que d'évacuation. Le 20 mai la panique est devenue générale et touche aussi bien les civils que les responsables des services publics. Dans une ville qui n'est plus, de fait, administrée et où les villas des grandes familles sont désertées, les commerces souvent abandonnés, le ravitaillement compliqué, les pillards agissent au milieu des cortèges de candidats à l'exode qui passent par Croix pour échapper à une nouvelle occupation. L'effondrement de la population laisse des traces. Le maire Louis Seigneur, pour avoir quitté sa ville, est destitué tandis que le préfet désigne, pour le remplacer, son adjoint Auguste Vandenas.

La progression rapide des Allemands entraîne la retraite des troupes franco-anglaises qui refluent vers la mer, détruisant les routes qui conduisent à Croix pour retarder l'avance de l'ennemi. Le 28 mai, sans rencontrer d'opposition, l'armée allemande prend position dans la ville où la colère gronde tant les services de ravitaillement fonction-

PAGE DE GAUCHE
Eugène Leroy,
La parabole des aveugles,
1952.

nent mal. Pour rétablir l'ordre, l'occupant doit menacer d'installer des mitrailleuses dans les rues.

Dans les jours qui suivent l'arrivée des Allemands, bien des Croisiens, partis en exode vers le Pas-de-Calais et les villes de la côte, tentent de retrouver leur domicile après avoir vécu des moments dramatiques. Leur retour accroît le malaise d'une population aux prises avec la présence d'une armée étrangère et tous les embarras de la vie quotidienne.

IMPOSER LA LOI ALLEMANDE

Dès son installation, l'armée d'occupation diffuse, par voie d'affiche et par consignes à la mairie, des contraintes très rigoureuses. Couvre-feu, interdiction des réunions et des manifestations publiques, contrôle de la circulation limitent très étroitement les libertés individuelles et collectives. Elle n'hésite pas, dès juillet 1940, à désigner une vingtaine d'otages parmi les catégories populaires ; certains sont internés, d'autres déportés. L'occupant arrête aussi des habitants d'origine algérienne.

La kommandantur d'étape s'installe à Roubaix mais des services civils et militaires fonctionnent à Croix. De plus, l'occupant est tout à fait visible puisque mille à deux mille soldats occupent de nombreux locaux qu'ils ont réquisitionnés. Les villas bourgeoises, vides de leurs propriétaires, abritent les officiers, tandis que les sous-officiers ou les soldats logent dans des immeubles plus modestes. Les habitants sont parfois expulsés quitte à être relogés. Rapidement, les Allemands assignent à résidence des compatriotes ou des Belges expulsés et recherchent des lieux pour héberger les réfugiés. Hangars, entrepôts, magasins servent aux chevaux, aux voitures, aux camions. La défense passive française conserve les immeubles qu'elle occupe depuis 1939.

Dans le dispositif de la Wehrmacht, Croix est un centre sensible. Les Allemands y aménagent un dépôt de munitions dans le quartier de l'Allumette. Les bâtiments de l'usine Holden accueillent une usine militarisée qui fabrique de l'essence synthétique et stocke les réserves et les pièces de rechange destinées à l'armée et à l'aviation. Le site doit être protégé : c'est pourquoi la cheminée Holden est abattue après l'attaque aérienne britannique du 20 septembre 1940. Des postes de DCA sont placés en ville, sur la terrasse de la Cotonnière, à proximité du Grand Boulevard et dans les prairies de Beaumont. Enfin, d'importantes installations téléphoniques sont disposées dans la commune qui reçoit l'ordre d'en assurer la surveillance et qui, pour ce faire, doit recruter des agents, plus d'une centaine en 1943.

L'occupation offre aussi à l'autorité allemande la possibilité d'exploiter, au titre des frais à payer par l'État français, les ressources locales comme elle le fait des productions nationales. Elle procède à un véritable pillage en opérant des réquisitions classiques (animaux, voitures, stocks d'entreprises, denrées alimentaires) ou en s'emparant des métaux et des machines de l'usine Holden qui n'ont pas encore été déménagés. Très souvent, les officiers vont au-delà en exigeant que la ville satisfasse des revendications éloignées de l'entretien d'une armée occupante : paver une chaussée pour permettre à un général vétérinaire de gagner son domicile sans marcher dans la boue, renouveler la décoration des immeubles qu'ils habitent, les meubler avec un mobilier de style, fournir une vaisselle de luxe, de l'argenterie, des pianos, des postes de radio. La ville ne refuse pas ces demandes constantes, contre lesquelles le préfet s'indigne. C'est dire qu'à chaque arrivée de nouvelles unités, les entreprises locales sont très sollicitées pour effectuer les travaux d'entretien ou les aménagements exigés.

Le maire et le comité de guerre sont les interlocuteurs de l'autorité allemande. Ils transmettent les commandes et font payer l'État. En effet, contrairement à la guerre 1914-1918 qui a contribué à municipaliser le pouvoir, la seconde occupation laisse fonctionner la tutelle préfectorale tout en imposant les pressions et les contrôles allemands. Désigné par le préfet Carles, présidé par Auguste Vandenas, et composé d'un vice-président, Gaston Priau, industriel, interprète en 1914, et d'un conseiller, Théophile Lerouge, le comité gère la commune sans conseil municipal. Sa capacité d'initiative demeure modeste ; ses membres tentent rarement de s'opposer à l'occupant et préfèrent transmettre les délibérations au préfet qui exerce son autorité, amoindrie, sur les communes. L'accommodement avec l'occupant entraîne, très rapidement, une crise profonde au sein de l'administration municipale. Le receveur municipal, qui refuse certains ordres allemands, doit quitter ses fonctions ; il est interné loin de Croix en 1941. À partir de 1942, des fonctionnaires, agents de services sensibles (le travail, les finances, la police), abandonnent leurs responsabilités. À plusieurs reprises, le préfet insiste auprès de l'équipe municipale pour qu'elle fasse preuve de plus de discernement dans la prise en compte des revendications des Allemands. Les pressions de la kommandantur sont indéniablement quotidiennes mais le souvenir de la répression menée entre 1914 et 1918 pèse sur le choix des responsables, d'autant plus que la collaboration de Vichy avec l'occupant devient une pratique d'État.

OCCUPANTS ET OCCUPÉS

Le régime imposé à l'ensemble de la population habitant la zone interdite obéit à des règlements très sévères qui mêlent contraintes militaires et préoccupations politiques. La multiplicité des services policiers – Feldgendarmerie, Gestapo, renseignement – forge un système de contrôle et de répression brutal pour intimider la population et la contraindre à se soumettre. Mais le gouvernement militaire allemand qui siège à Bruxelles – l'OFK 670 – cherche, sinon à séduire, du moins à neutraliser les habitants. C'est pourquoi, s'il interdit les manifestations publiques ou les activités susceptibles de menacer l'autorité occupante (la détention de pigeonniers), il autorise les divertissements sportifs, cinématographiques et théâtraux. L'Église catholique et les mouvements qu'elle anime obtiennent des droits substantiels puisque l'exercice du culte et l'action catholique ne subissent pas d'entraves. La presse régionale, objet d'une censure étroite, peut paraître. Elle contribue à réduire l'impression d'isolement ; mais la population ne se fait pas d'illusions sur son contenu hormis celui qui porte sur les informations locales.

La poursuite de la guerre contre le Royaume-Uni, puis le déclenchement du conflit avec l'URSS et les États-Unis, incitent les Allemands à recruter des auxiliaires susceptibles de remplacer la main-d'œuvre allemande mobilisée. À Croix, l'armée allemande emploie, en 1941 et 1942, plus de deux cents personnes comme journaliers, jardiniers, femmes de ménage, « gardes-fils ». De plus, dès l'automne 1940, l'OFK 670 a lancé une vaste campagne de recrutement de volontaires du travail vers

Affiche de la propagande allemande.

le Reich. Elle propose des contrats alléchants à des ouvriers ou même à des femmes de prisonniers. Entre l'automne 1940 et l'hiver 1942, près de deux cents Croisiens acceptent ces offres, par vagues successives. Il ne s'agit pas toujours de chômeurs ; des ouvriers qualifiés, parfois, partent en famille ; des immigrés belges ou polonais, des femmes participent à ces recrutements, dommageables pour l'économie locale mais attractifs parce que les salaires promis dépassent les niveaux français. Pourtant, la propagande allemande ne fait aucune allusion aux conditions de travail et de vie dans les entreprises militarisées. Si les volontaires sont déçus, très peu rompent leur contrat.

Les entreprises locales reprennent leur activité, de manière progressive, à partir de l'automne 1940. Mais les difficultés du ravitaillement en matières premières et en charbon, les orientations imposées par les Allemands dans le cadre des Werbestellen, les pressions exercées sur les patrons et les capacités de retour de ceux qui ont quitté la région déterminent les rythmes, les contours, l'ampleur de la reprise.

Certaines usines fonctionnent au ralenti – c'est le cas de la Cotonnière qui doit accueillir des matériels et des personnels militaires allemands. D'autres, comme Seynave et Dubocage, éprouvent de sérieuses difficultés par manque de main-d'œuvre qualifiée et parce que le marché n'est pas favorable. D'autres encore développent des complémentarités et des échanges avec le Reich, sans toutefois retrouver leur capacité d'avant-guerre, comme la CIMA (usine de Neuss), qui utilise, en 1941, les deux tiers de son personnel de 1939.

Si les Croisiens s'adaptent au régime d'occupation, la germanophilie demeure faible, comme le confirmeront les procès de la Libération, et le choix de la collaboration se nourrit moins d'idéologie que d'opportunité sociale et personnelle.

La cohabitation quotidienne avec les troupes donne lieu à de nombreuses plaintes qu'instruit la Feldgendarmerie. On déplore les beuveries, les tapages nocturnes, le recours à la prostitution qui fait venir, à Croix, des femmes de toute l'agglomération. Les réquisitions d'immeubles, même si leur durée atteint rarement les quatre années, suscitent de profondes récriminations ; on ne fait rien pour accueillir soldats et officiers au point que la kommandantur exige des propriétaires qu'ils laissent leurs locaux habitables. De même s'inquiète-t-on des nombreuses perturbations qui affectent la vie scolaire puisque la classe est souvent perturbée, notamment dans les écoles communales.

Le sort des prisonniers de guerre préoccupe beaucoup la population et crée un lourd contentieux avec l'Allemagne nazie qui, d'ailleurs, en fait un enjeu de la collaboration.

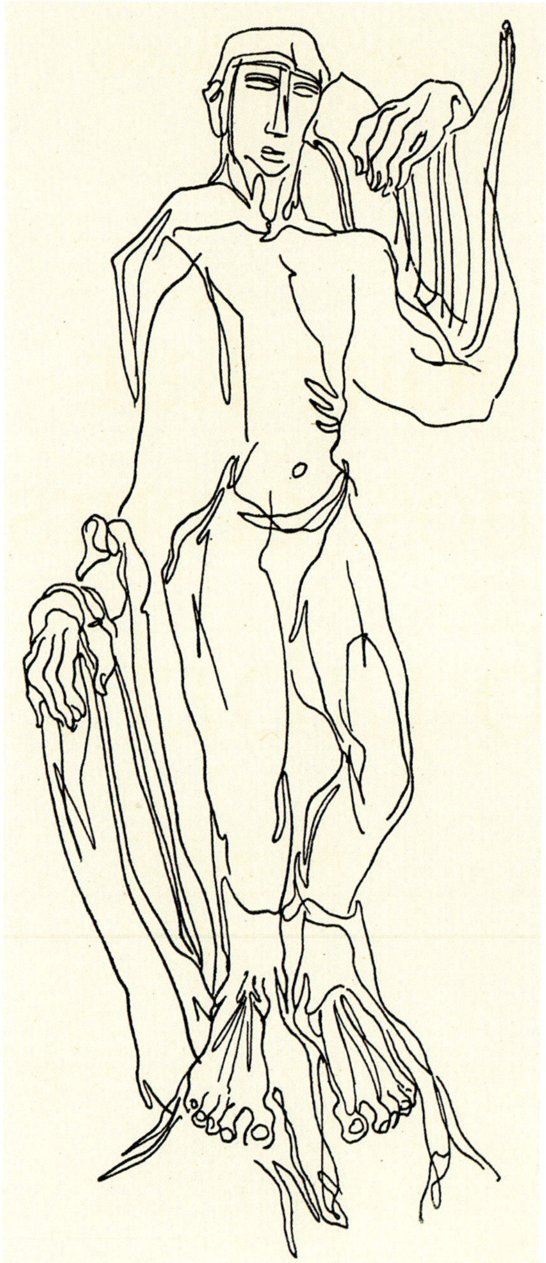

Pierre César Lagage, « Le prisonnier » dans Ont fait nos cœurs barbelés, *1945.*

Au moment de la signature de l'armistice, le 22 juin 1940, l'armée allemande a capturé plus de douze cents soldats, soit 60 % des mobilisés. Ces hommes ont en général une activité professionnelle, une famille, des enfants. La cessation des combats laisse croire à leur proche retour. Mais l'illusion disparaît vite car le Reich ne manifeste pas l'intention de libérer les captifs et exploite l'inquiétude des familles. Dès lors, aider les prisonniers à supporter l'éloignement et la vie des camps est un gage de solidarité de la part des civils. À la fin de l'année 1940, lorsque l'espoir est bien loin, la municipalité fédère des notables et des bonnes volontés pour organiser quêtes publiques, galas de solidarité, souscriptions, et recueillir les fonds nécessaires à l'envoi du « colis du prisonnier ».

Les libérations sont peu nombreuses, même pour des raisons familiales et sanitaires. Un an après le début de leur captivité, seuls 10 % des prisonniers sont rentrés. Les autres restent internés en camps ou travaillent en Allemagne sous contrôle. Les ouvriers qualifiés y sont souvent contraints pendant la durée de la guerre. Un prisonnier sur cinq y est encore assujetti au moment de la capitulation de l'Allemagne.

L'irritation monte mais son expression demeure discrète tant les menaces et la surveillance constante de l'opinion pèsent lourdement. Pourtant, très tôt, des signes concrets de protestation révèlent une tension diffuse mais croissante. Dès le 11 novembre 1940, dans les rues de Saint-Pierre au cimetière, des papillons gaullistes sont collés ; des tracts appellent à ne pas se soumettre. Les auteurs des distributions, une vingtaine d'hommes, sont arrêtés et internés pendant plusieurs mois. De même, certains cachent des soldats ou des aviateurs anglais qui veulent échapper à la captivité. Les estaminets du Thorein et de Saint-Pierre favorisent cette clandestinité et sont souvent sollicités parce que les commerçants, grâce à l'accueil de la clientèle, peuvent éviter une surveillance trop étroite.

La répression sévit. La prise d'otages est fréquente. Les ressortissants anglais sont assignés à résidence et leurs biens placés sous séquestre ; certains sont déportés en Allemagne pour la durée de la guerre. L'occupant s'intéresse de près aux Juifs ; mais longtemps la police municipale n'apporte pas son concours. Au début de l'année 1943, la seule famille juive demeurée à Croix est déportée. Deux autres familles, qui ont quitté la région, subissent la déportation. La répression pèse lourdement sur les communistes qui, après la déclaration de guerre avec l'URSS, préoccupent les services allemands comme la préfecture régionale. À l'automne 1941, plus de cinquante communistes sont pris comme otages et contraints aux travaux forcés. Les enquêtes se multiplient dans les mois qui suivent. En janvier 1942, plus de trois cents d'entre elles aboutissent à plusieurs dizaines d'interpellations et d'internements

SURVIVRE À CROIX

La durée de l'occupation accable d'autant plus la population que l'espoir d'une libération s'éloigne. Les bombardements n'ont certes pas la même fréquence que sur le littoral ou dans les zones de communication intense, mais les pénuries, les entraves à la liberté, constituent une nouvelle expérience éprouvante.

Les services publics, préfecture et mairie, ont la charge d'assurer le moins mauvais ravitaillement possible. Des cartes sont établies en fonction de l'âge, du sexe, de la profession. Mais les restrictions provoquées par la guerre affectent tous les produits. Les commerçants sont irrégulièrement achalandés tandis que les producteurs ne vendent plus sur les marchés désormais interdits. La population souffre de pénuries alimentaires ; le lait, surtout, fait défaut parce que les producteurs locaux préfèrent l'écouler au marché noir. Le charbon, le gaz, voire l'électricité, subissent également un sévère rationnement pour permettre, sous la pression de l'occupant, de ravitailler les entreprises, quitte à obliger les particuliers à utiliser le pétrole pour l'éclairage ou même d'alcool à brûler pour la cuisson des repas.

La seconde occupation encourage le comité de guerre à prendre en charge une partie du ravitaillement. Dès 1941, une boulangerie fonctionne sous les auspices de la ville. Des soupes populaires, puis un restaurant municipal, compensent en partie les difficultés. En 1942 et 1943, on incite les particuliers à cultiver des jardins et à exploiter les terres non cultivées. Ces pratiques demeurent insuffisantes et n'empêchent pas le recours au troc et au marché noir comme l'essor des trafics ou des fraudes. À partir de 1943, dans une guerre devenue totale, l'aggravation des conditions de vie auxquelles s'ajoute la clandestinité des réfractaires au service du travail obligatoire, entraînent d'ailleurs un fort accroissement des vols de produits de première nécessité.

S'il est vrai que la séparation des couples fait baisser la natalité, il est inexact de prétendre que les carences et les avitaminoses provoquent la montée de la mortalité. Celle-ci progresse parce que l'âge moyen des habitants demeurés dans la ville tend à s'élever.

En effet, comme en 1914-1918, la guerre et l'occupation aboutissent à une baisse du nombre des résidents ; le déficit mesuré entre 1939 et 1945 atteint 25 % de la population d'avant-guerre. Les prisonniers ont leur part dans ce recul démographique. Mais pour l'essentiel, les départs des familles de bourgeoisie aisée et moyenne vers Paris et le sud de la France expliquent le « creux démographique » qui n'est pas sans effet sur les finances communales. Le maire Auguste Vandenas bâtit difficilement le budget annuel car l'absence de gros contribuables et l'affaissement de l'économie réduisent les ressources de la ville.

La municipalité, cherchant néanmoins à effacer les dommages de la guerre subis en mai 1940, poursuit l'aménagement urbain pour lequel elle recrute, en 1944, un architecte. Elle ouvre la maternité dans des locaux adaptés ; les deux tiers des nouveau-nés y voient le jour en 1942 et 1943. Elle contribue aussi à diffuser le pétainisme moralisateur et, paradoxalement, novateur en faisant célébrer les mères, les travailleurs méritants, les enfants, et, comme la loi le lui permet, verse des subventions aux écoles privées. Elle met au point des projets d'avenir en préparant, dès 1941, un centre d'éducation physique et sportive ou en réfléchissant à l'urbanisme de la paix retrouvée.

RÉSISTANCE ET LIBÉRATION

La Résistance est un phénomène social et politique difficile à cerner. L'action collective, indispensable, suppose un cadre plus large que celui de la commune puisqu'il faut éviter les risques d'une identification. Les résistants originaires de Croix interviennent dans leur ville comme à l'extérieur.

Les actes de résistance humanitaire et patriotique sont précoces dans un environnement qui n'est pas défavorable. Des réseaux d'information se mettent en place rapidement comme « Vengeur » ; sans eux, les occupants n'auraient pas craint un bombardement allié de l'usine Holden. Plus tard, l'extension de la guerre à l'URSS constitue les cellules communistes en lieux de contestation et d'engagements résistants d'autant plus que le régime de Vichy les y a préparées.

La répression allemande et celle de Vichy apportent des éclairages sur les pratiques de résistance. Ainsi, l'obligation faite à la ville de surveiller les lignes téléphoniques et de recruter des « gardes-fils » trouve son origine dans le cisaillement répété des câbles. De même, le sabotage de la voie ferrée à l'Allumette, le 19 septembre 1942, provoque peu de dégâts et aucune mort d'homme mais entraîne des interpellations à Croix et à Roubaix parmi les communistes. Certaines sont suivies de condamnations, parfois lourdes, comme la déportation. De même encore, le 18 août 1944, un attentat mortel commis contre un soldat allemand déclenche une vaste rafle d'hommes et des perquisitions – même à l'église et au presbytère Saint-Martin – parce que l'occupant recherche des armes.

Ces actes violents ne sont pas les plus nombreux. La Libération, qui offre aux acteurs clandestins la possibilité d'une certaine publicité, confirme que bien des actions individuelles sont menées par des réseaux ou des mouvements organisés. C'est ainsi que les réseaux de renseignement britanniques – « Shelburn » – et belges – « Zero France », « Ali France » – ou d'évasion comme « Comète » utilisent les services de plusieurs femmes (Germaine Becquart, Germaine Cocheteux). La Belgique devient, d'ailleurs, une terre de refuge pour les résistants locaux. Les mouvements comme « Libération-Nord » (Raoul Clabaut) ou « Voix du Nord » (famille Cocheteux, famille Grimompont) recrutent également des agents à Croix. Mais c'est probablement le réseau « W.O. Farmer » qui recrute le plus grand nombre de Croisiens non communistes (le démocrate chrétien Georges Potié, les socialistes Louis Selosse et Henri Seigneur). Les mouvements communistes, comme l'« Union des Femmes de France », ou d'obédience communiste, comme le « Front National », mobilisent plusieurs personnalités locales (l'assureur Jules Roulland).

Certains s'engagent d'entrée dans une action résolument militaire. C'est le cas des Francs tireurs et partisans (Jacques Pennel) ou des Forces françaises de l'intérieur (Jeanne Debeir, Maurice Courouble). Au moment de la Libération, leur nombre est évalué à une centaine. D'autres rejoignent les forces britanniques et notamment l'aviation (Esther et Philip Allard), les Forces françaises libres (Eugène Vandermeersch, Jacques-Yves Mulliez) ou les Corps Francs intégrés après la Libération dans l'armée (Louis Schepers, qui participe au maquis de la Creuse). La participation de réfugiés ou de prisonniers évadés à la Résistance dans d'autres régions est avérée (Polfliet en Saône-et-Loire, Joly à Paris).

Cette activité, très diversifiée, peut prendre une forme plus politique (c'est le cas du parti communiste) ou spirituelle (la diffusion de *Témoignage chrétien* avec Roger Clément ou le pasteur Malfille). Elle peut aussi se traduire par des actes de « désobéissance civile » parmi les policiers, fonctionnaires locaux, pompiers, que leurs fonctions rendent susceptibles d'informer, de cacher, de fournir des faux papiers. Mais il peut également s'agir de la fronde que l'on pratique quotidiennement, comme le fleurissement des tombes de la Grande Guerre.

La résistance à Croix, comme dans bien d'autres communes de la région, suscite l'engagement d'hommes et de femmes issus souvent de milieux populaires et notamment du monde ouvrier. Cependant, la petite bourgeoisie, celle des artisans, des commerçants, des employés, joue aussi son rôle. Ces tendances fortes n'excluent pas la participation de représentants de la bourgeoisie locale, celle des professions libérales (pharmaciens) ou même industrielle. Enfin, même si elles ne sont pas immédiatement reconnues à la Libération, les femmes occupent une place déterminante tant dans l'activité humanitaire que dans les services plus risqués du renseignement ou même dans les groupes militaires. L'absence des hommes est une des raisons de leur engagement.

André Missant,
Victor Becquart,
FFI, *1944.*

En imposant le recensement des hommes et leur mobilisation pour le travail en Allemagne, la loi du 4 septembre 1942 – qui touche tous les individus masculins âgés de moins de cinquante ans et les femmes célibataires – engage Vichy dans une fuite en avant dans la collaboration. Sans doute, certains voient dans cette obligation un fait de guerre qu'il importe d'accepter, quitte à l'adoucir. C'est ce que proposent les dirigeants de la JOC locale. Néanmoins, dans la plupart des cas, on cherche à éviter le départ des jeunes. Le maire, des chefs d'entreprises recrutent de nouveaux employés. Des agents municipaux, malgré les risques encourus, confectionnent de faux certificats, de fausses cartes d'identité et de ravitaillement pour ceux qui sont contraints de rejoindre la clandestinité. Des filières font passer au sud, vers l'Espagne ou l'Afrique du Nord, les réfractaires du STO qui vont s'engager dans les Forces françaises libres. Une part non négligeable des jeunes requis refuse même le recensement ; on peut l'évaluer à 25 % des « mobilisables ». Aucune manifestation publique n'a lieu contre les départs mais la population exprime une large sympathie à ceux qui refusent et leur trouve une cachette hospitalière, ou leur fournit la preuve d'une activité professionnelle indispensable sur place.

Cette activité multiforme n'engage pas la majorité de la population mais révèle la complexité des réactions ; elle implique un environnement favorable comme des relais dans la population à Croix et en dehors. Elle confirme une résistance qui trouve sa raison d'être dans la germanophobie et dans le rejet de Vichy. L'opposition, pour être clandestine, peut prendre des formes plus publiques. Ainsi, au printemps 1944, les affiches qui appellent les jeunes à rejoindre les Waffen SS sont lacérées. Si l'on ignore l'identité des auteurs de ces actes de résistance, on évalue à une centaine le nombre les patriotes armés qui se préparent à combattre les Allemands prêts à la retraite.

Le 2 septembre 1944, la libération de la ville se déroule sans réels combats. En effet, devant l'avance rapide de l'armée britannique, les Allemands refluent vers la Belgique et quittent Croix, puis Roubaix, sans chercher à se battre. Sans nul doute, des escarmouches éclatent entre milices FFI et patrouilles allemandes à la périphérie de la ville, à Wasquehal, à Croix même. Des FFI sont capturés et exécutés sur place ; sept Croisiens trouvent la mort au cours de ces opérations confuses. Les Allemands essaient de faire exploser l'usine Holden et le dépôt de munitions de l'Allumette. Mais leur tentative échoue car la défense passive neutralise les explosifs.

Un comité local de libération, présidé par le socialiste Henri Seigneur, s'installe à l'Hôtel de Ville dans l'après-midi du 2 septembre. Le comité de guerre est destitué et certains fonctionnaires d'autorité aussitôt déchus (secrétaire général de mairie, commissaire de police). La tâche principale consiste à éviter l'anarchie alors que les magasins laissés par les Allemands et les villas du Grand Boulevard, autour de Barbieux, commencent à être pillés. Les vivres, le charbon, mais aussi des pièces de mobilier sont l'objet des convoitises. Ce sont les policiers de Croix, appuyés par les groupes de FFI, qui rétablissent l'ordre, font cesser les pillages et arrêtent leurs auteurs. En quelques jours, le calme revient. Mais ces désordres des premières heures soulignent la fragilité d'une population qui a subi des privations sévères pendant plusieurs années.

La fin de l'Occupation ne signifie pas pour autant la fin de la guerre. En effet, les requis du STO, les prisonniers de guerre ne rentreront qu'avec la capitulation de l'Allemagne. Et les conditions de vie quotidienne ne s'améliorent pas avant de longs mois. Rareté des denrées alimentaires, désorganisation des transports, mauvaise récolte de l'été 1944, persistance du marché noir, inflation des prix…, les motifs de mécontentement demeurent. La municipalité songe à créer des magasins communaux pour répondre aux besoins immédiats et impose de ne vendre qu'aux Croisiens les produits rationnés.

Le 28 septembre, le préfet nomme et installe une délégation municipale à laquelle revient la charge de gérer la ville et de répondre aux besoins de la population. Sa présidence est confiée à Henri Seigneur. Elle réunit des représentants de chaque mouvement de résistance présents à Croix : le « Front National », « Libération Nord », « Voix du Nord », « Ceux de la Résistance ». Des membres de partis politiques connus pour leur refus de la compromission avec Vichy (communistes, démocrates chrétiens) et des syndicalistes leur sont associés. Enfin, l'équipe est complétée par des conseillers socialistes, élus en 1935 mais écartés en 1940. La première femme n'intègre l'équipe comme « auditrice » qu'en décembre 1944. Si les femmes viennent d'acquérir la citoyenneté politique, elles n'en touchent que des dividendes très modestes.

La nouvelle équipe municipale doit préparer les élections. Si la diversité des refus à l'occupant et à Vichy est respectée, le parti socialiste garde la majorité. Le premier adjoint, Georges Potié, appartient quant à lui à la famille démocrate chrétienne. Enfin, par sa présence multiforme, le parti communiste bénéficie d'une influence croissante grâce à l'image qu'il donne d'une participation active à la Résistance.

SORTIR DE L'OCCUPATION ET DE LA GUERRE

La guerre laisse des traces matérielles plus visibles qu'en 1918. La mairie évalue à 5 % le nombre des immeubles endommagés. L'usine Holden est en partie ruinée, le château de La Fontaine a subi les effets de l'explosion du manoir de la Marquise à Hem. Des maisons particulières ont été bombardées et les villas réquisitionnées ont souffert d'un usage inadapté. La tragédie humaine, sans avoir la brutalité de celle de 1914-1918, touche diverses catégories. Moins d'une centaine de soldats ont trouvé la mort entre 1939 et 1945. La bataille de France, en mai 1940, n'a frappé que trente combattants ; néanmoins, il convient de rappeler que sa brièveté n'a pas atténué la violence des combats et la puissance de feu allemande. Vingt-cinq prisonniers succombent aux conditions très sévères de la captivité. Les combats de la Libération, dans l'agglomération, dans la région, autour de Dunkerque, en Alsace, tuent vingt combattants. Le nombre des otages et des déportés morts en détention s'élève à quinze personnes, auxquelles s'ajoutent les vingt victimes civiles fusillées au cours de l'exode ou tuées dans les bombardements. En outre, la déportation de plus de deux cents personnes pour des raisons patriotiques, politiques et religieuses, laisse des traces profondes. Enfin, la captivité de plus d'un millier de soldats, pour être souvent moins tragique, marque toujours les esprits. Ce dénombrement souligne que le traumatisme ne peut être comparé à celui qui blesse la population de 1918 et qu'au-delà de la diversité des victimes de la guerre, aucune catégorie, contrairement à la Grande Guerre, ne peut imposer sa mémoire.

Si son évaluation est moins immédiate, le déficit démographique creusé par la guerre est sévère. Entre 1939 et 1945, la ville perd 4 000 habitants soit 20 % de sa population. Le mouvement naturel a, sans nul doute, sa part de responsabilité. En effet, si la natalité baisse entre 1940 et 1942, la mortalité gonfle rapidement. Les conditions de vie imposées par la séparation des couples comme les difficultés du quotidien

Carton en hommage aux héros, mai 1945.

frappent les familles les plus fragiles. La mortinatalité, la mortalité des enfants et celle des personnes âgées dépassent sensiblement leur niveau d'avant-guerre. Cependant la natalité reprend en 1943, et compense, en partie, une mortalité qui demeure élevée pendant les trois dernières années de la guerre. Le déficit dépend enfin des départs vers d'autres villes ou d'autres régions. C'est le cas des femmes de soldats qui rejoignent des parents en dehors de Croix ou des ouvriers ou encore des jeunes qui quittent la ville à la recherche d'un emploi. Des familles parties en exode reviennent lentement. La réorganisation économique nécessaire suppose donc la reconstruction du potentiel de main-d'œuvre.

Sortir de la guerre consiste aussi, comme le souhaite le gouvernement provisoire, à rétablir les pouvoirs publics dans le cadre du retour à la démocratie. Or, les élections municipales d'avril et de mai 1945 révèlent un évident malaise. En effet, le 29 avril, date du premier tour, la liste présentée par le parti socialiste et conduite par Henri Seigneur n'arrive qu'en deuxième position. Avec 25 % des suffrages des électeurs inscrits, elle régresse sensiblement par rapport à 1935 : en effet, elle perd un électeur sur cinq. La liste Union patriotique républicaine et anti-fasciste (UPRA) obtient 22 % des voix et le Mouvement républicain populaire, nouvelle étiquette de la démocratie chrétienne, en recueillant près de 29 % des suffrages, apparaît comme le vainqueur de la consultation.

Pourtant ces résultats doivent être nuancés. Le MRP remporte un succès indiscuté mais son influence ne dépasse pas celle qu'atteignait la droite républicaine en 1935. Par ailleurs le parti communiste progresse à Croix plus modestement qu'à Roubaix ou à Tourcoing. La liste UPRA, qu'il anime, mobilise les femmes qui votent pour la première fois et des antifascistes assez éloignés du communisme. Sa réussite ne manque donc pas d'ambiguïtés. L'échec socialiste obéit, pour sa part, à un faisceau de raisons. La conjoncture trouble le jeu électoral : de nombreux électeurs, prisonniers de guerre, déportés, réfractaires, sont absents. Les réfugiés venant d'autres communes, de Dunkerque notamment, votent, cette fois, à Croix. En outre, le vote féminin, séduit par le MRP et le parti communiste, fait baisser l'audience électorale des socialistes. Enfin, la longévité de la gestion municipale et la compromission d'élus pendant l'Occupation

Conseil municipal, mai 1945.

écornent la confiance des électeurs. La recherche d'une alliance s'impose pour conserver la mairie. Le 13 mai, second tour du scrutin, les socialistes choisissent de faire liste commune avec l'UPRA, l'heure

n'étant pas encore au refus de « l'union de la gauche ». Le MRP poursuit sa progression mais en n'obtenant que 33 % des voix, il est battu par la liste socialiste et l'UPRA qui totalisent 45 % des suffrages. Le nouveau conseil municipal comprend, dès lors, quinze conseillers socialistes et douze UPRA, dont dix communistes.

Le conseil municipal est profondément renouvelé. Seuls trois des élus de 1945 appartenaient à l'assemblée d'avant-guerre. Quatre femmes font leur entrée mais aucune n'accède à une fonction exécutive. Comme bien d'autres communes françaises, Croix réserve le pouvoir municipal aux hommes. Henri Seigneur est confirmé dans la charge de maire tandis que les quatre adjoints appartiennent, à parité, à chacune des composantes de la liste. C'est un communiste, Jules Roton, ajusteur à la CIMA, militant de la CGT, qui devient premier adjoint.

Les élections législatives de 1946 confirment les évolutions politiques esquissées en 1945. Les rapports de force entre les principaux partis, MRP, SFIO et PCF, restent inchangés. Cependant, en juin 1946, à droite, l'Union des républicains du Nord, ébauche du phénomène gaulliste, réalise une audience très éloignée de celle des trois forces politiques principales (6 %).

Dans une conjoncture marquée par l'aspiration au renouveau, la sortie de guerre implique l'épuration. Les membres du comité de guerre perdent leurs droits civiques ; l'un d'entre eux, convaincu de collaboration et de concussion, est condamné à l'indignité nationale au printemps 1946. Des fonctionnaires, recrutés pendant l'Occupation, sont licenciés. Des Croisiens inculpés de collaboration économique doivent répondre de leurs actes devant les tribunaux. Ceux qui ont participé au fonctionnement des Werbestellen sont condamnés à des sanctions sévères, l'indignité nationale et la confiscation des biens, comme le sont les trafiquants du marché noir. Les collaborateurs politiques, en petit nombre, subissent des peines analogues. Mais l'échelonnement dans le temps des procédures judiciaires atténue progressivement la portée de l'épuration.

Comparé à celui de 1918, le traumatisme apparaît plus complexe et plus conflictuel. La mémoire collective met en valeur des enjeux multiples tant elle est éclatée et socialement typée. À Croix comme ailleurs, pétainisme et Résistance demeurent antagonistes.

La municipalité entend rappeler l'héroïsme de la Résistance. Le baptême de rues ou de places publiques, la pose de plaques commémoratives, mettent en valeur le choix civique volontaire qui, sur le modèle de 1792, caractérise un élan patriotique que l'on veut honorer. En association avec les mouvements et les réseaux de résistance, elle inscrit dans l'espace public – le cimetière – un lieu de mémoire consacré à ceux qui sont morts pour la liberté. Une souscription publique permet l'édification d'un mémorial que la ville se propose d'entretenir. Pour autant, elle ne peut oublier le souvenir des soldats tués et les victimes civiles. Enfin, les prisonniers veulent affirmer leur statut de victimes de la guerre ; leur nombre leur permet d'obtenir la légitimité qu'ils souhaitent. Comme dans la plupart des communes, le 8 mai 1945 ne donne pas lieu à des manifestations d'envergure car d'autres préoccupations marquent les esprits. En revanche, le 2 septembre 1945, jour anniversaire de la Libération, offre une charge symbolique forte. Ainsi, des cérémonies fastueuses marquent le premier anniversaire. La municipalité invite les représentants de toutes les armées alliées à participer aux réjouissances et met plus particulièrement en scène l'amitié franco-anglaise. L'envol du ballon *Libération* et la déclamation de l'*Ode à la paix* illustrent l'esprit de cette journée. En 1950, dans la paix retrouvée, on couronne publiquement la « Muse de la paix ».

Le cérémonial commémoratif perd progressivement son faste dans les années 1960 et 1970. L'équipe municipale rappelle certes la date anniversaire mais incarne mal la mémoire de la Résistance pour n'y avoir pas participé. La commémoration devient protocolaire et rappelle la Libération plutôt que le souvenir d'une résistance émancipatrice. Cette mémoire ne saurait, il est vrai, s'exprimer dans l'unité. La Seconde Guerre mondiale ne renvoie pas une image homogène. Les tensions entre les acteurs de la guerre et de la Résistance se renforcent avec la guerre froide, tandis que la prospérité retrouvée attiédit le souvenir du conflit et de l'Occupation. Les résistants eux-mêmes gardent une certaine réserve. La reconnaissance de leur engagement se diffuse souvent à travers les distinctions honorifiques remises plusieurs années après les faits. On souligne les actions héroïques passées et l'on honore leurs auteurs. Mais le rituel émousse le message, sauf peut-être pour les femmes que la reconnaissance nationale met en valeur dans une conjoncture où se prépare l'émancipation féminine.

Affiche du 5e anniversaire de la Libération.

PAGE DE GAUCHE
Ballon de la Libération, 2 septembre 1945.

UNE MUNICIPALITÉ BI-PARTISANE

La mise en place des nouvelles institutions se poursuit, en 1947, avec le scrutin municipal d'octobre. C'est le début d'un processus qui engage catholiques et socialistes, hier adversaires, à collaborer à la gestion de la ville.

SOCIALISTES ET DÉMOCRATES CHRÉTIENS

En effet, la consultation municipale modifie les paysages politiques révélés à la Libération. La liste socialiste, qui reconquiert près de 30 % des suffrages perdus en 1945, retrouve la première place. Le parti communiste, réduit à ses seules forces, passe au-dessous des 20 % des suffrages. Le MRP, avec 15 % des voix, perd près de la moitié des suffrages de 1945. La percée d'un nouveau parti, le Rassemblement du peuple français, le « parti gaulliste », qui avec 26 % des suffrages occupe la deuxième place, entraîne le recul de la démocratie chrétienne, début d'une rivalité de trente ans entre les deux organisations. Les résultats ont leur traduction en nombre de sièges : neuf socialistes, huit gaullistes, six communistes, quatre MRP.

Même si, arithmétiquement, plusieurs configurations sont possibles, la conjoncture politique n'en retient qu'une. La guerre froide interdit en effet tout renouvellement de l'alliance des gauches. La concurrence entre le RPF et le MRP demeure trop vive pour imaginer un renversement de majorité politique. La tradition des assemblées élues veut que le groupe majoritaire choisisse une formule qui, en l'occurrence, incite socialistes et MRP à s'entendre. C'est pourquoi, le temps d'un scrutin, une majorité se constitue pour élire le maire et les adjoints. Henri Seigneur, qui a obtenu un succès personnel incontestable, retrouve sa charge ; deux adjoints socialistes et un MRP complètent l'équipe municipale.

PAGE DE DROITE
Conseil municipal, mars 1971.

La nouvelle municipalité se heurte très vite à une double opposition menée par les communistes et les gaullistes, alliés objectifs dans le harcèlement d'une équipe numériquement minoritaire. Henri Seigneur doit négocier chaque proposition, chaque vote. La rédaction d'un procès-verbal, la dénomination d'une rue, la désignation d'une commission, le vote d'une subvention, donnent lieu à des débats très tendus. Les élus communistes exploitent les difficultés économiques et sociales, tandis que les gaullistes agitent le contentieux scolaire. Les uns et les autres menacent de refuser le budget et parfois ne le votent pas. La gestion de la commune s'en ressent car les projets sont retardés. Toutefois, l'équipe municipale résiste aux assauts d'une opposition incohérente.

Les électeurs confirment, en 1953, la stratégie mise en œuvre six ans plus tôt. Hormis la liste socialiste qui progresse, toutes les autres listes reculent. Le MRP n'obtient plus que 11,5 % des suffrages et le parti communiste passe sous la barre des 18 %. Le Rassemblement du peuple français, surtout, concurrencé par une liste « d'indépendants », s'effondre en perdant plus de 60 % des suffrages gagnés en 1947.

Le scrutin désigne un conseil municipal plus éclaté que le précédent puisque les élus appartiennent à cinq listes rivales ; il permet, néanmoins, de dégager une équipe municipale majoritaire susceptible d'agir. Avec douze élus, le parti socialiste assure la réélection d'Henri Seigneur et de deux adjoints socialistes auxquels est associé un adjoint MRP, Paul Decuypère. Si les communistes conservent six sièges, les gaullistes n'en gardent que trois, abandonnant les trois autres à la liste des Indépendants. Les débats au conseil, pour demeurer vifs, n'entraînent plus le harcèlement de la mandature antérieure ; la municipalité a désormais le champ libre pour engager des projets et les réaliser.

L'après-guerre impose donc un nouvel équilibre des forces politiques et, avec lui, une « municipalité centriste » associant socialistes et démocrates chrétiens. Chaque scrutin municipal aboutira à la reconduction de cette majorité jusqu'en 1977. Si gaullistes et indépendants peuvent s'entendre en 1965 et en 1971, ils ne parviennent jamais à dissocier l'équipe majoritaire qui refuse toutes les sollicitations. Malgré la réforme électorale de 1963, les socialistes et les démocrates chrétiens sauvegardent leur collaboration et construisent même une liste unique dès le premier tour du scrutin de 1971.

La formule retenue n'est pas originale, ni dans la région ni dans la France de la IVe et des débuts de la Ve République. En revanche, la puissance retrouvée du parti socialiste lui permet d'éviter, face aux gaullistes et aux communistes, une entente avec la « droite des Indépendants ». Contrairement à Lille, à Roubaix, à Cambrai, Croix n'est pas gérée par une majorité de « Troisième Force ».

Le parti socialiste, redevenu la première force électorale, entend demeurer un « parti ouvrier », et recrute toujours ses militants et ses sympathisants au sein de la société industrielle ; mais il mobilise plus fréquemment artisans et personnel de maîtrise que personnel d'exécution. Les ouvriers sont encore présents sur ses listes mais ils ne composent plus le groupe majoritaire. En revanche, les fonctionnaires sont de plus en plus séduits par le projet socialiste. Les démocrates chrétiens trouvent leur clientèle parmi les ouvriers catholiques et notamment les syndicalistes de la CFTC. Mais ils recrutent plutôt au sein des catégories tertiaires ; les employés prennent une grande place sur les listes présentées par le MRP. Dès lors, l'alliance des deux organisations revêt une double dimension : politique et tactique mais aussi sociologique.

De fait, c'est le parti communiste qui exprime les revendications de la classe ouvrière traditionnelle, celle de la métallurgie notamment ; les cellules communistes de la CIMA, puis d'International Harvester France, exercent une influence déterminante. Un des principaux dirigeants communistes du Nord, Gustave Ansart, assume d'ailleurs le secrétariat du comité d'établissement de la CIMA à la fin des années 1940 et au début des années 1950.

Les gaullistes du RPF n'hésitent pas à faire appel à des salariés modestes, ouvriers, employés, du moins au début, mais le plus souvent à titre de symboles d'une union, d'un rassemblement dominé, de fait, par les classes moyennes supérieures. Les cadres salariés et les entrepreneurs y sont les plus nombreux et s'associent aux représentants du milieu agricole subsistant. Mais la part des salariés qu'ils mobilisent dépasse celle que leur réservent les Indépendants qui font plutôt appel aux non-salariés, chefs d'entreprises, négociants ou membres des professions libérales (conseils juridiques, experts-comptables, avocats).

La diversité de ces listes illustre donc la diversité sociale de la ville. Leur audience correspond, dans une large mesure, à l'influence de chacun des groupes sociaux. Néanmoins, leur multiplicité ne favorise pas la représentation de l'électorat féminin : aucune liste, dans les consultations postérieures à la Libération, ne leur accorde plus de 15 % des candidatures et la plupart ne les placent pas en position éligible. Jusqu'au début des années 1970, les conseils municipaux n'accueillent en moyenne que deux femmes et ne leur confient jamais de mandat exécutif. Si les démocrates chrétiens et les communistes leur réservent une audience un peu plus large, ils font appel à des femmes « symboles », mères de famille ou ménagères. Les socialistes, eux, demeurent réservés à l'égard des femmes.

Dès son avènement, en 1958, la Ve République impose une nouvelle loi électorale en vue des élections législatives (scrutin uninominal à deux tours) puis, en 1971, les listes bloquées pour les consultations municipales ; ce faisant elle recherche la stabilité et l'efficacité politiques locales. Elle entend, par ailleurs, attribuer une « prime électorale » aux deux principaux partis d'une circonscription et favoriser, de la sorte, le mouvement gaulliste susceptible de fédérer la droite face à la compétition des socialistes et des communistes. Les stratégies politiques doivent se renouveler, des alliances nouvelles se construire puisque la bipolarisation s'affirme. Aux élections municipales, les listes sont obligées de se diversifier pour élargir leur rayonnement et conquérir une clientèle plus composite.

Dans la circonscription de Roubaix-Ouest – la 8e – à laquelle appartient Croix, la conjoncture de 1958 permet au candidat démocrate chrétien André Diligent d'emporter le siège de député face au candidat socialiste. Mais il est, à son tour, battu en 1962, par le candidat de l'Union pour la Nouvelle République, le gaulliste Pierre Herman, maire de Wasquehal. Éliminé en 1967, il reconquiert un mandat en 1968. Le « gaullisme législatif » s'installe donc dans la circonscription en fédérant progressivement la droite et en captant, peu à peu, les suffrages démocrates chrétiens. Il contribue aussi au tassement du parti socialiste et affaiblit le parti communiste en conquérant une partie de son électorat. La bipolarisation, dominée à droite par le gaullisme et à gauche par le socialisme, écrase à Croix, comme partout ailleurs, le « centrisme démocrate chrétien » par une absorption progressive.

À l'inverse, la stratégie municipale des socialistes et des démocrates chrétiens assure, jusqu'au scrutin de 1977, la réélection d'un conseil bi-partisan, les socialistes s'imposant mais les démocrates chrétiens y sauvegardant une influence non négligeable. Loin d'être victimes de l'usure, les deux partis progressent ensemble pour obtenir 47 % des voix des électeurs inscrits en 1953 et 56 % en 1971. En face, l'opposition gaulliste locale stagne autour de 15 % tandis que le parti communiste continue de baisser à un niveau voisin de 15 % des suffrages des électeurs inscrits.

À l'évidence, les électeurs adhèrent au rapprochement du socialisme et du catholicisme social à l'échelon municipal. Ces deux forces politiques s'appuient sur un réseau de militants, sur les syndicalistes FO et CFTC, et sur un large maillage associatif (associations sportives, artistiques, de loisirs). Mais, au-delà des partis politiques et des organisations, les électeurs accordent leur confiance à des hommes.

Henri Seigneur, maire de 1945 à 1960, fait partie de ce petit groupe. Né en 1909, à Croix, il est le fils de Louis Seigneur et son « héritier politique ». Il a exercé, avant la guerre, les fonctions d'ouvrier à l'usine électrique de Croix Wasquehal. Au moment du Front populaire, adhérent de la SFIO, il prend des responsabilités syndicales à la CGT, qu'il abandonne à la guerre ; résistant, membre du réseau « W.O. Farmer », il est appelé à présider le comité local de libération puis la délégation municipale. Tout en exerçant son mandat de maire, il assume les responsabilités de délégué régional Force ouvrière des employés d'EDF. De caractère bourru, mais très accessible, il recueille une indéniable sympathie personnelle que renforce son appartenance à un vaste réseau associatif dominé par le parti socialiste (les amicales laïques, la libre-pensée) et au mouvement résistant. Sa mort, en février 1960, dans des conditions tragiques, provoque un choc dans la population.

Son successeur, Gustave Dedecker, acquiert un rayonnement encore plus large, en deux décennies de gestion municipale. Né à Roubaix, il est âgé de cinquante-sept ans lorsque le conseil municipal le choisit comme maire. Il appartient à une famille ouvrière très modeste de Roubaix, pourvue de nombreux enfants. Bon élève, « boursier », il fréquente l'Institut Turgot. Les ressources familiales faisant défaut, il doit travailler comme rattacheur dans une filature roubaisienne. La crise sociale de l'après-guerre l'amène à adhérer puis à s'engager dans l'action syndicale, au sein de la CGT dont il devient permanent en 1937. Installé à Croix, avec sa famille, en 1936, il rejoint la section socialiste. Mobilisé en septembre 1939, il est fait prisonnier pendant la campagne de France. Les Allemands lui imposent le statut de « travailleur libre » ; mais assigné, de fait, à résidence, il travaille dans une usine en Prusse. Libéré en mai 1945, il reprend ses fonctions de permanent syndical à la CGT mais son refus du communisme le contraint à les quitter pour devenir chaudronnier ; il retrouve des responsabilités syndicales à l'Union locale Force ouvrière de Roubaix à partir de 1948. À ce titre, il exerce les fonctions de conseiller prud'homal. Cet itinéraire ne l'empêche pas de présider la section socialiste de Croix. Conseiller municipal en 1953, adjoint au maire en 1957, il accède à la mairie en 1960 et assume la charge de magistrat municipal pendant vingt ans. Conseiller général en 1970, puis député suppléant en 1973, son influence personnelle dépasse l'électorat socialiste. Démissionnaire en 1980, il meurt en 1984.

Adolphe Delmasure qui anime, comme démocrate chrétien, le partenariat avec les socialistes, se distingue sur bien des points de ses partenaires. Né à Roubaix en 1890, dans une famille monarchiste et bourgeoise – son père dirige une entreprise de négoce de laines –, il appartient au comité catholique qui réclame le rétablissement des processions supprimées par la municipalité socialiste. Très vite, il rejoint Eugène Duthoit et les Semaines sociales de France auxquelles il demeure fidèle pendant de longues décennies. Après la guerre de 1914-1918, sa démarche s'infléchit en faveur de l'organisation ouvrière. Tout en étant membre du Syndicat des négociants en laines de Roubaix-Tourcoing, il s'oppose au Consortium et promeut la création, dans l'agglomération, de syndicats chrétiens qu'il défend lors de la grande crise textile de 1921. Il se préoccupe beaucoup de l'organisation de la Jeunesse ouvrière chrétienne et de la Ligue ouvrière chrétienne dans l'agglomération roubaisienne. Par ailleurs, il intervient de plus en plus dans le champ social en fondant une société de Crédit immobilier, puis en lançant, à la veille de la guerre de 1939, une section de la Ligue nationale contre les taudis. Pendant l'Occupation, ce catholique engagé dans l'action sociale accepte des responsabilités à Vichy où il participe à la mise en œuvre de la politique familiale. La Libération l'exclut des responsabilités de premier plan. Membre du MRP, il en est l'acteur principal, à la fin des années 1940, à Croix où il s'est installé dès le début des années 1920. Élu conseiller municipal en 1951, il devient adjoint d'Henri Seigneur en 1953 puis de Gustave Dedecker qui le charge des dossiers du logement et de l'urbanisme. Très actif dans la vie de la cité qu'il entend moderniser et embellir, il s'attache aussi à reconstruire le passé puisqu'il se livre à des travaux d'érudition très intéressants qu'il publie dans la presse ou qu'il présente dans des revues et devant des sociétés savantes. Il abandonne la vie politique à quatre-vingt-sept ans sans regretter un partenariat, qu'il estime fructueux, avec les socialistes. Il s'éteint en 1978.

Force est de constater que l'alliance et la collaboration politiques contribuent à atténuer des conflits et des antagonismes anciens. Ainsi, confrontés à la gestion municipale, les démocrates chrétiens relativisent-ils la place de l'école libre dans leur démarche politique tandis que les socialistes atténuent le militantisme laïque très vivace avant la guerre. Sont abandonnés les projets de laïciser tous les noms de rues ou de places tandis que l'on n'oublie plus de rappeler la mémoire de militants chrétiens dont l'attachement à la démocratie sociale ne peut pas être suspecté comme l'abbé Lemire ou Marc Sangnier. L'église Saint-Pierre, qui n'est pas propriété communale, mais passe pour être un des phares du quartier, donne lieu à des travaux de réhabilitation dans les années 1960. De même encore, la mairie n'hésite pas à autoriser la construction, au début des années 1950, de la chapelle-dispensaire Saint-Jean à laquelle participent les grandes familles catholiques de Beaumont (Delannoy-Roussel, de la Noe, Mulliez).

À l'occasion des élections municipales de 1977, les partenaires abandonnent leur collaboration pour des raisons essentiellement nationales. La bipolarisation oblige les socialistes et les démocrates chrétiens sociaux à choisir leur camp car l'élection présidentielle de 1974 entraîne, vers la droite, tout le centrisme politique partenaire actif du gouvernement de Valéry Giscard d'Estaing. À partir de 1971-1972, la construction du nouveau parti socialiste implique l'union à gauche avec le parti communiste. Il devient difficile de reconduire le partenariat municipal ; le divorce est consommé entre socialistes et démocrates chrétiens. Mais si l'Union des démocrates, animée par Francis Debeunne, adjoint sortant, fédère toute la droite locale, Gustave Dedecker dirige une liste socialiste homogène car il refuse l'alliance avec les communistes. Ceux-là déposent donc, à leur tour, une liste d'Union et d'Action des partis de gauche avec le Parti socialiste unifié. Pour autant, Francis Debeunne ne rallie pas tous les démocrates chrétiens : comme dans d'autres villes françaises certains rejoignent le parti socialiste.

Les électeurs renouvellent leur confiance à Gustave Dedecker qui s'impose, dès le premier tour, en recueillant plus de 45 % des suffrages des inscrits. Francis Debeunne, son principal adversaire, n'obtient que 23 % des inscrits et la liste « communistes, socialistes unifiés » occupe la troisième place en ne mobilisant que 10 % des électeurs. La consultation municipale mobilise beaucoup les hésitants, mais modifie peu le paysage politique de la ville même si des reclassements s'opèrent. La bonne tenue électorale de Gustave Dedecker, pour être un succès personnel, se renforce du transfert d'électeurs communistes. La droite croisienne, consolidée par le ralliement des démocrates sociaux, ne dépasse pas les forces réunies des membres de la nouvelle alliance car, sur le terrain municipal, elle ne séduit qu'un électeur sur quatre. Enfin, l'affaiblissement du parti communiste, qui correspond à un mouvement national, illustre la transformation sociale d'une ville qui perd régulièrement des ouvriers.

Les élections cantonales de la décennie 1970 confirment l'influence personnelle de Gustave Dedecker et son rayonnement local. Mais les scrutins législatifs révèlent d'autres configurations politiques. En effet, si, à l'exception de 1973, les démocrates chrétiens, devenus « réformateurs », subissent une érosion électorale régulière, la droite républicaine se fédère de plus en plus souvent, dans la circonscription, autour du gaullisme. Seul André Diligent parvient à imposer le centrisme, lors du scrutin de 1978. La conjoncture politique donne des effets variables tant le rapport des forces électorales peut fluctuer. Bien qu'elle obtienne, seule, lors des élections législatives de 1973, 38 % des suffrages contre 41 % au candidat socialiste, la droite républicaine ne gagne pas car elle n'obtient pas le désistement du candidat centriste et affronte même son maintien au second tour. Le socialiste l'emporte. En 1978, le parti socialiste perd des voix face au centriste André Diligent qui s'impose à la droite républicaine et au parti communiste en progrès. La coalition de la droite républicaine et du centre l'emporte nettement sur l'union des gauches et confie à André Diligent un mandat de député. Le vainqueur de la confrontation rassemble son camp et capte, de plus, les voix d'une gauche qui refuse l'alliance avec le parti communiste. Le scrutin de 1978 annonce donc une nouvelle configuration politique car, pour la première fois depuis la Libération, les électeurs de Croix votent moins à gauche (40 %) que la moyenne de la circonscription (46 %).

DES CENTRES D'INTÉRÊT RENOUVELÉS

Dès la Libération, la population s'attache à reconstruire un tissu social moins malmené qu'il ne l'avait été par la Grande Guerre. Les associations sportives reprennent vie, retrouvant leurs adhérents et les subventions municipales. Certaines s'essoufflent rapidement dans les années 1950, comme la colombophilie, entravée par l'urbanisation, la disparition des courées et les nouveaux loisirs. En revanche, les sociétés de gymnastique telles que La Patriote, Les Alpins, ou les associations de sports de compétition comme L'Amical club, L'Iris club ou L'Olympique de Croix, affichent leur vitalité en augmentant le nombre d'adhérents et en ouvrant de nombreuses sections féminines. Des sports moins démocratiques que le football, le basket-ball ou le cyclisme prennent leur place dans le mouvement associatif; c'est le cas du tennis, de l'escrime, ou même du ping-pong. Les clubs, soutenus financièrement par la ville, participent de plus en plus fréquemment à la conception de spectacles sportifs. Chaque année, à partir de 1956, l'Iris Club, qui a créé une école de football, organise un tournoi où s'affrontent des équipes juniors venues de divers pays européens, voire même du monde entier. Le basket-ball, dès la fin des années 1950, avec l'Olympique de Croix, fait des choix analogues.

La municipalité élabore une politique sportive qui va bien au-delà des aides et des subventions à des activités ludiques. En s'inspirant de l'hygiénisme ambiant, elle entend contribuer à la formation de la jeunesse par la pratique d'un sport de plein air. Dans les nouveaux locaux scolaires, elle aménage un plateau de sports selon le vœu d'Henri Seigneur. De même, inscrit-elle au plan d'urbanisme un « centre municipal des sports ». Il comprend un stade, un gymnase puis une piscine, ouverte en 1969.

Les loisirs intellectuels des jeunes constituent une autre priorité. En décidant, en 1945, la fondation d'une « Maison des Jeunes de Croix », la ville s'inscrit dans un mouvement de la culture populaire alors en plein essor. En s'adressant plus précisément aux jeunes, futurs citoyens, les organismes d'éducation populaire entendent répondre également à des objectifs moraux. Ils veulent éviter aux adolescents des loisirs inactifs et la propension à la paresse. De plus, ils souhaitent susciter un appétit de culture, au-delà de la scolarisation obligatoire, et donner aux

Jean Roulland,
Christ
de résurrection.

FIGURES ARTISTIQUES CROISIENNES

De cette fresque, quelques personnalités se dégagent par la place qu'elles occupent dans le mouvement artistique français contemporain.

Pierre César* LAGAGE, jusqu'à sa mort en 1977, mène une carrière de peintre solitaire marquée par la guerre et la captivité. Dans les années 1950 à 1960, on le rattache à l'école de Paris mais lui-même se refuse à reconnaître toute tutelle car il ne souhaite pas se soumettre aux modes. Cette démarche personnelle ne lui interdit pas la reconnaissance internationale tant ses toiles circulent en Europe (Pays scandinaves, Allemagne), en Amérique (États-Unis, Brésil) ou au Japon. Il obtient le prix Lissone de l'art abstrait en 1957.*

*Le passage de la figuration d'avant-guerre à l'abstraction, après 1950, n'exprime pas une rupture esthétique mais plutôt l'aboutissement d'une recherche sur la ligne, la forme, la couleur. Progressivement, il affaiblit le dessin (*Mouettes à Étaples*) pour composer des œuvres sur des couleurs soigneusement choisies et placées afin de produire des ensembles plaisants et colorés. Le thème disparaît : ce sont des « compositions » qui, par le choix des tons, chauds ou non, lumineux ou sombres, expriment les émotions, la sensibilité du peintre. Car Pierre César Lagage refuse une abstraction purement géométrique sans pour autant rechercher « l'abstraction lyrique ».*

Pierre* HENNEBELLE, né en 1926, a suivi une double formation de musicien au conservatoire et de peintre à l'école des beaux-arts de Roubaix. Pianiste de jazz accompli, il choisit de peindre au milieu des années 1950 et participe à toutes les tentatives de renouvellement de la peinture régionale. Il appartient au groupe de Roubaix, avec lequel il expose au début des années 1960, au groupe de Gravelines, à l'atelier de la Monnaie à Lille. Ses expositions sont très nombreuses, en France, en Suisse, en Allemagne, où on lui reconnaît une généreuse sensibilité. C'est un peintre de la nature : les paysages de forêts, les marines, appartiennent à ses thèmes de prédilection. Mais le sujet devient très vite prétexte à une recherche sur la couleur dont il décline les intensités avec douceur et harmonie. Très influencé par Nicolas de Staël,*

Pierre César Lagage, Huile sur toile*, 1954.*

Pierre Hennebelle, Urugne, vue d'en haut, *1959.*

décernés en France dans le domaine des beaux-arts, le prix Othon Friesz.

Pendant sa période croisienne, s'affirme un style très personnel qui rejette la tentation abstraite, où il voit un héritage du XIXe *siècle et de l'art pour l'art, et récuse la figuration trop « anecdotique ». Fidèle au travail d'après nature, il s'efforce de traduire des moments éphémères mais refuse l'héritage impressionniste. Peintre de paysages et de marines – nombreuses à cette époque –, de nus – de plus en plus fréquents –, de portraits –* Valentine à Croix *– et d'autoportraits, Eugène Leroy saisit les formes à travers la lumière et leur donne un contour de plus en plus flou car l'œuvre, en train de se faire, impose des corrections successives. Le sujet demeure parce qu'il exprime la stabilité, mais devient image car la couleur le métamorphose et le noie dans un halo de plus en plus épais. La superposition des couches de peinture sollicite le regard qui ne doit pas demeurer fugitif et invite au « toucher » du spectateur. Pour Eugène Leroy, la toile se touche autant qu'elle se voit.*

Eugène Leroy meurt à Wasquehal, en 2000, consacré comme l'un des grands artistes du dernier demi-siècle.

Pierre Hennebelle se situe aux marges de l'abstraction.

Au milieu des années 1970, son activité de peintre se réduit au profit de la composition musicale. Il produit, en effet, de très nombreuses œuvres, des chansons et de la musique de film.

***Eugène** **LEROY**, né à Tourcoing en 1910, s'installe à Croix en 1935 où il peint jusqu'en 1958, date à laquelle il élit domicile à Wasquehal. S'il fréquente les écoles des beaux-arts – Roubaix, Tourcoing, Lille, Paris – il se forme au contact des artistes qu'il étudie dans les musées européens : Rembrandt, Bruegel, Rubens, Bellini. En 1957, il obtient un des grands prix*

Eugène Leroy, Paysage, *1953.*

Jean **ROULLAND** *est né en 1931. Après des études à l'école des beaux-arts de Roubaix – faute de pouvoir devenir comédien – l'artiste expose ses premières œuvres, en 1952, au Salon des artistes roubaisiens. Mais il rompt avec l'académisme du salon et participe activement à la « dissidence ». Influencé par la sculpture égyptienne et par Constantin Brancusi, Jean Roulland est tenté par l'abstraction dans les années 1960. Il y renonce au profit d'une démarche expressionniste que l'art de Germaine Richier influence fortement. Il choisit, par mysticisme, des thèmes et des sujets religieux mais porte aussi beaucoup d'intérêt à la représentation du corps humain, à travers des fragments – bustes, tronc, visages – décharnés, déformés, torturés par la vie, dit-il. Quels qu'ils soient, ces sujets lui fournissent l'occasion de mettre en scène un monde de souffrance où domine le pathétique, parfois même la monstruosité de l'être humain. Ce grand sculpteur « de bronze à la cire perdue » modèle, dans les années 1980 et 1990, de très nombreuses terres cuites et retrouve le pastel qui évoque les mêmes préoccupations, accentuées par un usage de couleurs vives et contrastées. Dans ces œuvres les plus récentes, il aime s'inspirer des thèmes de l'actualité et plus particulièrement de l'homme confronté à la guerre.*

Adeine de la **NOE** *est une figure originale puisque son œuvre artistique se développe en dehors de la France. Sa famille quitte Croix au début de la Seconde Guerre mondiale pour s'installer à Paris où la jeune peintre parfait sa formation auprès d'André Lhote. À la fin des années 1940, elle participe à la décoration du nouveau Lido de Paris puis fait le choix décisif, en 1956, de s'expatrier aux États-Unis. À New York, elle entre dans l'atelier de Morris Kantor, puis reçoit l'enseignement de Hans Hofmann, un des pionniers de l'art abstrait qui tient l'école d'art la plus réputée des États-Unis. En 1961 elle quitte la côte Est des États-Unis pour rejoindre Taos, au Nouveau-Mexique, où Georgia O'Keeffe a acquis une grande audience. Elle y demeure jusqu'à sa mort, en 1987.*

Son œuvre donne lieu à de nombreuses expositions sur le territoire américain ; mécènes privés (banques, compagnies d'assurances) et musées sont les commanditaires principaux. Au Nouveau-Mexique, où se mêlent les influences indiennes, espagnoles et yankees, Adeine de la Noe trouve son inspiration dans la nature ; mais elle ne produit pas une peinture réaliste. Elle recherche toujours « l'essentiel », c'est-à-dire les lignes de forces qui découpent les formes. Avec une grande économie de moyens, elle suggère plutôt qu'elle ne donne à voir. Peintre de la lumière et de la couleur, elle n'utilise jamais deux fois le même ton et change de support (toile, papier) pour mettre en valeur toutes les nuances de la gamme colorée. Parfois même, elle fabrique toile et papier sur lesquels elle travaille.

Jean Roulland,
Cyclade, *sculpture.*
La vieille servante de ferme, *sculpture.*

pratiques culturelles une fonction émancipatrice pour chacun. Si la ville attribue à la « Maison des Jeunes » des locaux, un budget, et rétribue un directeur, l'institution n'est pas municipale. Ce sont les mouvements de jeunes de la commune qui conçoivent les programmes d'activités et gèrent la maison qui doit rassembler et non pas renforcer les clivages sociologiques ou idéologiques.

L'expérience menée par Croix est l'une des toutes premières de France. Lille, Roubaix, Tourcoing se tiennent à l'écart. Les activités initiales gardent d'abord un style scolaire : on enseigne les langues vivantes, on entretient la pratique de la lecture, ou on initie aux travaux manuels. Au fil du temps, la MJC diversifie ses centres d'intérêt et s'ouvre à la pratique des arts (dessin, musique, photographie), aux spectacles (cinéma, théâtre, concerts) et même à l'encadrement des loisirs. Installée au centre-ville, au château Catteau, la MJC séduit plusieurs centaines de jeunes, et tout particulièrement les adolescentes. Dans les années 1970, la maison tend à accueillir tout public et à proposer des spectacles d'intérêt général et non plus seulement générationnel.

Adeine de la Noe : Bouquet, *lithographie.*

Talpa.

La municipalité développe aussi l'enseignement artistique en ouvrant, dès les années 1950, des cours de musique qui s'adressent aux enfants d'âge scolaire. Cette formation à une pratique musicale, fort appréciée depuis longtemps, contribue au renouvellement des effectifs de la Musique municipale et permet de préparer le concours du conservatoire de Roubaix, particulièrement renommé. En effet, des artistes qu'il a formés commencent une grande carrière : Michel Dens, déjà célèbre à l'Opéra de Paris, Gaby Verlor ou Anny Gould, sans oublier Georges Delerue. De jeunes Croisiens y font leurs études comme Marie-Thérèse Kling, cantatrice à l'Opéra de Paris, ou Pierre Hennebelle, pianiste et compositeur de jazz.

Les Trente Glorieuses offrent également un environnement favorable à l'activité artistique régionale qui recherche des voies nouvelles issues du cubisme, du fauvisme, de l'expressionnisme ou de l'abstraction. Roubaix et Lille constituent les deux foyers d'une réflexion artistique à laquelle souscrivent plusieurs artistes, Croisiens de naissance ou d'adoption, comme Eugène Leroy, Jean Roulland, Pierre Hennebelle. Pierre César Lagage se joint souvent à eux dans les expositions du « groupe de Roubaix » puis à celles du « groupe de Gravelines » qu'animent Arthur Van Hecke et Eugène Dodeigne, ou encore à l'Atelier de la Monnaie à

Lille. Des galeries roubaisiennes et lilloises leur offrent des espaces d'exposition, comme la galerie Création du peintre Henri Delvarre, qui contribue à leur reconnaissance. De grands collectionneurs, Jean Masurel, Albert Prouvost, Philippe Leclercq, leur apportent un soutien décisif par leurs commandes ou leurs aides matérielles.

Fidèles aux traditions du Nord, ces artistes régionaux se retrouvent, par-delà leurs différences, autour d'un art attentif au décor et profondément humaniste. Leur travail sur la lumière, né de la confrontation des couleurs, est aussi une préoccupation commune. L'affirmation du talent permet à nombre d'entre eux d'obtenir la reconnaissance parisienne puis internationale. La carrière de chacun suit un mouvement centrifuge car la fermeture des galeries et les difficultés financières rencontrées par les mécènes, réduisent les possibilités d'expression locales. Le groupe se disperse mais se retrouve en d'autres lieux comme le musée de Gravelines, qui, dans les années 1960, parvient à réunir dans des expositions individuelles ou collectives la plupart des acteurs du groupe roubaisien. À l'époque, Pierre César Lagage et Eugène Leroy sont déjà confirmés sur la scène internationale ; Jean Roulland est en passe de l'être comme bientôt Pierre Hennebelle. Seul André Missant ne participe pas à cette effervescence artistique. Loin de ces préoccupations, il partage la conviction que l'art est entré en décadence depuis la Renaissance. Dessinateur, sculpteur, portraitiste, peintre de natures mortes ou de sujets mystiques, il expose rarement et répond principalement à des commandes privées. Sa mort, en 1977, passe inaperçue.

TRANSFORMER LA VILLE

Le régime de Vichy a publié, le 24 juin 1943, une loi consacrée à l'urbanisme. La guerre en a empêché l'application mais les gouvernements de la Libération ne l'abrogent pas. Par conséquent, la IVe République, à travers l'action du ministère de la Reconstruction et de l'Urbanisme, la met en œuvre à partir de 1947. Le texte énonce le principe de normes d'urbanisme obligatoires et impose, aux communes appartenant à une agglomération, de constituer un groupement d'urbanisme afin de concevoir des plans concertés et coordonnés. L'autorité municipale dispose donc d'une fonction de réflexion et d'élaboration mais la décision appartient à l'instance préfectorale et au ministère. Même si Vichy a supprimé les groupements d'urbanisme créés en 1935 et 1936, c'est dans ce cadre rétabli que Croix doit imaginer son évolution urbaine pour les vingt ou trente années à venir. Jacques Greber, nommé urbaniste du groupement de Lille-Roubaix-Tourcoing en 1936, retrouve sa fonction et ses responsabilités en 1946. L'année suivante, la ville désigne Maurice Vanderbruggen comme architecte et urbaniste.

Dans son canevas d'ensemble pour l'agglomération, Jacques Greber insiste sur trois points essentiels. D'une part, un plan de communications, mieux dessiné, doit éviter l'urbanisation anarchique puisque les axes de circulation structurent l'essor urbain. D'autre part, des terrains doivent être destinés aux espaces verts ; des réserves sont nécessaires et leur répartition s'impose à l'échelon de l'agglomération. Enfin, selon les principes du *zoning*, l'aménagement urbain doit être défini en fonction d'objectifs économiques et résidentiels.

Élaboré autour de ces principes, l'avant-projet de l'urbaniste Maurice Vanderbruggen fournit un excellent état des lieux à la fin de la guerre. Il propose l'achèvement des opérations conçues et mises en œuvre avant 1939. Terminer les travaux d'assainissement dans les quartiers déshérités, poursuivre l'équipement en matière de salubrité et de santé publiques (suppression des puits privés, adduction d'eau potable, création d'aqueducs, couverture du bras mort du canal de Roubaix), favoriser l'extension d'espaces verts et d'installations sportives, demeurent les objectifs prioritaires de la ville. En outre, l'accent est mis sur la nécessité de locaux scolaires mieux adaptés à l'accueil d'une population plus nombreuse. Réhabilitations et constructions neuves s'imposent à la commune.

L'urbaniste s'intéresse surtout aux logements. En 1949, plus de 20 % d'entre eux sont jugés vétustes et insalubres, excluant toute réhabilitation ; leur destruction et la construction de logements neufs sur le territoire communal sont donc impératives. Par ailleurs, il faut prévoir l'accueil des salariés ayant un emploi à Croix (25 % de la population active dans la ville) mais pas de domicile. Enfin, se pose le problème de la « dédensification » de la plupart des quartiers anciens. En effet, la densité de la population du bas Saint-Pierre dépasse 260 habitants à l'hectare, et celle du quartier du canal atteint 180 habitants. En revanche, la Croix Blanche n'accueille que 85 habitants à l'hectare, chiffre qui descend à 3 habitants dans le quartier Beaumont. Tout en respectant les propositions de Jacques Greber – sauvegarder le réseau pénétrant de verdure entre la zone agglomérée de Croix et le sud urbanisé de Roubaix –, l'urbaniste estime indispensable un rééquilibrage démographique entre les quartiers, d'autant plus que les contrastes culturels et sociaux marquent toujours les paysages urbains.

En prenant appui sur le schéma directeur dessiné par Jacques Greber, Maurice Vanderbruggen conçoit le projet de construire 3 500 logements, de détruire 1 200 immeubles insalubres et d'accueillir de la sorte près de 2 300 foyers nouveaux. Ces constructions, sans menacer les propriétés de Barbieux ou de Beaumont, pourraient prendre la forme de cités-jardins dans la zone résidentielle de la ville. Dans la zone agglomérée, faute de pouvoir modifier le tissu urbain où s'entrelacent usines, ateliers, habitations, l'urbaniste suggère de mieux utiliser les quartiers de la Croix Blanche et de la Duquenière pour bâtir à la fois des immeubles collectifs et des maisons individuelles. Cette politique immobilière volontariste devrait permettre, en quinze ans, d'atteindre le seuil des 30 000 habitants jugé nécessaire pour sortir de la dépendance de Roubaix.

L'urbaniste prévoit également d'équiper un centre-ville identifié comme tel. Étendre l'espace public délimité par les places – République, Martyrs de la Résistance –, élargir les chaussées qui y mènent, supprimer les vestiges d'un passé révolu (la voie ferrée Holden), en définir plus précisément la fonction commerciale, rendre visibles les « beaux sites » et les consolider, doivent permettre de modeler, avec un centre renouvelé, une ville plus accueillante et d'allure moins composite.

Pour construire une vraie ville, l'urbaniste exploite les thèmes chers à Jacques Greber tels que le désenclavement de Croix au sein de l'agglomération et des quartiers à l'intérieur de la ville. Son projet imagine plusieurs solutions pour favoriser les échanges intercommunaux grâce aux moyens de transport collectifs et individuels. Mais il entend éloigner le transit du cœur de la commune et le repousser à la périphérie : des voies de contournement, notamment pour les transports lourds, sont à préparer. Les exigences d'une circulation automobile plus dense, plus rapide et plus sûre sont naturellement prises en compte, ce qui impose de réserver, sur l'espace public, les zones utiles de stationnement automobile.

Les liaisons entre les quartiers s'avèrent d'autant plus nécessaires que la ville offre souvent l'aspect d'un conglomérat de « villages typés » évoqués avec justesse par Marie Desplechin dans *Album vert*. Ce récit, quelque peu nostalgique, offre à la romancière l'occasion de décrire le quartier Saint-Pierre où persiste, avec la mixité sociale, une convivialité presque campagnarde faite de relations quotidiennes entre voisins. Dans un environnement d'habitat dense, la fonction du jardin demeure grande tant le besoin de campagne est profond. Comme au village, la cloche de l'église continue à scander le rythme de la vie, soude la communauté du quartier par les informations qu'elle livre et par l'appel au rassemblement qu'elle suscite. Si Saint-Pierre sauvegarde une forte identité, chaque quartier offre une image différenciée.

Faute de pouvoir bien coordonner les communications entre le nord et le sud de la ville, ce projet cherche à surmonter la fracture géographique du parc Barbieux et du Grand Boulevard et donner une meilleure cohérence à l'ensemble imposé par le Groupement régional d'urbanisme. Demeure, néanmoins, une coupure dans les paysages : Beaumont et le Croquet sauvegardent des allures agrestes, tandis que la réalisation de squares et d'espaces urbains aux places redessinées pour accueillir marchés, foires, ducasses, devient exigence d'aménagement urbain. De même, le plan recherche-t-il les moyens d'atténuer, au nord, la coupure de la voie ferrée ; des passages aérien et souterrain sont imaginés pour relier la Mackellerie à Saint-Pierre et au centre.

La crainte récurrente de nouvelles revendications roubaisiennes sur le territoire communal inspire les projets d'aménagement de la zone méridionale de la ville. Car des groupes de pression s'agitent, tels les « Amis de Roubaix », insistent sur le Grand Roubaix et n'hésitent pas à rappeler les annexions des communes limitrophes par la municipalité lilloise au XIXe siècle pour justifier la demande d'une extension territoriale. Ils ne cachent pas leurs préoccupations environnementales puisqu'ils souhaitent mettre Roubaix à l'abri « des vents qui chassent les fumées industrielles de Wasquehal et de Croix » et pouvoir accueillir ou retenir, de la sorte, les classes moyennes. En envisageant le lotissement de surfaces libres au Croquet et à Beaumont, tout en sauvegardant le cadre de verdure et de calme, en prévoyant des réserves foncières pour les locaux des services publics, voire même un second cimetière, l'urbaniste entend étouffer les demandes, à peine voilées, des voisins qui prétendent aux surfaces peu habitées du sud de Barbieux.

En bref, il s'agit d'ordonner et de rationaliser une ville qui a grandi sans plan effectif, d'effacer les traces d'un passé urbain médiocre et d'instaurer le *zoning* caractéristique de l'époque puisque le souci de l'hygiène publique suppose de distinguer la résidence et le travail industriel. Dès lors, il faut trancher, opter pour la poursuite de l'urbanisation et l'accroissement du potentiel immobilier ou choisir des fonctions plus résidentielles. Des inconnues demeurent telles que la friche industrielle laissée par Holden qui ne donne pas lieu à un traitement particulier.

Les divisions internes, comme les réponses, parfois lentes, du ministère, retardent l'adoption du « plan communal d'aménagement ». Le conseil, renouvelé en 1953, le vote au printemps 1954. Soumis à l'examen de la commission départementale d'urbanisme, il reçoit, au prix de certaines adaptations, un avis favorable. Si la commission accepte l'édification de résidences de « luxe » et de cités-jardins, elle exige qu'à proximité du Grand Boulevard, les zones constructibles soient plus denses que prévu. En effet, elle souhaite que réponse soit donnée aux demandeurs de logements sur Croix et que le boulevard devienne un axe effectivement structurant. Elle exige aussi que la destruction des îlots insalubres ne donne pas lieu à reconstruction systématique afin de réduire les densités trop fortes et qu'en tout état de cause la ville réserve, en son centre, le maximum d'espaces de verdure nécessaires à sa respiration. Enfin, la commission propose d'affecter la friche « Holden » à la construction d'immeubles collectifs et de consacrer sa marge méridionale aux résidences individuelles. En imposant ces adaptations, la commission départementale d'urbanisme accentue la fonction résidentielle de la ville puisqu'elle ne prévoit pas le remplacement *in situ* de toutes les activités industrielles disparues. Enfin, en réclamant le rééquilibrage entre les quartiers nord et sud de la ville, elle propose la réduction des contrastes tout en permettant l'accueil de nouvelles populations venues de l'extérieur.

Des pans entiers de la réflexion, auxquels Croix tient beaucoup, demeurent en réserve. Ainsi, la politique d'assainissement est renvoyée au projet d'agglomération car la commission d'urbanisme souhaite un plan de grande ampleur. Dans l'immédiat, la « fausse Marque » va continuer à faire problème puisqu'aucune décision n'est prise quant à la transformation des lieux.

Au terme d'enquêtes techniques menées par les services, le plan directeur d'urbanisme de Croix est arrêté par le préfet le 16 août 1963, quelques mois après ceux de Tourcoing et de Roubaix. Pour éviter d'éventuels contentieux avec les communes voisines, le périmètre d'agglomération est modifié, notamment avec Hem et Wasquehal ; des échanges de terrain, un tracé plus rigoureux et mieux identifié, définissent au nord-ouest et au sud-est les nouvelles limites de la commune qui obtient compétence pour son aménagement sous tutelle préfectorale.

La mise en œuvre du programme immobilier s'engage toutefois bien avant l'acceptation préfectorale car les besoins sont urgents et les délais de réalisation longs. Les écoles sont concernées au premier chef, la plupart d'entre elles étant antérieures à 1914 et ne correspondant plus aux normes spatiales ou d'hygiène. Dans les années 1950, une école est rénovée ou construite chaque année pour l'enseignement primaire comme pour l'enseignement maternel dont la croissance s'accélère. Des terrains sont réservés, à Beaumont et au Croquet, pour les constructions scolaires à venir en fonction des développements du quartier. Dans l'immédiat, rien n'est prévu pour l'enseignement secondaire même sous la forme d'un cours complémentaire.

L'habitation donne lieu à un vaste chantier. Sur les 3 200 logements nouveaux prévus au plan, plus de 1 000 sont déjà en cours d'édification ou à l'étude en 1955. Dans la zone nord de la ville, les programmes sont confiés aux organismes d'habitations à loyer modéré et au Comptoir immobilier lillois (CIL) organisé dans le cadre du paritarisme employeurs et employés. Dès 1952, sont achevés les logements de la Duquenière, où l'on relève un effort de mixité sociale car se mêlent des immeubles en location et en accession à la propriété. La même volonté se manifeste, dès 1955, dans la construction de la résidence du Parc située sur l'ancien domaine Holden où l'on privilégie l'habitat collectif destiné aux nouvelles classes moyennes salariées. Des quartiers devenus insalubres sont remaniés en profondeur comme celui des Deux Moulins. On y détruit un grand nombre de courées, on réduit la densité de la population et on réaménage la distribution des rues, avant d'inscrire l'ensemble restructuré dans des espaces verts arborés.

Ce programme souligne trois lignes de force qui renouvellent les pratiques antérieures. La collaboration étroite entre la municipalité et le Comptoir immobilier lillois, animé par le patronat local, dont certains responsables comme Robert Delannoy ou Marcel Delcourt habitent Croix, illustre le paritarisme, ignoré jusqu'alors, autour du logement social. Mais si Croix fait appel au CIL, elle n'oublie pas l'office public HLM. Leur concurrence n'est pas inutile dans la mise en œuvre de la rénovation immobilière. Par ailleurs, l'immeuble collectif, sans avoir l'exclusivité, prend plus de place que la maison individuelle afin de répondre aux impératifs d'une urbanisation rapide. En affichant son volontarisme dans l'éradication des logements insalubres, la ville répond à des urgences, sans toujours se soucier des effets de sa politique. En effet, les habitants des quartiers remaniés ne trouvent pas toujours leur place dans les constructions neuves ; ils rejoignent d'autres logements de qualité modeste ou quittent la commune pour gagner, le plus souvent, Roubaix.

Jean Dubumon, résidence du Parc.

À la fin des années 1970, les projets immobiliers préparés vingt ans auparavant sont achevés pour l'essentiel. Pourtant le rythme de construction, rapide dans les années 1950, se ralentit dans les deux décennies suivantes. La qualité moyenne des logements s'élève mais demeure inégale. L'âge des immeubles, le confort intérieur, leur taille soulignent les effets contrastés de la rénovation. En effet, bien des locaux restent vacants tandis que l'offre de logements ne compense pas une demande croissante. Croix est une ville attractive mais n'entend pas répondre à une pression extérieure trop forte d'autant qu'à l'évidence, le projet d'une ville de 28 000 habitants s'avère ou inaccessible ou inapproprié puisque l'environnement économique s'assombrit.

De fait, des constructions neuves sont différées : l'aménagement de la Planche Épinoy et celui des Cascades en sont deux exemples. Ils posent une question d'urbanisme puisque le sud de la ville est réservé à un habitat plutôt individuel. Il faut modifier le plan d'occupation des sols pour construire des immeubles collectifs. Surtout, le coût élevé des terrains impose des programmes denses et de qualité pour répondre à l'harmonie des lieux. C'est au milieu des années 1960 qu'un investisseur institutionnel, la Société centrale immobilière de la Caisse des dépôts et consignations, acquiert les terrains nécessaires à l'édification d'un ensemble résidentiel pour une clientèle de classes moyennes. Elle confie la conception du projet à un architecte finlandais de réputation internationale, Heikki Siren, qui adapte l'architecture scandinave à l'environnement du parc Barbieux. Aidé de l'architecte en chef du CIL, Guy Lapchin, il bâtit des immeubles de section carrée, dispersés en plots compacts dans un écrin de verdure plus ample que le bâti. Cette construction urbaine propose d'importants volumes lumineux et ouvre, comme dans une villa, un accès sur la nature. En supprimant la circulation automobile de surface, il sauvegarde le silence et la promenade tout en exploitant les ressources de l'habitat collectif. L'aménagement de la Planche Épinoy pose des problèmes plus complexes puisque le projet envisage la construction d'un quartier neuf réservé à l'habitat social et bien identifié à la mesure d'« une cité radieuse » locale qui doit comprendre écoles, services, centre commercial. Remplaçant un projet initial qui concernait la friche Holden, abandonné au profit des Trois Suisses, il soulève bien des contentieux avec les résidents riverains, soucieux de préserver les lieux et qui obtiennent un sursis

LA RÉSIDENCE DU PARC

Son programme correspond au souhait d'aménager un des accès au boulevard de Roubaix à Lille en exploitant le terrain de l'ancienne propriété Holden. Le Comptoir immobilier lillois est le maître d'ouvrage de cet ensemble bâti sur une superficie de 10 hectares. Pour édifier la résidence, le CIL a fait appel à Jean Dubuisson, jeune architecte déjà célèbre pour des réalisations comme le « SHAPE-Village » à Saint-Germain-en-Laye.

Jean Dubuisson est d'origine lilloise. Né en 1914, il appartient à une famille d'architectes réputés. Son père, Émile Dubuisson, a été l'architecte urbaniste de Lille entre les deux guerres. Il a construit, notamment, le nouvel hôtel de ville. Ancien élève de l'école des beaux-arts de Lille, puis de celle de Paris, Jean Dubuisson est retardé dans sa carrière par la guerre. Titulaire du Grand Prix de Rome d'architecture en 1945, il fait partie de cette génération d'architectes qu'enthousiasment les recherches modernes et qui se reconnaît en Le Corbusier. Cette génération est soutenue, à l'époque, par le ministère de la Reconstruction et de l'Urbanisme, parce qu'elle s'engage à travailler pour le « logement social » et pas seulement pour les résidences de luxe. Sur le plan régional, elle rejoint les préoccupations des élus et du patronat qui, en versant une cotisation sur les salaires, finance, avec le CIL, la construction de logements populaires de qualité.

Robert Couturier, La famille.

Le cahier des charges préparé par la maîtrise d'ouvrage est strict. Le CIL entend proposer une « cité-jardin expérimentale » lotie, non pas sur le principe de logements individuels, mais selon un schéma collectif qui doit intégrer le maximum de préoccupations individuelles. Le cadre boisé est à sauvegarder et les immeubles sont destinés à recevoir des résidents célibataires ou des familles. Les exigences du confort moderne (chauffage central, eau chaude et froide, cuisines équipées, salles de bains ventilées) doivent être respectées.

L'architecte conçoit des immeubles bas qui se développent à l'horizontale pour valoriser les arbres dont tous les résidents doivent pouvoir profiter. Les appartements traversants exposent, au nord-est ou au nord-ouest, les pièces utilitaires (cuisine, salle de bains), tandis que les pièces de séjour sont systématiquement orientées au sud. Ce ne sont pas les façades qui portent les immeubles mais des murs perpendiculaires de refend ; elles peuvent être largement vitrées et dégager des balcons qui rapprochent de la verdure et ouvrent les pièces à la lumière. L'ensemble est bâti grâce à l'utilisation de procédés industrialisés qui permettent d'abaisser les coûts.

Le plan initial évolue pendant sa réalisation. Des maisons individuelles, auxquelles la population est attachée, remplacent une partie des immeubles collectifs. L'automobile, dont l'usage se développe à cette époque, impose l'édification de garages. De même, tous les magasins prévus n'ont pas été construits. La résidence du Parc n'est donc pas devenue la « parcelle de cité » envisagée par l'architecte. Néanmoins, bien que des modifications aient été apportées, que d'autres constructions aient été ajoutées, la résidence passe pour une réussite de l'architecture urbaine et obtient, à ce titre, le Grand Prix de l'Urbanisme en 1960.

Cet ensemble immobilier révèle l'optimisme des concepteurs de l'époque : ainsi, la blancheur des façades met en valeur la nature environnante et offre un visage original qu'ont bien compris les premiers résidents et qui différencie la résidence du Parc de la grisaille de l'habitat populaire. Les premiers occupants appartiennent aux nouvelles classes moyennes salariées qui s'installent à Croix (cadres moyens, techniciens, agents de maîtrise, fonctionnaires) dont l'après-guerre commence à assurer la promotion.

LA VILLA NEUTRA

Quand Marcel Delcourt sollicite l'architecte américain Richard Neutra pour construire sa maison de Croix, il fait appel à un concepteur dont la carrière internationale est brillante. Né à Vienne en 1892, Richard Neutra travaille aux États-Unis à partir de 1923 et, plus particulièrement, en Californie. Constructeur de villas individuelles, il n'hésite pas à participer à de grands projets publics comme des écoles, des temples, des grands magasins, et même des bâtiments industriels.

L'image de Richard Neutra est complexe. En effet, outre-Atlantique, il passe pour avoir introduit, sur le continent, les principes de constructions européennes alors que, surtout depuis 1945, il renvoie en Europe l'image d'une architecture américaine ouverte sur les grands espaces. Sans négliger toutes les contraintes sociales, l'art de construire doit, selon lui, se soustraire aux modes car la maison est un lieu de bonheur et doit « porter, en elle, une parcelle d'éternité ». La maison n'est pas seulement un bâtiment, c'est aussi un « point d'ancrage de l'âme » dont la seule obligation consiste à respecter l'environnement. Pour Richard Neutra, l'immeuble construit doit être aussi horizontal que possible, les façades aussi ouvertes que nécessaire car les vitrages éclairent l'intérieur et réfléchissent les paysages environnants qui deviennent décors. L'ensemble doit être aérien de façon à construire une « illusion ».

La maison construite pour Marcel Delcourt est la seule réalisation française de l'architecte américain, que le commanditaire a connu à travers des revues et ses voyages en Californie, mais aussi par l'intermédiaire d'un architecte suisse, Bruno Honegger, ancien collaborateur de Neutra pour l'Europe. Naturellement, Richard Neutra reprend ses principes et ses méthodes de construction : un plan qui donne une place essentielle à l'horizontalité du projet, un espace ouvert. Mais le terrain sur lequel la villa est construite se situe en centre-ville. L'architecte doit donc adapter son projet à l'environnement comme aux conditions climatiques de la région. Dès lors, le bâtiment est plus compact que les grandes villas californiennes ; les piliers de béton sur lesquels il repose sont plus massifs, l'utilisation des matériaux lourds – béton, briques, grès, terres cuites – plus fréquente ; les vitrages sont moins spacieux. Tout en gardant une allure aérienne, la villa de Croix a probablement moins de légèreté que celles de Los Angeles. Par ailleurs, construite sur un terrain enclavé, sans véritable « paysage », la maison doit s'adapter au quartier. Ainsi, la façade nord est-elle relativement fermée : c'est la façade de l'entrée et des activités de service. En revanche, la façade sud, qui est celle des pièces de séjour, demeure très éclairée par de larges baies qui offrent la vue d'une vaste pelouse.

À l'évidence, Richard Neutra impose son audace architecturale dans cette ultime réalisation ; il relève le défi imposé par de multiples contraintes, en sachant tirer profit des matériaux régionaux : grès d'Artois, briques. La villa est inscrite à l'Inventaire supplémentaire des Monuments historiques.

Richard Neutra,
la villa Neutra, 1969.

puis une modification du contenu. En tout état de cause, la densification de la partie sud de la ville impose des équipements urbains et l'amélioration des communications avec les quartiers nord.

Une telle politique exige des moyens financiers importants pour créer les réserves foncières indispensables ou pour racheter les locaux à détruire puisque le logement social suppose une participation municipale. Les ressources fiscales, par leur progression, la rendent possible puisque Croix donne l'hospitalité à de grandes entreprises.

UNE VILLE CONFRONTÉE À LA DÉSINDUSTRIALISATION

L'Occupation n'a pas affecté les entreprises aussi brutalement que la Grande Guerre. Sitôt les matières premières disponibles et les réseaux ferroviaires et routiers rétablis, l'activité industrielle redémarre à un bon rythme. Certes, des entreprises souffrent de la conjoncture comme la teinturerie ou la filature de coton. Mais l'après-guerre favorise l'essor de nouvelles activités ou renforce des firmes anciennes. La politique de construction favorise les entreprises du bâtiment. La Société immobilière de Croix, que les peigneurs ont fondée avec le rachat du peignage Holden, crée en 1948 la Préfac, une société à responsabilité limitée qui se lance dans la production d'éléments préfabriqués ou moulés, destinés à l'édification d'immeubles à coût réduit. Le patronat textile, à l'origine du Comptoir immobilier lillois (CIL), se donne les moyens de participer à l'effort industriel de construction. D'autres entreprises, actives dans le domaine du bâtiment, développent rapidement leur activité : c'est le cas de la production du matériel électrique (FACEN), de la menuiserie en contreplaqué ou de la maçonnerie (Rabot Duthilleul, Ferret Savinel).

Les premiers recensements – celui de 1946, mais surtout celui de 1954 – soulignent la primauté persistante de l'industrie dans l'économie locale. En effet, 57 % des Croisiens exercent leur activité professionnelle dans le secteur secondaire ; ils y sont plus nombreux que dans l'ensemble de l'agglomération (50 % des actifs). Les industries mécaniques offrent le plus grand nombre de postes de travail (47 % des actifs), distançant les industries textiles (filature, tissage de coton, soieries, confection) et les industries agroalimentaires (conserveries, confiseries et pâtisseries, saurisseries) qui fournissent respectivement 10 % et 5 % des emplois.

La CIMA demeure la principale entreprise. L'industrie du machinisme agricole est en plein essor car la conjoncture s'y prête. Dès la fin de la guerre, l'exode rural s'accélère et incite les exploitants à remplacer la main-d'œuvre par la machine et le matériel autotracté. Dans les années 1950, l'activité devient florissante puisque les paysans s'engagent dans la « révolution des tracteurs ». La CIMA profite de cet environnement favorable et, pour répondre aux commandes, embauche une main-d'œuvre croissante. En 1950, elle emploie 3 000 ouvriers ; dix ans plus tard, ses effectifs se montent à près de 4 300 personnes. Ses bâtiments industriels s'étendent : après le rachat d'une partie de la friche Holden, la CIMA construit de nouveaux locaux pour ses services administratifs et commerciaux, pour l'assemblage des machines, pour ses services expérimentaux et le laboratoire d'essais. La ficellerie, installée dans un bâtiment trop exigu, est reconstruite à Wasquehal. Au début des années 1960, la CIMA dispose d'une emprise territoriale importante, les deux sites couvrant 200 000 m^2.

Comme l'entreprise compte parmi les plus importantes d'Europe du Nord, on imagine pour Croix un avenir de « capitale du machinisme agricole ». En tout cas, dès 1963, l'usine bénéficie de l'exclusivité de la fabrication du petit matériel sous la raison sociale d'International Harvester France.

L'expansion rapide de la firme l'engage dans un processus de modernisation qui lui permet de fabriquer, dès 1954, les moissonneuses batteuses tractées et les presses ramasseuses ; en 1957, commence la production des moissonneuses batteuses automatiques. Dans le même temps, l'usine fournit les pièces des tracteurs assemblés à Saint-Dizier.

Le développement de l'entreprise s'inscrit dans le plan de mécanisation voulu par l'État. Si les salariés bénéficient de conventions collectives favorables, les mouvements sociaux sont fréquents. Les motifs invoqués concernent les classements hiérarchiques, les salaires, les cadences, les conditions d'hygiène ; ils sont amplifiés par les surenchères syndicales. La CGT, prépondérante à l'usine, tire profit de ce malaise sous l'action de Gustave Ansart, responsable syndical et toujours leader de la fédération du parti communiste.

PAGE DE GAUCHE Résidence des Cascades.

Photo aérienne, L'IHF CIMA, 1972.

Carte publicitaire.

Travailler à la CIMA, c'est contribuer à la prospérité de la firme mais c'est aussi participer à la sociabilité de l'entreprise. Le comité d'entreprise multiplie les occasions de rencontres (Noël des enfants, remise de médailles du travail, fêtes des Mères), d'activités sportives (équipes de basket, de football), et forge une collectivité qui s'intègre à la vie de la cité. La communauté se construit d'autant mieux que les succès économiques sont incontestables. Enfin la direction de l'usine s'implique dans la ville et la région puisque son directeur, Roger Norie, est un des acteurs du CERES qui réfléchit à l'avenir industriel régional.

Les années 1960 marquent un moment fort de l'industrialisation de la ville qui accueille emplois et fabrications. La commune en retire une certaine fierté : ainsi se félicite-t-elle de faire fonctionner le plus grand gazomètre de France qui alimente toute l'agglomération et fait de Gaz de France un grand contributeur fiscal.

Cependant, des signes, mal évalués à l'époque, annoncent la régression lente et insidieuse de l'activité industrielle. À l'instar de l'agglomération, Croix perd ses activités textiles. Entre 1957 et 1967, les ateliers et les usines de confection, les teintureries, deux des tissages de toiles disparaissent ; la Cotonnière de Croix ferme définitivement en 1968. Des entreprises métallurgiques subissent un sort identique. Deux fonderies sur cinq cessent de fonctionner entre 1962 et 1967. La société Seynave-Dubocage se restructure et licencie la moitié des ouvriers tout en réduisant de manière drastique l'horaire hebdomadaire de travail. En 1961, lors de sa dissolution, la société ne compte plus qu'une trentaine de salariés. Pour sa part, l'IHF-CIMA connaît de graves problèmes au milieu des années 1960. Le marché se sature ; la concurrence entre fabricants interdit toute diversification du matériel. International Harvester impose le chômage partiel et licencie une partie des effectifs. L'installation du centre d'essais, en 1967, et le transfert de fabrications suédoises, en 1968, prouvent qu'une restructuration est en cours.

Cette stratégie économique explique l'ampleur du mouvement social qui affecte l'usine en mai 1968. La grève touche la plupart des entreprises, bien des administrations, mais c'est à IHF que les grévistes montrent le plus de détermination. Commencée le 21 mai, la grève, avec occupation des locaux et piquets, dure jusqu'au début de juin. Les discussions syndicales avec la direction ne sont pas faciles car la décision appartient à Chicago et les accords conclus à Paris ne s'appliquent pas. Les revendications portent sur les salaires, les horaires de travail, l'avenir de certains ateliers. C'est pourquoi IHF est, avec Fives-Lille, une des dernières entreprises à reprendre le travail, au cours de la seconde semaine de juin 1968, après un conflit de trois semaines.

L'évolution sociologique et démographique traduit l'affaiblissement industriel de la ville. En perdant 20 % de ses actifs ouvriers entre les recensements de 1962 et de 1968, Croix subit la baisse la plus importante de toute l'agglomération. Elle se poursuit au-delà puisque, entre 1968 et 1975, les ménages ouvriers diminuent encore de 14 %. Croix devient, à l'instar de Wasquehal, l'une des communes les moins ouvrières de l'agglomération roubaisienne même si les ouvriers restent encore majoritaires à la fin des années 1960 (45 % de la population). L'effondrement de l'ensemble des activités textiles est plus précoce qu'à Roubaix et à Tourcoing. La métallurgie et la mécanique continuent à affirmer leur prépondérance (65 % des actifs ouvriers), tandis que le bâtiment, les travaux publics et les industries alimentaires occupent, chacun, environ 10 % des actifs de la commune. De même, ouvriers qualifiés et non qualifiés se partagent à peu près également tandis que la réduction des emplois textiles contribue à l'affaissement de la main-d'œuvre industrielle féminine.

CIMA, ateliers de montage.

Le recul industriel s'aggrave après 1975 : le recensement de 1982 évalue à un peu plus de 30 % le nombre des actifs employés dans le secteur secondaire. En moins de dix ans, la ville perd plus de 1 700 emplois industriels ; l'industrie métallurgique et mécanique, pour son compte, en abandonne plus de la moitié. La plupart des secteurs sont touchés qui voient disparaître Creusot Loire (Seynave), Provimi ou le Nain gourmand. Pour tenter d'atténuer les effets de la désindustrialisation et pour inciter les entreprises à reconstruire une part de l'emploi industriel, Gustave Dedecker fait voter des mesures incitatives par le conseil municipal (suspension de la patente, utilisation des friches, aides financières aux entreprises en reconversion).

Plus globalement, la population communale régresse. Si la ville retrouve les effectifs de 1936 à la fin des années 1960, grâce à une progression de 4 000 personnes, elle atteint aussi, avec plus de 21 400 habitants, son apogée démographique. En effet, le déclin démographique, évalué à 1 % par an, marque toute la décennie 1970. Son rythme ralentit entre 1975 et 1982, mais la population agglomérée tombe à 19 386 habitants au recensement de 1982, un niveau comparable à celui de 1926.

Plusieurs phénomènes éclairent ce recul démographique. Dans les années 1950 et 1960, la commune accueille une immigration modeste évaluée à 6 % de la population. Les naturalisations demeurent toujours marginales. Les frontaliers travaillent en moins grand nombre que par le passé. Si les Belges restent majoritaires, Croix accueille de plus en plus de Portugais et d'Espagnols. Les ressortissants d'origine africaine arrivent en petit nombre et plus lentement. Dès lors, la reconstruction et l'essor démographiques des années 1950 et 1960 dépendent de l'apport régional. En 1968, 90 % des Croisiens sont nés en France mais Croix n'en a vu naître que sept sur dix. C'est l'ensemble du département du Nord et non plus seulement Roubaix qui pourvoit la ville en nouveaux habitants. Les années de prospérité et la politique du logement favorisent l'attraction urbaine. Toutefois, la décennie 1970 renforce la part de la population immigrée qui représente 13 % de la population totale en 1979. Les Algériens devancent les autres nationalités, Portugais d'abord, Belges ensuite, qui viennent moins pour le travail que pour le logement. En effet, des courées libérées par la construction neuve accueillent des immigrés d'origine africaine notamment. Mais cette immigration ne compense pas le déficit démographique.

Depuis la Libération, le baby-boom assure un accroissement naturel positif. La décennie 1970 n'inverse pas la tendance mais la ville subit plus de départs qu'elle n'enregistre d'arrivées. Les emplois, qui demeurent peu qualifiés, sont moins attractifs et baissent régulièrement ; la désindustrialisation incite à la recherche de travail dans d'autres communes du bassin d'emplois. La résorption de l'habitat insalubre améliore la qualité des logements, mais elle en diminue le nombre et en augmente le prix des loyers. Enfin, la concurrence de la ville nouvelle de Villeneuve-d'Ascq manifeste ses premiers effets. Croix perd donc ses jeunes adultes qui ne trouvent pas d'emplois sur place ni de logements adaptés à leurs moyens. Le ralentissement des politiques de construction après 1975 aggrave l'insatisfaction et élève le nombre des demandeurs de logements sociaux. Dès lors, la population communale a tendance à vieillir et la catégorie des inactifs à grossir. Tous les quartiers subissent les effets du vieillissement, à l'exception du sud du parc Barbieux qui demeure plus dynamique et plus jeune grâce aux lotissements. Ce sont les quartiers anciens, Saint-Pierre ou bien encore le Centre, qui sont les plus affectés.

LA TRANSFORMATION DES FONCTIONS URBAINES

La fermeture du peignage a eu pour effet de laisser une friche industrielle endommagée qui s'étend jusqu'au cœur de la ville. Dès les années 1950, le ministère de la Reconstruction et du Logement, la municipalité et la Société immobilière de Croix réfléchissent aux conditions d'utilisation des locaux et du terrain. Initialement, on privilégie la construction de logements avec le CIL, puis on songe à l'implantation d'une nouvelle entreprise pour offrir des emplois et pour consolider les revenus de la commune.

Au printemps 1956, la filature des Trois Suisses s'y installe. L'entreprise, qui depuis 1932 vend le fil à tricoter qu'elle fabrique, développe, après 1945, ses activités de vente par correspondance. En 1949, elle édite un premier catalogue qui présente quelques articles textiles (linge de maison, lingerie féminine). À la mort de son fondateur en 1953, fabrication et vente se séparent en deux entités : filature et Trois Suisses. En 1956-1957, de nouveaux immeubles sont édifiés afin de « réaliser dans un décor de lumière et de verdure, le quartier radieux de la grande ville industrielle ». L'entreprise, par cette publicité, engage son personnel roubaisien à venir à Croix travailler dans un site moderne. Favorisée par les services de l'État, l'installation des Trois Suisses compense, en termes de créations d'emplois et de revenus fiscaux pour la commune, la liquidation du peignage Holden.

Avec ses 200 salariés vers 1950, les Trois Suisses font partie des entreprises moyennes. Après de nombreux tâtonnements, le groupe poursuit sa croissance. Il emploie 900 salariés en 1960, 1 700 en 1965, puis 2 600 en 1970. Tout en mettant l'accent sur la vente par correspondance, l'entreprise n'abandonne pas le fil à tricoter, qu'elle vend par catalogue, en magasins ou par le biais de relais locaux (épiceries ou débits de tabacs dans les campagnes). Elle s'adresse aux femmes prescriptrices des achats familiaux et répond à leurs goûts en exploitant l'attrait pour la nouveauté (la mode), l'attachement à une image (les travaux de dames) et la forte tentation de l'émancipation dans une société où la consommation commence à s'imposer. Le groupe des Trois Suisses demeure familial même si son manager, Marcel Delcourt, n'appartient pas à la famille fondatrice. Dans la décennie 1970, l'ouverture du capital est rendue nécessaire, mais l'entreprise préfère solliciter un vendeur allemand plutôt que la bourse française.

Les Trois Suisses, en se consacrant aux services, renouvellent l'image de l'entreprise dans une ville industrielle. L'architecte des bâtiments, la réputation grandissante de l'enseigne, la dimension internationale de son activité, impriment une marque de modernité tout en gardant un style classique. Son apport économique à la commune est plus difficile à mesurer. Les créations d'emplois concernent plusieurs sites : Croix n'en recueille qu'une partie modeste d'autant plus que la main-d'œuvre locale n'est pas nécessairement formée à ces qualifications nouvelles ; aussi est-il nécessaire de recruter dans un bassin élargi. L'entreprise ne contribue pas davantage à l'essor du commerce local puisqu'elle ne crée pas un « grand magasin ». En revanche, elle devient l'un des premiers contribuables de la ville dont les ressources financières progressent rapidement. Elle favorise également la santé économique des entreprises sous-traitantes.

À la fin des années 1960, Croix accueille de nouveaux services dans le domaine hospitalier puisque la clinique du Parc s'y installe et, avec elle, une maternité qui se substitue à celle de la municipalité. Au cours des Trente Glorieuses, c'est le potentiel tertiaire qui s'accroît sur le territoire communal sans modifier le tissu ancien. Mais l'activité commerciale manque de dynamisme ; « l'âge d'or » de la boutique est terminé. Les magasins spécialisés dans l'alimentation ferment progressivement : entre 1950 et 1970, près du tiers disparaissent ; le même sort frappe 50 % des estaminets, touchés par d'autres modes de vie et par une sociabilité qui ne leur donne plus l'exclusivité. En résumé, la taille des échoppes, l'offre peu diversifiée, les prix, la présentation peu attractive nuisent au commerce local. Les Croisiens préfèrent des magasins mieux adaptés à leur goût qu'ils trouvent à Lille ou à Roubaix. Les commerces de proximité s'éparpillent dans les quartiers. Le centre-ville, assez éloigné des services publics, manque de dynamisme et de spécialisation ; son réaménagement devient une préoccupation d'urbanisme d'autant que nombre d'immeubles ont mal vieilli et sont dégradés.

Les fonctions tertiaires confèrent à la ville le statut de « centre urbain secondaire » dans l'orbite roubaisienne. L'école illustre cette classification. En effet, si l'encadrement scolaire primaire est tout à fait satisfaisant, l'implantation d'un seul collège dans une commune de cette taille, au moment où la scolarisation obligatoire se prolonge, montre la force d'attraction de la ville principale qui a développé un réseau d'établissements secondaires plus dense et plus varié.

Les recensements de 1962 et 1968 traduisent les effets sociaux de ces transformations économiques. Avec 48 % d'actifs employés dans le secteur tertiaire, Croix offre de nouveaux visages sociologiques puisque les services fournissent le plus grand nombre d'emplois. Les fonctions classiques (commerce, artisanat, personnel de maison) ne progressent pas par rapport à l'avant-guerre. En revanche, la part des employés du commerce et de l'administration (16 %) et surtout celle des cadres moyens (14 %) et des professions libérales (7 %), qui double en deux décennies, s'élève dans l'ensemble de la population notamment au cours des années 1954-1962. En outre, les décennies 1950 et 1960 soulignent l'essor du travail féminin dans des secteurs professionnels comme la santé, l'enseignement, les emplois de bureau, toutes activités dont le rôle s'amplifie avec les Trente Glorieuses.

La croissance des services se poursuit au-delà de 1975 et suit une courbe inverse de celle de l'industrie. En 1982, le secteur tertiaire offre deux emplois sur trois. Les activités non marchandes progressent sensiblement mais occupent une place toujours modeste. En revanche, les services marchands se développent très rapidement au point d'offrir près de deux emplois tertiaires sur trois.

Au début des années 1980, Croix n'est plus la ville industrielle qu'elle était encore trente ans auparavant ; elle est devenue une ville tertiaire dominée par une entreprise principale, les Trois Suisses, l'employeur le plus important de la commune qui contribue à sa prospérité. Mais sa situation demeure paradoxalement fragile, tant son avenir apparaît lié à la bonne santé d'une entreprise.

LE CATALOGUE DES TROIS SUISSES

C'est en 1949 que paraît le premier catalogue de la célèbre enseigne. De petite taille, il présente un nombre limité d'articles de linge de maison et de sous-vêtements. Peu volumineux, il ne laisse qu'une place réduite à la photographie et fait appel à des dessinateurs pour illustrer les modèles sélectionnés. La dynamique commerciale repose sur un slogan – « Les Trois Suisses se mettent en Quatre » – et implique que la disponibilité du vendeur garantisse la satisfaction du client potentiel physiquement absent de la transaction. L'image de l'enseigne doit devenir la référence.

Publicité pour le catalogue des Trois Suisses.

Avec la prospérité, le catalogue se transforme. Il se spécialise en suivant le rythme des saisons. La photographie remplace, lentement, le dessin, et l'offre de modèles s'élargit. Si le vêtement occupe toujours la place essentielle, l'équipement de la famille, l'entretien et la décoration de la maison et du jardin fournissent des rubriques qui gagnent en importance. En effet, l'entreprise séduit la clientèle des nouvelles classes moyennes qui découvrent la consommation de masse. Les Trois Suisses leur proposent des produits de « qualité » dont ils certifient la « durabilité » et pour lesquels ils remplissent une mission de conseil. Usant de psychologie, la firme s'adresse en priorité aux femmes qui sont à l'initiative des commandes ; dès le début des années 1960, des pages spéciales « beauté » ou « produits de toilette » leur sont destinées, avec les vêtements.

Au fil des années, et plus précisément à partir des décennies 1960 et 1970, le catalogue, dans la logique des « grands magasins », entend répondre aux goûts de clients plus nombreux, au niveau de vie croissant. Destinée initialement à une clientèle éloignée des grands centres, l'offre d'achat s'adresse progressivement à une clientèle complexe. De catalogue d'acheteur, il tend à devenir promoteur car il ne se limite plus au conseil mais sait imposer un style en s'inspirant des tendances. À titre d'exemple, le pantalon féminin entre au catalogue avant 1968. Le volume du catalogue et son tirage (1 650 000 exemplaires en 1965) augmentent rapidement d'autant plus que les concurrents sont, eux aussi, fort offensifs. Les Trois Suisses s'adressent désormais aux enfants du baby-boom, devenus consommateurs autonomes, et mettent en valeur le jeune adulte, dynamique et élégant, qui recherche le confort et une sobre distinction.

L'expansion rapide entraîne l'adoption de moyens plus modernes (le téléphone, la mécanographie puis l'informatique) pour gérer les commandes ou pour susciter la demande (le crédit). Soucieuse de son image et pour répondre à la consommation de masse, l'entreprise conçoit un catalogue bisannuel de meilleure qualité où les arts graphiques prennent toute leur importance (maquettes, couleurs, photographies, papier glacé). Il s'agit d'un domaine très spécifique pour lequel les Trois Suisses recrutent un personnel spécialisé car le catalogue offre la vitrine de l'entreprise qui engage la compétition avec La Redoute.

Le catalogue illustre les mutations d'une firme qui passe de la production textile à la diffusion d'articles pour une gamme très large des besoins individuels et domestiques. Il traduit aussi toutes les évolutions d'une société qui de l'état de pénurie accède à l'abondance, et qui, après la production, favorise la consommation. Il exprime également la capacité de ses promoteurs à saisir la transformation des goûts et des mœurs et même à les anticiper pour susciter l'envie de consommer.

Chapitre 8

UNE VILLE MOYENNE DE LILLE MÉTROPOLE

(1980-2006)

LES REMISES EN CAUSE

La loi du 31 décembre 1966 crée quatre communautés urbaines dont celle de Lille. Sans concertation, le gouvernement de Georges Pompidou oblige 89 communes de l'arrondissement, de tailles et d'activités différenciées, à se fédérer pour bâtir une « métropole d'équilibre ». Cette loi, qui veut favoriser la maîtrise du développement urbain, ne manque pas d'objectifs politiques. Les maires résistent à l'autorité de Paris et au gaullisme dominant à la tête de l'État. Elle heurte, également, la tradition des « beffrois » jaloux de leurs pouvoirs.

PARTICIPER À LA COMMUNAUTÉ URBAINE

Les communautés urbaines disposent d'importantes compétences obligatoires : l'urbanisme, le logement social, les transports urbains, le ravitaillement en eau, l'assainissement, les collèges d'enseignement secondaire, les cimetières. En outre, elles peuvent se saisir de compétences facultatives telles que les équipements sportifs et culturels, mais la Communauté lilloise fait preuve de prudence en ce domaine.

Fondée par décret le 22 décembre 1967, la Communauté urbaine de Lille (CUDL) est administrée par un conseil de quatre-vingt-dix membres présidé par le maire de Lille Augustin Laurent. Croix y dispose de deux sièges. La municipalité, comme bien d'autres, a émis des réserves sur l'affaiblissement des capacités communales mais s'associe aux projets communs.

Par ailleurs, en décembre 1966, l'État décide de construire, à l'est de Lille, une ville nouvelle (Villeneuve-d'Ascq) pour étoffer le tissu urbain entre Lille et Roubaix et consolider la future métropole. Associant, pour moitié, représentants de l'État et élus des collectivités, l'Établissement public d'aménagement de Lille-Est (EPALE) reçoit la mission de préparer le schéma directeur d'aménagement et d'urbanisme (SDAU) et d'en assurer la réalisation. Conjointement avec celui de la région, le SDAU de l'agglomération de Lille-Roubaix-Tourcoing organise la reconversion économique de l'arrondissement. Approuvé par l'État, en 1973, il met l'accent sur l'essor des transports collectifs « structurants », la reconquête des centres-villes, la consolidation des fonctions urbaines, l'amélioration du cadre de vie.

PAGE DE GAUCHE
Le parc de l'Hôtel de Ville en juin 2006.

Le plan d'occupation des sols (POS), qui définit des objectifs et les modalités de l'urbanisation, devient un préalable pour chaque commune de la CUDL. Croix n'éprouve aucune difficulté à l'établir et à le voter. Elle confirme le plan directeur de 1963 et n'apporte que des modifications de détail aux décisions antérieures. Elle renforce la densité de peuplement de Beaumont, s'aligne sur le vœu des communes voisines d'urbaniser le « grand boulevard » de Wasquehal à Roubaix (Planche Épinoy), prévoit d'aménager le centre-ville, mal adapté aux fonctions nouvelles, et d'accélérer la résorption de l'habitat insalubre.

Les choix communautaires portent sur les grandes villes et les communes périphériques dont on programme le développement immobilier : Wasquehal, Mouvaux, Bondues, Mons-en-Barœul, Marcq-en-Barœul et Villeneuve-d'Ascq. Croix, qui ne dispose pas de surfaces constructibles importantes, ne peut accueillir des lotissements de grandes dimensions ; son expansion est appelée à se ralentir. Il revient aux mandataires de la ville de faire reconnaître la légitimité de leurs dossiers par l'instance communautaire et d'engager les négociations. De nouvelles pratiques de gestion municipale se mettent en place telles que les conventions qui ont toujours un volet financier.

Dans la décennie 1970, Croix obtient satisfaction sur la très grande majorité de ses dossiers. Elle ne perd pas en autonomie puisqu'elle garde l'initiative des projets et gagne en mutualisation des efforts.

Le programme « Reconquérir la ville » qui couvre la décennie 1970 offre deux exemples du partenariat mis en œuvre.

Au début des années 1970, près de 600 maisons dont l'insalubrité exige destruction ou réhabilitation, sont toujours habitées par une population de petits propriétaires fort modestes, souvent âgés et parfois d'origine immigrée. Ces immeubles, très dégradés, accueillent environ 15 % de la population communale, à Saint-Pierre, dans le centre, et même aux abords de Beaumont (carrière Loridan). La hiérarchie des urgences, établie par la mairie, détermine un échéancier de résorption des cités dispersées dans la ville. La cité Saint-Éloi en est un exemple parmi d'autres mais son état impose une intervention rapide : cent vingt personnes y vivent dans des conditions très précaires. Aucune réhabilitation n'est possible ; il faut donc procéder à la destruction des logements. C'est pourquoi la ville signe une convention avec la CUDL qui gère la construction de logements sociaux et l'ORSUCOMN (Organisation pour la suppression de l'habitat insalubre en métropole nord) qui prépare les opérations conduisant à la démolition des maisons ; la ville prend en charge l'expropriation des immeubles et leur achat pour les détruire. Le relogement de la population expropriée est donc une priorité. L'intervention préfectorale pèse sur chaque étape et allonge la durée des opérations qu'encourage l'État. Ces procédures réduisent des trois quarts le nombre des courées recensées mais n'assurent pas toujours le maintien de la population sur le territoire communal.

Le centre-ville constitue le second dossier urbanistique auquel municipalité et Communauté se consacrent. Dans un premier temps, la ville mène, seule, les opérations de destruction des îlots puisque son programme est voté en 1965. Dans un second temps, la CUDL incite la commune à imaginer des réaménagements, plus adaptés à la ville, autour de trois principes essentiels : consolider un pôle d'activités en reliant des fonctions dispersées dans l'espace, organiser l'aménagement résidentiel du quartier en insistant sur la mixité sociale, offrir aux piétons les cheminements identifiés nécessaires à la chalandise et aux liaisons avec tous les équipements (commerces, salle de sports, piscine). La CUDL encourage la commune à proposer des immeubles de taille plus humaine, construire un centre-ville aéré, maintenir des magasins sur leur site et centraliser la circulation automobile. En ce sens, dans sa convention de partenariat avec Croix, la CUDL incite la ville à penser le centre comme lieu d'activités et de résidence tout en atténuant les effets d'une restructuration qui impose les immeubles collectifs.

De telles opérations engagent la ville pour plusieurs années puisqu'elles sont inscrites au SDAU. Elles encadrent l'autonomie communale mais apportent des compétences et des contributions financières indispensables. Elles soulignent que la coordination des efforts accélère les démarches et hâte leur aboutissement tout en proposant des solutions nouvelles. Ainsi, la Communauté urbaine élabore-t-elle, en 1977, un « plan vert » où elle intègre des projets destinés à Croix, le comblement de l'impasse du canal de Roubaix, l'extension du centre sportif et des espaces verts, le lotissement scolaire aux abords du Grand Boulevard.

L'action communautaire fixe des priorités et opère des choix. Elle ne peut pas répondre aux objectifs de toutes les communes ou, du moins, doit en différer certains. C'est ce que dénoncent, à la fin de l'année 1977, sept maires de l'agglomération de Roubaix-Tourcoing, tous socialistes, qui fondent l'Association de promotion du versant nord-est. En apparence, ils contestent l'État qui privilégie la « ville nouvelle » et non pas Roubaix, Tourcoing ou Wattrelos. En réalité, ils veulent faire entendre l'inquiétude d'élus confrontés à la disparition de l'industrie qui a fait leur prospérité. Groupe de concertation et de propositions, l'association multiplie les pressions sur l'opinion publique, la présidence de la CUDL, pour identifier et faire prendre en compte les spécificités du « versant nord-est ». En collaboration avec la Chambre de commerce, ils fondent une société d'économie mixte compétente pour prendre des initiatives de reconversion mais attendent des financements communautaires.

Gustave Dedecker n'adhère pas à l'association mais revendique le statut d'associé au groupement de maires. En effet, la CUDL lui apporte un concours persévérant qu'il ne peut pas négliger. D'autre part, des sympathies personnelles et politiques le rattachent au président de la Communauté urbaine, Arthur Notebart, tandis que les contestataires appartiennent aux générations socialistes montantes. Enfin, l'économie de Croix se dégrade dans des conditions différentes de celles de Roubaix, Tourcoing, Wattrelos. Dominée par l'industrie textile, la mono-industrie s'écroule rapidement. Les enjeux, qui ne sont pas analogues, permettent à Gustave Dedecker de défendre une identité de la ville qui l'isole au sein du versant nord-est.

LA DISPARITION D'INTERNATIONAL HARVESTER

La décennie 1970 fait apparaître la fragilité de l'essor des entreprises fabriquant des matériels agricoles puisque de grandes firmes comme Massey Fergusson ou International Harvester s'effondrent.

En effet, après une croissance rapide dans les années 1950 et 1960, les ventes en France et en Europe deviennent plus difficiles. Les paysans ont fait leur révolution tranquille mais leur endettement et l'affaiblissement de leurs revenus les obligent à limiter le renouvellement de leurs équipements. L'ouverture de nouveaux marchés, en Europe centrale et orientale, s'avère difficile sinon même illusoire car les capacités agricoles sont aléatoires. La multinationale américaine ne fait pas toujours des choix stratégiques pertinents. Ainsi en se diversifiant, IH Company subit-elle une crise multiforme qui touche les matériels agricoles, le génie civil et les moyens de transport. Sa filiale IH France en subit les effets. Des ateliers ferment à la fin des années 1970 (ficellerie, presses, semoirs, fonderie) ; le chômage partiel endémique s'installe ; les licenciements deviennent pratique régulière. Comme le souligne la répétition des grèves, l'usine de Croix est en mauvaise santé. L'entreprise imagine de renouveler ses produits en promouvant le nouveau site d'Angers pour lequel elle reçoit des aides publiques. Elle veut y fabriquer un matériel « révolutionnaire », la moissonneuse Axial Flow que les syndicats réclament pour Croix.

La crise s'ouvre en 1981 parce que les déficits se creusent. La nouvelle conjoncture politique – l'élection de François Mitterrand et la désignation du gouvernement Mauroy – pèse aussi sur la stratégie d'IH Company : la gauche au pouvoir fait de l'emploi un axe prioritaire de son action. Au début de l'automne, l'IHF demande, dans un plan social, la suppression de 800 postes de travail, en France, dont plus de 500 à Croix, soit le tiers des effectifs employés. Les syndicats, rassemblés dans une intersyndicale, rejettent la demande et obtiennent le soutien du gouvernement. L'entreprise doit suspendre son projet. Les élus locaux, les maires de Croix et de Wasquehal, le député de la circonscription apportent leur concours aux salariés de l'entreprise. Conférences de presse, meetings, manifestations publiques mobilisent les salariés de l'usine et la population qui vit au rythme d'IHF. L'inquiétude monte car la direction a informé Louis Seigneur de la fermeture du site dans un délai de trois ou quatre ans. L'usine passe pour n'être pas rentable et, ce qui est suggéré, l'action syndicale tient trop de place.

Meeting à IHF, octobre 1981.

Le conflit dépasse les moyens d'une action syndicale classique et prend rapidement une dimension politique. Au cours de l'hiver 1981-1982, le gouvernement engage des pourparlers avec l'entreprise.

La marge de manœuvre est étroite et IHF n'hésite pas à utiliser des méthodes proches du chantage en menaçant de délocaliser non seulement en Anjou mais aussi et surtout en Irlande ou en Espagne. Pour leur part, les salariés reprennent à leur compte l'objectif de la production de la moissonneuse Axial Flow à Croix, lancé par la CGT, sans admettre que l'État ne peut intervenir dans une stratégie d'entreprise.

Par ailleurs, les pouvoirs publics subissent la double pression des élus – qui entendent sauvegarder l'activité industrielle et le financement des communes – et des syndicats, qui insistent sur leur volonté de « vivre et de travailler au pays » et défendent avec force l'emploi. Néanmoins, le gouvernement de Pierre Mauroy parvient à un compromis au cours du printemps 1982. L'entreprise doit installer de nouvelles fabrications à Croix ; en échange, l'État apporte une aide à l'investissement et accepte le plan social à la condition que toute la palette des procédures légales soit utilisée (retraites, départs volontaires et licenciements). Les syndicats dénoncent cet accord et maintiennent leurs revendications au nom des compétences de Croix.

Or, IHF ne tient aucun de ses engagements et parfois même en fait fi en délocalisant des fabrications à l'étranger (Hongrie) et en brandissant, sans cesse, la menace de mise en faillite. Elle incite les salariés à quitter volontairement l'entreprise et Croix : en une année, plus de 600 salariés de toutes catégories abandonnent leur emploi. L'hémorragie humaine, que les syndicats refusent d'encadrer, affaiblit les capacités de l'usine et mine la crédibilité du site. Pourtant très inquiets, les salariés poursuivent leur travail et continuent à faire vivre leur usine même dans ses activités de sociabilité.

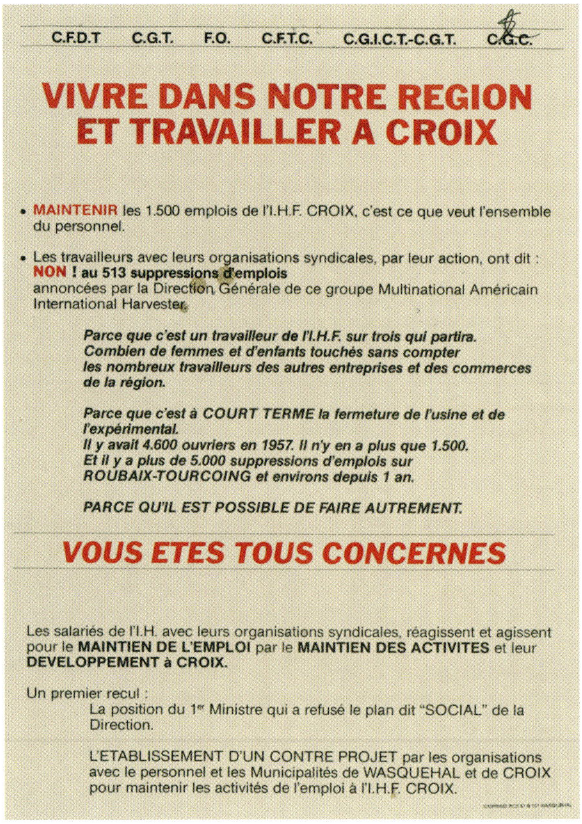

Affiche de l'intersyndicale d'IHF.

Le crédit d'IHF s'effondre mais les choix décisifs s'opèrent à la holding de Chicago. Pour la maison mère, la réduction des déficits est une nécessité qui la pousse à se restructurer aux États-Unis tout en réduisant les charges dans les filiales, notamment en France. Cette stratégie d'urgence laisse, en fait, peu d'avenir à Croix. L'action syndicale, souvent confuse puisque les surenchères ne manquent jamais, la mobilisation des élus locaux, le souhait de l'État d'accompagner les restructurations nécessaires, induisent des interventions répétées des pouvoirs publics, au plus haut niveau.

Le devenir de l'usine de Croix dépend de l'avenir de l'industrie du matériel agricole en France. La déconfiture de Massey Ferguson, en 1985, exige l'adoption d'une stratégie industrielle d'autant plus que la France ne peut résister aisément aux multinationales. Aux yeux des gouvernements français, de Pierre Mauroy d'abord, de Laurent Fabius ensuite, des accords ou des rapprochements entre entreprises deviennent nécessité. Pierre Mauroy a encouragé des pourparlers entre IHF et Massey Ferguson et invite IHF à discuter avec Renault des politiques commerciales ou des fabrications complémentaires. Mais ces discussions, qui peuvent aboutir au démantèlement d'IHF, impliquent l'adhésion de Chicago dont la stratégie, essentiellement américaine, consiste à ne pas se laisser distancer par le concurrent Deering.

À l'automne 1984, la firme de Chicago annonce qu'elle a conclu un accord avec Tenneco Case, une entreprise aux activités complexes qui possède un département du « machinisme agricole ». Mais dans l'immédiat, l'accord exclut l'Europe. En effet, Tenneco Case possède une filiale en Grande Bretagne et IH possède une usine en Allemagne. Un tour de table international est indispensable ; le gouvernement français de Laurent Fabius y présente quelques contreparties financières. Au mois de mars 1985, dans une conjoncture très tendue marquée par des actions syndicales « coups de poing », et des opérations « ville morte », les négociations aboutissent. Tenneco Case présente un projet industriel pour l'ensemble des usines IH France. La firme américaine s'engage à maintenir, à Croix, la production des cabines de tracteurs et à moderniser l'usine pour qu'elle devienne, à terme, le centre européen de leur fabrication. Tenneco Case pourrait employer environ 250 personnes en 1985 et 500 salariés à partir de 1987. Cet accord suppose une répartition géographique équilibrée des activités entre les États-Unis, la Grande-Bretagne, l'Allemagne et la France, et la formation qualifiée du personnel. Le programme industriel reçoit les financements promis pour une première période qui couvre les années 1985-1989.

Le rachat d'IHF marque la fin d'une entreprise symbole qui a contribué à l'aventure industrielle et à la reconversion d'une ville textile en un centre métallurgique. Il souligne les limites d'une prospérité locale fondée sur la prépondérance d'une usine pourvoyeuse d'emplois. L'issue de la crise, qui a imposé l'intervention des pouvoirs publics, laisse des amertumes sociales sans garantir l'avenir puisque l'horizon fixé en 1985 est celui de la fin de la décennie.

LA CRISE POLITIQUE

Au mois d'août 1980, le maire Gustave Dedecker annonce sa démission : âgé de soixante-dix-sept ans, il administre la ville depuis deux décennies et souhaite un successeur. La crise interne que traverse la section socialiste explique aussi son départ. La stratégie d'union de la gauche sur laquelle se refonde le parti, le renouvellement des adhérents et des militants, bousculent les anciens, acquis à l'alliance avec les démocrates chrétiens. Si le renouveau s'avère nécessaire parce que les forces socialistes s'érodent, le remplacement des générations pose d'inévitables problèmes personnels. En 1978, la section a écarté Gustave Dedecker de son secrétariat en lui préférant Louis Seigneur, un trentenaire, héritier de la famille qui a donné deux maires à la ville.

Cette démission implique des élections partielles en septembre. Les socialistes présentent une liste homogène qui domine largement les candidats communistes, gaullistes et centristes qui ont mené une campagne séparée. Le conseil municipal au complet choisit, quelques semaines plus tard, Louis Seigneur comme maire. Mais au candidat officiel de la section, s'oppose Jean Lauwers, le « dauphin » de Gustave Dedecker, qui manque l'élection d'une voix. Choc d'ambitions et de déceptions, le conflit révèle une crise profonde dans la mutation socialiste ; Croix n'en est qu'une illustration. La nouvelle stratégie, le rajeunissement des hommes et des perspectives, créent d'inévitables tensions qui entraînent dissidences et exclusions.

En effet, mécontents du choix, des amis de Gustave Dedecker démissionnent à leur tour, pour imposer de nouvelles élections partielles, en janvier 1981. Si les socialistes ne font toujours pas alliance avec les communistes, gaullistes et centristes s'unissent mais excluent les « modérés » pour mener une campagne incisive contre Louis Seigneur et exploiter la crise socialiste. Menée par Francis Debeunne, la liste d'opposition l'emporte largement. Son succès ne met pas en cause la légitimité du maire mais introduit, désormais, des débats houleux au sein du conseil municipal. Il scelle également pour l'avenir l'union de la droite et du centre. Pourtant, la ville n'est pas passée à droite : une majorité associant socialistes et communistes apparaît crédible ; les résultats obtenus par François Mitterrand au second tour de l'élection présidentielle, en mai, comme les scrutins législatifs de juin 1981, semblent le confirmer.

Louis Seigneur incarne sans nul doute un socialisme plus militant que celui de son prédécesseur. Adhérent du parti socialiste en 1974, il accède à la mairie grâce à ses responsabilités partisanes. Dans la tradition croisienne, il assume également des fonctions syndicales. Dessinateur industriel à EDF, il milite à FO et non à la CGT. Élu conseiller municipal en 1977, son expérience de la gestion des affaires est inégale. S'il n'a pas ménagé ses critiques à l'égard de Gustave Dedecker, il en reprend le programme tout en ouvrant des pistes nouvelles. Ainsi, en adhérant à l'association de promotion du versant nord-est, souhaite-t-il s'intégrer au groupe de pression qui entend rééquilibrer la Communauté urbaine et désenclaver l'agglomération roubaisienne. De même entend-il engager, avec l'Office municipal de la culture, une politique culturelle fédérant les associations locales. La publication du bulletin trimestriel *Vivre à Croix* exprime le désir de sortir la mairie de l'isolement. La promotion des comités de quartiers doit rapprocher élus et électeurs. Face à la montée des incivilités, il crée une police municipale que le parti socialiste n'accepte pas volontiers.

La démarche n'est pas toujours consensuelle. S'il rappelle volontiers les valeurs socialistes, celles de la Résistance, de la laïcité, il participe activement à la défense des symboles d'union comme en témoigne sa politique de réhabilitation des lieux de culte. L'église Saint-Martin est sauvée de la démolition alors que le conseil paroissial, qui la trouve inesthétique et inadaptée aux pratiques des fidèles, veut la démolir. De même, engage-t-il une concertation avec la paroisse Saint-Pierre pour réfléchir à la réhabilitation d'un édifice privé. De même encore, signe-t-il des contrats d'association avec les écoles privées pour la rentrée 1982. En fait, l'image de Louis Seigneur pâtit de l'opposition d'une partie des socialistes et d'une inexpérience révélée par la crise d'IHF. Il est perçu comme le second de Gérard Vignoble, maire de Wasquehal, très actif sur ce dossier, bien qu'il n'ait pas ménagé ses efforts pour défendre un dossier difficile. De son côté, l'opposition municipale ne l'épargne pas.

Inauguration du nouveau pont de l'Allumette par Albert Denvers, président du Conseil général, Gérard Vignoble, député, et Louis Seigneur, maire.

Tête d'une liste d'« union de la gauche » aux élections municipales de 1983, Louis Seigneur affronte l'« Union de la droite et du centre » conduite par Francis Debeunne. Les deux listes qui s'affrontent sont à l'image d'un électorat en mutation. En effet, de part et d'autre, les candidatures appartiennent à l'éventail des classes moyennes, professions intermédiaires salariées et cadres du public à gauche, professions indépendantes, entrepreneurs et cadres, à droite et au centre. Le parti communiste lui-même désigne très peu d'ouvriers parmi ses candidats. Le temps d'un parti communiste porteur des valeurs et des aspirations de la classe ouvrière, s'éloigne.

Les débats sont tendus car les élections cantonales de 1982 soulignent le recul des forces de gauche. Le ralliement de Gustave Dedecker à la liste de Francis Debeunne, au nom du « socialisme démocratique », entraîne un grand nombre d'électeurs fidèles à l'homme. Cependant, la campagne n'oppose pas deux projets contradictoires. Le programme de Louis Seigneur insiste davantage sur le rôle promoteur de l'action municipale ; celui de Francis Debeunne développe une démarche moins politique, en apparence, pour appeler à l'expression citoyenne. Les grands problèmes d'actualité sont évités ; la crise industrielle ne donne lieu à aucune proposition bien que les lois de décentralisation offrent aux communes la capacité d'une action économique.

La liste conduite par le maire sortant subit un échec sévère puisque mille voix, soit 8 % de l'électorat, la séparent de celle de Francis Debeunne. La défaite est, en partie, celle d'un homme et d'une stratégie puisqu'elle se nourrit de la dissidence d'anciens responsables socialistes. La victoire de la liste du centre et de la droite républicaine tire sa force de l'influence de Francis Debeunne dans la ville. La politique d'urbanisme, menée avec la CUDL, laisse également des traces. Mais ni la défaite de l'un ni la victoire de l'autre ne sont des accidents politiques. L'échec de la gauche participe du mouvement profond qui affecte le versant nord-est ; Roubaix, Tourcoing, Lys-Lez-Lannoy, Hem, Leers passent à droite. Seul Gérard Vignoble, socialiste à l'époque, conserve la mairie de Wasquehal. Plus profondément, Croix subit les effets d'un mouvement de balancier politique qui sanctionne, principalement, la majorité parlementaire et présidentielle dans une conjoncture locale difficile.

L'ensemble de ces facteurs ne doit pas occulter les effets de la transformation économique et sociale. Croix n'est plus la ville ouvrière qui a donné le pouvoir municipal au parti socialiste pendant près de neuf décennies.

VIVRE À CROIX

Le recul démographique qu'ont souligné les recensements de 1975 et de 1982 semble surmonté à la fin des années 1990. Observée en 1990, la reprise se prolonge jusqu'en 1999. Le seuil des 20 000 habitants est à nouveau franchi. En un peu moins de vingt ans, la ville retrouve son niveau de 1975 mais pas celui de 1968.

LES MUTATIONS

Comparé à celui du bassin d'emplois de Roubaix-Tourcoing, l'essor démographique de Croix prend une ampleur moyenne. En effet, si Roubaix ou Wattrelos perdent toujours des habitants, si Villeneuve-d'Ascq ne se développe plus, Wasquehal, Mouvaux, Lys-Lez-Lannoy ont une croissance plus forte.

L'originalité de Croix tient aux deux temps de son développement. Au cours de la décennie 1980, l'accroissement naturel et l'arrivée de nouveaux habitants font gagner 900 personnes. Le taux d'évolution annuelle (0,53 %) dépasse nettement celui de l'agglomération roubaisienne (0,14 %). En revanche, pendant les années 1990, le solde naturel demeure positif mais la ville perd une partie de ses habitants (553 personnes en dix ans). Croix retombe à un niveau de croissance inférieur à celui de la CUDL même si l'hémorragie des années 1970 se résorbe.

Si l'accroissement naturel est toujours positif, il est plus faible à Croix que dans la Communauté urbaine. Taux de natalité et de mortalité baissent mais la mortalité y demeure plus élevée (10 %) que dans l'aire métropolitaine (8,5 %). Les jeunes y sont donc proportionnellement moins nombreux (27 %) ; les personnes âgées, en revanche, y forment des tranches plus denses (20 %). L'âge moyen des habitants tend à s'élever tandis que la population active potentielle – âgée de vingt à soixante ans – pèse moins, à Croix, que dans l'ensemble communautaire. La population immigrée, qui, naguère, a contribué à la croissance urbaine, ne représente plus qu'une part modeste de la population (5 %) car la disparition des emplois industriels l'a particulièrement frappée. Un étranger sur trois, installé à Croix en 1982, n'habite plus la ville en 1999.

Les choix municipaux pèsent également sur la croissance démographique. En effet, la municipalité entend sauvegarder le « statut de ville moyenne ». Elle achève les programmes lancés par les municipalités socialistes mais donne moins d'ambitions aux nouveaux pour modeler une « ville à dimension humaine ». Le déficit de terrains constructibles justifie, en partie, cette stratégie qu'ignorent des villes telles que Wasquehal, Mouvaux, Hem ou Lys-Lez-Lannoy. Enfin la réhabilitation du parc ancien améliore le cadre de vie des citadins mais ne peut empêcher le départ des citadins modestes.

On ne peut oublier que des apports extérieurs réguliers renouvellent rapidement la population communale, moins stable que celle d'autres communes de la CUDL. En effet, le recensement de 1999 révèle que 40 % de la population recensée n'habitaient pas la ville en 1990. 70 % des Lillois et 75 % des Roubaisiens sont domiciliés dans leur commune respective aux deux recensements.

Le rôle de l'emploi est complexe. En 1968, l'offre et la demande d'emploi s'équilibraient. Trente ans plus tard la commune ne fournit que 80 % des emplois nécessaires. Mais comme quatre actifs sur cinq exercent leur activité professionnelle en dehors de la ville, l'économie locale emploie surtout des « travailleurs migrants » qui viennent travailler sans résider. Croix garde une forte attractivité économique qui lui évite le sort de « ville-dortoir » ; en revanche, la majeure partie de la population active y recherche d'abord une résidence.

Devenus majoritaires, ces résidents impriment un style nouveau à la ville, et attendent un environnement protégé.

À la fin des années 1990, Croix s'est transformée en une « ville de services » qu'elle n'était pas vingt ou trente ans auparavant. Au recensement de 1999, 80 % des établissements domiciliés à Croix appartiennent au commerce, fournissent des services aux entreprises et aux particuliers ou relèvent des secteurs de santé et d'éducation. Seule une entreprise sur cinq fabrique ou produit. À l'exception des Trois Suisses, le principal employeur de la ville, ce sont de petites ou moyennes unités (Case, Auchan, clinique du Parc) qui recrutent les salariés dont le nombre progresse depuis la fin des années 1960. À noter que l'emploi du secteur privé est toujours supérieur au secteur public : Croix n'est pas une ville de fonctionnaires.

L'activité professionnelle des femmes progresse. Certes, la majorité des Croisiennes n'exerce aucune profession. Néanmoins, le nombre des femmes actives augmente de manière continue au cours des deux dernières décennies pour atteindre 40 % des résidentes. Le différentiel avec les hommes se resserre : formant 42 % des actifs en 1982, elles réunissent un effectif de 47 % en 1999, chiffre supérieur à celui de la métropole lilloise. Le travail féminin n'est plus seulement une étape ou un appoint puisqu'il concerne toutes les tranches d'âge. Cependant, une part non négligeable des femmes pratique le temps partiel plus souvent que les hommes.

L'évolution économique ajoute de nouveaux clivages sociaux. Deux catégories sociales sont en retrait : celle des classes moyennes anciennes et celle des ouvriers. Trois groupes augmentent rapidement : les employés, les professions intermédiaires et les cadres représentatifs de la « nouvelle ville ».

Les catégories moyennes anciennes – artisanat, commerce, petite entreprise – reculent dans la mesure où le salariat se développe. Le phénomène n'est pas nouveau mais ne se ralentit pas : au cours des années 1980 et 1990, ce groupe social perd près de 25 % de ses effectifs. Les femmes, qui tiennent des magasins de proximité, sont particulièrement touchées par un processus non spécifique à Croix mais qui marque d'autant plus que le petit commerce a toujours joué un rôle important.

Le recul des activités industrielles prive les ouvriers du statut de groupe dominant. En perdant encore un tiers de leurs effectifs, dans les deux décennies 1980 et 1990, les ouvriers ne représentent plus qu'un habitant sur quatre. Néanmoins, leur nombre, pour affaibli qu'il soit, dépasse celui des emplois industriels offerts par la commune : plus de la moitié d'entre eux exercent une activité d'agents de services et Croix pourvoit les usines du bassin d'emplois. Cette main-d'œuvre, moins féminisée, bénéficie d'une meilleure qualification qu'à la génération précédente.

Les employés poursuivent leur progression : à la fin des années 1990, ils composent le groupe social le plus étoffé en réunissant 30 % de la population. Cependant, le rythme de croissance, rapide jusqu'à la fin des années 1980, se ralentit dans la décennie 1990. La féminisation garde sa prépondérance tout en se tassant. Enfin, les postes de travail offerts par les services aux entreprises ou aux particuliers augmentent plus vite que les emplois de gestion.

Les cadres composent un ensemble hétérogène qui englobe des « professions intermédiaires » et des cadres moyens ou supérieurs, soit environ 40 % de la population active. Leur croissance numérique dépend des mutations économiques : les agents de maîtrise, les techniciens sont devenus indispensables à la « maintenance industrielle » ou « administrative » ; les infirmiers et les infirmières, les enseignants jouent un rôle grandissant. Ce sont eux qui trouvent le moins d'emplois qualifiés dans la ville.

La promotion féminine se nourrit de ces fonctions où la diversité des compétences et des statuts s'amplifie. Ces hommes et ces femmes peuvent exercer leur activité professionnelle à Croix mais c'est essentiellement un domicile qu'ils y occupent. Très majoritairement, ils ne sont pas natifs de la commune : près de 60 % de ceux recensés à Croix en 1999 n'y habitaient pas en 1990.

LES CONTRASTES D'UNE SOCIÉTÉ LOCALE

En une génération, la société française est entrée dans la « culture de masse » ; conditions de vie améliorée, modes de vie transformés, pratiques sociales renouvelées en sont les principales caractéristiques. Croix participe au mouvement général, à son rythme, avec les aléas et les particularités de son développement. Trois critères en fournissent l'illustration et en marquent les limites.

Le parc immobilier permet de mesurer les changements intervenus dans la vie quotidienne. En trente ans, le nombre de logements augmente sans croissance de la population ; le taux d'occupation des immeubles se desserre. Par ailleurs, l'âge moyen s'abaisse : à la fin des années 1960 deux logements sur trois ont plus de soixante ans d'âge ; en 1999, un logement sur sept est dans ce cas. La démolition de locaux insalubres et les constructions neuves rajeunissent l'immobilier local. En outre, le confort moyen s'élève. Si plus d'un foyer sur deux ne possédait pas de sanitaires intérieurs à la fin des années 1960 ou si plus de deux ménages sur trois ne bénéficiaient pas du chauffage central, leur nombre est tombé à moins de 10 % à la fin des années 1990. Enfin, l'amélioration des revenus et une meilleure accessibilité à la propriété permettent aux propriétaires de l'emporter sur les locataires à la fin des années 1990.

Aménagement de l'entrée des « Deux moulins ».

Les modes d'habitat évoluent. Depuis la fin de la Seconde Guerre mondiale on ne construit plus de villas identiques aux « manoirs » des années 1920 et 1930. Des châteaux sont détruits (villas de la Noe, Voreux-Cau, la Corbeillerie), des domaines lotis, d'autres vendus pour réaliser de nouveaux projets immobiliers (domaine Motte, villa Cavrois). Beaumont se couvre de « maisons de cadres » qui accueillent des familles moins nombreuses que par le passé. Les surfaces constructibles, dans une ville densément peuplée, contraignent à augmenter la part de l'habitat collectif. À la fin des années 1990, deux habitants sur trois habitent une maison ; ils étaient quatre sur cinq à la fin des années 1960. Si les ouvriers sont les plus nombreux à choisir l'habitat individuel – une petite maison basse –, les employés et les cadres moyens adoptent, à égalité, les deux types de résidences.

Néanmoins, les contrastes sociaux persistent, nombreux. Les immeubles collectifs, même de standing, ne sont autorisés qu'à la périphérie de Beaumont. Les ouvriers résident dans les quartiers nord de la ville et l'on s'efforce d'établir la mixité sociale dans les quartiers du centre. La résorption des locaux insalubres ou la réhabilitation des courées ne résolvent pas la question du logement social.

Le niveau de formation et le degré de qualification professionnelle progressent très notablement. De la fin des années 1960 aux années 1990, le nombre des habitants non diplômés tombe de 40 % à 20 %. De même, les titulaires du seul certificat d'études primaires – 40 % dans les années 1960 – n'en représentent plus que 16 % en 1999. À la fin des années 1990, plus d'un habitant sur cinq est diplômé de l'enseignement supérieur ; trente ans plus tôt, seul un citadin sur trente était passé par l'enseignement supérieur. Enfin, la promotion technique et professionnelle des ouvriers se renforce : le nombre des diplômés double en trente ans. Le rythme de l'évolution s'est accentué dans la décennie 1980 et ralentit dans les années 1990. Seules les femmes continuent à étoffer leur formation et leur qualification sur toute la durée. Ainsi le nombre des diplômées de l'enseignement supérieur augmente-t-il plus rapidement que celui des hommes et le rattrape à la fin de la décennie.

Cependant, la progression générale du niveau de formation et de qualification ne peut pas masquer que 10 % de la population adulte en âge de travailler ne possèdent aucun diplôme et que le niveau de qualification moyen des ouvriers y demeure inférieur à celui de Roubaix et à celui de la moyenne nationale.

Depuis la fin des Trente Glorieuses, le chômage est devenu une donnée sociale structurelle. Croix perd proportionnellement plus d'emplois que les autres communes du versant nord-est ; le nombre des actifs sans travail s'élève rapidement. Ainsi en 1982 près de 10 % de la main-d'œuvre locale sont désormais sans emploi. Les variations conjoncturelles ne font pas baisser durablement le niveau qui dépasse 10 % en 1990 et atteint environ 14 % en 1999. L'embellie de 1998-2001 favorise la reprise de l'activité mais la dépression s'installe à nouveau en 2002. Le taux moyen du chômage remonte et demeure toujours supérieur à celui de la moyenne nationale française (9,8 %).

Les jeunes, peu formés et peu qualifiés, ont été longtemps les premiers à subir les effets du chômage. Rapidement, les salariés plus âgés et plus qualifiés sont touchés à leur tour : à la fin des années 1990, les deux tiers des chômeurs sont d'anciens actifs de vingt-cinq à quarante-neuf ans quand les jeunes composent 20 % du nombre de demandeurs d'emplois ; 40 % des ouvriers sont à la recherche d'un emploi. Ces chômeurs constituent, le plus souvent, la population des quartiers de Saint-Pierre et de la Mackellerie, où le taux de chômage dépasse la moyenne municipale. L'obtention d'un nouveau travail exige des délais plus longs car au déficit de qualification s'ajoute le faible nombre des créations d'emplois.

Plus récemment, le chômage des « cols blancs » s'inscrit dans la vie sociale. La fin des Trente Glorieuses et la nature des emplois tertiaires entraînent des risques nouveaux pour toutes ces catégories soucieuses d'éviter la précarité du statut ouvrier. Depuis le début des années 1980, tous les recensements soulignent la montée du chômage chez les employés, les cadres moyens, les techniciens. Longtemps plus lente que celle des ouvriers, elle s'accentue avec les années 1990. À la fin de la décennie, on évalue à 10 % le nombre de ces actifs devenus chômeurs. En fait, les employés sont touchés par les mutations des recrutements. Les Trois Suisses embauchent moins que dix ou vingt ans auparavant. Les femmes subissent un chômage moins élevé que celui des hommes parce qu'elles exercent plus fréquemment une activité à temps partiel. Les cadres moyens ne sont pas épargnés. Seule la durée du temps de recherche les distingue des autres groupes. En fait, seuls les « cadres » et les « professions intellectuelles » semblent à l'abri ; un âge moyen plus élevé, les besoins renouvelés des entreprises, leur assurent plus de garanties. Néanmoins, environ 4 % des cadres subissent le chômage dans les années 1990.

La main-d'œuvre immigrée est, quant à elle, confrontée à d'autres contrastes. Les emplois industriels occupés par les hommes sont toujours importants et les femmes, de plus en plus nombreuses à travailler, occupent des emplois tertiaires dans les services. Le niveau du chômage atteint, en moyenne, 20 % de la population. Il faut souligner que l'origine non européenne du salarié aggrave les risques de non-emploi. En 1999, un immigré non européen sur trois actifs, résidant à Croix, est un chômeur.

Croix offre des contrastes typés par-delà les mutations. Le niveau de vie moyen des ouvriers s'est amélioré. Si elles accumulent toujours les déficits : formation, emploi, habitat, environnement, les « nouvelles classes moyennes » issues du tertiaire sont confrontées à une précarité croissante. Beaumont, la Planche Épinoy, le Fer à Cheval apprennent donc les difficultés sociales. Symboles de leur statut, les logements des classes moyennes vieillissent : la nécessaire réhabilitation de la résidence du Parc, dans les années 1990, illustre le phénomène.

La réalité sociale de la ville est devenue très complexe. Les héritiers des familles bourgeoises des années 1920-1930 conservent fortune, résidence à Beaumont et vivent entre eux. À l'opposé, les titulaires d'un RMI, évalués à 2 % de la population, habitent des logements très modestes à Saint-Pierre. Mais cette opposition frontale ne qualifie pas toute la ville même si les paysages urbains se sont socialement homogénéisés. À l'intérieur des groupes devenus majoritaires, les formes de la diversification sociale sont très nombreuses. En trente ans, la société croisienne, à l'image de la société contemporaine, s'est fragmentée tandis que l'évolution des comportements et des pratiques sociales renforce les contrastes. Les familles monoparentales, d'origines sociologiques variées, sont de plus en plus confrontées à la « nouvelle pauvreté », à Croix comme ailleurs en France.

UNE SOCIABILITÉ DYNAMIQUE

Les activités associatives gardent un large rayonnement. Évalué à une centaine, au début des années 1980, le nombre des associations est estimé à 230 groupes organisés différents en 2005. Le dynamisme local s'y exprime et la municipalité

en fait un critère d'appréciation de sa politique. De fait, la sociabilité détermine des lieux et des moyens de relations sociales efficaces dans une population en renouvellement rapide.

Depuis la fin du XIXe siècle, les activités sportives, la solidarité, la commémoration ont été privilégiées. L'organisation des groupes dessine une vie associative calquée sur les grands débats généraux entre blancs, bleus ou rouges, catholiques ou laïcs. Les Trente Glorieuses infléchissent les préoccupations tandis que disparaissent les lieux de vie sociale que sont les estaminets. La fermeture des usines et la disparition des courées disloquent les formes de la sociabilité locale.

Aujourd'hui, les grandes sociétés centenaires poursuivent leur mobilisation. Le sport, la commémoration du travail ou des deux guerres mondiales, la solidarité, la pratique musicale donnent lieu à une sociabilité très active. Plus d'un citadin sur dix adhère à un club sportif ; à ce titre, le football (Iris Club notamment), le basket-ball (Olympique croisien) ou la natation (Club nautique) bénéficient d'une attractivité particulière car ils organisent compétitions et tournois, réputés et populaires. Par sa politique de subventions, la ville tente de rééquilibrer les grands domaines de la vie locale. Ainsi les « nouveaux loisirs », la pratique d'une technique artistique (la peinture, le chant, le théâtre) ou de la lecture, donnent lieu à de nombreuses créations.

PAGE PRÉCÉDENTE
Allée des Deux Lions.

Concert de Noël de la Chorale.

Match de football, 50e tournoi annuel, en 2006.

L'Office culturel, jusqu'à ces dernières années, est un des acteurs importants de la vie locale, comme la Maison pour tous. Toutes ces structures gardent une fonction englobante : elles mobilisent et encadrent la population pour concevoir et mener à terme un projet collectif surmontant les divergences locales. Le tournoi de football, chaque année, à la Pentecôte, le Salon des artistes amateurs, le festival de musique de chambre organisé par la Maison pour tous, en offrent quelques exemples.

Le renouvellement de la population, le remodelage des quartiers, la remise en cause des statuts, incitent à l'expression d'une « sociabilité de revendication » de plus en plus influente dans la commune. Les associations de locataires ou de quartiers se transforment rapidement en groupes de pression locaux. L'évolution n'est pas propre à la ville mais la « démocratie participative » souhaitée par la municipalité n'y est pas étrangère.

Pierre Charret :
Alerte rouge*, toile,*
mai 2006.

L'Association de sauvegarde de la villa Cavrois en témoigne. Fondée en 1990, elle affiche des objectifs revendicatifs et n'hésite pas à exploiter tous les moyens d'action d'un groupe de pression : recrutement d'adhérents, campagnes d'opinion, interventions répétées auprès des élus, mobilisation des experts et des « compétences » doivent alerter l'opinion. Quand l'État devient propriétaire de la villa, en 2001, et que la sauvegarde semble assurée, l'association doit s'interroger sur son avenir.

Cette sociabilité n'exprime pas toute la vitalité de la société locale. En effet, Croix demeure un lieu où se forment et produisent un certain nombre d'artistes dont l'audience est plus grande à l'extérieur de la ville qu'à l'intérieur. C'est le cas de plusieurs peintres et de créateurs de spectacles.

Jean-Pierre Blancke est l'un de ces artistes. Né à Croix en 1948, ancien élève des Arts décoratifs à Paris, il expose ses premières œuvres à Lille, à la fin des années 1970. Reconnu comme un des artistes qui illustrent les grandes tendances de l'art contemporain en région, c'est un peintre de la couleur pure, très influencé par Cézanne et Matisse, Hantaï ou Sam Francis. Ses œuvres recherchent le « plaisir de l'œil » ; pour y parvenir, l'artiste « éclabousse la toile » de taches colorées dans un désordre joyeux.

Pierre Charret est également né à Croix. Cadet de Jean-Pierre Blancke, il produit un art monumental. Peintre de fresques, inspiré par les panoramas, il entend jouer le rôle de « fabricant d'images publiques ». Il s'inspire de l'actualité, ou des grands faits de mémoire, et met en scène des allégories où il exploite toutes les ressources de la couleur. Il peint à Croix (la fresque de la station de métro), dans la région (Lille, Marcq-en-Barœul, Bondues, Lens), et participe à d'importantes réalisations décoratives en Italie (Catane), en Biélorussie (école de ballets de Minsk), au Maroc.

LES ARTS DU SPECTACLE

Né dans une famille ouvrière modeste dont la culture appartient plus à l'oralité qu'à l'écriture, Daniel Lemahieu entend sa famille parler une langue où se mêlent patois roubaisien, wallon et flamand. Agrégé de philosophie, il choisit l'écriture théâtrale pour mettre en scène les milieux qu'il connaît bien. Ses premières œuvres, La Gangrène *(1976),* Enfer et Fils *(1980),* D'siré *(1982) ou* Usinage *(1982), illustrent des thèmes politiques et sociaux qui impliquent les milieux de salariés de l'industrie : la guerre d'Algérie, mais surtout la famille, le travail, la reconversion industrielle que vivent ou ont vécu les ouvriers du Nord.*

Le saxophoniste, *Pierre Charret.*

Les personnages de ces pièces ne dialoguent pas toujours : on a pu dire que les textes de Daniel Lemahieu correspondent à une « parole en éclats ». Les acteurs prononcent des phrases courtes car les ouvriers ne s'expriment pas dans de grandes tirades. Le vocabulaire est pauvre comme dans une langue parlée. Ainsi, dans Usinage*, Marie Lou, figue emblématique de la femme ouvrière :*

« C'est dans les fermes. Avec les vaches. C'est dans l'étable ma naissance. Comme le m'tit Jésus. Mais alors en Belgique. Près de la frontière. Là où il y a encore un château. »

Tous ses personnages sont particuliers mais au-delà de cette dimension, ils révèlent toujours la dureté de la condition humaine.

En 1985, Daniel Lemahieu devient le collaborateur d'Antoine Vitez à Paris, au palais de Chaillot. Son œuvre abandonne l'enracinement régional et les thèmes sociaux. Pourtant, sans quitter l'actualité, le dramaturge met en scène des personnages qui portent des interrogations plus générales : Les Baigneuses *(1995) ou le regard que les hommes portent sur les femmes,* Nazebrock *(1995) ou l'amour monstrueux. Ces pièces évoluent dans un champ plus burlesque, voire vers le vaudeville.*

Daniel Lemahieu fait partie de ces créateurs qui mettent en valeur le « théâtre du quotidien ». Proche des gens, ce théâtre brosse des portraits d'hommes et de femmes « d'en bas » qui en parlant « la langue ordinaire » révèlent leurs difficultés à s'exprimer, à dire ce qu'ils ressentent.

Depuis quelques années, Daniel Lemahieu renouvelle l'expérience de ses débuts d'auteur de théâtre en écrivant des textes pour les spectacles de marionnettes. C'est que le spectacle de marionnettes a été populaire en France du Nord et, particulièrement, à Roubaix, à la fin du XIX*e siècle. La marionnette est une forme d'expression de l'art dramatique pour un public populaire qui accède à la culture par des moyens simples et démocratiques. Le théâtre de marionnettes vulgarise les textes ; lecteurs et analphabètes se côtoient ; les ouvriers – notamment les Flamands – y apprennent le français. Ce type de spectacle subit la concurrence du cinéma mais il réapparaît au début des années 1980. Des compagnies renaissent (théâtre Louis Richard à Roubaix) ou naissent (théâtre de la Guignotte à Croix, Marischka à Cysoing).*

Le théâtre de la Guignotte qui s'installe à Croix en 1982 restitue les spectacles populaires mais il les adresse aux enfants et non aux adultes. Néanmoins, il sauvegarde la fonction éducative traditionnelle puisque chaque conte féerique, chaque personnage porte une morale. Le festival de la marionnette, l'école de la marionnette sont autant de manifestations destinées à éveiller le sens artistique des enfants tout en les invitant à pratiquer arts plastiques et écriture.

Dans un autre registre, Croix accueille, comme résident pendant de nombreuses années, Daniel Lemahieu, qui, né à Roubaix en 1946, s'est installé dans la ville. Professeur de philosophie devenu écrivain, dramaturge, metteur en scène de théâtre, il s'inspire du milieu régional (le monde ouvrier) pour peindre la condition humaine, vue à travers des individus, tragiques et burlesques. Ces œuvres sont représentées dans la région, sur les grandes scènes nationales du théâtre décentralisé (Villeneuve-d'Ascq, Caen, Saint-Étienne), à Paris, au Festival d'Avignon, à la radio ou à la télévision.

« JULIE CH'EST MI »

Francine Guillaumes, pseudonyme de Francine Willem, commence une carrière d'écrivain en publiant à la fin des années 1950 des recueils de poèmes tels que Le Chemin du muletier *ou* Vie et chaleur. *Son œuvre écrite prend la forme de petits contes plaisants marqués par la nature et la sensualité. Ainsi :*

Je mords
Le beau sable
Argent, lumineux,
De tout mon corps
Amoureux
Je me suis couchée
Nue
Sur l'étendue
Mouvante
De la lagune.

Julie ch'est mi, spectacle à Croix.

Ses premières œuvres n'annoncent ni l'auteur ni l'actrice qui acquiert une grande popularité régionale en créant le personnage de « Julie ch'est mi » qu'elle interprète sur scène dans les salles municipales, devant des publics d'aînés, ou dans des salles de spectacles comme Le Caveau des Poètes auprès d'un public plus divers.

Francine Guillaumes rencontre le patois plus qu'elle ne l'apprend. Ce faisant, elle exploite une veine populaire qui a marqué le passé ouvrier de l'agglomération de manière complexe. En effet, si les ouvriers de la fin du XIXe siècle parlent en patois de la vie familiale ou du travail, les citoyens s'expriment en français. Le clergé et la tradition cléricale soutiennent l'usage du patois – les bulletins paroissiaux sont d'excellents diffuseurs – mais l'école et le socialisme municipal mettent en valeur la langue nationale. Dès lors, à Roubaix, comme à Tourcoing ou à Lille, le patois qui exprime un terroir tend à se figer parce que la modernité industrielle et l'urbanisation mélangent les populations.

Julie produit des sketches en patois de Roubaix et emprunte aussi aux autres terroirs du Nord. La prononciation est typiquement roubaisienne. Son personnage, une commère sexagénaire, célibataire vertueuse, pétrie de bon sens populaire, est confrontée à des aventures qu'elle met en scène avec humour et ironie. La dérision l'emporte souvent mais toute familiarité est exclue de ses fables qui s'achèvent par une morale. Julie se moque des « crâneuses » du « grint monte ». Tout en n'évitant pas une ironie parfois teintée de populisme, elle exprime toujours de l'enthousiasme et une grande joie de vivre. Pourtant, Julie demeure la poétesse de ses débuts. L'audition de fabliaux comme « Trop p'tite » ou le « Catiau d'mes réfes » ne laisse aucun doute.

La popularité de Julie tient au talent de l'artiste comme au mouvement de retour à des racines populaires et à la nostalgie du passé. Le patois comme revendication d'une identité, quand la société change, est aussi un des messages de Julie.

Figure populaire, Francine Guillaumes est née à Roubaix, mais élit son domicile à Croix. Écrivain, elle produit des pièces radiophoniques et des feuilletons pour l'ORTF tout en étant pigiste aux journaux *Nord Éclair* et *Nord Matin*. Elle crée le personnage de «Julie ch'est mi» qu'elle incarne à partir de 1976. Dans des saynètes, des fables, ou des chansons patoisantes, elle peint la vie quotidienne des gens modestes et brosse, avec humour et ironie, des portraits savoureux de femmes simples qu'elle met en scène aussi bien dans des salles qu'à la radio ou à la télévision.

UNE GESTION LIBÉRALE ET SOCIALE

Vingt-six élus de l'Union pour l'avenir de Croix, appartenant aux trois familles du centre et de la droite républicaine (UDF, RPR, CNI), et sept membres de l'opposition socialiste et communiste composent le nouveau conseil municipal élu le 6 mars 1983. L'alternance politique entraîne un rajeunissement sensible de l'assemblée : si la doyenne du conseil est âgée de soixante-dix ans, le plus grand nombre des élus sont des quadragénaires.

PAGE DE DROITE
Affiche pour le carnaval de 2006.

LA PRATIQUE DU POUVOIR MUNICIPAL

La composition de la liste n'a pas été aisée car le RPR, arguant de son influence électorale dans le canton de Roubaix-Ouest et dans la ville, entendait prendre la tête de la future équipe. Il a fallu l'intervention de la fédération départementale du RPR pour imposer aux gaullistes locaux la responsabilité de la future équipe à Francis Debeunne. Les rapports avec le Centre national des Indépendants étaient faits de méfiance. Cependant, si l'UDF disposait de la majorité des candidatures, la mécanique électorale a donné au RPR un des tout premiers rôles. Il obtenait quatre des neuf postes d'adjoints et des délégations importantes (écoles, élections, population, affaires sociales, espaces verts, relations avec les associations).

Les tensions initiales demeurent et s'expriment publiquement. La nomination des onze membres de l'exécutif (adjoints, conseillers délégués) montre que chaque famille doit disposer d'une fonction. Par ailleurs, la crise d'IHF révèle rapidement les lignes de clivages internes. Le nouveau maire Francis Debeunne veut contribuer à la défense de l'emploi en compagnie de tous les acteurs, notamment les syndicats. Les élus du RPR, qui « politisent » le débat, dénoncent la responsabilité gouvernementale et les Républicains indépendants comme le Centre national des Indépendants ne souhaitent pas intervenir au nom de la liberté des entreprises. Les litiges sont récurrents pendant les mandats de Francis Debeunne et de son successeur Michel Carnois.

Francis Debeunne n'est pas un nouveau venu dans la vie politique locale. Installé à Croix depuis le milieu des années 1950, il dirige un cabinet immobilier important dans l'agglomération ; il garde, d'ailleurs, une activité professionnelle pendant plusieurs années après son élection. Adhérent du Mouvement républicain populaire, et marqué par le catholicisme social, il est élu au conseil municipal dès 1965, puis réélu sur la liste commune dirigée par Gustave Dedecker en 1971. Quand Adolphe Delmasure quitte ses responsabilités électives, Francis Debeunne lui succède pour assumer la responsabilité des finances. La rupture de 1977 ne le satisfait pas mais il conquiert la légitimité à droite en prenant la tête d'une liste contre Gustave Dedecker.

Rencontre de l'intersyndicale et des élus (Francis Debeunne) dans les locaux d'IHF, mai 1985.

Au moment de son élection, il affiche l'ambition de ne pas rompre avec tout le passé et de dialoguer avec l'opposition. L'alternance n'est pas simple. Des contentieux surgissent avec d'anciens collaborateurs des gestions socialistes mais ils n'ont pas l'ampleur connue dans des communes voisines. Cependant, la majorité veut mettre en œuvre son programme et marquer un changement.

L'école, avec le débat des années 1983-1984 sur le « service public de l'éducation », en est un exemple. Rééquilibrer les dépenses en faveur des écoles libres, en contrat d'association avec la commune depuis 1982, recevoir officiellement en mairie les enseignants des établissements privés, les aider dans la rénovation pédagogique, témoignent d'une approche nouvelle. De même, tenter de comprimer les charges pour limiter la hausse de la fiscalité, fait partie des promesses électorales. Mais la municipalité poursuit bien des choix antérieurs. En menant à bien la réhabilitation de l'église Saint-Pierre, tout en refusant d'acquérir le bâtiment, l'équipe municipale fait aboutir un projet étudié par Louis Seigneur. De même, en encourageant l'installation des comités de quartiers, elle prolonge une décision de ses prédécesseurs. Cette expérience de la gestion l'amène à abandonner quelques promesses de campagne : ainsi maintient-elle l'Office culturel dont elle ne voyait pas l'intérêt. La continuité n'est pas sans limites mais la rupture avec les symboles du pouvoir municipal socialiste est progressive.

La structure de la liste et de l'équipe traduit l'équilibre des forces à droite. Mais les personnalités jouent un rôle essentiel. Nombre d'élus ont des responsabilités associatives ou des compétences professionnelles reconnues qui dessinent leurs fonctions exécutives. En revanche, le nouveau conseil laisse peu de place aux femmes ; une seule reçoit délégation d'adjointe pour assumer la politique de l'enfance. Le quadrillage équilibré des quartiers assure leur représentation au sein de l'assemblée et renforce le rôle des commissions extra-municipales où élus et électeurs réfléchissent à l'aménagement ou à la vie locale, quitte à multiplier les formes d'expression de la revendication. Enfin, le maillage associatif, très dense, offre aux élus les relais nécessaires pour asseoir et élargir l'audience de la municipalité.

La progression du nombre des associations oblige les élus à une disponibilité croissante ; le maire pratique cette démarche avec une grande assiduité, un conseiller est même délégué au suivi de l'activité associative. La politique généreuse de subventions élargit l'éventail des groupements redevables de l'aide financière municipale destinée aux activités sportives, dans leurs diverses pratiques, mais, de plus en plus, aux associations culturelles. À cet égard, la Maison pour tous ou l'Office culturel reçoivent des financements importants pour assurer un service que la mairie n'assume pas directement. Dans le même ordre d'idées, la ville apporte des aides financières à des associations délégataires de services telles que les crèches ou les garderies.

L'équipe renoue encore avec la pratique de la fête fort exploitée dans l'entre-deux-guerres. Le carnaval rénové, la fête des allumoirs, la fête du kiosque, à partir des années 1990, les tournois sportifs, offrent autant d'occasions de rassembler « une grande famille riche de ses différences et de ses complémentarités ». Les élus, par leur présence médiatrice, et l'Hôtel de Ville, « la maison commune » ouverte à tous, témoignent du souhait de dépasser certains clivages et de réunir des citadins qui partagent inégalement la mémoire du passé. En effet, bien des manifestations s'efforcent de rappeler un passé qui disparaît (la commémoration d'Issac Holden en 1986) ou la « légende fédératrice » de Gilles de Croix.

Le souci de dépolitiser la vie municipale pour mettre l'accent sur la gestion s'affiche dans la recherche d'une plus grande participation civique au moment où l'abstentionnisme électoral progresse. Au début du mandat, les réunions publiques sur le budget, l'installation d'une entreprise, l'aménagement urbain, permettent de mener une démarche d'information. Avec le temps, elles s'espacent et disparaissent car leur fréquentation demeure faible et les débats prennent un tour revendicatif. Le journal municipal *Vivre à Croix* redevient le vecteur essentiel de l'information. Dans la durée, l'équipe municipale renforce son rôle dans les principaux domaines de son action que sont l'urbanisme, la culture, l'enfance et l'enseignement.

Néanmoins, dans une conjoncture d'alternances politiques fréquentes au niveau national, l'action municipale n'évite pas l'engagement. Les éditoriaux de Francis Debeunne ne masquent pas une opposition déterminée au pouvoir central quand il est dirigé par des équipes socialistes et une approbation claire quand la majorité est détenue par la droite républicaine et le centre.

Francis Debeunne gère la ville pendant deux mandats consécutifs. Son successeur, Michel Carnois, membre de l'UDF, est croisien d'origine. Cadre d'entreprise retraité, au moment de son élection comme maire, en 1995, il a appartenu à la municipalité Dedecker entre 1971 et 1977. Candidat de la liste Debeunne battue en 1977, il obtient un mandat de conseiller aux partielles de 1981. En 1983, le conseil le choisit comme adjoint à la culture et aux sports. Réélu en 1989, il accède aux fonctions de premier adjoint, délégué aux sports, à la culture et aux écoles. Militant catholique dans une ville marquée par le catholicisme social, il entend incarner cet héritage. En 1995, Michel Carnois renouvelle la liste des candidatures. Le départ d'élus vers d'autres communes lui permet d'associer des représentants de la société civile aux membres des partis politiques RPR et UDF. Par ailleurs, il ouvre sa liste aux femmes, adhérentes ou non d'un parti politique, et impose la parité en 2001. Ce renouvellement de personnalités n'empêche pas que ne s'élève l'âge moyen des élus : en 2001, un conseiller municipal sur quatre est un retraité. En outre, la part des catégories sociales aisées augmente au sein du conseil dont la représentativité sociologique s'écarte de celle de la ville.

La majorité municipale en place peut se maintenir sans que les oppositions ne deviennent une menace réelle. Néanmoins, l'influence électorale de la municipalité s'érode de manière continue puisque son ampleur recule de 43,5 % des inscrits en 1983 à 27 % en 2001. Représentant un peu moins d'un électeur sur deux au début des années 1980, la droite et le centre n'en mobilisent qu'un peu plus d'un sur quatre vingt ans plus tard. Pour autant, ces défections n'alimentent pas les forces de gauche puisque socialistes et communistes, auxquels s'allient les écologistes depuis une dizaine d'années, reculent de 35 % à 15 % des inscrits. La gauche perd plus d'électeurs que la droite républicaine et le centre pendant les décennies 1980 et 1990. En fait, le Front national, apparu aux élections municipales de 1989 mais présent depuis les élections européennes de 1984, tire profit de ces évolutions, notamment de celle qui affecte la majorité municipale qui, cependant, garde son statut au cours des quatre mandats écoulés ou actuel.

Les tendances générales doivent être affinées car l'analyse sur la durée de la gestion révèle de nombreux contrastes.

Comme la France entière, Croix est confrontée à la montée rapide de l'abstentionnisme pendant les deux décennies 1980 et 1990. Inférieur à 20 % aux municipales de 1983, il atteint 47 % du corps électoral au scrutin de 2001. En revanche, les élections nationales, législatives ou présidentielles réduisent la tentation abstentionniste qui tombe à 30 % des électeurs. Enfin, la progression du nombre des abstentionnistes s'infléchit fortement au cours des années 1990.

À l'évidence, l'électorat se comporte différemment selon la nature des scrutins. Il prend ses distances par rapport aux consultations locales et vote comme la moyenne des Français aux élections nationales. C'est dire que les débats et les enjeux municipaux n'entraînent pas la mobilisation et éloignent même des urnes un grand nombre d'électeurs qui s'expriment en d'autres occasions. Plusieurs raisons éclairent cette « intermittence électorale ». Le renouvellement de la population et l'inégale stabilité du corps électoral dans la ville, le fait que beaucoup d'électeurs exercent leur activité professionnelle en dehors de la commune induisent, en partie, le détachement pour la politique locale. Par ailleurs, le taux d'abstentions s'élève dans le quartier Saint-Pierre par rapport aux autres, le centre notamment : la prise de distance avec le vote illustre donc la marginalisation politique croissante des catégories sociales peu intégrées à la vie locale. De plus, comme la sociologie des candidatures ne différencie guère les deux grandes familles de la droite et du centre d'une part, des gauches d'autre part, les listes municipales ne sont pas représentatives d'une société très diversifiée. Ainsi, malgré leur nombre, les ouvriers sont-ils peu présents tandis que les cadres et les professions à statut jouent les rôles principaux. Enfin, les projets soumis aux électeurs par chacune des deux listes principales ne se distinguent pas vraiment car bien des dossiers relèvent d'instances comme la CUDL et imposent l'intercommunalité. Dès lors, l'intérêt s'émousse quand les enjeux municipaux se limitent à des choix gestionnaires.

Les familles politiques évoluent. Les gauches subissent les effets de l'effondrement communiste dont l'ampleur est comparable à celle de la moyenne française (3 à 5 % du corps électoral). Le parti socialiste s'impose dans un électorat qui, lors des scrutins municipaux, ne dépasse pas 15 % des inscrits et qui incarne les classes moyennes salariées. Cependant, les gauches reconquièrent des forces substantielles lors des consultations nationales même difficiles et approchent ou dépassent 25 % des électeurs inscrits en 1997 ou 2002.

Le Front national, désormais implanté, participe de cette alternance entre les élections locales et les scrutins nationaux. Recueillant 6 à 7 % des électeurs inscrits aux élections municipales, venus du centre et de la droite républicaine, le parti séduit un électorat qui oscille entre 11 à 14 % des inscrits au moment des scrutins législatifs ou présidentiels. Depuis le début des années 1990, la division des gauches lui confère le statut de deuxième force politique locale dans les consultations nationales. Sur le plan local, Front national puis MNR ne disposent pas d'une telle représentativité, comme le confirment les élections municipales de 1995 ou de 2001.

Les abstentionnistes contribuent à définir les contours des paysages politiques locaux parce qu'ils sont intermittents. Ils sauvegardent l'influence municipale de la droite républicaine et du centre quand il s'agit d'enjeux communaux mais ils établissent d'autres rapports de force dans les élections nationales.

Tout en conservant l'influence la plus forte, la majorité municipale s'effrite depuis vingt ans. Son affaiblissement, par paliers réguliers, l'affecte aussi bien dans les scrutins locaux que dans les élections nationales. L'usure provoquée par une gestion de plus de deux décennies explique, en partie, le recul. Mais l'argument demeure insuffisant, l'exécutif municipal s'étant renouvelé en 1989 et en 1995. Les groupes politiques qui composent la majorité municipale obtiennent des résultats équivalents quel que soit le scrutin. Ils bénéficient donc d'une plus grande fidélité de leur électorat. L'érosion dont ils sont victimes traduit l'affaiblissement du rayonnement du centre et de la droite au sein de la population pour des raisons locales mais plus encore, peut-être, pour des motifs nationaux. Enfin, si les scrutins des années 1980 et du début de la décennie 1990 soulignent la primauté de la famille centriste, le RPR puis l'UMP deviennent la force électorale la plus importante des années 1990.

RESTAURER LE TISSU ÉCONOMIQUE

Si « maintenir à niveau l'activité économique » apparaissait encore possible à la nouvelle équipe, en 1983, l'effondrement d'IHF impose la recherche de solutions pour reconstruire une économie locale compromise. Sans confier aux municipalités des fonctions d'entrepreneurs, la loi de 1982, en définissant le statut des « collectivités territoriales » et les « compétences communales », permet d'agir dans le champ économique. Elle confirme l'importance de la stratégie fiscale, tout particulièrement pour la fiscalité locale. La taxe professionnelle que versent les entreprises devient une des ressources principales des municipalités avec la dotation générale de fonctionnement versée par l'État.

La ville de Croix, grâce à ses activités économiques, a pu, dans le passé, conserver un taux bas pour la taxe professionnelle qui alimente le budget communal ; en 1983, il est le plus faible de la Communauté urbaine de Lille. En choisissant de maintenir une fiscalité peu élevée, Francis Debeunne parie sur la capacité de sa ville à attirer les entreprises et disposer des revenus nécessaires à l'aménagement urbain. Compenser les pertes liées à la désindustrialisation et au désengagement d'IHF devient donc un objectif majeur qui contraint la mairie à augmenter progressivement les impôts locaux.

Dès son élection, le maire engage des négociations avec la compagnie IBM ; la direction régionale installée dans la banlieue lilloise cherche à se développer et prospecte les terrains disponibles. Une tentative auprès de Roubaix échoue ; la prospection se déplace à Croix, dans le quartier de Beaumont. Mais comme le plan d'occupation des sols confère au quartier une fonction résidentielle, il faut modifier les règles d'urbanisme avec l'accord de la CUDL. En effet, le projet d'IBM consiste en la construction d'un immeuble de direction susceptible d'accueillir 350 emplois. La mairie encourage pleinement ce projet et obtient la révision du POS

Immeuble IBM, intérieur.

indispensable à l'accueil de l'entreprise. Commencée à la fin de 1985, la construction de l'immeuble, associant béton marbré et verre collé dans un parc paysager, s'achève à l'automne 1987. C'est une réussite de l'architecte Jean-Pierre Buffi qui intègre un bâtiment moderne dans un quartier marqué par le régionalisme des villas construites au cours des Années folles.

Vitrine d'une entreprise symbole de la modernité et de l'innovation technologique, l'immeuble d'IBM assure à la commune une part de prestige puisque c'est la ville qui accorde les permis de construire et en définit les modalités. D'autre part, les emplois envisagés ont un niveau de qualification élevé qui renforce l'image de la ville d'accueil.

Pourtant, l'établissement de la firme informatique n'est pas sans soulever des problèmes. En effet, la procédure n'a pas respecté la solidarité du versant nord-est, tenu par l'opposition au président socialiste de la CUDL (Arthur Notebart) depuis les élections de 1983. Croix profite de ces tensions pour obtenir gain de cause et l'emporter face à Roubaix dont les besoins sont, au moins, aussi importants. L'issue de la compétition – Croix offre une proposition parmi d'autres – soulève la question récurrente de la légitimité d'une politique fiscale autonome dans la Communauté urbaine et de négociations menées indépendamment de l'association du versant nord-est qui dispose de sa société d'économie mixte.

L'immeuble IBM abrite deux agences, l'une destinée aux clients importants utilisateurs d'informatique (grande distribution ; vente par correspondance), l'autre, aux petites et moyennes entreprises qui recherchent logiciels ou services. Les deux agences doivent pourvoir aux besoins régionaux et sont appelées à se développer.

PAGE DE DROITE
Les grévistes des Trois Suisses devant l'Hôtel de Ville, octobre 1989.

L'extension des Trois Suisses, en 1984 et 1985, puis l'implantation de Trois Suisses International au centre de la ville ou l'édification du siège social d'Auchan à la Planche Épinoy, procèdent d'une logique différente puisque la ville fournit des moyens nouveaux à leur développement. Une nouvelle révision des plans d'occupation des sols et l'accord de la CUDL, notamment pour Auchan qui construit son siège social dans une zone réputée résidentielle, sont nécessaires.

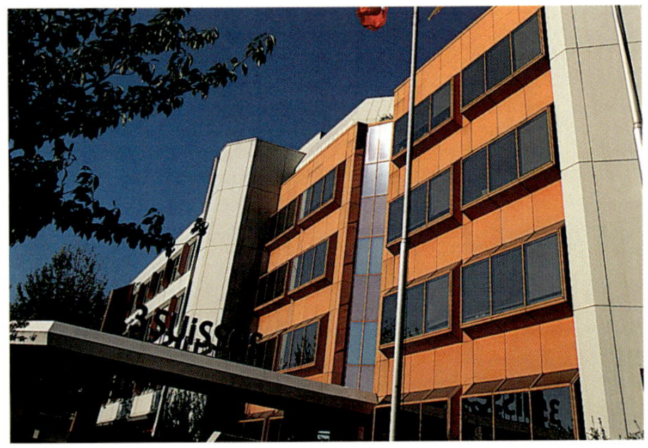

Entrée des Trois Suisses.

La réutilisation de la friche laissée par IHF pose des problèmes d'urbanisme autant que d'emplois. Le repreneur Case n'entend pas garder des locaux devenus inutiles : il fait démolir le centre d'essais et la forge dont il vend les terrains. Comme la ville redoute l'inutilisation de bâtiments à proximité du centre, elle mène des pourparlers avec une entre-

Friches IHF.

prise à l'étroit sur son territoire, Celatose. Société française de l'industrie textile régionale qui possède des unités de production en Angleterre, en Allemagne et en Espagne, Celatose fabrique des produits d'hygiène pour enfants et adultes. Une usine s'installe en 1986 sur une partie de la friche. Un syndicat à vocation unique (SIVU) mis en place avec Wasquehal assure le suivi de l'opération qui, à terme, permettrait de recruter 200 à 250 salariés. En 1991, s'ouvre avec le Palais des métiers, installé dans les anciens bureaux d'IHF, un lieu de ressources destiné aux artisans. Ils y trouvent, avec leur union régionale, assistance juridique et de gestion, secrétariat, salles de séminaires. En 1993, un centre de formation EDF-GDF s'y établit.

Le volontarisme crée parfois des tensions à l'intérieur de la majorité municipale, et implique des choix importants en matière d'urbanisme. Les entreprises attendent des mesures incitatives : primes d'installation, aménagement de la fiscalité, garantie d'emprunts destinés aux investissements. Or, la ville feint d'ignorer le partenariat communautaire et la solidarité du versant nord-est. La stratégie s'essouffle : à preuve l'adhésion de la ville au Syndicat intercommunal de l'agglomération roubaisienne (SIAR) à la fin de l'année 1990. Structure d'intercommunalité mise en place par Roubaix, Leers et Wasquehal, en 1987, le SIAR veut contribuer au développement économique des villes adhérentes. Absente lors de la fondation, car elle a « sa personnalité », « sa fiscalité », Croix s'y rallie quand le maire comprend que sa démarche aggrave les surenchères d'entreprises et reconnaît les bienfaits du « guichet unique ». Le volontarisme municipal révèle ses limites.

Le bilan de la reconquête apparaît fragile. Des entreprises, bonnes contributrices du budget communal, quittent la commune faute de place (Rabot Duthilleul). D'autres ne créent pas les emplois annoncés. D'autres encore offrent des profils de postes peu adéquats. Ainsi, la ville continue-t-elle de perdre des emplois, dans les secteurs salariés comme dans les activités artisanales et commerciales. Enfin, des entreprises, récemment installées, quittent la commune au bout de quelques années.

Ainsi, Celatose est en redressement judiciaire dès 1989. Les emprunts, pour travaux, ne peuvent plus être remboursés tant les dettes sont élevées ; l'entreprise ne paie plus ses charges fiscales. Reprise par un nouveau propriétaire, elle cesse ses paiements en 1994. IBM, dont le développement régional n'est pas à la hauteur des ambitions initiales, quitte l'immeuble de Croix en 1996. La Caisse d'Épargne régionale la remplace sans offrir la même image de modernité ni des revenus fiscaux équivalents.

Les Trois Suisses n'échappent pas à la conjoncture difficile marquée par la baisse de la consommation. Ils s'efforcent de limiter la concurrence en rachetant des sociétés en mauvaise santé, de réduire les coûts en supprimant les catalogues spécialisés, et de se diversifier vers les services financiers pour encourager la demande. Le catalogue change d'aspect. Il ne promeut plus seulement un « style maison » mais, par l'appel à des créateurs de mode (Sonia Rykiel, Kenzo, Jean-Paul Gaultier, Azzedine Alaïa), il utilise un prestige et un style pour séduire la clientèle. Les Trois Suisses n'évitent pas une restructuration sévère qui entraîne les grèves de 1989 et 1990. La décennie 1990 apporte l'embellie espérée. Le recours aux nouvelles technologies de l'information et la mise en ligne du catalogue en 1997 limitent les charges en réduisant les emplois. Ce faisant, la firme, transformée en « rue commerçante », peut éveiller la clientèle au « plaisir de consommer ». La Cité numérique, installée à Villeneuve-d'Ascq, produit tous les supports publicitaires nécessaires, imprimés ou non.

Pour sa part, l'usine Case subit les effets du malaise agricole grandissant. Elle atteint rarement le niveau de production espéré et utilise assez régulièrement la menace des plans sociaux. La dégradation s'accentue pendant la décennie 1990 ;

les crises se succèdent les unes aux autres jusqu'au rachat de l'entreprise par une filiale de Fiat, New Holland, en 1999. À aucun moment l'usine ne recrute les 500 salariés envisagés en 1985 tandis qu'il faut l'intervention de la Commission européenne pour assurer l'avenir immédiat de Croix en 1999.

Fragile, l'activité économique n'abaisse pas les niveaux du chômage puisque tout le bassin d'emplois est concerné, mais elle affaiblit les ressources communales. En 1994 et 1995, la ville perd un dixième de la taxe professionnelle. Dès 1983, une commission économie-emplois est nommée avant qu'un adjoint à l'économie ne soit élu en 1989. Pourtant, son statut hiérarchique n'en fait pas un acteur décisif car, pour les conseillers, la mairie accompagne l'économie mais n'intervient pas. En 1997, Michel Carnois installe un service économique, réclamé par l'opposition de gauche dès 1989 ; il lui confie la mission de prospecter toutes les pistes de développement tertiaire dans le bassin d'emplois comme sur le territoire communal. Informations, incitations fiscales, conseils à la création d'entreprises, accompagnement administratif des dossiers, font partie des compétences du nouveau service. De même, le partenariat entre des entreprises locales, dont EDF et les Trois Suisses, et la municipalité conseille les chômeurs et les aide à retrouver un emploi. C'est alors que se pose, avec plus d'acuité, la question soulevée, depuis les années 1970 : celle de la situation de la ville dans l'agglomération et son désenclavement, d'autant plus que les terrains disponibles sont insérés dans les quartiers. En effet Croix ne dispose pas des surfaces nécessaires à l'aménagement de zones d'activités importantes.

L'agglomération roubaisienne, par les difficultés d'accès qui dégradent son image, subit le fléchissement de son activité. À la demande de l'Association du versant nord-est qui multiplie les interventions auprès de l'État ou de la Communauté urbaine, une stratégie de développement des moyens de communication est lancée pour restaurer un dynamisme en recul. La voie rapide de Lille vers Roubaix, Tourcoing, puis vers la Belgique, constitue le premier projet que suivent le métro, l'édification d'une gare TGV, le boulevard urbain et la « pénétrante » ouest de Roubaix. S'il est vrai que la plupart de ces décisions concernent les villes principales ou celles qui disposent de zones industrielles (Wasquehal, Wattrelos), Croix ne peut s'en abstraire puisque la solidarité du versant nord-est constitue un choix politique fort ; elle doit, désormais, étudier la manière dont elle peut tirer profit de ces nouvelles infrastructures qui concernent plus directement ses voisines.

Le boulevard urbain illustre toutes les ambiguïtés de la position croisienne. Il doit améliorer l'accessibilité de l'Ouest roubaisien mais son tracé, en traversant Croix, contraint la commune à de nombreuses transformations. Pourtant, la ville peut en tirer profit pour rénover un quartier et pour désenclaver la Mackellerie dont l'isolement s'est accentué par rapport à l'ensemble de la ville.

La construction de la seconde ligne du métro de Lille à Roubaix et Tourcoing, symbole du rééquilibrage entre le versant nord-est et l'agglomération lilloise, suscite des débats tendus, aux enjeux multiples. Les communes n'ont pas d'intérêts communs hormis celui de s'opposer au président de la CUDL. Quand ils appartenaient à la minorité municipale, les co-listiers de Francis Debeunne ne voulaient pas le passage du métro et souhaitaient la rénovation du tramway. Avec le temps, les élus de l'intergroupe à la CUDL (RPR et UDF) acceptent la construction d'un métro souterrain qui desservirait Wasquehal, Croix et Roubaix-Tourcoing car les grandes villes comprennent son utilité. Pourparlers difficiles et marchandages complexes entraînent le ralliement à un projet que les élus du versant nord-est votent le 31 décembre 1990. La ville de Croix, cependant, ne partage pas l'enthousiasme de ses voisines parce que le métro alourdit la fiscalité locale et qu'elle n'en escompte pas un profit immédiat.

Les travaux de creusement commencent en 1995 et durent deux ans. La mairie tente de rassurer la population et rappelle les avantages d'une relation plus rapide avec Roubaix et Lille ; cependant, elle n'oublie jamais de noter les désagréments de travaux aussi longs. Les réunions de quartiers se succèdent tandis que le tunnelier « Gilles de Croix » creuse le sous-sol. Les associations de quartiers se mobilisent pour assurer la tranquillité des riverains. La population n'envisage pas vraiment d'« effet métro » et si elle imagine une meilleure accessibilité pour les employés des Trois Suisses ou pour les collégiens, elle craint la diffusion de l'insécurité le long de la ligne. On attend donc un aménagement spécifique des stations construites dans un environnement dégagé mais habité.

PAGE DE GAUCHE
Travaux du métro. Station de Croix centre.

Inauguration de la station de Croix centre par Francis Debeunne, Michel Carnois, Pierre Mauroy et Jean-Pierre Balduyck.

En 1999, au moment où la ligne s'ouvre, peu de Croisiens songent aux retombées économiques effectives, d'autant moins que le tramway est rénové. Beaucoup sous-estiment aussi les transformations opérées par l'ouverture des stations sur les paysages urbains. L'achèvement de la place des Martyrs ou la réhabilitation des abords du quartier des Deux Moulins sont pourtant menés à bien grâce au métro. Et comme le TGV s'arrête à Croix, la ville bénéficie de l'opportunité de rénover le quartier de la gare et de disposer de terrains sur lesquels il devient possible d'accueillir de nouvelles activités économiques.

AMÉNAGER LE CADRE DE VIE

L'équipe municipale rappelle son souci de modérer la pression fiscale mais se résigne, comme ailleurs, à élever les taux d'imposition pour mener à bien ses projets. Commune la moins imposée de la Communauté urbaine en 1983, elle s'aligne progressivement sur la moyenne métropolitaine.

Les compétences communautaires et les effets des lois de décentralisation définissent précisément le cadre de l'action communale. Depuis l'accord conclu par les maires des grandes villes, en 1988, un programme d'action a été défini pour l'ensemble de la métropole lilloise. Chaque ville dispose de capacités d'initiatives mais la décision finale revient aux instances communautaires quand sont conçus les grands projets d'aménagement et d'équipement. Les affaires traitées par la commune seule sont moins nombreuses que par le passé.

La ville mène une politique active en faveur de l'enfance car le travail féminin et la baisse de la natalité lui confèrent une place spécifique. Elle gère les affaires scolaires en utilisant ses compétences en matière d'enseignement élémentaire et maternel. Les dépenses consacrées à l'école doublent en vingt ans pour atteindre le quart des charges budgétaires au début de la décennie 2000. Les efforts portent sur les investissements – rénovation des locaux scolaires ou édification de nouvelles constructions dans les quartiers déficitaires (Mackellerie, Beaumont). Les travaux prévoient l'extension des espaces aux activités sportives et récréatives. Par ailleurs, la ville encourage les choix novateurs initiés par l'État comme l'enseignement de l'informatique ou la pratique des langues vivantes. La municipalité n'abandonne pas la politique d'encouragement à l'école et maintient notamment la restauration scolaire ou les activités périscolaires telles que le sport ou la pratique d'une technique artistique. L'organisation de l'École de musique, le financement de la Maison des Jeunes, relèvent également de cette démarche. Enfin, les contrats qui lient la ville aux écoles privées autorisent la commune à participer aux investissements pédagogiques puisque ces établissements scolarisent des enfants plus nombreux en 2003 (un sur trois) qu'en 1983.

En revanche, la ville abandonne définitivement le projet d'un second collège imaginé par la CUDL puis par le département au cours des années 1980, car bien des adolescents fréquentent les établissements des communes limitrophes. Les désaccords sur la localisation du nouveau collège, l'évolution des effectifs, la crainte de la ségrégation scolaire, les restrictions budgétaires incitent à rénover le collège devenu trop petit et vétuste.

La diversité des publics auxquels s'applique la politique sociale – personnes âgées, familles en difficulté, chômeurs, jeunes, handicapés – contribue à amplifier les actions municipales. Cependant, le budget social géré par le Centre communal d'action sociale diminue au cours des années 1980 et 1990. Établi à 17 % du budget en 1984, il représente 13 % de celui-ci en 2005. Il faut rappeler que de nombreuses associations caritatives, subventionnées par la commune, contribuent à la mise en œuvre de la politique sociale, tandis que le département prend en charge les interventions en faveur des personnes âgées. Ainsi édifie-t-il, en 1992, la résidence des Ogiers qui remplace le vieil hospice municipal du XIXe siècle. La ville oriente son action vers les « nouveaux pauvres » : les jeunes, les chômeurs, les familles qui, ne bénéficiant pas d'une couverture sociale, ont besoin de soins médicaux et sont pris en charge par le centre municipal au début des années 1990. Néanmoins, la politique en direction des aînés demeure très active.

Le marché devant l'église Saint-Pierre.

La réhabilitation du Fort Boulanger.

L'urbanisme prend une place importante puisque la commune s'associe à tous les programmes de la politique de la ville lancés par la CUDL ou par l'État : « Mieux vivre en ville », « Contrat d'agglomération », « Ville renouvelée » ou « Grand Projet urbain ». Selon les projets de la Communauté, les grandes opérations de construction sont abandonnées au profit d'actions moins ambitieuses, plus localisées et mieux intégrées au tissu urbain existant. On entend organiser et maîtriser la croissance pour n'avoir pas à accueillir les populations mal logées de Roubaix ou des communes limitrophes. Réhabilitation et rénovation, plutôt que promotion d'amples lotissements, visent donc à reconquérir les quartiers anciens.

Le quartier du centre et la Planche Épinoy illustrent les infléchissements de la politique municipale au sein de la stratégie communautaire.

La reconquête des quartiers centraux, grâce à des opérations privées et publiques, et le soutien à l'activité commerciale sont des priorités retenues depuis le début des années 1980. Les municipalités Debeunne et Carnois en achèvent la réorganisation. La rénovation du bas Saint-Pierre s'inscrit dans la durée car, malgré la volonté municipale, elle pose des problèmes complexes. Si Francis Debeunne et Michel Carnois privilégient la restauration des immeubles pour maintenir les habitants sur place et éviter les traumatismes de déplacements, ils doivent se résoudre à détruire les courées insalubres. Seuls les immeubles dégradés mais aménageables donnent lieu à une restauration. Le Fort Boulanger, réhabilité dans le cadre du Contrat d'agglomération, en est un exemple. Son assainissement et sa remise en état autorisent le maintien d'une population de petits propriétaires modestes, désormais logée dans un environnement amélioré.

Les programmes, « Ville renouvelée », mis en œuvre par Lille Métropole, et « Grand Projet urbain », qui couvrent la décennie 1990, ont des ambitions plus larges. Par une action conjointe sur l'habitat, l'aménagement des lieux publics (écoles, équipements de sociabilité locale) et la modernisation commerciale, « Ville renouvelée » et le GPU « Croix, Roubaix-Tourcoing, Wattrelos » font du bas Saint-Pierre le cœur de cible de la stratégie métropolitaine en « ville renouvelée » afin d'encourager la mixité sociale dans un quartier réputé abriter le plus grand nombre de chômeurs, de personnes âgées, d'actifs aux revenus modestes. On souhaite y ramener les classes moyennes salariées pour éviter que le quartier ne devienne un ghetto social et gommer l'image négative qui, insidieusement, porte atteinte à la dignité des habitants défavorisés.

La rue Francisco-Ferrer.

Tous ces programmes modernisent les quartiers concernés. Mais Croix ne peut exprimer des revendications analogues à celles des villes voisines car les problèmes posés n'y ont pas la même ampleur qu'à Roubaix ou Tourcoing. Aussi Croix ne participe-t-elle pas au « Grand Projet de Ville » conçu en 2001 même si la consolidation du bas Saint-Pierre dépend de l'achèvement de la rénovation de l'Épeule à Roubaix.

Les interventions des organismes d'habitat social, notamment Logicil, s'efforcent de rénover un parc qui vieillit. Mais les offices continuent de construire des logements qu'ils destinent aux professions intermédiaires (résidence des Lys, par exemple). La municipalité ne s'oppose pas, non plus, aux promoteurs privés qui investissent souvent « les dents creuses » dans le centre-ville ou participent à l'embellissement des quartiers du nord de Barbieux (résidence Médicis, résidence George V).

Pourtant, malgré les efforts réalisés en faveur du logement social – un logement sur cinq appartient à ce secteur à la fin des années 1990 – et la qualité du parc immobilier, les demandes non satisfaites et les délais d'attente sont éclairants. Le déficit immobilier ne concerne pas seulement les HLM mais l'ensemble des logements populaires. Si la ville passe pour disposer d'atouts nombreux dont ne bénéficient pas ses voisins (terrains en quartiers et non pas à la périphérie), pour autant, elle les exploite inégalement ; bien des candidats sont incités à rejoindre les communes limitrophes à la croissance plus rapide (Wasquehal, Mouvaux, Bondues).

Enfin, la stratégie d'embellissement du territoire communal est également un point fort de la politique d'aménagement urbain. Ravalement des façades vieillies, fleurissement des immeubles, création d'espaces verts sur des terrains disponibles, apportent à la ville un aspect avenant qui en améliore l'image.

LES MAIRES DE CROIX AU XXe SIÈCLE

Louis Seigneur (1925-1945)
Henri Seigneur (1945-1960)
Gustave Dedecker (1960-1980)
Louis Seigneur (1980-1983)
Francis Debeunne (1983-1995)
Michel Carnois (1995-janvier 2006)
Bernard Six (depuis le 29 janvier 2006)

CROIX 2000

En démissionnant de son mandat de maire à la fin de l'année 2005, Michel Carnois peut mesurer les changements accomplis en un quart de siècle puisque Croix est passée du statut de ville industrielle à celui de ville « post-industrielle ». Élu le 29 janvier 2006, son successeur, Bernard Six, s'inscrit dans la continuité pour traiter les dossiers qui engagent l'avenir.

Le conseil municipal après l'élection de Bernard Six comme maire 29 janvier 2006.

Le schéma directeur du développement et de l'urbanisme, voté par l'assemblée de Lille Métropole à la fin de l'année 1997, définit les objectifs pour 2015. Croix, et plus généralement les villes du versant nord-est, ne sont pas appelées à des opérations d'extension urbaine. La ville, densément peuplée, ne dispose pas des surfaces nécessaires à des lotissements de grande ampleur et peut poursuivre la « reconquête » engagée depuis les années 1980.

Pourtant, selon les orientations définies par l'Agence d'urbanisme de la Métropole, la commune doit transformer son patrimoine bâti, le renouveler, le réhabiliter et répondre aux besoins qu'expriment les candidats à l'installation. Ces opérations doivent être menées dans le tissu urbain existant. Par conséquent, des chantiers s'ouvrent dans tous les quartiers, à Saint-Pierre, à la Mackellerie, au centre-ville, à Beaumont. Il s'agit de rénover l'habitat ancien et d'édifier des immeubles neufs pour accueillir les nouveaux résidents appartenant, le plus souvent, aux classes moyennes. Toutefois le rythme des constructions est plus lent que prévu, car les démolitions neutralisent, en partie, les effets de la construction neuve.

Par ailleurs, de nombreux problèmes subsistent. L'offre de logements sociaux est inférieure à la demande et s'il est vrai que la ville dépasse le seuil prévu par la loi SRU (22 %), elle se situe au-dessous du niveau métropolitain (27 %). Les surfaces constructibles étant limitées, la ville donne la priorité aux foyers croisiens modestes et n'entend pas accueillir de nouveaux résidents pour ce type de logements. Comme le nombre des demandeurs monte avec régularité, la situation devient très difficile.

Le risque de transformer Croix en « banlieue immobilière », dénoncé par des opposants politiques, ne relève pas d'une totale pertinence. En effet, son activité économique lui permet d'échapper au statut de ville-dortoir. Les emplois sont en nombre et les créations d'entreprises, entre 1998 et 2002, ouvrent plus de postes de travail que les cessations d'activités n'en font perdre. Néanmoins, les emplois, inégalement qualifiés, ne sont pas toujours en adéquation avec les demandes locales. Les entreprises créées offrent un potentiel d'embauche limité du fait de leur taille. La moitié des cinq cents sociétés, industrielles et commerciales, domiciliées à Croix en 2005, ne disposent d'aucun emploi salarié. Seules neuf d'entre elles font travailler plus de cent personnes. Le classement des quatre cents premières entreprises du Nord n'en retient que six installées à Croix dont trois dans les cinq premières. C'est dire que les unités de production et de services sont émiettées et dispersées. En outre, ces sociétés contribuent modestement au financement du budget communal. En demeurant le principal contributeur de la ville, le groupe Trois Suisses continue à jouer un rôle essentiel.

Les départs annoncés de la Caisse d'Épargne et de la clinique du Parc, à l'horizon 2008, risquent de ne pas être compensés par l'arrivée de l'EDHEC.

Habitat, emplois, financements : la solidarité intercommunale et la fédération des villes de Lille Métropole deviennent des enjeux d'importance. La ville adhère à cette démarche et participe à l'activité communautaire tout en contribuant à la promotion d'initiatives originales telles que la solidarité du versant nord-est en matière scolaire. Le patronat local s'est investi, à l'instar de Marcel Delcourt, président de la Chambre de commerce, dans les années 1980, ou d'Emmanuel d'André, président-directeur général de Trois Suisses International, dans les années 1990, qui mettent en valeur le « guichet unique ». En proposant cette démarche, ils veulent assurer la reconversion économique du versant nord-est en évitant les surenchères entre les communes et les entreprises.

La municipalité de Croix se tient en retrait au nom d'une identité communale qui justifie son refus du Grand Lille dans lequel elle a engagé la majorité des électeurs en 1999 alors que les entrepreneurs locaux l'approuvent. Pourtant, les problèmes à résoudre imposent des solutions extra-communales, qu'il s'agisse des communications, de l'aménagement urbain, de l'emploi. Depuis un quart de siècle, les grands choix se réalisent au sein d'une métropole qui n'est plus « en miettes ».

« Ville en proximité de Roubaix », Croix s'intègre au projet métropolitain de promotion du cadre de vie et de l'environnement grâce aux nombreux atouts de qualité dont elle bénéficie. L'importance des installations sportives, la proximité de zones densément arborées, le patrimoine bâti, le passé culturel, lui confèrent un statut particulier.

Dès le début des années 1990, l'association des villes du versant nord-est a cherché à diversifier les modalités de redémarrage et songe à utiliser la villa Cavrois pour rénover son image et pour concevoir un projet culturel. Inscrite d'office comme monument historique en 1990, la villa offre, en effet, un site dont la valeur artistique et symbolique apporte d'autant plus de force qu'il est situé à l'est de Lille, réputé industrieux. Le versant nord-est n'hésite pas à inscrire son exploitation dans les propositions du contrat de plan État-région. En 1991, le Conseil général et la Communauté urbaine songent à acquérir la villa, toujours propriété privée, mais dont le propriétaire est prêt à se séparer puisque les contraintes s'alourdissent. Pourtant, les projets échouent : la réutilisation de la villa à des fins culturelles n'emporte pas l'enthousiasme tandis que la conception d'un cadre récréatif pose problème. Même si la mairie a refusé de délivrer le permis de démolir, sollicité avant l'inscription de la villa comme monument historique, la municipalité ne s'investit guère dans la réflexion menée autour de l'immeuble. En quittant son mandat en 1995, Francis Debeunne exprime le regret de n'avoir pas bien mesuré l'importance des enjeux. Certes, l'intérêt pour l'architecture contemporaine est très inégalement partagé par les instances territoriales et la plupart des habitants. L'indifférence explique la rapidité des dégradations commises à l'encontre de la villa jusqu'en 2001 et leur ampleur sans que les pouvoirs publics n'interviennent. En devenant propriétaire en 2001, l'État s'engage à mener les travaux nécessaires à la réhabilitation tandis que la Communauté urbaine et la ville révisent le plan d'occupation des sols pour inscrire, dans les faits, l'édification d'un centre de culture.

Le programme de « réutilisation culturelle » demeure vague. L'État cherche un repreneur qui soit, comme le propose le rapport remis par René Rémond en 2003, une collectivité. Dans cette perspective, Croix, au passé riche et diversifié, où la création et le mécénat ont eu toute leur place, dispose de solides arguments à faire valoir pour participer activement à la conception et à la mise en œuvre d'un centre culturel à l'est de la métropole lilloise.

25

La vallée des bambous.

PAGE DE DROITE

Cimetière côté anglais.

DOUBLE PAGE PRÉCÉDENTE

La rue d'Alger.

L'église Saint-Martin. Le buffet d'orgues.
La Descente de Croix, *Pharaon de Winter (1849-1924).*

DOUBLE PAGE PRÉCÉDENTE
La résidence Wilson.

L'allée des Deux Lions.

PAGE DE DROITE

Les géants Mathilde et Gilles.

DOUBLE PAGE PRÉCÉDENTE

Le château de La Fontaine.

La rue Jean-Jaurès.

PAGE DE DROITE

Notre-Dame-de-Lourdes.

DOUBLE PAGE PRÉCÉDENTE

L'avenue Delory.

L'avenue Max-Barrois.
DOUBLE PAGE SUIVANTE
La villa Cavrois.

Orientations Bibliographiques

Sources

Archives nationales : Centre des archives du monde du travail, Roubaix.
Archives du Royaume, Bruxelles.
Archives départementales du Nord, Lille.
Archives diocésaines de Cambrai et de Lille.
Archives municipales de Croix, Lille, Roubaix.
Bibliothèque nationale de France.
Agence d'Urbanisme de Lille Métropole : archives et publications.
Chambre de Commerce de Lille-Roubaix-Tourcoing, archives.

Sources imprimées

BRAME, Caroline, *Journal intime*, présenté par Michelle Perrot et Georges Ribeill, Montalba, 1986.
DUVOSQUEL, Jean-Marie (dir), *Albums de Croy*, tome XIII, Châtellenies de Lille, Douai, Orchies, Crédit Communal, 1986.
GENNEVOISE, Émile, *Croix près de Roubaix*, Lille, 1905.
NADAUD, Gustave, *Souvenirs et récits d'un vieux Roubaisien*, Roubaix, Impr. Alfred Reboux, 1892.
Presse locale : *Le Journal de Roubaix, L'Égalité de Roubaix-Tourcoing, L'Enchaîné, Nord éclair, Liberté.*

Dictionnaires

Dictionnaire biographique du mouvement ouvrier (dir. Jean Maitron et Claude Pennetier), 44 vol, Paris, 1960.
Dictionnaire des peintres, sculpteurs, dessinateurs, graveurs (dir. Emmanuel Bénézit), 8 vol., Gründ, 1976.
Dictionnaire du monde religieux dans la France contemporaine : Lille-Flandres (dir. André CAUDRON), Beauchesne, Paris, 1990.
Dictionnaire du Nord et du Pas-de-Calais, coll. « Pays et Terres de France », Larousse, 2001.
Le Patrimoine des communes de France, 2 vol., Flohic Éditions, 2001.

Ouvrages sur la région

HILAIRE, Yves-Marie (dir.), *Histoire du Nord-Pas-de-Calais de 1900 à nos jours*, Privat, 1982.
LOTTIN, Alain (dir.), *Histoire des provinces françaises du Nord*, tome I, *De la Préhistoire à l'an 1000* (DESMULLIEZ, Janine et MILIS, Ludo) ; tome II, *Des principautés à l'Empire de Charles Quint (900-1519)* (PLATELLE, Henri et CLAUZEL, Denis), Éditions des Beffrois, 1988-1989.
TRENARD, Louis (dir), *Histoire des Pays Bas français*, Privat, 1972.

Ouvrages sur l'agglomération

BRUYELLE, Pierre, *Lille-Roubaix-Tourcoing, Notes et études documentaires*, La Documentation française.
BRUYELLE, Pierre, *Lille et la Communauté urbaine*, La Documentation française, 1976.
DAVID, Michel (dir), *Cinquante ans de transformations urbaines et de mutations sociales*, Presses Universitaires du Septentrion, 2006.
DELSALLE, Paul, *La Communauté urbaine de Lille et ses environs. Terroirs, histoire, patrimoine, traditions*, Éditions Charles Corlet, 1991.
PETILLON, Chantal, *La population de Roubaix. Industrialisation, démographie, société*, Presses Universitaires du Septentrion, 2006.
TRENARD, Louis (dir), *Histoire d'une métropole. Lille, Roubaix, Tourcoing*, Privat, 1977.

Travaux publiés sur Croix

Croix, images du passé, Office culturel, Maury, 1991.
DELMASURE, Adolphe, « Évolution d'un village de la châtellenie de Lille. Croix du XIe au XXe siècle », *Revue du Nord*, 1er mars 1969.
DELMASURE, Adolphe, « L'enseignement primaire au XVIe siècle dans la partie française du diocèse de Tournai », *Revue du Nord*, 1973.
DELMASURE, Adolphe, « Lueurs sur le passé. Naissances et décès dans un petit village du Nord, 1614-1641 », *Plein Nord*, 1974.
LE MENN, Jean Yves, *Croix à travers les lieux et les lieux-dits*, Club d'histoire de Croix, 1998.
LEURIDAN, Théodore, *Croix et ses seigneurs*, A. Lesguillon, 1877.
PIAT, Jean, Croix, *Dix siècles d'histoire*, Actica, 1972.

Travaux universitaires

DELPORTE-DUPARCQ, Sylvie, « Le château de la Fontaine, mémoire de maîtrise », Lille III, 2000.
GRONIER, Emmanuelle, « Enseignement et politique scolaire à Croix (1803-1939) », mémoire de DEA, Lille III, 2004.
HONEYMAN, Katrina, « Un industriel anglais et la ville de Croix (1850-1914) », dans *Villes et villages textiles, actes du colloque sur l'industrie textile*, Tourcoing, 1985.
KLEIN, Richard, *Robert Mallet-Stevens. La villa Cavrois*, thèse, coll. « Architecture contemporaine », Picard, 2005.
KNOFF, Coraline, « Jean Roulland, l'œuvre sculptée », mémoire de maîtrise, Lille III, 1995.
MAKACI, Christian, « Croix-Wasquehal », mémoire de maîtrise, Lille I, 1976.
MESSIAEN, Audrey, « La vie quotidienne à Croix pendant la Seconde Guerre mondiale », mémoire de maîtrise, Lille III, 2004.
SMAGGHE, Gaël, « L'urbanisation de Croix au XIXe siècle », mémoire de DEA, Lille III, 2005.
YOUF, Jean François, « Les luttes ouvrières à la CIMA (1946-1950) », mémoire de maîtrise, Lille III, 2000.

Quelques thèmes particuliers

BAUBEROT, Jean, « Le protestantisme roubaisien (1898-1907) », dans *Christianisme et pouvoirs politiques*, Presses Universitaires de Lille, 1974.
BONTE, Térèse, *Van der Meersch au plus près*, Artois Presse Université, 2003.
CHASSEY, Éric (de), *Eugène Leroy, autoportrait*, Gallimard, 2004.
DAUMAS, Jean-Claude, *Les territoires de la laine. Histoire de l'industrie lainière en France au XIXe siècle*, Presses Universitaires du Septentrion, 2004.
DEPRETZ, Bernard, *Lagage (1911-1977)*, Bibliothèque des arts, 1990.
DEYON, Solange et LOTTIN, Alain, *Les casseurs de l'été 1566. L'iconoclasme dans le Nord*, Hachette, 1980.
DURIEZ, Bruno, *Le Comité interprofessionnel du logement de Roubaix-Tourcoing*, Villeneuve-d'Ascq, 1973.
« Les semaines sociales en France : cent ans d'engagement social des catholiques français (1904-2004) », dans *Colloque international d'histoire*, Lyon 2004.
POUCHAIN, Pierre, *Les maîtres du Nord*, Perrin, 1998.
WILLARD, Claude, *Les guesdistes*, Éditions sociales, 1965.

Sources iconographiques

p. 17 : missel à l'usage de l'abbaye de Saint-Amand, Bibliothèque municipale de Valenciennes, ms. 121, fin du XIIe siècle ; p. 18 : Brun-Lavainne, *Atlas topographique et historique de la ville de Lille*, Lille, Imp. Lefort, 1830, pl. VI ; p. 19 : miniature de Jean de Vignay, en frontispice des *Épîtres et évangiles de l'année*, Bibliothèque municipale de Lille, ms. 34 ; p. 23 : Philippe de L'Espinoy, *Recherche des antiquités et noblesses de Flandres*, Douai, 1631, bannière de Croix, Bibliothèque municipale de Bois ; p. 26 : miniature de scène de mariage religieux, XIVe siècle, Bibliothèque municipale d'Angers, ms. 0384, f°149 ; p. 27 haut et bas : *Armorial de Flandre, Marche de Lille* ; p. 28 : Archives départementales du Nord, VIII B 1re série 6430 ; p. 29 : Antonius Sanderus, *Gallia Flandria Illustrata,* Archives départementales du Nord, Musée 482-1 ; p. 30, 32, 41 et 42 : Christine de Pizan, *L'Épître d'Othea*, vers 1460, Bibliothèque municipale de Lille, ms. 391 ; p. 31 : Bertrand Boysset, *La siensa de destrar*, Bibliothèque municipale de Carpentras, ms. 327 ; p. 33 : Archives départementales du Nord, 130 H 6, pièce 63 ; p. 34 et 48 : *Albums de Croÿ*, publiés sous la direction de Jean-Marie Duvosquel, tome XIII, pl. 153 ; p. 35 haut : Église Saint-Martin, Croix ; p. 35 bas : Musée diocésain, inv. 20 ; p. 37 : Guillaume de Loris, *Le Roman de la Rose*, Bibliothèque municipale de Châlons-en-Champagne, ms. 0270 ; p. 40 : « Statuts de la confrérie de Saint-Nicolas de Valenciennes », fin XVe siècle, Bibliothèque municipale de Valenciennes, ms. 536 ; p. 44 : Antonius Sanderus, *Flandriae Illustratae*, 1824, pl. 55 ; p. 51 haut : catalogue de l'exposition *Les effets du soleil, Almanachs du règne de Louis XIV*, Paris, RMN, 1995, p. 8 ; p. 61 haut : Archives départementales du Nord, cote L 8741 ; p. 61 bas : Archives départementales du Nord, cote L 8152 ; p. 67 : 56.11.1.D Paris, Musée national des Arts et Traditions populaires ; p. 80 milieu et 81 : *L'Illustration*, 14 février 1863 ; p. 80 bas : Turgan, *Les grandes usines de France : tableau de l'industrie française au XIXe siècle*, Paris, Calmann-Lévy, 18 vol., 1860-1885, vol. 8, p. 107 ; p. 161 : *L'Illustration*, 14 juillet 1899 ; p. 185 : *Le Miroir du Monde*, n° 318, « Maison, édifices et villes d'aujourd'hui » 4 avril 1936 / photo Micheau ; p. 190-191 : in *Quand les sirènes se taisent,* Maxence Van Der Meersch, Paris, Albin Michel, 1951 ; p. 206 : in *Ont fait nos cœurs barbelés*, Jean Garamond, Béguin, 1947.

Crédits photographiques

Archives départementales du Nord : 14, 63, 114, 150b, 159h

Archives diocésaines de Lille : 130, 138h et m, 154, 155m, 156, 159b

Archives du ministère des Affaires étrangères : 51b

Archives municipales de Croix : 71, 78, 82, 88d, 89d, 90, 101, 104, 124, 149, 160, 174, 177, 182, 183, 187, 194, 205, 211b, 212, 213, 215, 242

© Sam Bellet : 6, 8, 10, 39, 116, 117, 129, 238, 258m, 262h, 263, 266-267, 268, 269, 270-271, 272, 273, 274-275, 276, 277, 278-279, 280, 281, 282-283, 284-285

Bibliothèque nationale de France : 127

Collection Catherine Astol : 211h

Collection Pierre Charret : 251, 252h

Collection Marcel Delcourt : 100d, 195, 229

Collection Laboratoire CNRS – IRHiS-Lille 3 : 53, 136

Collection de M. et Mme Lecomte : 21, 70, 74, 76, 84, 85, 87, 88g, 89h, 91, 94, 100g, 105, 106, 107, 109, 110, 112, 113, 115, 119, 120, 121, 123, 128, 131b, 138b, 139, 140, 141, 143, 144, 145, 146, 147, 148, 150h, 151, 153, 155h et b, 158, 164, 166, 167, 171, 173, 175

Collection G. Loisel : 178b

Collection Jacques Meusy / photo Martine Aubry : 178h

Collection privée : 220, 223b

Collection privée / photo Mairie de Croix : 189, 223h

Collection Robert Vandenbussche : 58, 231b

Collection M. Verdonck : 231h, 232

Médiathèque Jean Lévy – Lille : 126, 152

Médiathèque de Roubaix : 134

Médiathèque de Roubaix / fonds O. Leduc : 55

Musée du Franc-Waret : 57

© *Nord éclair* : 241, 254, 259

Photos Martine Aubry : 14, 28, 29, 33, 39, 61, 131h, 247, 249, 262b

Photos Jean-Paul Barrière : 130, 138h et m, 150b, 154, 155m, 156, 159, 160

Photos Raphaël Coypel : 35

Photos Mairie de Croix : 250, 252b, 253, 255, 258h et b, 260, 261, 264

Photos Musée d'Art et d'Industrie de Roubaix / Alain Leprince : 196, 197, 198, 199, 202, 209, 221

Photos Musée d'Art moderne Lille Métropole-Villeneuve-d'Ascq : 222

Photo Musée de Dunkerque : 219

Photos Robert Vandenbussche : 20, 23, 228, 230

© RMN : 51h

RMN / © Gérard Blot : 67

© *La Voix du Nord* : 244

Achevé d'imprimer en novembre 2006
sur les presses de l'imprimerie Kapp et Lahure à Évreux.
ISBN : 2-7324-3525-2
Dépôt légal : novembre 2006
Imprimé en France.